大学生创业理论与实训

主编　胡金林　金文豪

校企合作开发创新创业类教材

WUHAN UNIVERSITY PRESS
武汉大学出版社

图书在版编目(CIP)数据

大学生创业理论与实训/胡金林,金文豪主编.—武汉:武汉大学出版社,2019.8

ISBN 978-7-307-20724-0

Ⅰ.大… Ⅱ.①胡… ②金… Ⅲ. 大学生—创业 Ⅳ.G647.38

中国版本图书馆 CIP 数据核字(2019)第 026611 号

责任编辑:胡国民　　责任校对:汪欣怡　　版式设计:马　佳

出版发行:**武汉大学出版社**　(430072　武昌　珞珈山)

(电子邮箱:cbs22@ whu.edu.cn 网址:www.wdp.com.cn)

印刷:湖北金海印务有限公司

开本:787×1092　1/16　印张:19.75　字数:468 千字　插页:1

版次:2019 年 8 月第 1 版　　2019 年 8 月第 1 次印刷

ISBN 978-7-307-20724-0　　定价:46.00 元

前　言

2014 年 9 月夏季达沃斯论坛，国务院总理李克强发出“大众创业、万众创新”的号召。他提出，要在 960 万平方公里土地上掀起大众创业、草根创业的新浪潮，形成万众创新、人人创新的新势态。推动大众创业、万众创新是充分激发亿万群众智慧和创造力的重大改革举措，是实现国家强盛、人民富裕的重要途径，要坚决消除各种束缚和桎梏，让创新创业成为时代潮流，汇聚起经济社会发展的强大新动能。年轻意味着思想活跃、易于接受新鲜事物，尤其是在“互联网+”时代背景下，有一大批年轻人登上创业创新舞台。青年学子是未来创业的主要驱动力，在高校编写优质的创业教材，开设相关创业课程，有助于增强大学生的创业知识储备，同时提高其创业技巧，呼应时代潮流的要求。

目前市面上的创业书籍和教材大多数是以理论知识为主，与创业模拟软件相结合的书籍少之又少。本教材借助模拟企业经营的软件，帮助读者在亲身体验中仿真模拟企业全面的经营过程。通过角色扮演、导师指引、案例分享、角色互换、交流互动等方式，训练学生的战略规划与管理、营销策略、财务管理、生产运作与管理、物流管理、市场信息收集与运用、绩效管理、风险管理、团队合作等相关能力，全面提高受训者的综合素质，快速掌握企业经营管理的相关技能和策略。本教材尝试将创业理论与创业模拟实践相结合，向读者介绍创业全过程，提高创业者创业技巧，避免因创业知识储备不足而导致的创业失败。

《创业总动员》和《创业之星》是杭州贝腾科技有限公司开发出来的两款针对高校学生进行创业模拟实训的软件。《创业之星》是国内第一个使用商业模拟技术开发的面向大学生的创业管理实践课程平台，它也是国内第一个开展全程创业模拟实训的平台，平台采用国际上领先的商业模拟技术来实现创业模拟的全过程。《创业总动员》创新创业实践教育平台是杭州贝腾科技有限公司开发的创新创业综合模拟实训平台。《创业总动员》定位于校级创业教育解决方案，包括创业学院(创业基地)实体建设、创业教育课程体系建设和创业教育生态系统建设三个方面。其中，创业教学课程体系通过虚拟仿真的交互式场景设计，让学生在模拟创办真实企业的环境下进行训练，将创新创业能力的培养贯穿于实训体系中，注重提升学生对初创企业运营管理的能力。平台让学生切身体验创业全过程，包括创业要掌握的所有知识，对学生进行由浅入深、循序渐进的引导式教学和训练，让学生在仿真模拟实训中积累创业企业经营管理经验，体验实际创业的艰辛与欢乐。

这两款软件在高校中运用较为广泛，参与实训的学生数量大。但是由于学生创业知识储备薄弱以及两款软件的操作难度较大，学生入门速度较慢，同时市场上缺乏全面系统的教程指导学生提高创业基本知识和相关创业决策技巧。因此，本教材通过介绍目前学界较为成型的创业学相关理论，为读者奠定扎实的创业理论基础。为了避免创业者在创业前期因为创业经验不足造成的创业风险，本教材通过图文并茂的方式为读者一步步解读创业经营管理活动，随后，通过《创业之星》软件系统地介绍模拟新创企业和管理操作以及每步操作的背后逻辑与勾稽关系，以提高读者创业实训技巧。

创业模拟实训环节以培养学生的创业意识、创新精神、创业能力和管理能力，激发大学生的创业热情，提升实践经验为目标。因此本书为创业基础课程的配套教材，按照教育部《普通本科学校创业教育教学基本要求(试行)》(教育厅[2012]4号)要求，主要通过以创业过程为主线，围绕创业过程涉及的活动，即识别创业机会、组建团队、撰写商业计划书、企业工商注册、创建新企业、新企业生存和成长(新企业运营管理)这些理论与实践模拟操作相结合进行编写。全书实践部分以创业运营模拟软件《创业之星》的全真模拟进行编写。

本教材分为以下七大部分：第一部分，介绍《创业总动员》和《创业之星》这两款软件，以图文并茂的方式向读者展示两款软件的各项经营决策操作；第二部分，介绍创业认知实践，主要包括创业能力评估、创新能力评估、职业性格评估、职业兴趣评估模块的实训操作流程介绍；第三部分和第四部分主要介绍创业基础实践，主要包括创业者综合能力评估、创业团队构建、成员角色定位、识别创业机会、商业模式探索五大模块的理论知识与实训操作技巧；第五部分，介绍创业计划，不仅包括商业计划书的撰写步骤，还介绍了商业计划书成功的因素；第六部分，介绍《创业总动员》的初创企业管理模块，模拟企业简单的日常经营活动，使学生了解企业的实际运作流程；第七部分，介绍模拟企业的综合运营管理，围绕创业企业发展的生命周期，制定各项决策，并最终推动企业成长壮大；第八部分，介绍创业运营模拟实战技巧，针对使用《创业之星》软件进行的大型比赛常用的两种策略进行详细的讲解。

本教材的特点主要体现在以下几个方面：第一，系统构建了创业从无到有的各个要素。目前市面上的创业书籍和教材大多数是以理论知识为主，与创业模拟软件相结合的书籍少之又少。本教材借助模拟企业经营的软件，帮助读者在亲身体验中仿真企业全面的经营过程。通过角色扮演、导师指引、案例分享、角色互换、交流互动等方式，训练学生的战略规划与管理、营销策略、财务管理、生产运作与管理、物流管理、市场信息收集与运用、绩效管理、风险管理、团队合作等相关素质，全面提高受训者的综合能力，快速掌握企业经营管理的相关技能和策略。因此本教材立足于将创业理论知识于模拟实训操作相结合，弥补了现有市场的空白。

第二，强化仿真实践、降低创业风险。本教材将初创企业经营模拟与信息化进行了动态的结合，理论联系实际，能够使学生置身于高仿真的制造型企业中，面对完全竞争市场的各种复杂情况进行企业经营活动和决策。同时能够将所学运用于实践中，在实践之前通过模拟运营能够提高抗风险能力，减少创业前期因为环境、制度和管理方面的生疏而导致的创业失败。

第三，以创业评估和实训操作为全书重点，同时为了有针对性地提高大学生创业管理能力，本教材重点分析了企业运营模拟中的企业运营策略。根据灵活多变的市场，运用不同的生产与排产能力、广告投放与产品定价策略，寻求最优企业效益。

在学习本教材时既要注意每个模块的独立性，也要注意每个模块之间的内在勾稽关系。整个企业的运营是一个连贯的过程，需要从全体进行规划，同时要注意资源的合理配置，避免现金流中途断裂。学生不仅要注重实践操作的学习，也要注重每个实践操作背后支撑的理论知识的学习，理论是实践的基础。

本教材是针对对创业感兴趣的大学生学习创业运营相关知识、了解创业运营模拟软件操作步骤而编写的。本教材既可以作为普通高校、高职高专、开放式大学等创业教育课程教学用书，也可以作为相关研究领域学者的参考用书，还可以供企业和社会各界的广大读者学习。

相信这本实用性好、针对性强、系统完整的实务型教材，能够被广大读者所接受和喜爱，同时也能够给读者们带来更扎实的知识储备和更精湛的操作技巧。

本教材得到了“湖北工程学院 2017 年创新创业教材规划建设项目”和“教育部高等教育司 2017 年第一批产学合作协同育人项目”的资助，并且在编写过程中得到了杭州贝腾科技有限公司黄林先生、姚碧锋先生、肖竟成先生、姚腾先生、徐晓芳女士、潘津津先生，湖北工程学院经济与管理学院龙玉祥教授、王锋教授和张辉教授以及孝感市人社局胡敏女士的大力支持和帮助，在此表示由衷的感谢。由于编者本身水平有限和时间仓促，书中遗漏和不足之处难以避免，敬请广大读者批评指正，并提出宝贵意见，以便我们在今后更好地修订和完善。

编者

2019 年 1 月

目录

Contents

第一章 创业运营模拟平台简介

本实训课程选择了杭州贝腾科技有限公司的《创业之星》和《创业总动员》软件作为实训平台。

第一节 《创业之星》软件介绍

《创业之星》是一款在电脑上运行的模拟创业软件，运用先进的计算机软件与网络技术，结合严密和精心设计的商业模拟管理模型及企业决策博弈理论，全面模拟真实企业的创业运营管理过程。学生在虚拟商业社会中完成企业从注册、创建、运营、管理等所有决策。通过对真实创业环境的逼真模拟，帮助学生掌握在真实企业创业过程中可能遇到的各种情况与经营对策，并对出现的问题和运营结果进行分析与评估，从而对创业有更真实的体验与更深刻的理解，帮助学生有效地将所学知识转化为实际动手的能力，提升学生的综合素质和创业意识，掌握创业技能，增强就业与创业的能力。下面我们将通过图文并茂的方式介绍《创业之星》及其各项经营决策操作，包括主场景功能分布、公司场景功能分布、导航仪表盘操作、角色分工。

一、《创业之星》运行系统

《创业之星》整个运行系统由服务器端、教师端、学生端三个部分组成。

(一) 数据处理服务器

在《创业之星》上操作的第一步就是启动安装《创业之星》系统所在的服务器电脑，运行 SQL Server 数据库，再运行服务器上的《创业之星》数据处理中心程序，启动服务。正常启动运行后，《创业之星》服务程序的窗口会显示在桌面上。

(二) 教师端

为了实现班级教学，方便指导学生操作，时刻关注学生动态，系统配置了教师端。启动教师端后，需要创建一个新班级，进行基础的参数配置，同时控制学生端的经营决策进度。具体操作步骤如下：

点击教师端运行程序，会弹出如图 1-1 所示的窗口。

在图中“服务器”栏目中填入刚才运行的数据处理服务器的 IP 地址或网站，如果本机本身就是数据处理服务器，则直接输入“127. 0. 0. 1”。虽然系统默认设置了数十个可

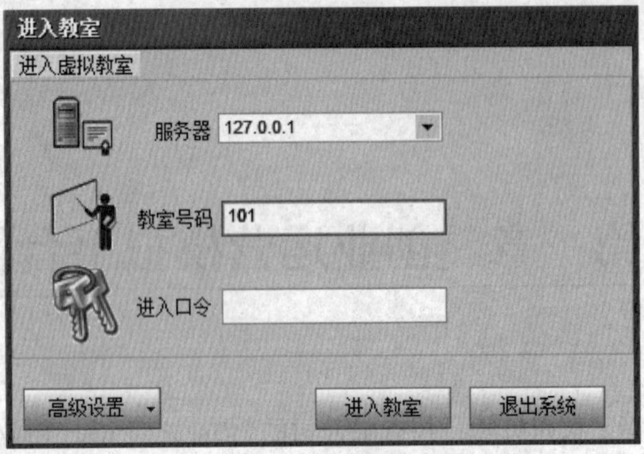

图 1-1 创业之星教师端——启动

以使用的教室号码，如 101 至 109，201 至 209，但仍需要根据系统管理员的授权，登录可以使用的教室号码名称。教师端既可以设置进入口令，防止非本班级学生误进，也可以默认不设置。图 1-1 中“高级设置”按钮是用来对连接服务器的连接端口进行配置。如果服务器没有修改连接端口号码，教师端则选择默认连接端口“80”。只要保证教师端的连接端口号码与服务器一致，即可。

在前面操作结束后，点击进入教室，根据自己的需要，既可创建新班级，也可登录历史班级(见图 1-2、图 1-3)。若是创建新班级，新建的班级名会出现在班级列表中，勾选新班级，点击“登录班级”。至此，教师端程序已经正常启动运行(见图 1-4)。

图 1-2 创业之星教师端——进入教室

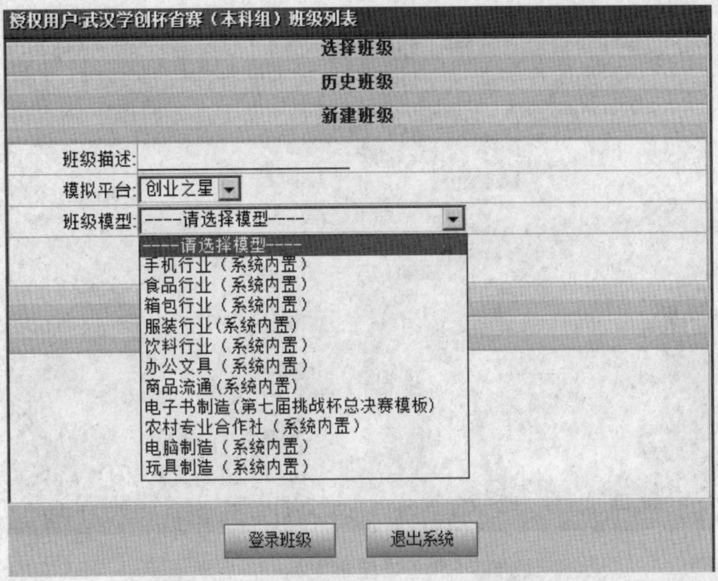

图 1-3　创业之星教师端——新建教室

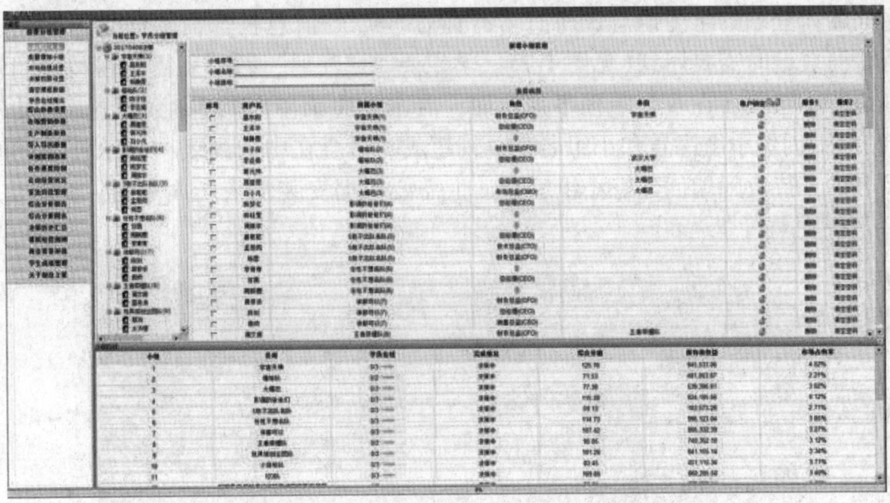

图 1-4　创业之星教师端进入教室后启动界面

(三)学生端

在联网的电脑上运行《创业之星》学生端，桌面会出现如图 1-5 所示的登录界面。界面中出现“服务器”“教室”“端口”三栏，需要填写相应信息。“服务器”代表的是《创业之星》数据处理服务器所在的 IP 地址或网址。如果本机本身就是数据处理服务器，则直接输入“127. 0. 0. 1”。“教室”和“端口”根据前面教师端的设置输入。

图 1-5　创业之星学生端——启动

第一次进入“创业之星”新班级，第一步点击“注册新用户”（见图 1-6），在出现的注册页面输入登录的学生信息，所有带有标志“＊”的信息栏都需要学生输入，这在后面进行工商登记时需要用到（见图 1-7）。学生要完成注册，教师还需要在教师端先设定参加训练的小组数，在教师端程序主界面，点击左边菜单“系统参数设置-学员分组管理”，按提示创建小组序号和小组名称，创建成功后会在中间列表中显示已创建的小组序号及名称，待教师端创建好小组后，学生需要根据安装加入所属小组。注册完成后，

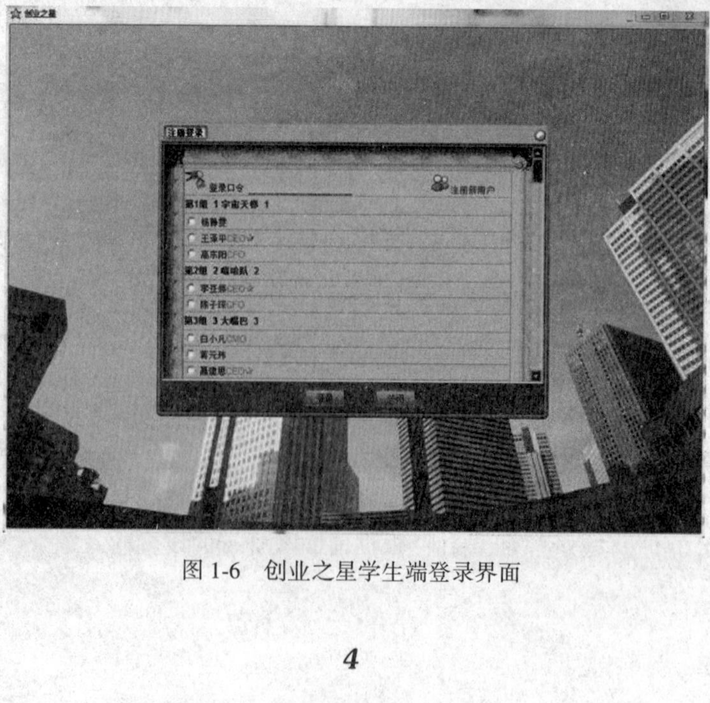

图 1-6　创业之星学生端登录界面

在原界面等待教师端解锁，解锁后，按“F5”键刷新界面，或者重启程序，可以看到刚注册的学生名字已经解锁。在勾选自己的名字后，在最上方输入注册时设置的密码进行登录，即可进入学生端程序的主场景。至此，学生端程序正常启动。

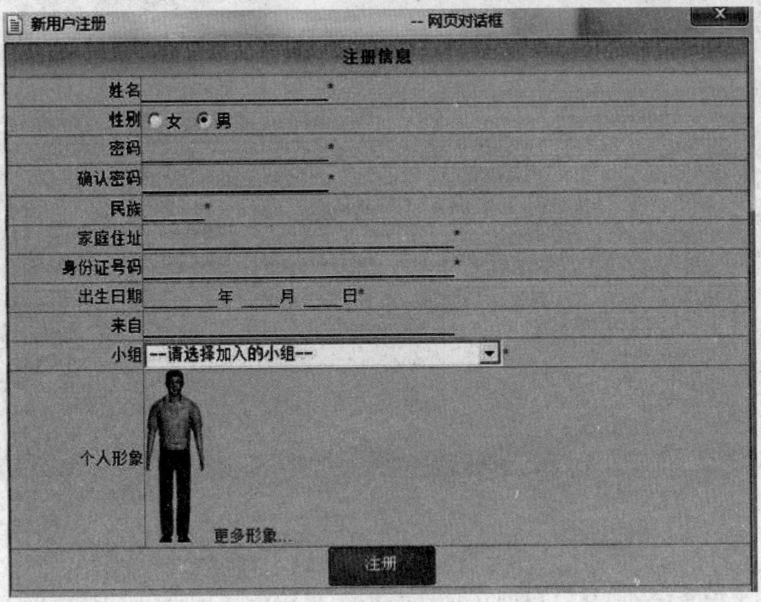

图 1-7 创业之星学生端新用户注册界面

二、学生端基本界面简介

学生端基本界面分为三个部分：主场景、公司场景和导航仪表盘。以下一一介绍三个场景的功能与操作使用。

(一)主场景功能分布简介

学生端登录成功后，首先界面跳转到主场景。主场景是对创业园区的全真模拟，创业所需的各个功能主体都含括在主场景中。主场景中的每幢楼代表创业过程中会打交道的某个办事单位。在操作过程中，既可以通过点击主场景上相应办事单位的大厦，也可以通过导航仪表盘上各个办事单位的快捷菜单，进行快速访问(见图 1-8)。

下面分别对各个大楼的功能与作用作简要说明：

(1)“创业大厦”：所有创业企业办公所在地，对应仪表盘上的“公司”。

(2)“创业银行”：创业园区的金融机构，可以到这里办理公司开户与申请借款等业务，对应仪表盘上的“银行”。

(3)“会计事务所”：新公司创立时，办理股东注资情况的验证证明，对应仪表盘上的“会计”。

(4)“工商行政管理局”：新公司创立时，办理公司名称审核及注册等事宜，对应仪表盘上的“工商”。

图 1-8　创业之星学生端主场景界面

(5)“国家税务局”：新公司创立时，办理国税税务登记证书，对应仪表盘上的“国税”。

(6)“地方税务局”：新公司创立时，办理地税税务登记证书，对应仪表盘上的“地税”。

(7)“质量技术监督局”：新公司创立时，办理组织机构代码证，对应仪表盘上的“质检”。

(8)“刻章店”：新公司创立时，刻制公司各类印章，对应仪表盘上的“刻章”。

(9)“人力资源与社会保障局”：办理公司社会保险登记证、员工养老保险，对应仪表盘上的“劳保”。

(10)“交易市场”：办理人员招聘、原材料转让交易、厂房设备交易、商业情况购买等，对应仪表盘上的“市场”。

每幢楼的入口处有一个进入大楼的标志，将鼠标移到这个位置上，当出现“进入”提示时，点击鼠标左键，可以进入相应的大楼办理相关业务。

(二)公司场景功能分布

在主场景左键单击“创业大厦”入口或者通过导航仪表盘上的“公司”按钮进行公司场景，进入公司场景后，界面中会出现各个部门的办公桌，包括总经理室、财务部、制造部、研发部、销售部、人力资源部、市场部、会议室(见图 1-9)。另外在办公室尽头有三个进出口，分别是原料仓库、生产车间、成品仓库。以下结合操作对各个部门的作用(见表 1-1)及决策流程(见图 1-10)一一介绍。

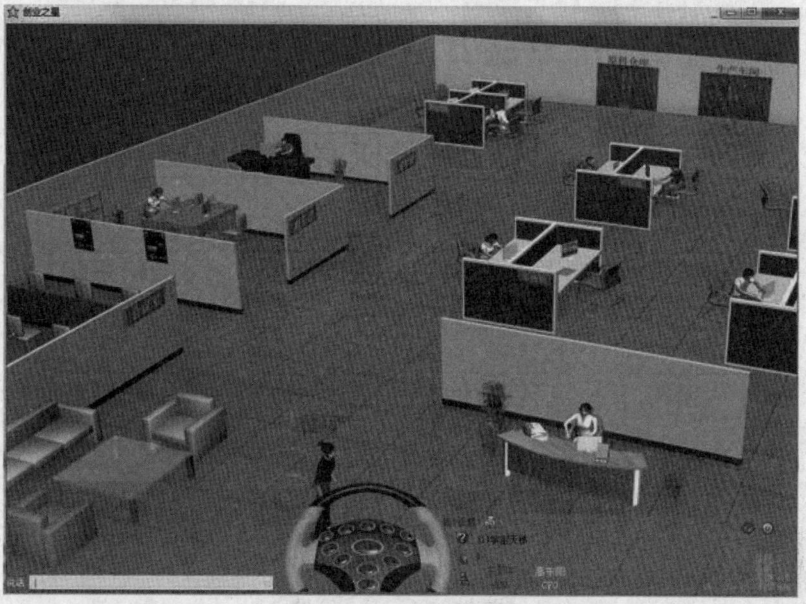

图 1-9 创业之星学生端公司场景界面

表 1-1 **公司各个部门的职能**

部门	职 能
研发部	负责新产品的设计工作，并对新设计产品进行研发，设计研发完成的产品才可以生产与销售
市场部	负责各区域市场的开发工作，并负责各阶段市场广告宣传投放方案的制订
销售部	负责对部门销售人员进行岗位调整、培训安排以及是否计划辞退等决策
制造部	负责采购原料、购置厂房、购置设备、生产资质认证投入等决策，并确定是否辞退生产工人，对销售部门接到的产品订单落实交付
财务部	负责公司各阶段现金预算的编制，根据公司发展需要制订筹资计划
人力资源部	负责员工招聘、签订合同、解除合同、员工培训等所有与员工有关的决策
会议室	在这里完成公司的创业计划书与经营计划书的撰写，完成公司章程的撰写；并可以看到完整的商业背景环境与运营规则
总经理	对公司整体运营情况及各部门经营的数据进行查询分析
原料仓库	查看公司原材料仓库中的所有原料信息
成品仓库	查看公司产成品仓库中的所有产品信息
生产车间	负责产品生产计划的编排与制订，并对厂房与设备进行相关操作

图 1-10　创业之星决策流程图

(三)导航仪表盘的操作使用

导航仪表盘上包含的 12 个按钮分别是：创业指导、公司、主、银行、国税、工商、质监、社保、验资、刻章、地税、市场，点击上面的各个按钮可以快速进入相关部门，并在不同部门和机构间快速切换。如点击“公司”，可以快速跳转到创业大厦的公司办公场景；点击“主”，可以快速回到主场景画面，等等。

在导航仪表盘的右边，还有如下快速操作的提示信息：

(1)“”：显示当前系统的时间周期。“第 7 季度”表示的是公司成立前的阶段，即对应创业计划和创业准备阶段的时间，需要完成创业计划书及工商税务登记注册等任务。

(2)“
”：显示公司当前所拥有的现金数量，将鼠标移至此位置会出现当前公司现金余额的提示信息；这个信息更新稍微有些滞后，学生可以通过财务部实时查询，结果更为准确。

(3)“”：背景音乐开关，点击可以切换打开或关闭背景音乐；退出系统开关，点击可以退出系统。

(4)“
”：系统帮助，打开后可以查看到系统中的帮助信息；可以通过系统帮助，了解公司运营相关信息。

(5)“

”：小组成员信息，打开后可以看到本小组所有成员的身份信息等资料。

(6)“

”：编辑个人信息，对个人的基本信息资料进行修改，分配担任的管理角色。在正式开始运营管理前，首先需要对团队中的每位成员进行岗位分工与角色任命，这项工作可以点击“编辑个人信息”按钮，在弹出来的窗口中来完成角色的分工。这里需要强调的是每个小组都必须设置一个人为总经理(CEO)，只有 CEO 才有权限进行经营操作。在系统中，默认设定了六个岗位角色：总经理(CEO)、财务总监(CFO)、生产总监(CPO)、市场总监(CMO)、研发总监(CTO)、销售总监(CSO)，根据团队人数多少，可以一人担任一个角色或多个角色。

在导航仪表盘的左边区域，是系统信息的发布栏。系统中一些重要提示信息，包括其他公司需要转卖的原料、厂房、设备等信息商情均在这里发布。

第二节 《创业总动员》软件介绍

《创业总动员》创新创业实践教育平台创业课程训练体系包括创业认知实践、创业基础实践、初创企业管理、创业综合管理四个部分。创业认知实践主要包括创新能力评估、创新讲堂应用、政策达人应用、案例达人应用、创业讲堂应用、职业性格评估、职业兴趣评估、创业能力评估、创业计划应用和企业开办应用等。创业基础实践主要包括认知创业应用、创业能力评估、创业团队管理、商机筛选应用、商业模式应用、资源整合管理、人资基础模拟、营销基础模拟等。初创企业管理主要包括创业计划应用、企业开办应用、经营基础应用、财务基础模拟、税务基础模拟、电商基础模拟、连锁经营模拟、物流基础模拟等。创业综合管理主要包括消费群体模拟、市场机会模拟、设计研发管理、生产制造管理、财务控制管理、市场营销管理，人力资源管理、竞争对抗模拟等。

软件平台基础模块是整个平台的核心基础，解决了所有应用共性的基础功能问题，使得用户可以对创新创业实训工作相关的基础数据进行高度集中统一的管理维护和分析，为教师下一步相关工作的延伸及扩展深化打下了非常有利的技术支撑基础。该模块主要由系统管理应用、用户管理应用、班级管理应用、教学引导应用、积分管理应用五大部分组成。

一、系统管理应用

由 System(平台最高等级管理员)用户登录后触发使用，包含平台所有模块、应用的配置信息管理、课程引导模板、虚拟仿真硬件、平台显示风格的维护管理等大量平台核心基础数据的维护功能(见图 1-11 ~ 图 1-13)。

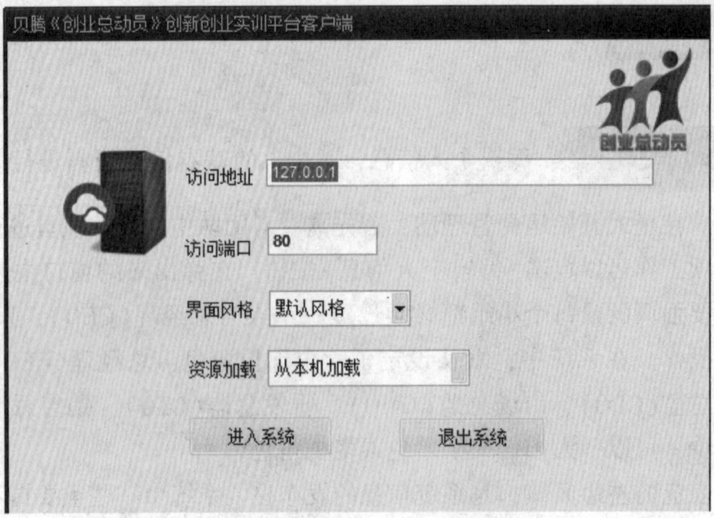

图 1-11　创业总动员客户端登录界面

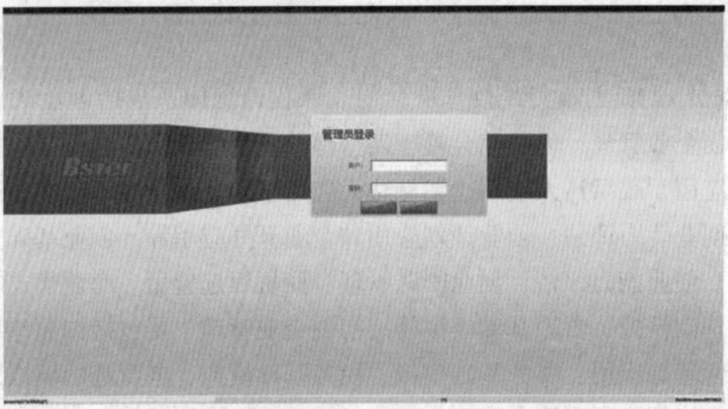

图 1-12　创业总动员系统管理员登录界面

图 1-13　创业总动员系统管理员管理界面

二、用户管理应用

用户管理应用由 Admin(平台教务管理员或信息管理员)用户登录后触发使用，可提供对整个平台内的所有老师与学生信息、教学在线资源内容的维护管理、应用属性配置维护功能，它是一个高度灵活的基于 3D 技术的个性化应用开发引擎(见图 1-14、图 1-15)。

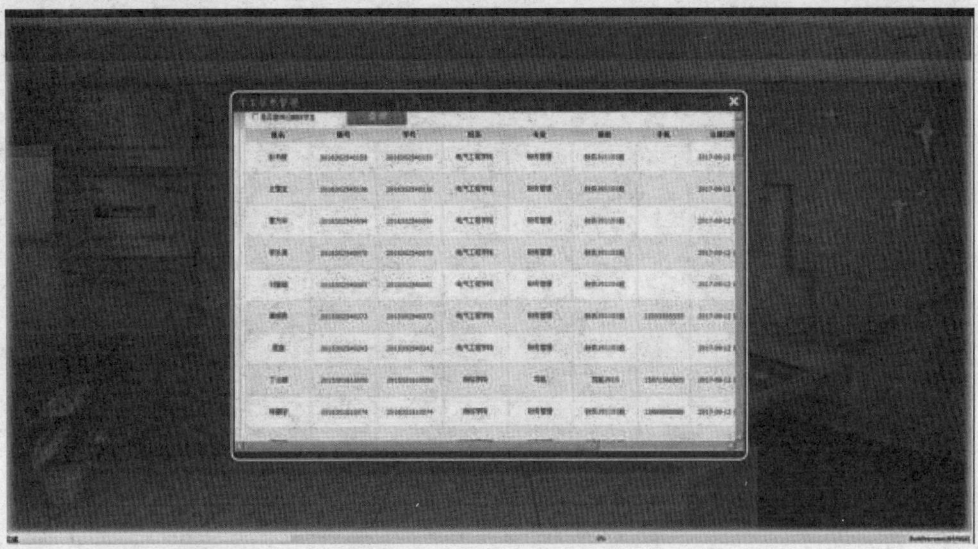

图 1-14　学生信息管理界面

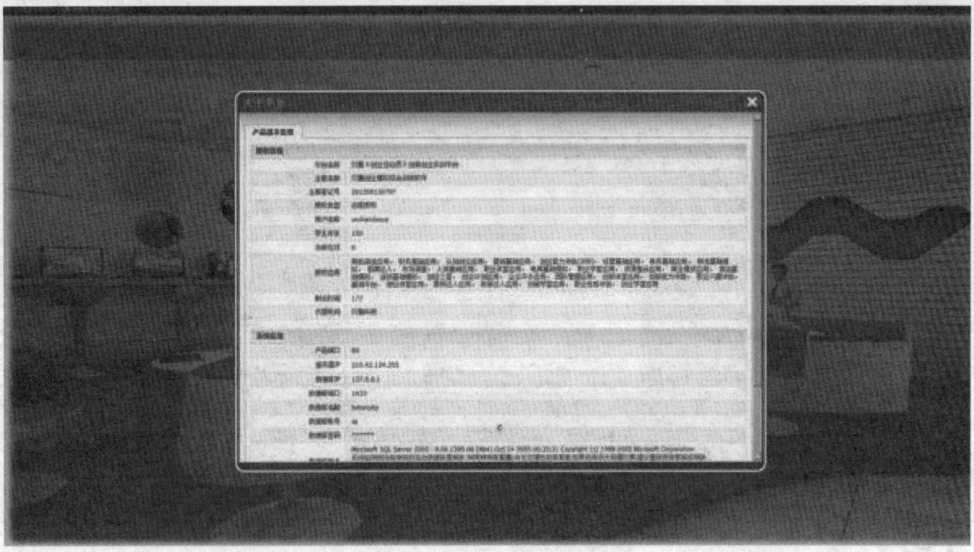

图 1-15　平台系统基本信息界面

三、班级管理应用

班级管理应用由 Teacher(教师)用户登录后触发使用，它是教师实施课程前期准备的系统，可提供班级建立管理、班级切换管理、班级学生管理、教学引导实施等功能，即教师登录建立一门具体的班级信息数据，并根据实际班级教学形式，选择相应的课程教学引导模板，再实际开始当前的实训课程(见图 1-16、图 1-17)。

图 1-16　教师用户登录系统后管理界面

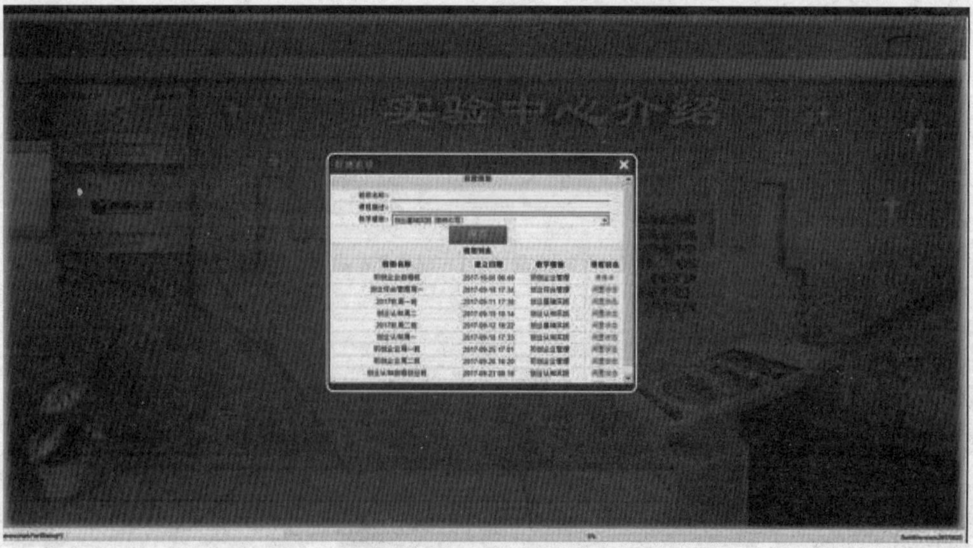

图 1-17　班级建立管理界面

四、教学引导应用

教学引导应用由 Teacher(教师)用户登录后触发使用，包含多套不同内容形式的实训课程模板、便捷的实训项目进度引导功能、实训项目详尽完备的项目描述说明、实训项目结果自动化记录管理功能、实训项目教学解析知识点配套功能等(见图 1-18、图 1-19)。

图 1-18　教学引导界面

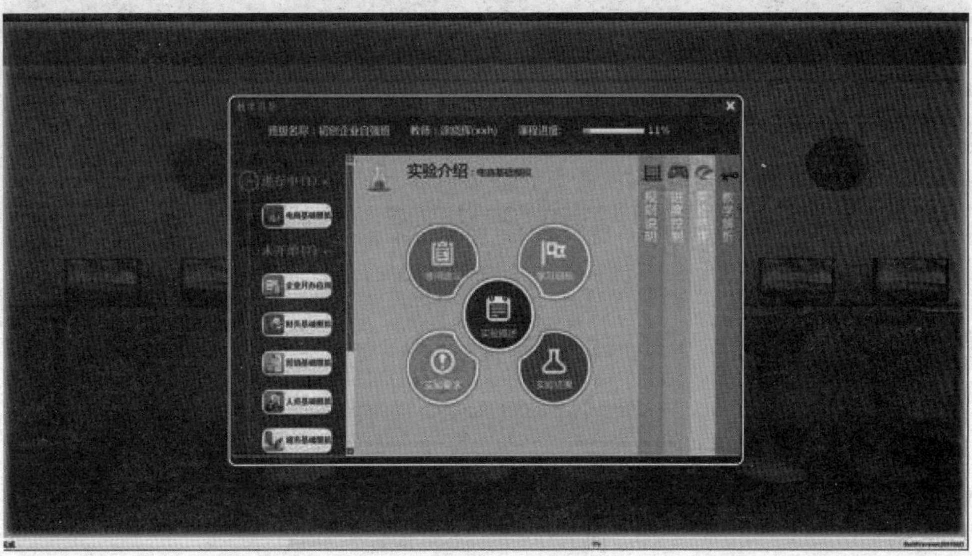

图 1-19　实训课程界面

五、积分管理应用

积分管理应用由 Teacher(教师)用户登录后触发使用，包含针对实训中的每个应用的积分生成与采样管理、积分目标设置管理、积分查询导出管理、积分报表图表呈现、积分数据挖掘分析管理等核心功能(见图 1-20、图 1-21)。

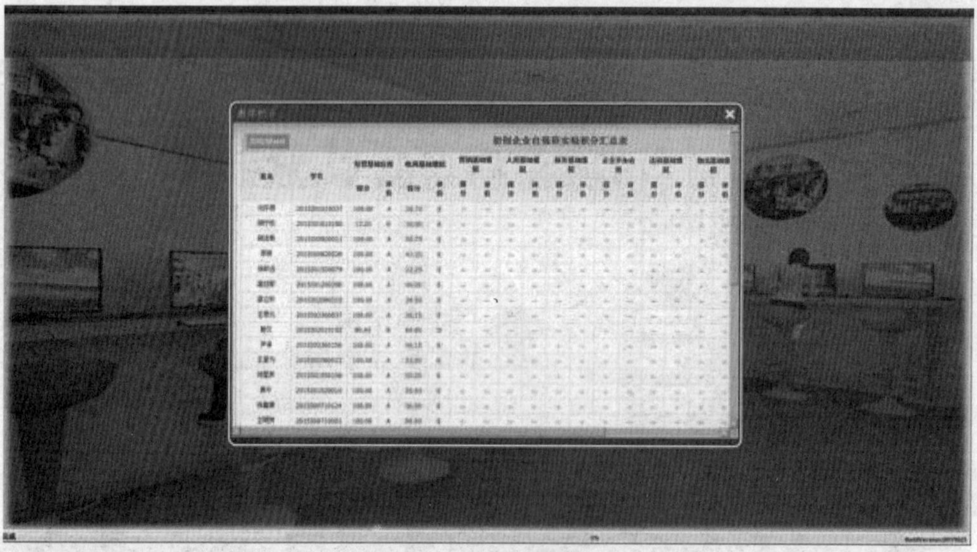

图 1-20　积分汇总表

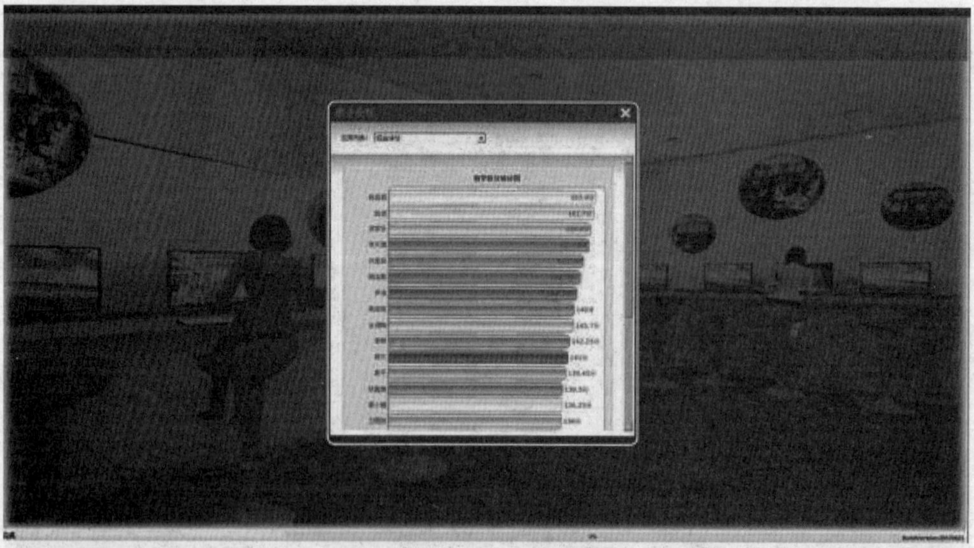

图 1-21　积分分析界面

六、学生登录界面

学生登录界面由 Student(学生)用户登录后触发使用，包含多套不同内容形式的实训课程用于学生实际实训使用(见图 1-22)。

图 1-22　学生实训登录界面

第二章　创业认知

创业认知实践主要包括创新能力评估、创新讲堂应用、政策达人应用、案例达人应用、创业讲堂应用、职业性格评估、职业兴趣评估、创业计划应用和企业开办应用等实验课程。学生通过本章的自主学习、自主测评、流程体验，可以了解和熟悉国家及地方在创业方面的优惠政策，在创业时可以申请获得政策扶持；而且通过学习大量成功和失败的创业案例，可以了解创业经营中可能遇到的各种困难和风险，做好创业前的各项准备工作。学生经过本章实训内容的学习和练习，通过包括创业能力评估、创新能力评估、职业性格评估、职业兴趣评估等一系列的测评，可以充分了解自己是否适合创业、自己的创业能力的大小，树立起自己的创业信心，提升创业的成功率；通过一系列的流程体验，学生可以熟悉创业前期及创业中所涉及的各个相关环节，了解企业设立与工商行政管理部门、税务部门、银行及相关行业主管部门之间究竟存在怎样的关系，各部门实际操作的程序以及需要提交的相关材料等，培养学生的创业兴趣，提高学生的实际办事能力。

第一节　创新能力评估

一、实训目的

(1)通过多维度创新评估，每位学生完成对自我创新综合素质能力的更全面及系统认识。

(2)找到自己创新方面的强项与薄弱项，为进一步的查漏补缺做好准备。

(3)通过自我评估了解创新领域所涵盖的学习范围，为下一步学习明确目标。

(4)培养对创新的兴趣与爱好。

二、实训要求

(1)确保教师有一台可联网的计算机，并可正常登录当前实训游戏，且能正常连接投影仪进行必要内容的展示。

(2)确保每位学生有一台可联网的计算机，并可正常登录当前实训游戏。

三、实训内容

创新能力评估是指通过多维度量表形式系统评估一个人的创新素质能力的应用。该应用通过地图导引式的3D场景，结合一套维度丰富的评估量表，由学习者自主全程完成整个评估过程。评估完成后，系统将给出一份完整的评估报告，其中包含评估模型介绍、评估标准、评估结果及评估建议等详尽内容，可为学习者在创新素质能力培养方面的下一步计划提供指导与建议。① 该应用的评估量表模型包含创新意识、创新思维、创造能力、创新方法、职场创新、创新实务等维度，涵盖创造创新组织能力的各个方面，量表模型中，每个维度都包含数十个细致的评估项目，评估项目大多以主观测试为主，受测者通过短时间本能回答，评估结果将能很好地体现出每位受测者的综合创新素质能力情况(见图2-1)。

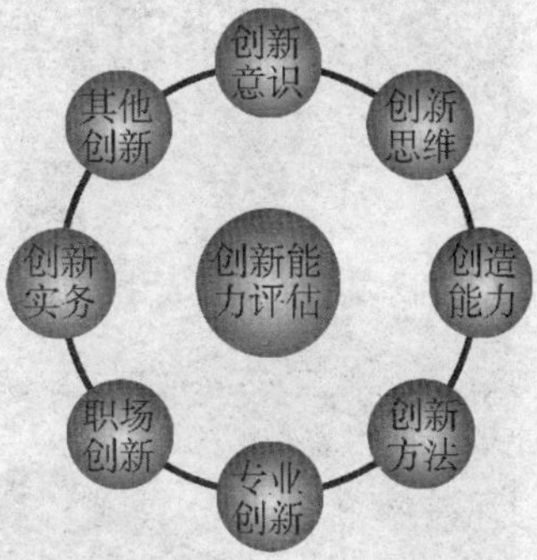

图2-1　创新能力评估维度分布

(一)启动应用

该应用可以通过教学引导的授课方式和学生引导的自学方式进行开启。

在教学引导模式下，学生端默认是等待状态(见图2-2)，需要点击教师端“实验控制”内“开始”应用。学生在等待过程中可以查看相关的测评规则。

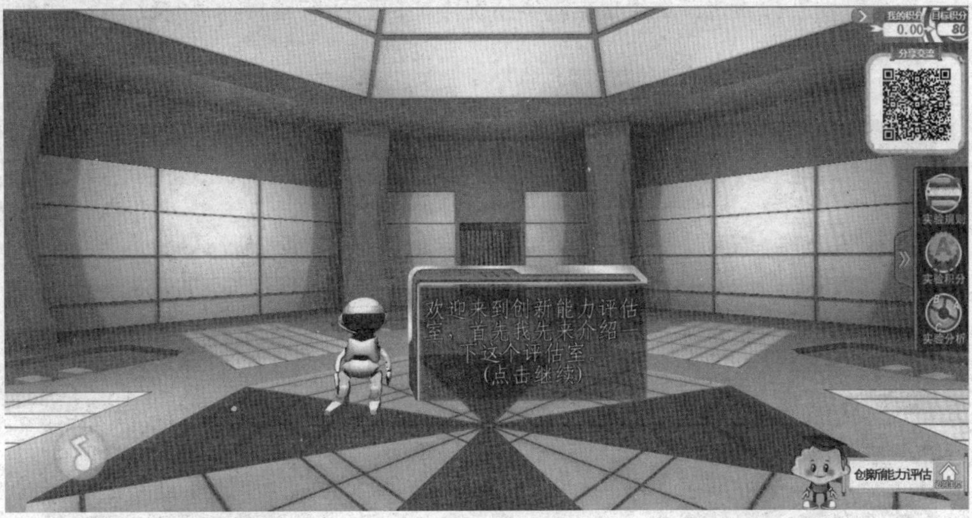

图2-2　创新能力评估

① 陈建华，赵振勇. 基于创新能力培养的创业教育教学模式研究[J]. 黑龙江教育(高教研究与评估)，2016(6)：62-64.

在学生引导模式下，可以直接点“开始实验”，然后点“进入实验”进行创新能力评估，无需等待(见图 2-3)。

图 2-3　创新能力评估开始界面

(二)答题方式

学生端测评开启后，即进入答题界面。创新能力评估分为 8 个维度，可以随意选择任意一个维度进行测评，学生根据真实情况本能回答所有题目。每完成 10 个测评题，提交一次答案(见图 2-4)。

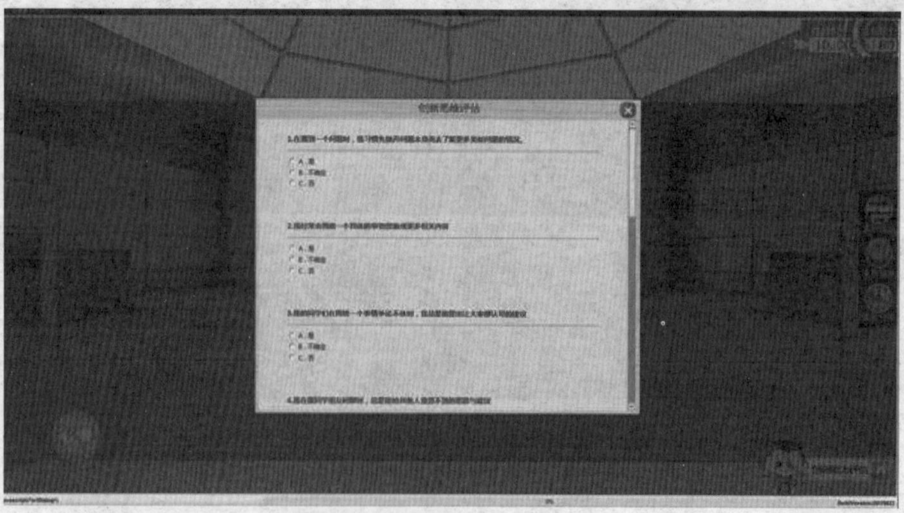

图 2-4　创新能力评估答题界面

(三)报告生成

8个维度作答完毕，即可查看学生自己的创新能力评估报告(见图2-5)。

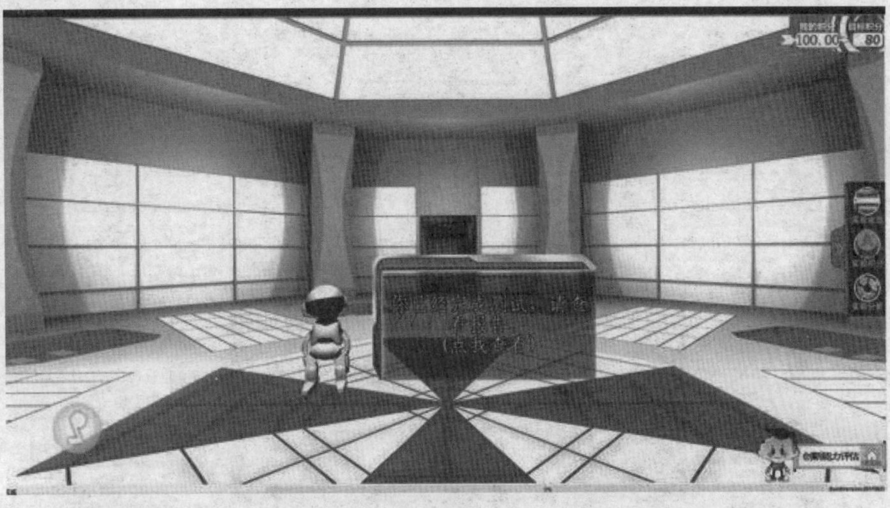

图2-5 创新能力评估完成测试界面

(四)评估报告解读

评估报告为一次性生成(见图2-6)，要求学生认真如实作答。评估报告一旦生成，则不会被删除或修改。学生只要用自己的账号登录，就可以随时查看并下载。

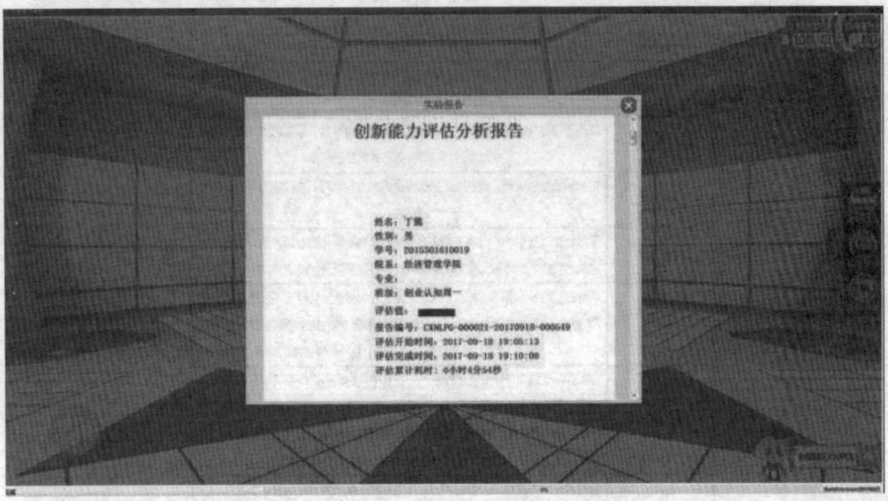

图2-6 创新能力评估查看评估报告

通过创新能力综合评价图，学生能够直观地对自己的创新能力做出定性判断，进而使自己的后续学习更具有针对性(见图2-7)。

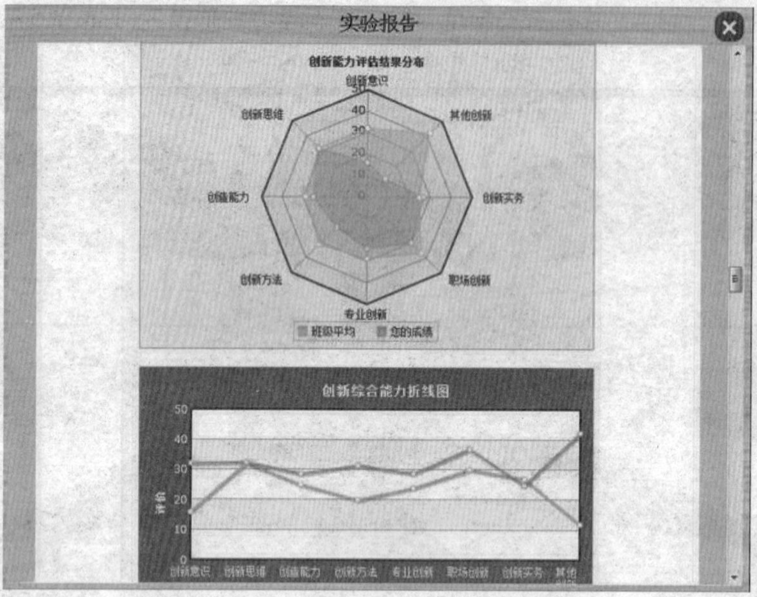

图 2-7　创新能力评估综合评价图

学生可以从评估结论表中获得精确的能力评估解释，同时能够得到合理建议并指导后续创业知识的学习(见图 2-8)。

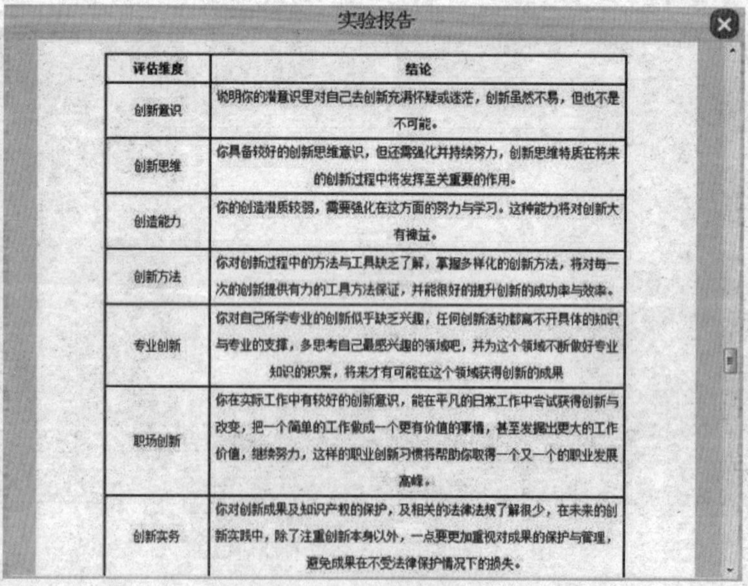

实验报告

评估维度	结论
创新意识	说明你的潜意识里对自己去创新充满怀疑或迷茫，创新虽然不易，但也不是不可能。
创新思维	你具备较好的创新思维意识，但还需强化并持续努力，创新思维特质在将来的创新过程中将发挥至关重要的作用。
创造能力	你的创造潜质较弱，需要强化在这方面的努力与学习。这种能力将对创新大有裨益。
创新方法	你对创新过程中的方法与工具缺乏了解，掌握多样化的创新方法，将对每一次的创新提供有力的工具方法保证，并能很好的提升创新的成功率与效率。
专业创新	你对自己所学专业的创新似乎缺乏兴趣，任何创新活动都离不开具体的知识与专业的支撑，多思考自己最感兴趣的领域吧，并为这个领域不断做好专业知识的积累，将来才有可能在这个领域获得创新的成果
职场创新	你在实际工作中有较好的创新意识，能在平凡的日常工作中尝试获得创新与改变，把一个简单的工作做成一个更有价值的事情，甚至发掘出更大的工作价值，继续努力，这样的职业创新习惯将帮助你取得一个又一个的职业发展高峰。
创新实务	你对创新成果及知识产权的保护，及相关的法律法规了解很少，在未来的创新实践中，除了注重创新本身以外，一点要更加重视对成果的保护与管理，避免成果在不受法律保护情况下的损失。

图 2-8　创新能力评估评估结论

(五)其他功能说明信息查询栏

实验规则：单击可以查看相关的实验规则(见图 2-9)。

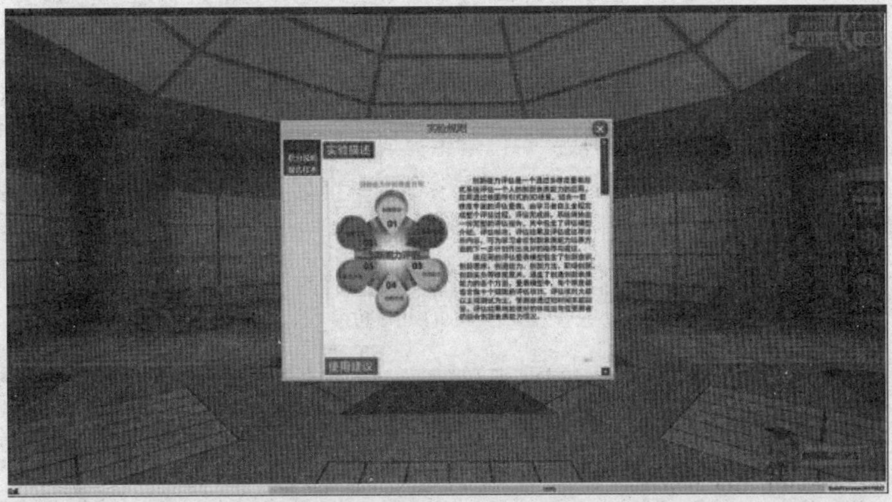

图 2-9 创新能力评估信息查询栏——实验规则

实验积分：单击可以查看自己答题获取的积分详情(见图 2-10)。

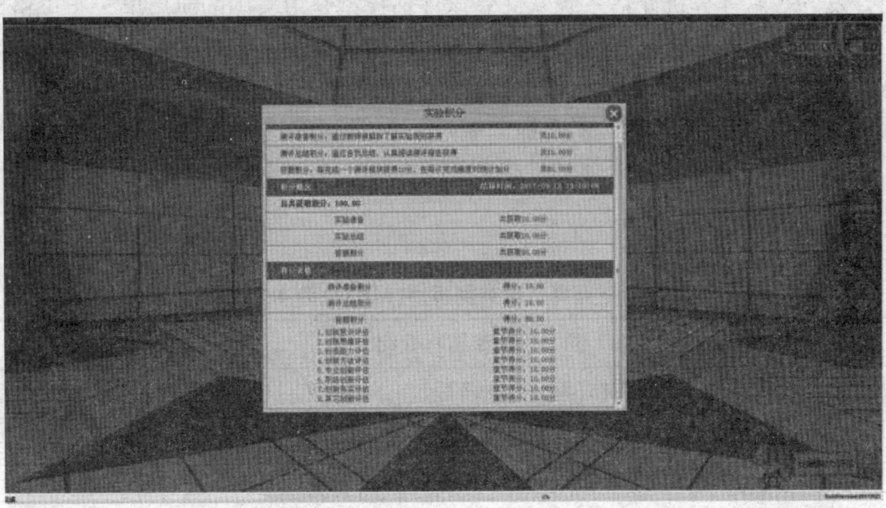

图 2-10 创新能力评估信息查询栏——实验积分

实验分析：单击可以查看全班同学答题的积分情况。

四、实训总结

此实训模块通过创新能力的 8 个维度对创业者进行评估，让创业者获知自身的创新能力水平。

第二节　职业性格评估

一、实训目的

(1)通过多维度职业性格评估，每位学生完成对自我职业性格的系统认识。

(2)根据评估报告给予的结论及建议，结合自身情况，树立更加明确的职业生涯规划目标。

(3)为下一步的专业学习及倾向性职业相关知识的学习明确学习目标。

(4)加深对职业的理解与认识，为就业做好准备。

二、实训要求

(1)确保教师有一台可联网的计算机，并可正常登录当前实训游戏，且能正常连接投影仪进行必要内容的展示。

(2)确保每位学生有一台可联网的计算机，并可正常登录当前实训游戏。

三、实训内容

职业性格评估应用①是基于迈尔斯-布里格斯类型指标(MBTI)表征人的性格评估模型，而开发的一款计算机评估系统软件。该评估模型是由美国的凯恩琳·布里格斯和他的女儿伊莎贝尔·布里格斯·迈尔斯制定的。该指标以瑞士心理学家荣格划分的 8 种类型为基础，加以扩展，形成 4 个维度。这 4 个维度就是 4 把标尺，每个人的性格都会落在标尺的某个点上，这个点靠近哪个端点，就意味着这个人就有哪方面的偏好(见表 2-1)。如在第一维度上，个体的性格靠近外倾这一段，就偏外倾，而且越接近端点，偏好越强。

表 2-1　**迈尔斯—布里格斯类型指标(MBTI)的 4 个维度**

类型指标介绍				
维度	类型	相对应类型英文缩写	类型	相对应类型英文缩写
1	外倾	E	内倾	I
2	感觉	S	直觉	N
3	思维	T	情感	F
4	判断	J	理解	P

① Davis, Junius A, Myers, et al. Relation of Medical Students', Psychological Type to Their Specialties Twelve Years Later[J]. ETS Research Memorandum, 1964, 64(15): 13.

(一)启动应用

该应用可以通过教学引导的授课方式和学生引导的自学方式进行开启。

在教学引导模式下，学生端默认是等待状态，需要教师端“实验控制”内“开始”应用。学生在等待过程中，可以查看相关的测评规则。

在学生引导模式下，可以直接点“开始实验”，然后点“进入实验”进行职业性格评估，无需等待(见图 2-11)。

图 2-11　职业性格评估进入界面

(二)实验规则

MBTI 性格类型测试问卷答题规则：

(1)请在心态平和及时间充足的情况下才开始答题。

(2)每道题目均有两个答案：A 和 B。请仔细阅读题目，按照与你性格相符的程度分别给 A 和 B 赋予一个分数，并使一组中的两个分数之和为 5。

(3)请注意，题目的答案无对错之分，你不需要考虑哪个答案“应该”更好，而且不要在任何问题上思考太久，而是应该凭你心里的第一反应做出选择。

(4)如果你觉得在不同的情境里，两个答案都能反映你的倾向，请选择一个对于你的行为方式来说最自然、最顺畅、最从容的答案。

例如：

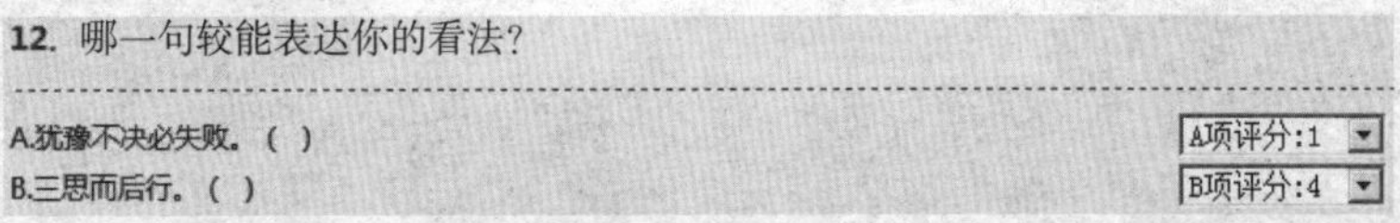
12. 哪一句较能表达你的看法？

A.犹豫不决必失败。( )　A项评分:1

B.三思而后行。( )　B项评分:4

很明显，你参与社交聚会时有时能认识新朋友，有时又会只跟几个亲密挚友待在一起，在以上例子中，我们给总是能认识新朋友打了 4 分，而给只跟几个亲密挚友待在一起打了 1 分。当然，在你看来，也可能是“3+2”或者“5+0”，也可以是其他组合。

请在以下范围内一一对应地选择你对以下项目的赋值

最小————————————————————————最大

0　　　　1　　　　2　　　　3　　　　4　　　　5

(三)答题方式

学生端测评开启后，即进入答题界面。创新能力评估分为 4 个维度，可以随意选择任意一个维度进行测评，学生根据真实情况本能回答所有题目(见图 2-12、图 2-13)。

图 2-12　职业性格评估答题开始界面

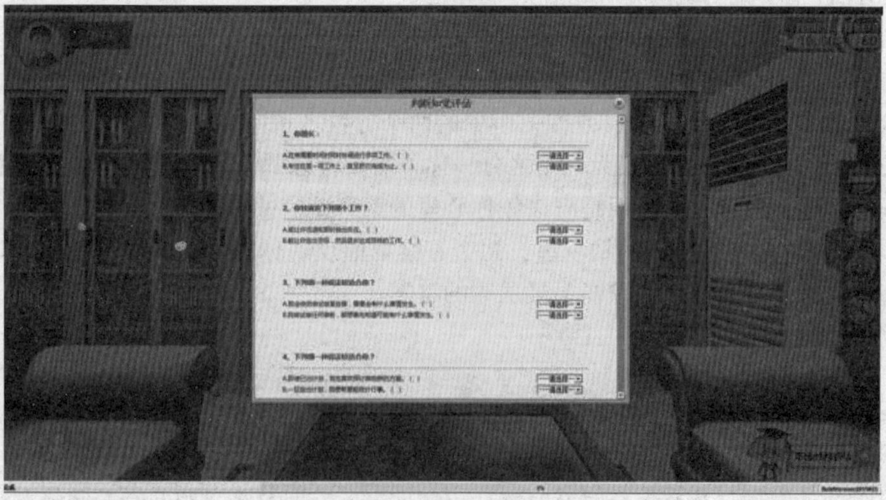

图 2-13　职业性格评估——判断知觉评估答题界面

(四)报告生成

学生将 4 个维度答题完毕，即可查看自己的职业性格评估报告(见图 2-14)。

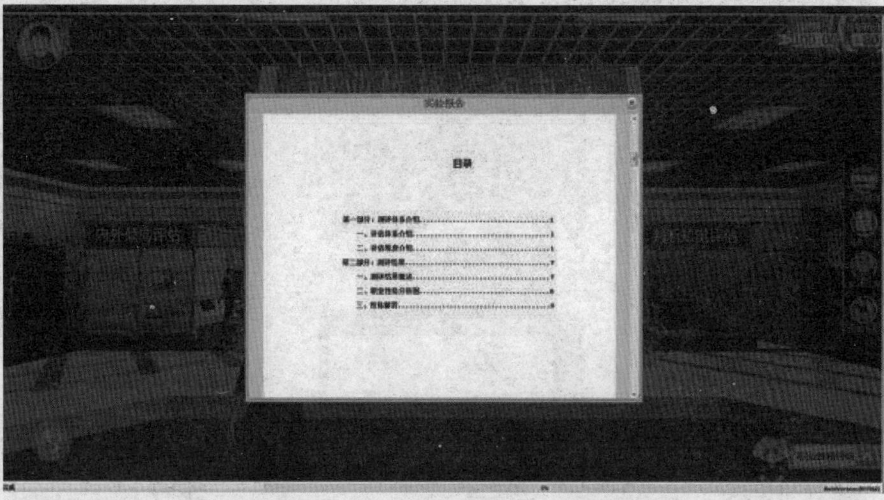

图 2-14　职业性格评估测评报告

(五)评估报告解读

评估报告为一次性生成(见图 2-15)，一旦生成，则不会被删除或修改。因此，要求学生对认证能如实作答，且只要用自己的账号登录，就可以随时查看并下载。

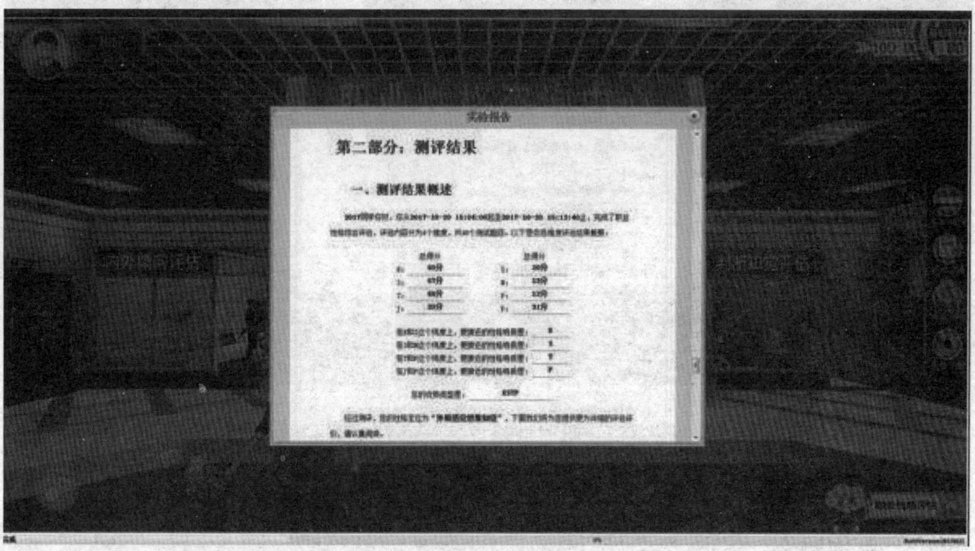

图 2-15　职业性格评估测评报告测评结果

通过职业性格综合评估，学生能够直观地对自己的性格特点有精确的了解(见图

2-16、图 2-17)，从而使自己能够更好地规划职业生涯。

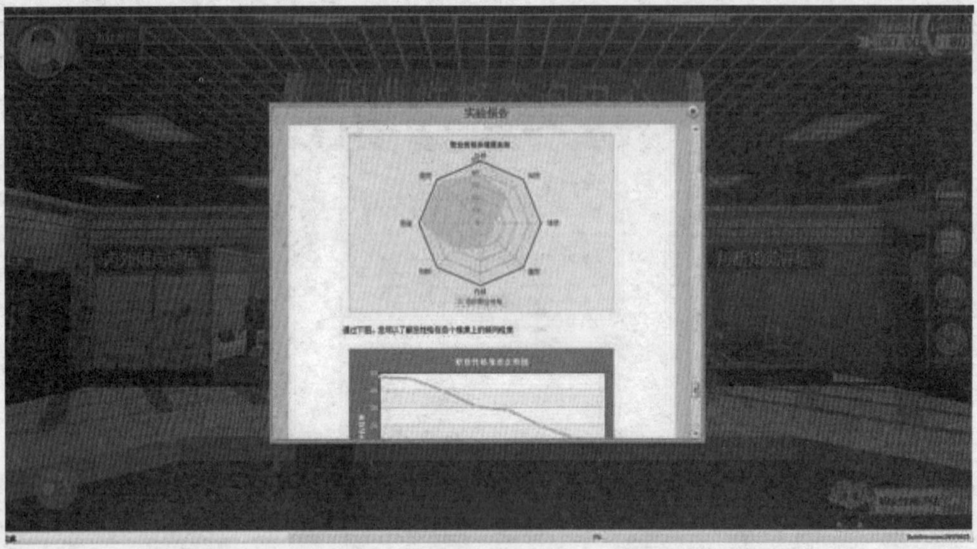

图 2-16　职业性格评估——职业性格分析图

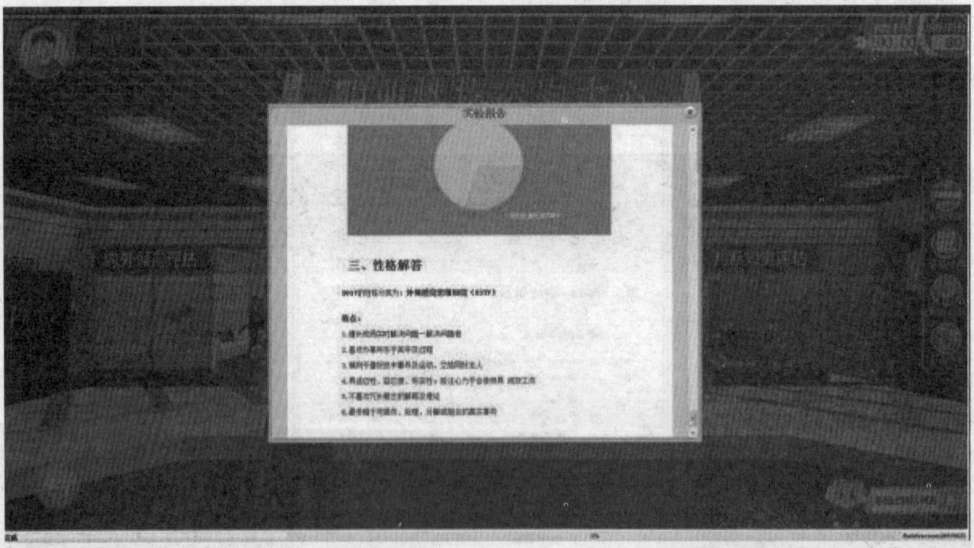

图 2-17　职业性格评估——性格解答

四、实训总结

此实训模块通过对职业性格 4 个维度对创业者进行评估，让创业者获知自身的性格特点，从而能够更好地规划自己未来的发展方向。

第三节　职业兴趣评估

一、实训目的

(1)通过多维度职业兴趣评估，每位学生完成对自身兴趣的寻找与了解。

(2)根据评估报告给予的结论及建议，结合自身情况，树立更加明确的职业生涯规划目标。

(3)为下一步的专业学习及倾向性职业相关知识的学习明确学习目标。

(4)加深对职业的理解与认识，为就业做好准备。

二、实训要求

(1)确保教师有一台可联网的计算机，并可正常登录当前实训游戏，且能正常连接投影仪进行必要内容的展示。

(2)确保每位学生有一台可联网的计算机，并可正常登录当前实训游戏。

三、实训内容

职业兴趣评估①是基于美国著名职业指导专家 J. 霍兰德编制的评估模型而开发的计算机系统评估软件。该模型把职业分为 6 种不同类型，即现实型、研究型、艺术型、社会型、企业型、常规型。霍兰德认为每个人都是这 6 种类型的不同组合，只是占主导地位的类型不同。霍兰德还认为，每一种职业的工作环境也是由 6 种不同的工作条件所组成，其中有一种占主导地位，一个人的职业是否成功、是否稳定、是否顺心如意，在很大程度上取决于其个性类型和工作条件之间的适应情况。

职业的选择问题是每个学生即将面临或将会面临的现实问题，关系到每个学生的切身利益，而真正涉及求职择业的时候，尤其是毕业前夕，是大学生心理变化剧烈的时期，可以说是兴奋和忧虑共存。兴奋的是经过几年的大学学习，即将完成学业，终于可以到社会上一展身手了。忧虑的是面临择业、就业和创业这个事关今后生活和发展的大问题，是毕业后去创业还是就业，以及能不能找到工作、找到什么职业才是最适合自己的，心中并没有十足的把握，由此陷入一种迷茫状态。此实训内容就是为帮助大学生认清自身和职业倾向，正确地认识自己的优势与不足，给自己准确定位而开发的。

(一)启动应用

该应用可以通过教学引导的授课方式和学生引导的自学方式进行开启。

在教学引导模式下，学生端默认是等待状态，需要点击教师端“实验控制”内“开

① Holland J. A universal computer capable of executing an arbitrary number of sub-programs simultaneously[C]// Papers Presented at the December, Eastern Joint Ire-aiee-acm Computer Conference, 1959.

始"应用。学生在等待过程中，可以查看相关的测评规则。

在学生引导模式下，可以直接点"开始实验"，然后点"进入实验"进行职业性格评估，无需等待(见图 2-18)。

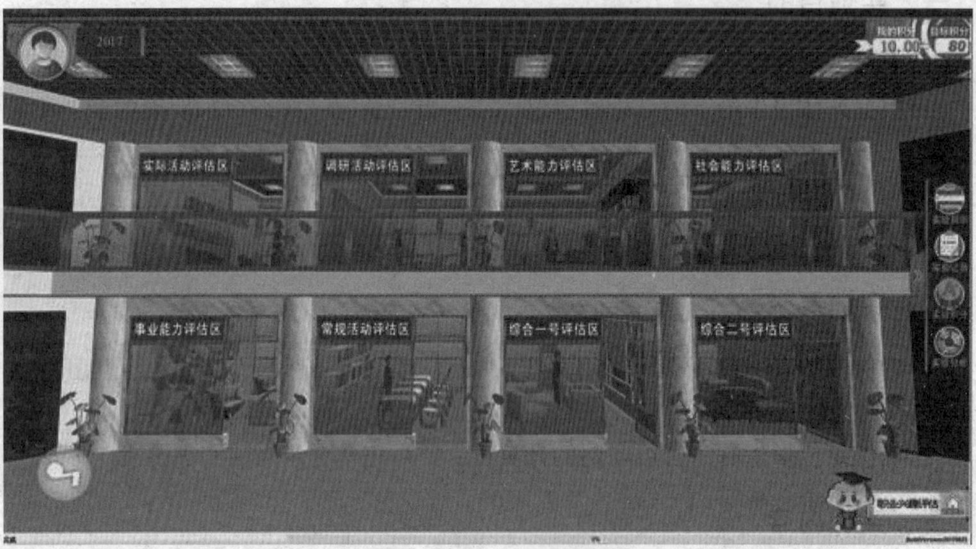

图 2-18　职业兴趣评估答题开始界面

(二)答题方式

学生端测评开启后，即进入答题阶段。职业兴趣评估分为 10 个评估区，可以选择任意一个区进行测评，学生根据真实情况如实回答所有题目(图 2-19)。

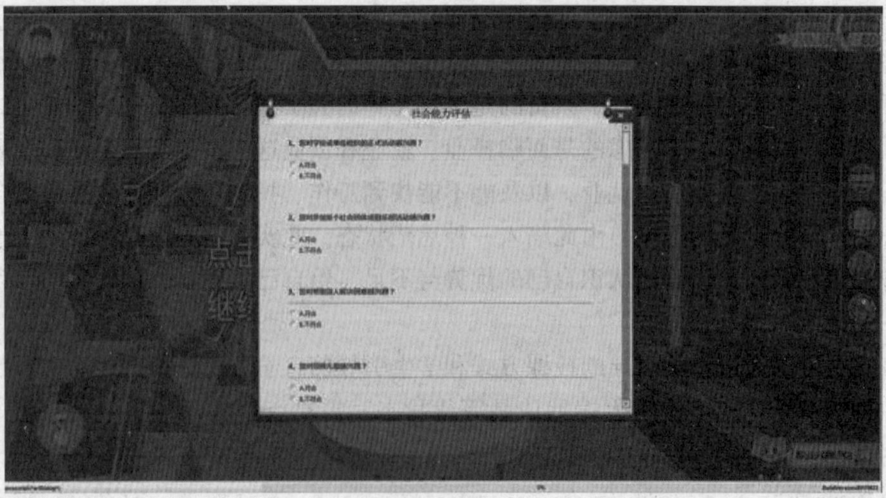

图 2-19　职业兴趣评估答题界面

（三）报告生成

学生将 8 个评估区答题完毕，即可查看学生自己的职业兴趣评估报告（见图 2-20）。

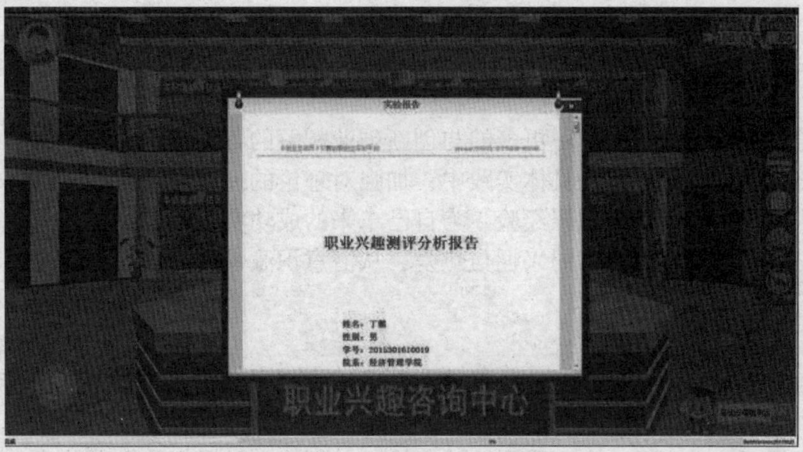

图 2-20　职业兴趣评估测评报告

（四）评估报告解读

评估报告为一次性生成（见图 2-21），要求学生认证如实作答。评估报告一旦生成，则不会被删除或修改。学生只要用自己的账号登录，就可以随时查看并下载。

图 2-21　职业兴趣评估测评报告测评结果

四、实训总结

此实训模块通过对职业兴趣多个维度对学生进行评估，主要从兴趣的角度出发来探索职业指导的问题，帮助学生找到自己感兴趣的职业，提高其对该职业的积极性，促使其积极地、愉快地从事该职业，并有助于自己在该职业上取得成功。

第四节　案例达人应用

一、实训目的

(1)通过在线形式了解学习更多的与创新创业相关的各类案例内容。

(2)转化课堂理论知识到具体实践中，加强对理论的理解与认知。

(3)从他人失败案例中积累经验，为自己未来的成功实践加码。

(4)树立自己对这些内容的兴趣与热爱，从潜意识激发自身进一步学习的动力。

二、实训要求

(1)确保教师有一台可联网的计算机，并可正常登录当前实训游戏，且能正常连接投影仪进行必要内容的展示。

(2)确保每位学生有一台可联网的计算机，并可正常登录当前实训游戏。

三、实训内容

案例达人应用是一个汇集了国内外大量创新创业及就业相关的各类案例的专业数据库支持系统，该应用设计目的是解决国内该类内容资源相对分散凌乱、体系化缺失、查询学习不便的现状。该数据库根据案例所在区域、行业、群体等角度进行了归类整理，每一篇案例都被内置了相应题量的知识互动学习内容。

(一)启动应用

该应用可以通过教学引导的授课方式和学生引导的自学方式进行开启。

在教学引导模式下，学生端默认是等待状态，需要点击教师端“实验控制”内“开始”应用。学生在等待的过程中，可以查看相关的测评规则。

在学生引导模式下，可以直接点“开始实验”，然后点“进入实验”进行职业性格评估，无需等待(见图 2-22)。

图 2-22　案例达人应用进入界面

(二)互动学习

系统内置了相关的知识互动功能，学生可以通过与系统的知识互动获得相应积分以体现学习过程与进程。学生端测评开启后，即进入互动学习界面。系统内置了 14 个领域的案例，包括农林牧渔业、住宿和餐饮业、信息软件服务业、文化体育与娱乐业、租赁和商务服务业、科学研究与技术服务业等。学生可以在这个基于 3D 虚拟仿真场景的虚拟案例学习观，找寻自己感兴趣的学习内容，并与学习内容互动交流。

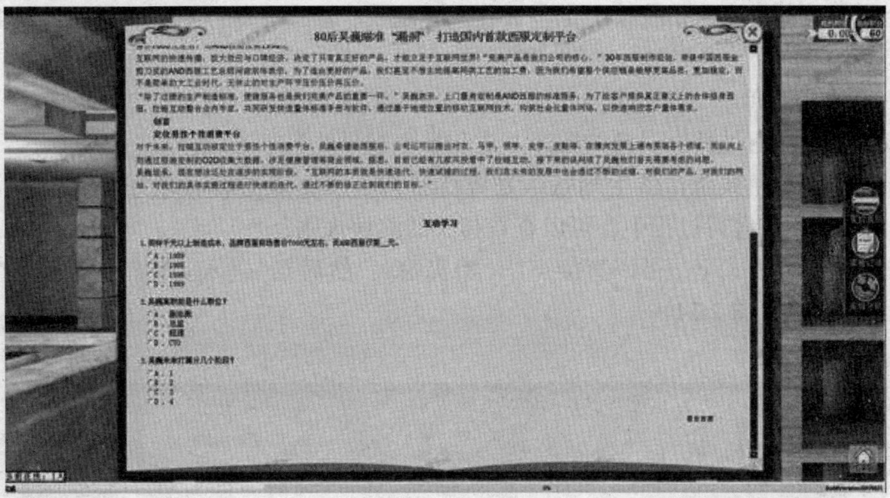

图 2-23　案例达人应用互动学习界面

四、实训总结

此实训模块通过对相关创业案例的学习，帮助同学们从前人的成功或者失败案例中积累经验，为自己未来的成功找出捷径，以少走弯路，从而更快更好地实现创业成功。

第五节　政策达人应用

一、实训目的

(1)通过在线形式了解学习更多创新创业就业相关的各类政策内容。

(2)培养对宏观环境及社会环境规则的敏感度与认知上的全面性。

(3)结合自身目标，为下一步利用这些政策内容打好基础。

二、实训要求

(1)确保教师有一台可联网的计算机，并可正常登录当前实训游戏，且能正常连接投影仪进行必要内容的展示。

(2)确保每位学生有一台可联网的计算机，并可正常登录当前实训游戏。

三、实训内容

政策达人应用是一个汇集了国内近5年最新创新创业及就业相关的各类政策的专业数据库支持系统，该应用的目的是解决国内该类内容资源相对分散凌乱、体系化缺失、查阅学习不便等现状。系统内整合了从国务院、各部委、各省市自治区、市区县的各级政府创新创业以及就业相关的政策配套内容，同时整合了各地产业园、孵化园、创新园区等组织机构的优惠支持政策，也包含各大专院校、企事业单位对创新创业及就业的支持政策。

(一)启动应用

该应用可以通过教学引导的授课方式和学生引导的自学方式开启。

在教学引导模式下，学生端默认是等待状态，需要点击教师端“实验控制”内“开始”应用。学生在等待过程中，可以查看相关的测评规则。

在学生引导模式下，可以直接点“开始实验”，然后点“进入实验”进行职业性格评估，无需等待(见图2-24)。

图2-24　政策达人应用进入界面

(二)互动学习

系统内置了相关的知识互动功能，学生可以通过与系统的知识互动获得相应积分以体现学习过程与进程。学生端测评开启后，即进入互动学习界面。系统内置了国务院、各部委、各省市自治区、市区县的各级政府创新创业以及就业相关的政策。学生可以在这个基于3D虚拟仿真场景的虚拟政策学习观，找寻自己感兴趣的学习内容，并与学习内容互动交流。

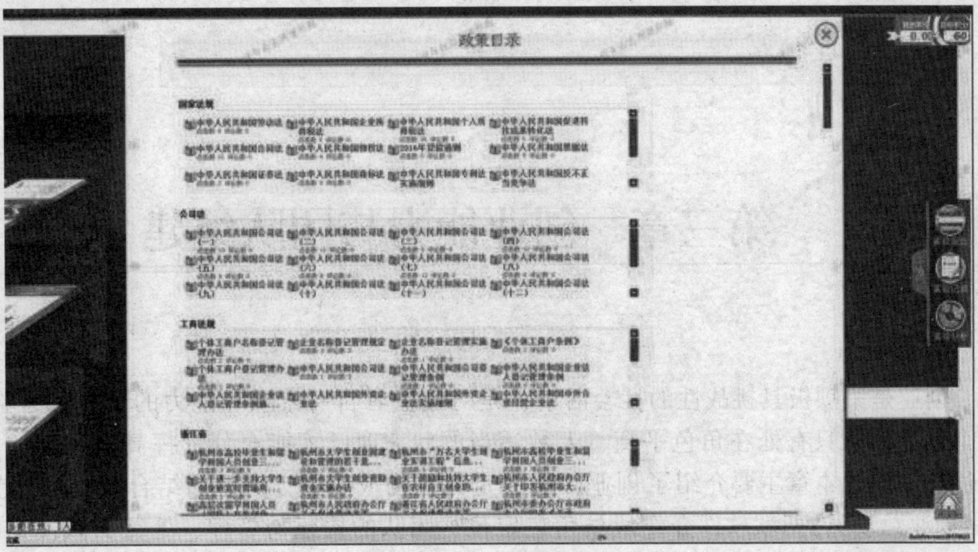

图 2-25　政策达人应用互动学习界面

四、实训总结

此实训模块通过对相关创业政策的学习，帮助同学们培养对宏观环境及社会环境规则的敏感度与认知度，方便同学们结合自身目标，为下一步利用相关政策法规进行相关创业打好基础。

第三章 创业能力与团队组建

创业是一项极具挑战性的社会活动，是对创业者自身素质和能力的全方位考验。一个创业团队只有处在角色平衡、人数适当的状态时，才能充分发挥高效运转的协作优势。因此本章主要介绍了创业团队的定义、构成要素、类型，结合《创业之星》和《创业总动员》两款软件介绍成员角色定位、团队的构建与管理、处置团队冲突的策略。

第一节 创业者与创业团队

一、创业者

创业者的概念是由法国经济学家坎蒂隆(Cantillon)于1755年首次引入经济学领域。① 1880年，法国经济学家萨伊(Say)首次给出了创业者的定义，他将创业者描述为将经济资源从生产率较低的区域转移到生成率较高区域的人，并认为创业者是经济活动过程中的代理人。② 美籍奥地利经济学家熊彼特(Schumpeter)认为创业者应该是创新者，具有发现和引入新的、更好的、能赚钱的产品、服务和过程的能力。③ 管理学大师彼得·德鲁克进一步发展了熊彼特关于创业者的定义。他认为不是只有从事经济活动才能成为创业者；一个人在任何一个领域进行了创新性的活动，提高了资源的利用效率，都可以称为创业者。④

二、创业者综合能力评估

(一)实训目标

(1)通过严谨的量表评估方法，精确量化评估每位学生的创业素质能力分布情况。

---

① Cantillon R . An Essay on Economic Theory Auburn. Ludwig von Mises Institute, Alabama , 2010.

② Say J B. Atreatise on Political[M]. Kethcener on, Batoche books, 1880.

③ Schumpeter J A. On the Concept of Social Value[J]. Quarterly Journal of Economics, 1909, 23(2): 213-232.

④ Drucker P F. The Daily Drucker[J]. Poetry, 2005.

(2)通过多维度创业素质能力评估，拓宽学生对创业素质能力所涵盖内容范围的了解。

(3)结合系统给予的结论及建议，客观审视自身创业相关素质能力的优势与不足，做到有效地查缺补漏。

(4)根据评估报告给予的结论及建议，结合自身情况，树立更加明确的创业学习与实践目标。

(5)培养自己对进行创业实践的信心与兴趣。

(二)实训要求

(1)确保教师有一台可联网的计算机，并可正常登录当前实训游戏，且能正常连接投影仪进行必要内容的展示。

(2)确保每位学生有一台可联网的计算机，并可正常登录当前实训游戏。

(3)此测评均为精心设计的内容，本身并无绝对意义的标准答案，学生需要根据自己的第一直觉确定选择，本能选择更能准确反映出每位学生的真实创业综合素质和能力。

(三)实验描述

作为普通人，如何全面评估自己在创业方面的能力素质情况，了解当下的自己，同时为未来的自己树立更加明确的学习目标与方向。目前，这方面完整体系化的评估工具在国内相对缺乏，这也是此实验应用设计的目的。此实验精选了与创业素质能力最紧密相关的 4 个维度，通过量表评估的方法，提供给学习者围绕创业素质能力做一次全面的“体检”。

此应用是一个基于网络的交互式创业者测评系统，每名学生都可以根据系统给出的创业者多维度胜任力评测模型进行测试，整个评测由 10 个不同侧重的部分组成。一旦评测开始，学生需要在规定的时间内完成所有部分的评测内容。系统内的评测内容均经过精心设计，内容并无绝对意义的标准答案，学生需要根据自己的第一直觉确定自己的选择，凭直觉选择能更准确反映出每位同学的真实创业综合素质与能力。

(四)实训内容

1. 启动应用

该应用可以通过教学引导的授课方式和学生引导的自学方式进行开启。

在教学引导模式下，学生端默认是等待状态，需要教师端“实验控制”内点击“开始”按钮开启应用。学生在等待过程中，可以查看相关的测评规则。

在学生引导模式下，可以直接点“开始实验”，然后点“进入实验”进行创业能力评估，无需等待(见图 3-1)。

2. 答题方式

学生端测评开启后，即进入答题界面。创业能力评估分为 10 个维度，必须按照维度顺序依次进入进行测评(见图 3-2)，学生需根据真实情况如实回答所有题目。每完成 10 个测评题，提交一次答案(见图 3-3)，完成 10 个维度所有测评题目，系统会自动生成创业能力评估报告，学生可以自行查看报告。

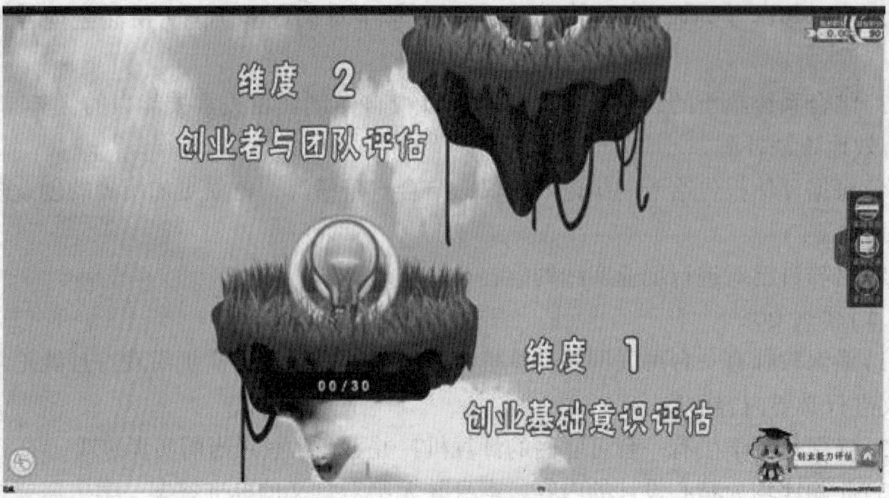

图 3-1　创业能力评估应用——学生端答题开始界面

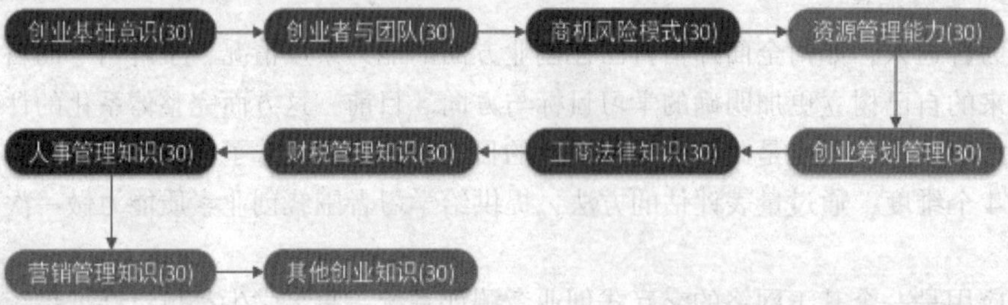

图 3-2　创业能力评估应用——学生端答题流程图

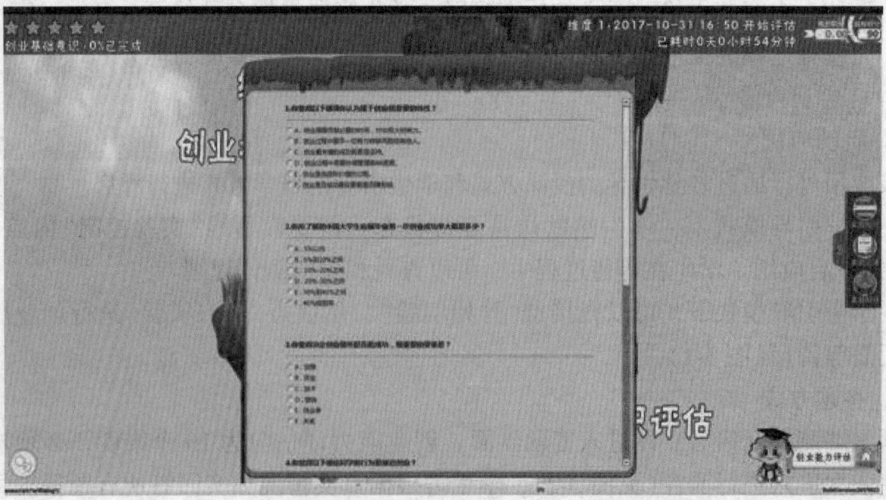

图 3-3　创业能力评估应用——学生端答题界面

3. 评估报告解读

评估报告为一次性生成，要求学生认真如实作答。评估报告一旦生成，则不会被删除或修改。学生只要用自己的账号登录，就可以随时查看并下载。通过创业能力综合评价图(见图 3-4)，学生能够直观地对自己创业能力做出定性判断，进而使自己的后续创业学习更有针对性(见图 3-5~图 3-7)。

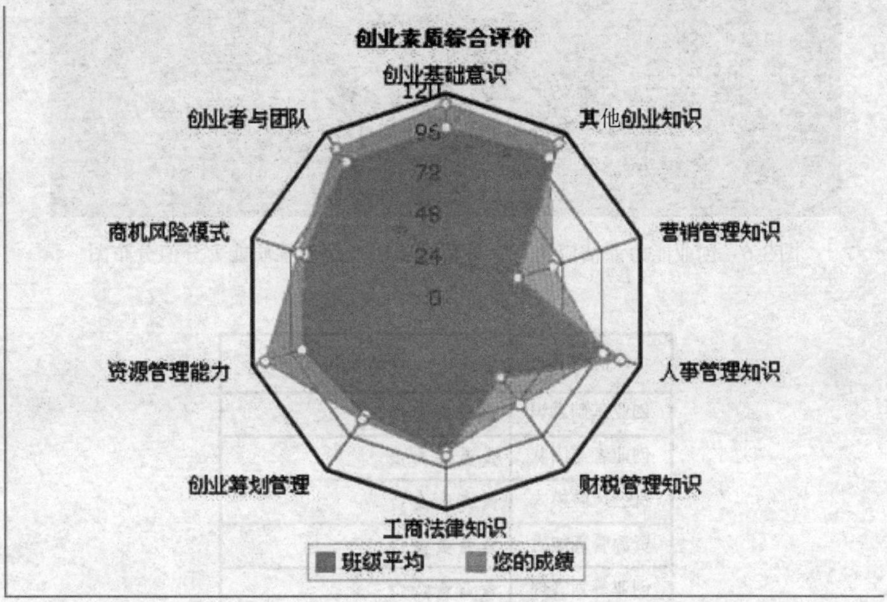

图 3-4 创业能力评估应用——评估报告创业素质综合评价图

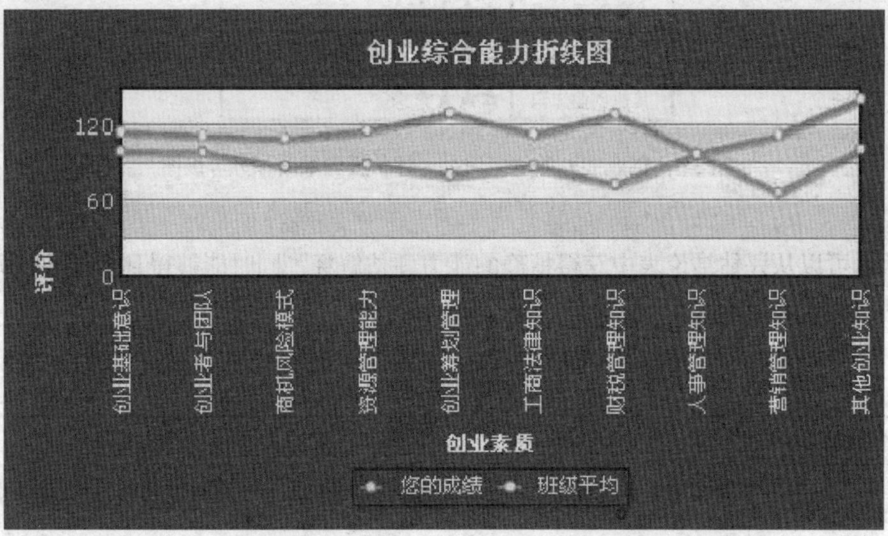

图 3-5 创业能力评估应用——评估报告创业综合能力折线图

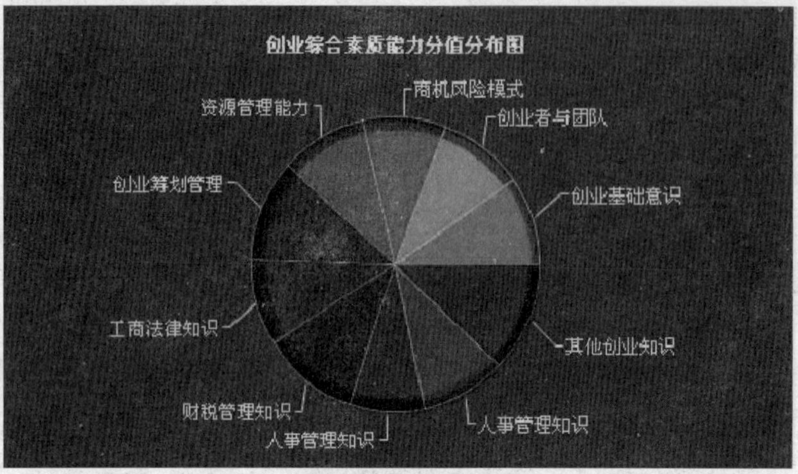

图 3-6　创业能力评估应用——评估报告创业综合素质能力分值分布图

评估维度	评估等级
创业基础意识	★★★★☆
创业者与团队	★★★⯪☆
机会风险模式	★★★☆☆
资源管理能力	★★★⯪☆
创业筹划管理	★★★☆☆
工商法律知识	★★★☆☆
财税管理知识	★★☆☆☆
人事管理知识	★★★⯪☆
营销管理知识	★⯪☆☆☆
其他创业知识	★★★★☆

图 3-7　创业能力评估应用——评估报告维度评分等级图

学生可以从评估结论表中获得精确的能力评估解释，同时能够得到合理建议并指导后续创业相关知识的学习(见表 3-1)。

表 3-1　　学生评价报告评估结论

评估维度	结　论
创业基础意识	平时对大学生创新创业方面的了解不是特别多，可以继续加强这方面的关注与了解
创业者与团队	具有较好的个人发展意识及团队意识，也具备初步的领导能力，但还需继续努力

续表

评估维度	结　论
商机风险模式	有较好的商机与风险识别的意识，但还需要进一步强化实践，通过不断训练加强这方面的敏感性，这种能力将会对未来的创业大有裨益
资源管理能力	在这方面的能力并不出众，应该在平时多关注了解创业资源相关的信息或留意身边这方面的资源，强化自己这方面的能力与准备
创业筹划管理	对创业是需要筹备计划的这个事情有点茫然，可以有意识地在平时多关注创业相关的新闻、资料或活动，逐步掌握这方面的知识
工商法律知识	对工商法律方面的知识了解得较少，不管是否去创业，其实这也是每个公民需要具备的基本素质之一
财税管理知识	对企业的财务管理及税务相关知识缺乏了解，如果真要去创业，这方面的知识必须补充起来
人事管理知识	具备一定的人事管理基本知识，不过还需要进一步学习与实践
营销管理知识	对营销方面的知识了解较少，平时可多关注学习这方面的内容
其他创业知识	在平时多学习关注市场营销领域的知识与基本技能，可以从了解基本概念开始，弄明白什么是市场、什么是销售，以及每块工作需要具备的基本的知识基础与工作方法，如市场调查、宣传推广，价格制定、渠道建设、促销，产品组合等细节知识在实际创业公司中的灵活应用

4. 其他功能说明

实验系统右侧有三个按钮，分别是实验规则、实验记录和实验积分。

实验规则：单击可以查看相关的实验规则及说明。

实验记录：查看自己答题的答案。

实验积分：查看自己获取积分的详情。

(五)实训总结

此实验通过对创业能力的10大维度对创业者进行评估测试，让创业者获知自身的创业能力水平，清晰地看出创业者在某些方面存在的优势和劣势，从而能够在后续的创业过程中发挥自身优势，积极弥补劣势，为更好地实施创业活动奠定坚实的基础。我们从以上评估报告结论的全局来看，创业者如果想要创业的话，创业的基本素养需要整体提高和创业知识需要不断地补充和学习。

创业是一项持续挑战创业者个人脑力体力全方面的综合实践活动，需要每个创业者具备完备且多方面平衡的综合能力与素质，平时有意识地塑造自己各方面的素质与能力，将对创业者自己的个人素质和能力的提高也会起到至关重要的作用。

三、创业团队构建

创业是一项极具挑战性的社会活动，是对创业者自身素质和能力的全方位考验。一个创业团队只有处在角色平衡、人数适当的状态时，才能充分发挥高效运转的协作优势。因此本章主要介绍了创业团队的定义、构成要素、类型，结合《创业之星》软件介绍成员角色定位、团队的构建与管理、处置团队冲突的策略。

(一)创业团队的定义

创业团队，顾名思义，就是由少数几个能力资源互补的创业者聚在一起，组成一个团队。乔·凯兹恩巴赫(Jon Katzenbach)与道格拉斯·史密斯(Douglas Smith)在他们的著作 *The Wisdom of Teams* 一书中对团队进行了定义①：

- 共同的奋斗目标。
- 团队成员的个人成功要依靠团队其他成员。
- 一致认可的行动策略。
- 团队成员的知识和技能互为补充。
- 人数较少，通常少于 20 人。

路易斯(Lewis)也为团队进行了界定，认为团队是由一群认同并致力去达成共同目标的人所组成的，这一群人相处愉快并可与工作在一起，共同为达到高品质的结果而努力。在结合以上学者的定义，团队的含义包括以下四个方面：目标一致、团队协作、技能互补、成果丰硕。②

(二)创业团队的构成要素

前面我们总结了团队的四个含义。原本读者一看到团队，第一时间就能明白它的含义是什么；但是我们将详细列出创业团队的构成要素，为读者判断一个创业团队设置是否合理、如何提升团队效率上提供参考指引。

创业团队的构成要素一般分为以下四个部分：

1. 建立共同的愿景和目标

团队成员有着共同的目标，为实现同一目标而相互团结协作，这是创业团队构成的第一要素。团队的目标有大有小，同时也分为短期目标和长期目标。为了实现企业总体的目标，个人成员又有自己的个人的目标。团队对未来共同的愿景为成员提供了认同感，这种认同感为如何解决个人利益和团队利益相矛盾时提供了有意义的标准。有了共同的目标，团队成员即使在有争端时最后也能对最优处理方式妥协。

2. 成员之间感情上相互依靠，知识和技能上互补

人是构成团队核心的要素，团队的目标是由成员共同努力实现的，所以在团队协作中，需要有人确定计划，有人高效地执行计划，有人监督并评价计划进展。不同的工作

---

① Jok R. Kat zenback , Douglas K. Smith. The Wisdom of Teams[M]. Cambridge, MA: Harvard Business Review Prers, 2015: 1-10.

② Lewis J P. How to build and manage a winning project team[M]. New York: Amaeom, 1993: 1-20.

任务要求成员间知识和技能互补，团队中每个成员都能把自己的专长在岗位上发挥出来。

如小米公司有七个联合创始人，涵盖了一家大的手机公司所需要的硬件、软件、设计、搜索、营销、工程等各个领域的专家，这个完美的团队配置从一开始就奠定了坚实的成功基础，小米的公司的巨大成功也成就了中国创业史上创始团队建设的典范。

大学生创业者一般不可能有像小米那样完美的人才配置。但是作为创业者，一个人是做不成事情的，一定要有合伙人，他们一般是同学、同事、同乡，大家互相理解，价值观也一致，能够弥补创业项目所需要的不同侧面，正如新东方三名联合创始人都是北京大学毕业的，腾讯“五虎将”也都是深圳大学毕业的。

3. 团队定位

团队定位是指团队在整个企业中所处的位置，由谁来领导团队、选择成员，团队采取何种方式激励员工？根据团队存在的目标以及拥有自主权的大小，斯蒂芬·罗宾斯提出可以将团队分为三种类型：问题解决型团队、自我管理型团队和多功能型团队。①

问题解决型团队成员之间往往就如何改进工作程序、方法等问题交换不同看法，并以提高产品质量、生产效率和改善工作环境为核心。在这种类型团队中，团队主要职责是通过调查研究、集思广益，解决现有问题、寻找机会、执行计划。

自我管理型团队相对于问题解决型团队而言，成员的决策权限更大，在参与决策时的积极性也更高。自我管理型团队是一种真正独立自主的团队，他们不仅探讨问题如何解决，还亲自执行解决方案，并对执行结果负责。他们有权自己定理工作目标、决定工作任务的分配、控制工作节奏、安排工间休息。

多功能型团队由来自同一个等级、由不同工作领域和员工组成，他们来到一起的目的是完成一项任务。通过组织内员工之间交换信息，激发出创新点，解决面临的问题，协调完成复杂的工作。

4. 团队成员权限设置

团队成员的工作权限应该在合作初期就确定好，避免后期分工不均，或者是大家的权限重叠，出现多重领导问题。团队当中领导人的权力大小跟团队的发展阶段相关，一般来说，团队越成熟领导者所拥有的权力相应越小，在团队发展的初期阶段领导相对比较集中。

☞拓展阅读：

合伙人必须同时满足如下条件：

a. 愿意不拿工资或拿远低于其市场价值的工资

为创业积累资金创业初期，企业的资金匮乏，合伙人如果愿意不拿工资或只拿远低

① Decenzo D A, Robbins S P, Verhulst S L. Fundamentals of Human Resource Management, 12th Edition[J]. Journal of Pure & Applied Algebra, 2008.

于其市场价值的工资，说明其在创业过程中具有主人翁意识，愿意为企业的发展牺牲个人小利。这样的贡献也将加强其与企业的未来发展的黏合度。

b. 愿意无偿劳动及加班

愿意无偿劳动及加班的要求是为了与单纯打好一份工的职员相互区别，创业者要有为公司长期奋斗的积极意识，也能够抵抗住创业初期巨大的失败风险。

c. 全职

创业是需要付出巨大的心血的，其所花费的时间和精力应该是正常工作的两倍，这就要求创业者能够全身心地投入到创业活动中。如果创业者无法全职工作，那么创业活动也将是断断续续的，这对于任何企业的高层管理和运营都是破坏性的打击。

d. 无需任何人督促主动完成事情

创业活动要注意的事项方方面面，需要创业者思维始终缜密，积极主动去完善创业活动的细节，无需任何人督促主动完成事情。

e. 自律性高、执行力高

这一点，读者们应该能够明白，创业活动是一个连续、高效的过程，创业者无论身处何种环境，都应该具有高度自律性，将负责的工作做好。

f. 某些方面具备不可替代性

创业团队应该是小而精的，每个人在其中都应该具有独特的特性，能够为企业创造价值。创业者不同于普通职员，普通职员可以按照其能力的大小和付出的多少进行计价付工资，并不一定苛求其具有不可替代性。但是创业团队应该是一个高效率团队，每个人都能够独当一面，且又是别人无法做到的。

g. 信任同伴，能接受频繁而激烈地试错，密切地交流

创业团队关系不融洽，不再彼此信任等，这样的事情时有发生。团队不融洽时，会出现很多危险信号。如果团队成员只是彼此不喜欢对方，不是什么大问题；但如果事后彼此指责，不再信任对方的决策能力，问题就严重了。另外，创业初期是一个不断试错的过程，创业者必须能够接受四处碰壁的挫败感，并通过与团队成员密切地沟通，及时修正整个团队的工作方向，提高合作效率。

h. 能够承受破产风险

中国创业企业的失败率为80%左右，企业平均寿命不足3年，而大学生创业失败率更高达95%。创业者在创业之前就应该有明确的意识，创业资金可能打水漂。但是有了失败的意识并不代表一定会失败，失败的危机感应该是促进创业者投入更多的心血进行创业的动力。

i. 对未来信念十足

巨大的未来收益(金钱的，社会成就感，名誉)将彼此强烈地捆绑在一起创业者的动力应该是单纯的，应该持这样的态度：“我要从根本上改变这个主要市场。”如果创业者只想追逐名利，就不会有正确的动机。创业者必须致力于在目标行业中打造出一家成功的公司，在这个行业中，他们应该坚持自己的目标。

四、创业团队的类型

学术界早期针对团队类型的研究并不多，即使凯兹恩巴赫和史密斯对于团队研究做出了杰出工作，但也没有对团队类型做出区分。① 近年来学者才开始关注团队的类型问题，其中 Suan 和 Diane 的观点最具代表性并被西方主流文献广泛引用，他们总结了以往大量文献中的团队研究，划分了四种团队类型(见表 3-2)：工作团队(work team)、并行团队(parallel team)、项目团队(project team)和管理团队(management team)。② 四种不同团队类型的特征及其优势、劣势见表 3-2 所示。

表 3-2　　**不同团队类型的特征及优劣势**

团队类型	团队特征	团队优势	团队劣势
工作团队	以生产服务型的团队为例，稳定的长期组织单元，垂直管理多	工作团队一般较为稳定，员工相处时间长，对彼此的工作风格和方式更为熟悉，能够形成较为规范的管理机制	工作团队成员长期处于一个职位，工作激情容易消磨，团队可能停滞不前。同时，各职能团队间的协作不紧密
并行团队	以提高产品质量为目的或者员工参与决策型团队为例，跨职能型团队，非正常组织单元	并行团队内部各环节资源连接紧密，加强了决策的效率，也打破了相互之间的成本壁垒。并行团队也能够使各职能人员较为深入地接触公司业务	由各职能部门的成员组成，容易出现层级不清，领导关系混乱。而且在内部容易形成同一职能部门形成小团体，不利于整个团队的团结
项目团队	以研究工作安全程序的团队为例，为完成某一工作而短期组建的组织单元	项目团队一般工作效率高，因为项目成立之初的目标和工作安排一般都较为清晰，团队成员的工作热情也较高	项目团队成员组成不稳定，项目期限较短，需要成员具有很强的适应能力。同时，工作环境的频繁调动，可能影响成员的专注度
管理团队	以高层管理团队为例，通过协调指导公司层次的事务，以提高公司业绩	由管理团队进行统一的领导协调，能够使整个公司的努力方向不偏离目标。同时，能够对各部门的资源及时进行整合	管理团队无法脱离其他团队类型独立创建，且管理团队的决策权限过于集中

① Jon R. Katzenbach, Douglas K. Smith. The discipline of teams[J]. Harvard Business Review, 1993, 71(2): 111.

② Suan G Cohen; Diane E Bailey What makes team work: group effectiveness research from the shop floor to the executive suite, 1997(3).

第二节　成员角色定位

一、创业团队成员个性能力与角色定位

(一)创业团队成员个性能力

创业团队是简小而精悍的，每个人在其中都应该有其不可替代的作用。不同的工作任务要求成员间知识和技能互补，因此，将合适的成员安排在恰当的岗位是十分必要的。一个人的个性和能力，决定了其在团队中的角色定位。对于创业团队成员的个性能力与角色定位的匹配，本节将借鉴谢科范等(2010)提出的七维度因素分析方法。①

团队成员的个性能力分为意识、性情和自我效能三个方面，将从以下 7 个维度进行分析：创新意识、风险意识、守则意识、道德心、责任心、表达力及决断力，简单概括起来就是“三意识+两心+两力”。

意识因素包括创新意识、风险意识和守则意识。创新意识意味着接受新事物的能力很强，拥有较高的创造力，思路开阔，富有想象力，敢于挑战创新。富有创新意识的创业者在团队中将根据市场需求的变化，爱出主意，积极推进业务变革。风险意识指在考虑活动实施细节中，能够注意到可能产生的风险点，不断批判、完善原有想法。富有风险意识的创业者在团队成员都将注意力放在如何实施新计划时，能够将范围很广的因素都考虑进去，挑剔行动中可能出现的纰漏及不可行的地方，逻辑性非常强。守则意识是指认可、接受已经制定好的规则，遵照规则、制度办事、务实保守。富有守则意识的创业者能够认真踏实地将公司做好的决策实行下去，有很强的自控性和纪律性，对团队的忠诚度很高。

性情因素包括道德心和责任心。道德心是指具有正面的社会价值取向，能够判断行为正当与否。具有很强的道德心的创业者能够约束创业活动，使其合乎社会公共的价值取向，避免不合规操作。责任心是指对事情能够敢于负责、主动负责的态度。每一个创业者都应该具有责任心，能够积极担起团队工作的责任，能够为企业的发展壮大积极发挥自己的能力。

自我效能因素包括表达力和决断力。表达力是指能够将自己的想法和见解采用合适的方式表达出来，让别人了解、接受。创业团队中主导者一定要具有优秀的表达力，能够将自己的思想传达给其他团队成员，统一行动目标；团队中具有创新意识的成员也往往需要强大的表达力，能够将新颖复杂的新事物和变革计划通过生动的语言和逻辑缜密的辩论传达给团队成员，说服别人接受。决断力是指决策和判断是非的能力，表现为在决策中能够快速反应、快速判断、做出决策、执行决策的综合能力。每一个创业成员都应该对自己擅长的领域具有较强的判断力，而团队的主导者应该能够对各类决策能够快

① 谢科范，吴倩，张诗雨. 基于七维度分析的创业团队岗位配置与角色补位[J]. 管理世界，2010(1)：181-182.

速反应，做出决策。①

(二)创业团队成员角色定位

创业团队成员的角色分为组织角色、变革角色、监督角色、执行角色及设计角色五种类型。这五种角色能够涵盖完整的创业团队成员角色定位。② 其中，组织角色需要具有动员、协调、指挥能力。在团队建设中，组织角色负责号召团队成员参与各项活动，协调成员间因意见不同而导致的分歧，防止团队成员产生冲突；统一团队目标，通过个人的魅力去影响团队，加强团队凝聚力，提高团队士气。变革角色是需要具有很强的创新意识和逆向思维，能够不断批判现有体系的不足，提出创新建议。变革角色需要打破固有格局，可能会损害固有格局中的利益相关者。因此，为了推动变革、说服团队成员，变革角色需要具有很强的逻辑思辨能力和表达能力。监督角色一般是决策保守者，具有很强的风险意识，并能理性地综合考虑创业活动面临的机遇与风险，通过监督成员的行为，降低因道德风险造成的损失。执行角色是团队中踏实肯干、执行力强的成员，负责执行团队决策，解决执行中遇到的问题。设计角色是指能够将变革角色提出的创新性建议落实到具体的产品创新、活动方式创新。可以这么说，变革角色是理念创新，设计角色是实质创新。

(三)创业团队成员个性能力与角色定位的匹配关系

那么如何将创业团队成员的个性、能力与其适合的团队角色进行匹配呢？我们将七维度因素分别用数字 1~5 表示其强度。数字 1 代表弱，数字 2 代表中偏弱，数字 3 代表中，数字 4 代表中偏强，数字 5 代表强。图 3-8~图 3-12、表 3-3 是对五类角色的七维度因素分析。

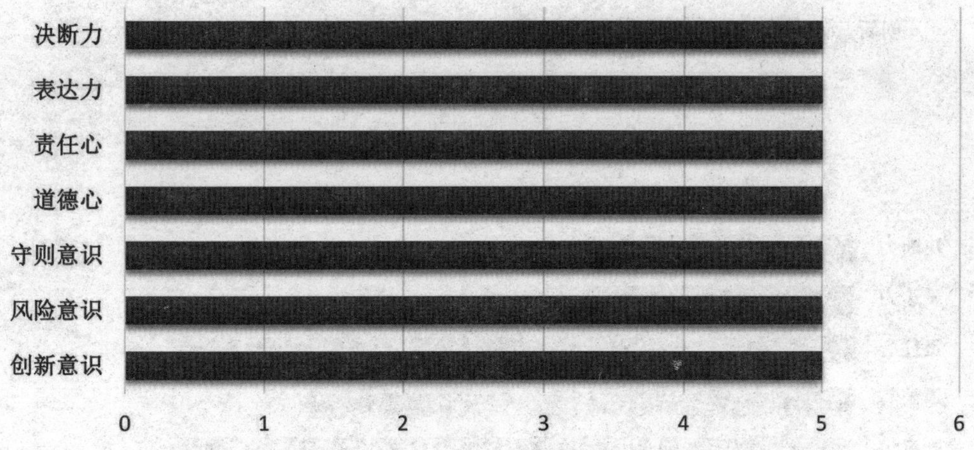

图 3-8 组织角色的七维度因素分析

① 读者如果想要深入了解如何提高自己的决断力，推荐阅读著名领导力专家、北京大学汇丰商学院领导力研究中心执行主任杨思卓的《六维领导力》著作。

② 李昆益. 基于团队角色理论的创业团队建设与岗位配置[J]. 中国商论，2012(2Z)：71-72.

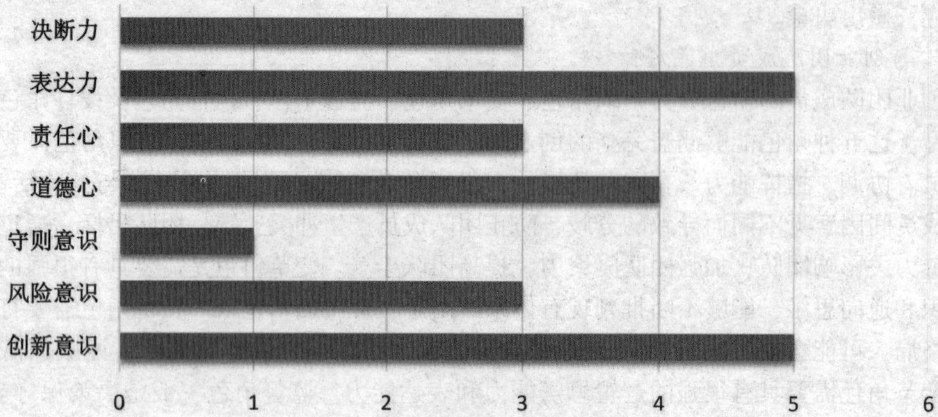

图 3-9　变革角色的七维度因素分析

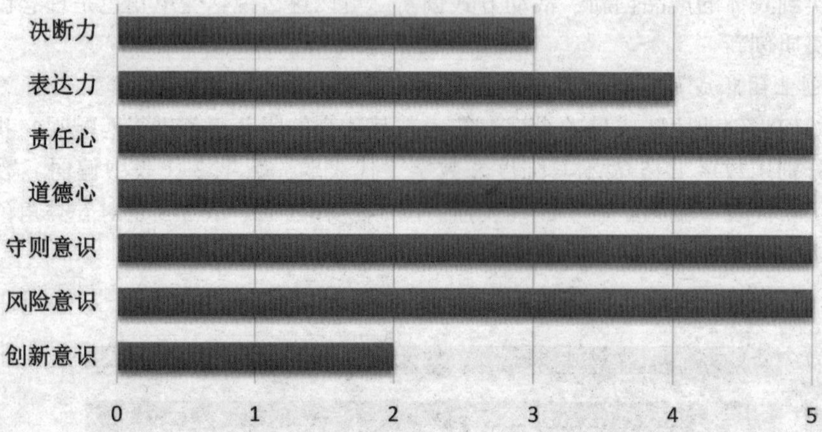

图 3-10　监督角色的七维度因素分析

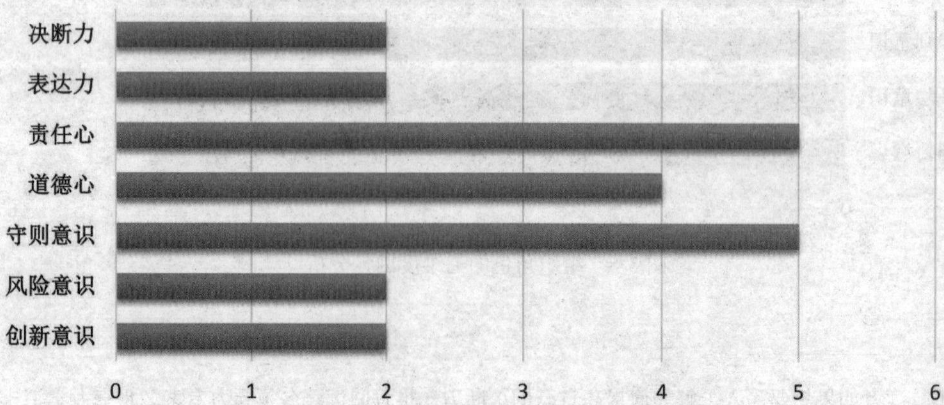

图 3-11　执行角色的七维度因素分析

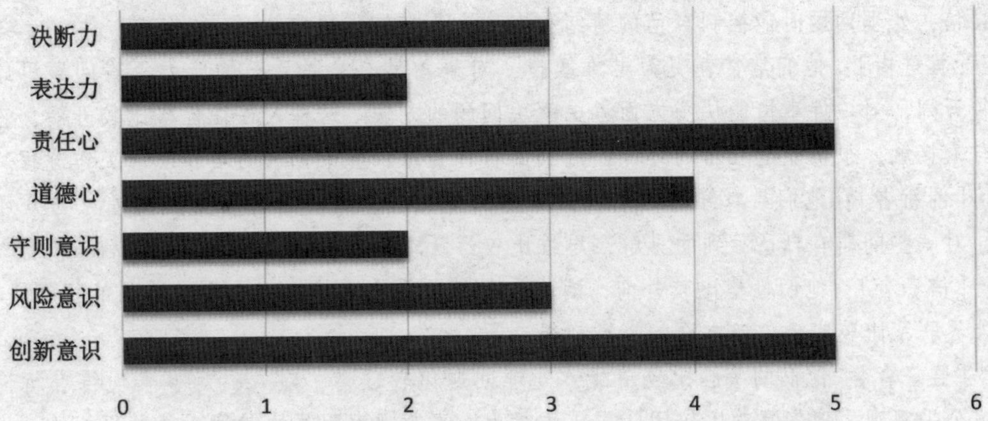

图 3-12　设计角色的七维度因素分析

表 3-3　**不同团队角色的七维度评分表**

	组织角色	变革角色	监督角色	执行角色	设计角色
创新意识	5	5	2	2	5
风险意识	5	3	5	2	3
守则意识	5	1	5	5	2
道德心	5	4	5	4	4
责任心	5	3	5	5	5
表达力	5	5	4	2	2
决断力	5	3	3	2	3

☞奇思妙想：

西游记中，唐僧、孙悟空、猪八戒、沙和尚去西天取经的故事，是大家都耳熟能详的，许多人会被这个群体中四位性格各异、兴趣不同的人物所感染。人们不禁会诧异：这么 4 个在各方面差异如此之大的人竟然能容在一个群体中，而且能相处得很融洽，甚至能做出去西天取经这样的大事情来？难道这是神灵、菩萨的旨意，而绝非凡人力所能及的吗？

分析：

不是的，这是因为他们分别扮演了不同的角色。唐僧起着凝聚和完善的作用，孙悟空起着创新和推进的作用，猪八戒起着信息和监督的作用，沙和尚起着协调和实干的作用。

[协调者]：对事物具有判断是非曲直的能力；对自己把握事态发展的能力有充分的自信；处理问题时能控制自己的情绪和态度，具有较强的抑制力。

[推进者]：他们常常表现为思维敏捷，对事物具有举一反三的能力。看问题思路比较开阔，对一件事情能从多方面考虑解决问题的方法。这种人往往性格比较开朗，容易与人接触，很快能适应新的环境；能利用各种资源，善于克服困难和改进工作流程。

[创新者]：他们具有鲜明的个性，考虑问题比较周到，对许多问题的看法与众不同，对一些问题有自己独到的见解，思维比较活跃。

[信息者]：他们性格比较外向，对人、对事总是充满热情，表现出很强的好奇心，与外界联系比较广泛，各方面的消息都很灵通。

[监督者]：他们的头脑比较清醒，处理问题比较理智，对人、对事表现得言行谨慎，公平客观。他们喜欢比较团队成员的行为，喜欢观察团队的各种活动过程。

[凝聚者]：他们比较擅长日常生活中的人际交往，能与人保持和善友好的关系，为人处世比较温和，对人、对事都表现得比较敏感。

[完善者]：他们做事情很勤奋努力，并且很有秩序；为人处世都很认真，对待事物力求完美。

[实干者]：他们对社会上出现的新生事物从来不感兴趣，甚至对新生事物存在着一种本能的抗拒心理。他们对喜欢接受新生事物的人很是看不惯，常常是水火不相容。他们对自己的生活环境很是满足，并不主动去寻求什么改变，给人一种逆来顺受的感觉。当上司交给他们工作任务时，他们会按上司的意图兢兢业业踏踏实实地把事情做好。他们给别人特别是领导留下一种务实可靠的印象。

资料来源：http：//www.studentboss.com/html/news/2011-07-04/80175.htm。

二、《创业之星》团队角色定位

前面介绍了创业团队成员的个性、能力以及创业团队的角色定位，不同工作岗位与团队成员角色又是如何匹配的呢？本节将结合《创业之星》的岗位分工详细地回答以上两个问题。

《创业之星》模拟的公司类型为制造业，在运营场景中，公司的组织架构为职能型，总经理领导整个公司的运营，管辖下属6个部门，分别为财务部、市场部、销售部、制造部、研发部和人力资源部。总经理及各部门负责人的主要职责如下：

(1)总经理 CEO 的主要职责：

- 负责组建团队，落实各人职责与分工；
- 制定公司发展战略及各阶段经营目标；
- 组织团队开展讨论，并制定与落实各项决策；
- 对公司业绩总体负责。

(2)财务总监 CFO 的主要职责：

- 负责公司的财务管理方面的工作；
- 编写现金预算，制订资金筹措计划；
- 解读财务报表，分析财务指标；
- 做好成本分析，分析盈利预测；
- 透过财务数据发现管理问题，提出改进建议。

(3)市场总监 CMO 的主要职责：

- 负责公司的市场营销推广工作；
- 运营市场背景与竞争形势分析；
- 市场定位与产品定位分析；
- 制订各阶段广告宣传计划；
- 制订各阶段市场开发计划。

(4)销售总监 CSO 的主要职责：

- 负责公司产品的销售工作；
- 消费者需求分析，竞争对手分析；
- 各阶段各市场的产品定价策略；
- 销售网点规划与建设；
- 获取并分析订单情况。

(5)生产总监 CPO 的主要职责：

- 负责公司所有产品的生产制造工作；
- 根据销售计划落实产品生产计划；
- 制订厂房与设备的采购计划；
- 制订各阶段原材料采购计划；
- 安排各阶段生产任务、控制生产成本。

(6)技术总监 CTO 的主要职责：

- 负责公司新产品的研发计划；
- 消费者需求与产品发展潜力分析；
- 新产品特性的设计、研发投入规划；
- 资质认证投入规划；
- 产品投资回报分析。

(7)人力资源总监 CHO 的主要职责：

- 根据公司用人需要招募人员；
- 与公司招募的人员签订劳动合同，办理保险；
- 制订员工培训计划，提升员工技能。

根据前面对于团队成员的角色定位，结合《创业之星》的岗位设置，我们可以将不同工作岗位与团队成员角色进行匹配(见表 3-4)。

表 3-4　　工作岗位与团队成员角色相匹配

团队角色	岗位匹配	岗位工作要点
组织角色	CEO	团队，分工，沟通，战略，执行
变革角色	CMO	销售预测，SWOT 分析，竞争分析，定位，4P 组合
监督角色	CFO、CHO	现金流，筹资策略，财务分析，人力成本控制
执行角色	CPO	与销售的配合，成本控制，库存控制
设计角色	CTO	产品研发，资质认证，投资回报分析

在实际组建《创业之星》比赛团队时，团队成员一般为 3 人，将上述 7 个管理人员的职责重新分配给 3 个成员。一般而言，在模拟运营中，一人担任总经理的角色，因为总经理需要在比赛之前先确定好公司生产制造的计划，在比赛中根据财务人员计算的现金预算以及市场情报收集员的市场反馈，动态调整每个季度的生产量、广告计划。另一个人担任财务人员的角色，负责严密监控公司的现金流，预估公司现金流所能支撑的生产规模，并为企业设计合理的银行信贷规模。最后一个人负责收集市场情报，观察市场上竞争对手的实力，为总经理决策提供市场数据，同时兼任公司操作监督员，防止操作风险。

第三节　创业团队的管理及处置团队冲突的策略

一、创业团队的管理

(一)建立有效沟通机制

在创业团队管理过程中，为了保证沟通目标的实现，必须使沟通双方都能准确地了解沟通的内容；为了保证沟通的有效性，则必须设计有效沟通的方式。群体成员之间相互沟通有三种基本方法：口头沟通、书面沟通和非语言沟通。① 但是在日常工作实践中，尽管采用了适当的沟通方式，运用了有效的沟通技巧，也并不一定就能得到准确、有效的回应。因此，管理者还应当对信息反馈引起特别重视，除了要在建立起的沟通渠道中尽量使用双向沟通的方式，还要注意重大问题的沟通或者多人间的沟通与确认信息。沟通管理是加强创业团队建设的一条重要渠道，为了使项目内各部门项目成员明确各自的职责，就必须在项目部门内、项目与外界部门以及部门之间建立沟通通道，实现快速、准确的传递和沟通信息，以便了解创业团队成员的工作对实现整个项目目标所作的贡献；同时，还需要通过大量的信息沟通，找出项目管理中

① 严建雯，巫程成. 创业团队沟通与团队绩效[J]. 宁波大学学报(教育科学版)，2014(6)：7-10.

存在的问题以及解决问题的大量信息。另外，必须定期检查项目沟通情况，不断加以调整，确保沟通的有效、顺畅。

（二）成为魅力型领导

魅力型领导有三个特点提供愿景、鼓励和注重行动。① 提供愿景就是向创业团队成员展示创造未来的前景，描绘人们所认同和能激发人们热情的未来状况。创造愿景的作用，就是加强创业团队成员责任感，提供共同目标，并为创业团队成员设定成功的途径。鼓励就是直接为组织的员工提供动力，激励他们行动。注重行动就是创业团队领导主要从心理层面帮助成员行动、面对挑战。这主要由于创业团队成员有了愿景并受到激励，在完成任务时需要精神上的支持，因此创业团队领导必须能够分享组织成员的情感。

（三）建立合理的团队激励制度

激励分为内在激励和外在激励。外在激励包括合理设置薪资，薪资既要与个人业绩挂钩，也要与团队完成任务的情况挂钩，以此鼓励和引导建设性冲突，提升团队的战斗力，减少恶性竞争；内在激励包括未来愿景激励、对员工成绩的及时反馈和赞赏。共同愿景是组织成员真心向往和期待的，是在企业和员工的价值和使命一致基础上建立起来的，它存在于每个人的心中，因此起着内在的激励作用，能激励起大家对共同愿景承诺的奉献精神。共同愿景可以激励组织成员为实现愿景而百倍努力，发挥创造性的劳动，使组织的创新活动达到从单项创新到系列创新、从一次创新到持续创新、从能人创新到群体创新的境地，使组织的知识资产不断积累、增值。

（四）建设团结向上的团队文化

创业团队文化是组织文化的一个重要组成部分，是创业团队在建设、发展过程中形成的，为创业团队成员所共有的工作态度、价值观念和行为规范，它是一种具有创业团队个性的信念和行为方式。一个创业团队文化的状况，对创业团队工作的效能有着重大的影响。但是团队文化的建设并非一日之功，这个过程需要领导者不断地强调并以身作则。团队文化的建设是立足于企业日常活动，在魅力型领导的带领下、通过有效的沟通机制和团队激励机制，慢慢在创业团队成员行动中养成。

二、处置团队冲突的策略

本节借鉴 Tjosvold 对冲突管理的维度划分，将冲突管理划分为合作性、竞争性和回避性三种方式。

（一）合作性冲突管理

合作性理论认为，如果团队成员在解决冲突时采取合作性的方式，他们会协商寻求有利于各方的解决方式。合作性冲突管理强调双方的共同利益，双方会最大限度地坦诚自己的观点，这不仅会增进团队成员间的工作关系、减少情绪冲突的产生，而且会使团队成员充分考虑两方意见，从而增强团队反思水平。可见，合作性的冲突管理能促进高水平团队反思的发生，有利于增进各方的相互理解并培育合作性的团队氛围。Tjosvold（1990）认为，管理者应该在组织中倡导合作性冲突管理，这有利于团队成员做出高质

① 姜玲玲. 论创业团队的激励机制[J]. 经济研究导刊，2016，300(19)：107-108.

量的行为与调整。①

（二）竞争性冲突管理

竞争理论认为，如果团队成员在解决冲突时采取竞争性的方式，则他们往往会将冲突视为“你输我赢”的较量。在这种情境下，冲突双方没有信任，他们的目标是彼此竞争的。竞争性冲突管理是一种侵略性行为，冲突双方经常利用权威干涉的方式试图以牺牲对方的利益来满足自己的利益。因此，在团队内易产生彼此敌对的情境，不利于团队成员间的互动和沟通，从而阻碍信息的流通，而且竞争性冲突会给团队反思带来负向影响。

（三）回避型冲突管理

回避性冲突管理意在强调避免或离开冲突，逃避沟通行为，从而使冲突双方从冲突的情境中逃离出来。冲突管理理论认为，回避性冲突管理容易导致忽略某些重要的意见和看法，使对方受挫，降低团队成员的积极性，对问题的讨论也缺乏响应等导致团队成员过分的追求一致性，从而产生“群体思维”。可见，回避性冲突管理意在尽可能地减少冲突的产生。然而冲突的交互作用理论认为，团队内没有冲突或者冲突很少，则容易导致团队停滞不前，团队互动效率和决策效率低下，缺乏创新性。不同冲突管理方式的特征、管理效果及适用情形如表 3-5 所示。

表 3-5　**不同冲突管理方式的特征、管理效果及适用情形**

冲突管理方式	特征	管理效果	适用情形
合作性冲突管理	成员相互协商寻求有利于各方的解决方式、强调双方的共同利益、最大限度地坦诚自己的观点	增进成员间的合作关系，减少反感情绪的产生，工作氛围更融洽，成员易做出高质量的调整和行为	合作性冲突管理适用于所有的团队冲突管理，效果最优
竞争性冲突管理	成员之间相互较量，相互不服输，无法听取别人的意见，试图通过牺牲对方的利益来满足自己的利益	团队氛围压抑、成员之间敌对情绪重，缺乏互动和沟通，阻碍团队内意见和信息的流通	尽量避免竞争性冲突管理。如果不可避免，领导者一定要从中协调，活跃氛围，加深成员间的亲密度
回避型冲突管理	通过回避沟通、漠视问题，避免正面冲突	回避冲突不代表冲突消失，回避会降低成员的积极性，导致团队停滞不前、决策效率低	回避型冲突管理可以在冲突各方尚不冷静时取用，但是一定要将这种方式尽早转变为合作性冲突管理

资料来源：

[1] Tjosvold D. Conflict Values and Team Relationship: Con-flict's contribution to Team Effectiveness and Citizen-ship in China[J]. Journal of Organizational Behaviour, 2003(24): 69-88.

[2] Tjosvold D. Making a Technological Innovation Work: Collaboration to Solve Problems[J]. Human Relations, 1990, 43(11): 1117-1131.

---

① Tjosvold D. Making a Technological Innovation Work: Collaboration to Solve Problems[J]. Human Relations, 1990, 43(11): 1117-1131.

(四)建立合作性冲突管理的技巧

(1)建立良好的沟通机制。作为团队管理者要站在不同成员的位置思考问题，不能忽略处于执行位置员工的处境。美国著名未来学家奈斯比特曾经指出：“未来竞争是管理的竞争，竞争的焦点在于每个社会组织内部成员之间以及外部组织的有效沟通上。”① 管理者与被管理者之间有效沟通是任何管理艺术的精髓，即要制定良好的沟通机制，第一，通过正式的沟通渠道，如周会、月会和座谈会。第二，通过非正式的沟通渠道，如电子邮件、周末聚餐、短途出游等。这种渠道旨在建立融洽的关系和稳固的友谊，即通过情感交流以达到良好沟通的目的。

(2)随时协调关系以提高效率。如果团队运行机制不灵活，就无法达到继续激活团队成员斗志的作用。当其发展到一定阶段，效率问题就会凸显。如团队成员的主观能动性降低，没有了创业的激情，始终无法实现创业的宏图大志。因此我们要注意个人价值与团队价值的最大化，关注个人与团队的关系，使其向一致的方向发展，以相互促进。

三、创业团队训练

(一)实训目标

(1)通过实训让学生深刻理解创业团队对成员的个人能力、团队意识和团队精神的要求。

(2)通过实训帮助学生培养起与他人合作、分享、多赢的做事原则和方法。

(3)通过实训让学生体验创业团队成员的物色、沟通、组建的全过程。

(4)通过实训让学生深刻理解创业团队与个人发展的共损共盈关系。

(5)通过实训帮助学生深刻理解创业团队内部的组织分工与实际工作的协调。

(6)通过实训让学生深刻理解不同创业团队之间的竞争与合作共存的实际现状。

(7)通过模拟团队实训，让学生适应创业过程中时刻存在的高度不确定性和模拟的状况。

(二)实训要求

(1)确保教师有一台可联网的计算机，并可正常登录当前实训游戏，且能正常连接投影仪进行必要内容的展示。

(2)确保每位学生有一台可联网的计算机，并可正常登录当前实训游戏。

(三)实训内容

1. 实验介绍

该实验模拟创业团队围绕团队中成员的个人能力、团队意识、组织分工、优势互补、合作意识、竞争意识等诸多角度来设计综合性实践互动情景。

---

① Naisbitt J, Goodfader J. Global Economic Order: Of Trends and Challenges [J]. Harvard International Review, 1983, 5(7): 18.

创业团队由于由多名创业者组成，从组织形式上虽然看似简单，但由于创业活动本身的艰难与高风险特性，在大部分创业团队的实际创业过程中，往往存在着团队成员之间无处不在的协同合作与意见分歧。大量的现实失败创业案例启示并非项目本身或其他外部原因引起，往往是由于创业团队内部成员之间形成了无法调和的意见与矛盾后才导致的。

如利用《创业之星》软件模拟创业团队训练实验，该实验共分为个人闯关、组建团队和团队闯关三个阶段。在实验过程中，每位同学在初期都将作为独立个体参与实践环节，每位学生在实验中都被置身于一个人烟稀少的荒岛上，在荒岛的深处有一座传说已久的失落王国的宝藏，里面深藏着各种奇珍异宝，在寻找到宝藏之前，教师将通过系统为每位学生随机分配若干种寻宝过程中可能用到的资源，学生之间可以自由在寻宝过程中交换资源，以解决自身需求或协助他人解决问题，用最短时间达到藏宝地的同学将获得更多的奖励。

在完成第一阶段实验后，每一位学生都可以自由寻找其他学生组建自己的团队。完成团队组建的小组需要为自己的团队设定团队名称、组织分工、团队愿景等实验内容，并在教师引导下上台进行团队展示与路演，台下其他所有学生可以为路演团队点赞。如果学生在规定的时间内未加入任何团队，系统将会为该学生自动创建一个仅一人组成的团队。

第二阶段寻宝过程中，教师将再次通过系统随机为每一位团队成员发放寻宝过程中所需要用到的各种资源，每个团队都需要合理协调组内资源，以最快速度到达第二座宝藏。在寻找宝藏的过程中，团队成员及团队之间均可以随时自由交换自己手中的资源获取所需资源，以解决自身需求或协助其他成员解决问题。在此阶段中，每位学生除了要尽自己最大努力以最短时间完成自己的寻宝任务外，还需要确保自己所在团队的其他成员都能以最快速度完成各自任务，每一位学生的个人奖励数量都将与团队整体获得的奖励数量形成紧密的关系。

系统将自动记录每一位学生在寻宝过程中的所有决策行为，并自动形成各种视角的分析图表与报表，教师将基于实验中的实际数据为大家进行点评分析，同时将邀请部分学生及团队上台分享经验。

2. 发布任务

正式开启实验后，教师除了需要再教学引导系统内使当前实验处于“进行中”，还需进入实验控制系统进行进一步配置及确认。首先确保创业团队训练处于进行中，然后点击“实验控制”按钮，打开创业团队训练应用控制界面(见图 3-13)，点击“个人闯关”即开始实验，学生点击“进入实验”即正式开始实验(见图 3-14)。

教师在控制端点击“组建团队”即开始这一阶段实验，学生界面将弹出如图 3-16 所示界面开始组建团队实验。教师在控制端点击“团队闯关”即开始这一阶段实验，学生界面将弹出如图 3-17 所示界面开始团队闯关实验。

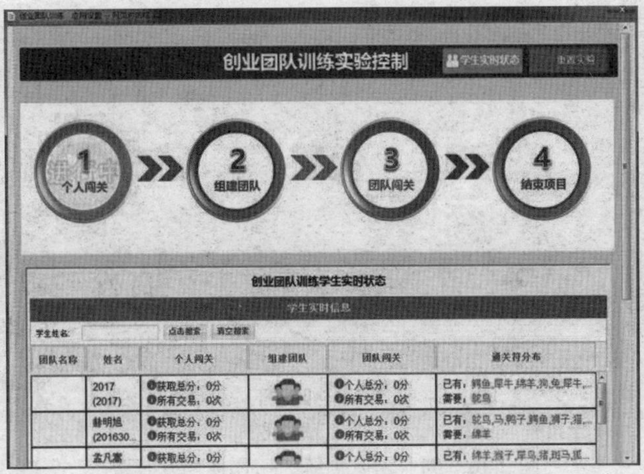

图 3-13　创业团队训练——实验控制

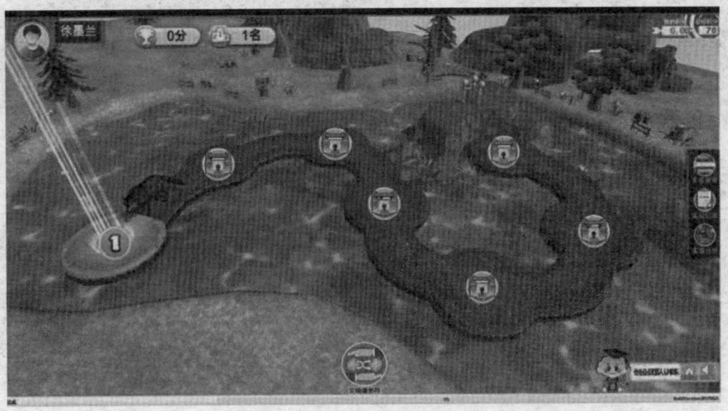

图 3-14　创业团队训练——开始实验主界面

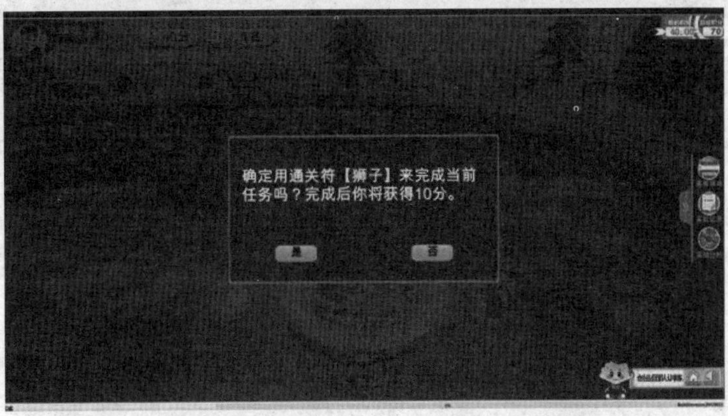

图 3-15　创业团队训练——独立完成指定任务

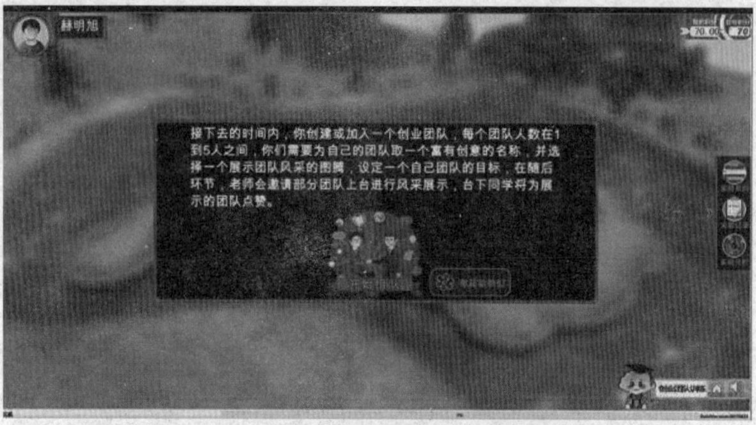

图 3-16　创业团队训练——团队组建任务

图 3-17　创业团队训练——团队任务认领

（四）实训总结

该实验项目设计意图并不是希望告诉所有学生一些浅显易懂的基本团队知识，而是希望通过不同环节的精巧实验环境的搭建，使每一位学生都可以身临其境地体验具体环境任务之重，在不知不觉间按自身日常常规性格、思维模式、价值判断等做出自己所能认可的合情合理的选择与决策。学生在参与实验的过程中将享有完全开放自由且充分的分析判断裁量权；通过在实验里更为真实地表现自我的过程中，深刻地理解创业团队的组建在管理过程中所蕴含的真正要义。

第四章　创业机会与商业模式

创业过程是围绕着创业机会进行识别、开发的过程，创业机会的识别是创业成功的前提条件和必要条件，是创业者应当具备的最重要的能力之一。本章前半部分将主要介绍创业机会的定义、特征、识别思路、识别方法、评估标准；后半部分主要分析商业模式创新、创业机会识别，以了解商业模式的本质，掌握商业模式创新的逻辑与方法。

第一节　创业机会识别

对于创业者而言，寻找创业商机是启动创业活动的第一步。因为创业是一种发现机会的活动，创业之初，新颖、有市场价值的创业机会所带来的资源与利润往往比创业者个人智慧、组织管理能力更为重要。但创业机会并非那么容易寻找到，这需要创业者保持较高的警觉性，时刻观察、了解市场动态，突破常规思维。

创业机会的识别是创业成功的前提条件和必要条件，是创业者应当具备的最重要的能力之一。本章将主要介绍创业机会的定义、特征、识别思路、识别方法，同时分析商业模式的创新与构建、创业机会的识别对于企业绩效的影响。

一、创业机会的相关概念

创业机会是如此重要，那么，去哪里寻找创业机会呢？在当今日益复杂的经济社会中，商业情形瞬息万变，技术更新换代速度快，如何寻找别具一格、具有市场潜力、能够创造价值与使用价值兼具的商业创新模式，是具有创业想法的人最想了解的。

(一)创业机会的定义与特征

创业机会不同于商业机会，但属于商业机会的一种。商业机会是指能实现某种商业盈利目的的机遇，凡是有利于促进企业生产，有利于企业产品开发和市场开拓，能促进企业经济效益的提高，有利于企业摆脱困境等方面的信息、条件、事件等，都可称为商业机会。① 商业机会通常体现为市场上尚未满足或尚未完全满足的有购买力的消费需

---

① 林嵩，姜彦福，张帏. 创业机会识别：概念、过程、影响因素和分析架构[J]. 科学学与科学技术管理，2005，26(6)：128-132.

要，也称为市场机会。按照商业机会存在的期限可以分为两类：一类是短暂的商机，需要有一定的资本基础和市场经验的公司才能抓住。这是一般性的商业机会。另一类商业机会是持续时间较长、初期不需要大量资本投入的新颖商机。这是创新性商机，是适合创业者抓住的创业机会。

因此，创业机会是指能够持续创造市场价值、为创业者带来经济流入的商业机会。适用于创业的商业机会有四个主要特点：价值性、盈利性、时效性和资源的可得性。

(1)价值性。价值性是创业机会最基础、最重要的特征。创业机会只有具有价值性，才能逐步实现盈利。价值性决定了创业活动的意义，它为市场创造有价值的产品或服务，能够满足市场上尚未满足或尚未完全满足的有购买力的消费需要。

(2)盈利性。盈利性是创业者创造的动力所在，也是市场评价和淘汰创业活动的标杆。只有开发创业机会能盈利，创业者的创业活动才会有意义，创业者才会寻找创业资源去开发创业机会，才能支撑创业者持续进行创业活动。

(3)时效性。时效性是指商业机会能够创造价值，还没有失去市场效率的期限。创业者只有在商业机会仍具有时效性，市场还没有饱和时进行价值创造，才能盈利。越早发现创业机会，并将之付诸实践行动，市场的主动权就越大，成功的可能性也就越大。

(4)资源的可得性。资源的可得性是创业活动能够开展的物质基础，创业者只有获得足够的资源和能力，才能利用创业机会创造价值，实现盈利。正如马克思所说的资本必须合理地分为三个部分：货币资本、生产资本和商品资本。只有保证三个部分资本充足，才能搞好产供销，顺利经过购买、生产、售卖三个阶段，使之在空间上并存和时间上继起。在创业初期，只有充足的资本才能使创业活动得以持续，不会在初期还未盈利时因为现金流短缺而被迫中止创业活动；但是，创业资本的充足性始终是个困扰创业者的问题。

(二)创业机会识别的定义

创业机会识别的定义分为两层：一是信息处理论，即创业者有意识地将市场上潜在的商业信息收集整合，经过卓越的信息过滤、识别，将外界现有资源进行充分整合；二是信息创造论，即创业者通过保持高度的警觉性，寻找和识别被市场忽略的有用商业信息，并对商业信息不断进行外在化表现，从而创造新的价值载体。①

创业机会识别本质上有三种：一是挖掘现有市场未被满足的需求，二是发现未被开发但是潜在的需求，三是发掘因多样化、个性化或技术变革带来的衍生市场需求。挖掘现有市场未被满足的需求相比于挖掘另外两种存在更多的困难与壁垒。现有市场的创业机会一般存在于差异化竞争市场或企业集群市场中，现有市场的竞争者一般比较多，对资本和经验的要求高于技术创新，对于创业者的要求更高。

---

① 林嵩. 创业机会识别研究——基于过程的观点[J]. 中南民族大学学报(人文社会科学版)，2007，27(5)：129-132.

二、创业机会识别思路研究

(一)存在思路

存在思路的前提假设是市场并非一直处于均衡状态，但市场偏离均衡状态时，资源也偏离了最优配置状态，这为创业机会提供了滋生的土壤。追求资源最优配置的创业者在市场非均衡状态下会凭借其敏锐的商业直觉发现创业机会；而创业机会的发掘和利用使得市场资源配置更优化，市场逐渐步入均衡状态。

市场创业机会被发掘存在两种情况：一种是市场参与者无意中发现并用于获取利益；另一种是通过创业者不断地探索查找市场中隐含的创业机会，将普通参与者无法发现的信息通过创业活动外化。对于非均衡市场所传递的创业信号，普通参与者会在无意中会过滤掉，无法与创业活动联系起来；而具有独特警觉性的创业家因为其过人的胆识和异质性知识，通过扩大生产或套利活动，促使市场回归均衡。

存在思路强调个体与客观创业机会之间是否匹配，如果匹配，个体就能发现和利用创业机会而成为创业者。

(二)结构思路

在了解结构思路之前，本节先介绍其理论基础——Burt 的结构空洞(Structural Hole)理论。一个网络中存在着一个个关联紧密地带，在关联紧密地带之间是关联稀疏地带。Burt 认为处于稀疏地带的组织赢得竞争优势的可能性最大，他称这种关联紧密地带之间的稀疏地带为结构空洞。关联紧密地带之间由于稀疏地带的存在，使得资源和信息的直接流通不顺畅，因此需要借助稀疏地带中的组织进行沟通和交流。稀疏地带通过发挥联结机制，优化网络中的资源配置，为自身创造更多的资源，最终产生较强的竞争优势。

结构思路认为社会网络结构并不是完全缜密的，个体或者组织之间也存在关联紧密状态和关联稀疏状态，创业者或者创业团队处于结构空洞中，拥有信息和控制优势，通过资源和信息的传递，从而产生创业机会。①

形象地说，假设有一个个体 A，他与另外两个个体或者党派 B 和 C 存在工作关系，如果 B 和 C 不联结比 B 和 C 联结对 A 更有利。B 和 C 不联结意味着在 B 和 C 之间存在着一个结构空洞，这个结构空洞能增强 A 的职位权力或谈判力。这种结构优势有这样几个基础：第一，对介于期间(Middle)的 A 而言，有更多的信息可利用，而信息蕴含着价值和权力，继而形成了 A 的优势。第二，对介于期间的 A 而言，存在控制机会。在存在结构空洞的情况下，中间人 A 通过谈判可以使 B 和 C 处在竞争地位，从而加强自己的强势地位。第三，对于介于期间的 A 而言，存在将信息优势和控制优势结合起来的潜在优势。由于 A 是中间人，信息充分。这样，A 就可以通过中间人的身份在 B 与 C 之间提供彼此需要的资源，并从中获取利润或社会资本。在结构空洞下，A 与 B、

① Burt R S, Jannotta J E, Mahoney J T. Personality Correlates of Structural holes[J]. Social Networks, 1998, 20(1): 63-87.

C 的关系越强，A 就拥有越多可能的创业机会。①

可以发现，结构思路强调创业机会的产生源于个人或组织间的关系结构特征，结构空洞造就创业机会，但是中间人的意愿、谈判能力、运作能力、信息获取能力则是寻求这种创业机会的重要条件。

(三)构造思路

构建思路的提出建立在对存在思路的质疑上。存在思路认为市场一般是非均衡状态，资源还未达到最优配置状态，因此市场中还存在创业机会。创业者通过其高度的创业警觉性和丰富的先验知识发现创业机会的存在并加以利用，一方面自身获利，另一方面优化社会资源配置。反推存在思路，当市场均衡时，并不存在创业机会。但随着创业机会的不断发掘，市场逐渐趋于均衡状态，仍存在着大量的创业机会。这一推论前后矛盾，因此，学者认为创业机会不是已经存在、等待被创业者发现利用的，而是可以创造和建构的。

构造理论认为人类与社会结构是互动发展的。人类既推动着结构的发展，也受到结构的制约。结构是动态发展的，现有结构的形成是人类先前行为的作用，也会在现有行为中改变。构造理论在创业机会识别思路的研究中运用，是对实践经验的总结。创业者既创造和建构了新的创业机会，也被创业机会塑造成一个精神和能力更加强大的个体。创业过程就是创业者和创业机会共同演化的过程。

三、创业机会识别的影响因素研究

为了说明如何识别创业机会，先说明什么影响着创业者识别创业机会。目前学术界认可的三个主要影响因素为：创业警觉性、先验知识和社会资本理论。下面对三者与创业机会识别的关系进行一一研究。

(一)创业警觉性与创业机会识别研究

创业警觉性(Entrepreneurial Alertness)概念首次由柯兹纳(Kirzner)于 1973 年提出，他对创业警觉性下了定义，认为创业警觉性是一种对没有被发觉的创业机会的持续关注能力，并对各种物体、行为和事件的信息保持敏感性。② 但是他认为这种敏感性仍存在于观察中，还未做出具体的搜寻活动。1985 年，柯兹纳对自己的定义进行修正，认为在因为变革或者知识结构不完备而导致的市场不均衡下，创业者运用其特有的创业特性，可以率先发现市场变化的导向，并快速察觉人们消费需求的改变，进而根据新的需求，推出创新性产品或服务。③ 根据图 4-1 中柯兹纳创业警觉性的机会确认模型，可以发现：一个没有警觉性的人能做到最优的决策需通过在现存方法的框架下凭借理性分配以实现个人的最优化；而一个有警觉性的人完全能够通过理性评价，克服思维惯性，打

---

① 颜士梅，王重鸣. 创业的机会观点：存在、结构和构造思路[J]. 软科学，2008，22(2)：1-3.

② Kirzner, I. M. Perception, Opportunity, and Profit: Studies in the Theory of Entrepreneurship. Chicago, IL: Chicago University Press, 1979: 30-41.

③ Kirzner, I. M. Discovery and the Capitalist Process [M]. Chicago, IL: Chicago Univeristy Press, 1985: 174-175.

破现存方法框架，进行机会识别或创造。

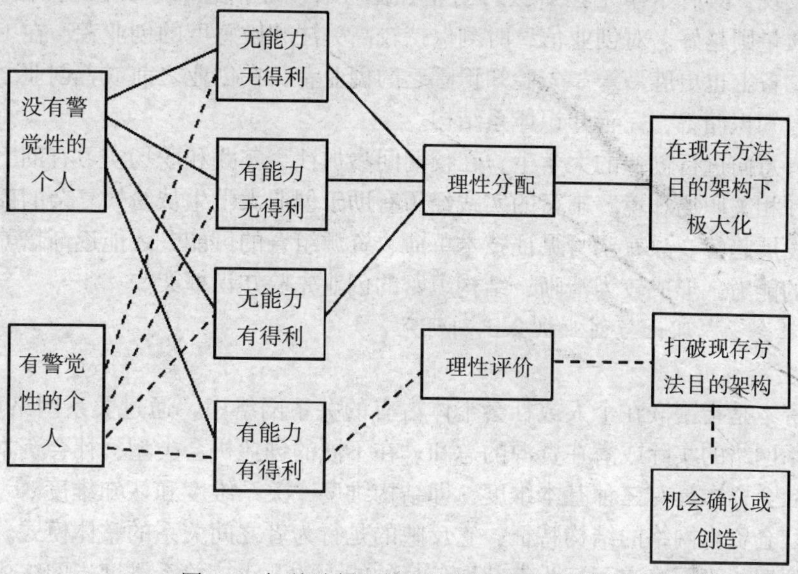

图 4-1　柯兹纳创业警觉性的机会确认模型

在柯兹纳提出创业警觉性之后，学界对于创业警觉性做出了更多的研究。主流观点认为创业警觉性有助于创业者进行技术创新，但由于创业者的创业警觉性多是创业者个体观察和主观判断，缺乏客观、科学的评价。只有当创业者对某一行业足够熟悉之后，才能发挥创业警觉性的市场发现功能和信息甄别能力。柯兹纳在 1997 年再一次阐述了创业警觉性与创业机会之间的关系，认为具有警觉性的创业者通过时刻关注市场动态，发现市场先行者由于认知等方面存在偏差而遗漏的一些创业机会。也就是说，正是创业者对创业机会的警觉发现使得原本非均衡的市场过程逐渐趋向于均衡。①

(二)先验知识与创业机会识别研究

1. 先验知识的定义

拥有创业警觉性可以在繁杂的商业信息中发现创业机会，然而创业者想要拥有创业警觉性是需要有一定的经验基础的。正如前面所言，在创业者熟悉的领域创业警觉性才能发挥出机会发现功能。从创业角度来看，先验知识是指创业者曾经学习、工作等经历中所积累的内在的知识、技能与经验，它分为行业经验、创业经验和职能经验。尚恩(Shane)在 2000 年曾提出在多数时候创业者并没有比非创业者从市场中得到更多的信息，只是创业者能够通过先验知识较为迅速地从众多信息中获取符合市场时机的机会。信息发现的时机、场合以及领域对创业者的意义比信息量更重要。②

① Israel M Kirzner, I. Entrepreneurial Discovery and the Competitive Market Process: an Austrian approach[J]. Journal of Economic Literature, 1997, 35(1): 60-85.

② Shane M, Teigen L, Gehlhar M, et al. Economic Growth and World Food Insecurity: a Parametric Approach. [J]. Food Policy, 2000, 25(3): 297-315.

2. 先验知识与创业机会识别的关系

研究发现，具有个体先验知识的创业者在获取创业信息时，其机会识别的能力越高，搜寻质量则越好。对创业信息时刻保持较高关注和敏感度的创业者，在工作经历和创业知识储备上也更胜一筹。先验知识匮乏的创业者，在创业之前或者创业之初应该不断增加自身知识储备，完善知识体系结构。

对于有意向进行创业的大学生，在校期间参加社会实践和职场实习有助于提前熟悉商业情景和相关职场环境。丰富的实践经历有助于创业大学生从纷繁复杂的商业信息中判断市场发展趋势。只有亲身见证技术革命、资源组合的可能，才能逐渐培养灵活运用社会资源的能力，形成较为清晰、结构缜密的创业先验知识框架。

(三)社会资本理论与创业机会识别研究

1. 社会资本定义

社会资本是指镶嵌在个人或社会个体占有的关系网络中，通过关系网络可获得的，来自于关系网络的实际或潜在资源的总和。在不同的创业机会类型，社会资本的作用机理不同。社会资本具有三种基本维度，即结构维度、关系维度和认知维度。① 结构维度主要反映社会资本网络的结构特征，它反映的是行为者之间关系的整体模式。成员在网络结构中位置的不同决定了行为者获取信息的能力的大小。关系维度指网络成员之间的亲情关系，以及通过这些关系获得的资产，一般根据关系密切程度分为强关系与弱关系。认知维度反映了网络成员之间的共同价值观和愿景。

2. 社会资本与创业机会识别的关系

在结构思路下，创业机会的发现来自于社会资本中结构空洞的大小和个人与组织间的关系网络的规模；结构空洞提供了可能的创业机会，结构空洞越多，可能的创业机会就越多。也就是说，社会资本结构维度本身即可产生创业机会。当然，要使可能的创业机会转化为现实的创业机会，还必须外加如下条件：一是处在结构优势中的个体或者组织要具有充分发挥这种信息和控制优势的意愿，二是这些个体或者组织必须具有相应的谈判能力、运作能力、信息获取能力。

在存在思路下，创业机会的发掘过程体现为创业机会的识别过程，也就是说，创业机会是被发现的。客观存在于市场的创业机会需要企业家个体来识别，而如前所述，个体的警觉性是影响创业机会发现与否的前提条件。个体对于创业机会的警觉性取决于两个条件：一是个体拥有的识别创业机会的先前信息。人们拥有的先前信息创造了人们的智力图式，进而影响了人们对新信息的认知，先前信息如果与新信息互补，那么可能诱发创业猜想。二是个体具备创业猜想转化为机会的资源支持，如果没有资源的支持，个体会不认为商机对他而言是创业机会。

四、认知创业实训

(一)实训目标

(1)通过互动体验式实训，深刻理解创业的本质，每位学习者给出自己对创业的理

① 黄建. 社会资本的三个维度[J]. 党政论坛，2014(5)：28-31.

解和定义。

(2)直观感受创业过程中的资源、机会和价值等核心要素之间的关系。

(3)形象深刻地理解在创业资源不足的情况下，如何不拘泥于现有资源，通过对现有资源的合理利用与管理，完成价值创造。

(4)感受创业过程中各种机会的把握与利用。

(5)感受创业过程中价值创造的本质与内涵。

(6)理解无形资源(信息、人际关系等)及谈判沟通在创业过程中的影响及作用。

(7)适应创业过程中时刻存在的高度不确定性和模糊的状况。

(二)实训要求

(1)确保教师有一台可联网的计算机，并可正常登录当前实训游戏，且能正常连接投影仪并进行必要内容的展示。

(2)确保每位学生有一台可联网的计算机，并可正常登录当前实训游戏。

(三)实训内容

1. 实验介绍

认知创业应用是一款基于计算机网络的交互式体验游戏，创业者身处一种初始资源不足，但可以通过谈判、交易、生产改善现状的模拟环境，学生之间可以做资源的各种交易转换。这期间考察的是学生识别机会与风险、寻找资源(包括信息资源)、谈判沟通、利用资源，并创造价值的能力。每名学生在刚开始将随机获取类型不同但价值相同的创业资源。每位学生在接下来的创业模拟中，可以选择将自己手中资源售卖或出借给其他人，也可以选择从其他人手中购买或借取资源，购买或借贷的类型、价格和数量完全取决于学生们协商的结果。

教师会在统一原则下进行若干期连续模拟操作，每位同学在每一期都有机会进行资源交易、机会识别与确认、价值创造。通过高度参与的体验式游戏过程，该实验主要设计目的是为了提升同学们对创业过程的主要特征及本质的理解。

2. 实验规则

在该实验中，为了提升学生的学习兴趣及实验的形象性，系统挑选了生活中常见的现金、母鸡和鸡蛋三种资源，每位学生在实验开始阶段，会随机获取唯一的一种起步资源，不同学生之间虽然获取的资源形式会有差异，但是资源评估价值是等值的。系统内置有一套统一的资源价值评估标准，最终所有的学生获取的资源价值均是相等的。

- 创业资源

现金：可以用来购买母鸡和鸡蛋，也可以出借获利。

鸡蛋：可以直接出售，也可以孵化母鸡。

母鸡：可以直接出售，也可以用于产蛋。

- 创业机会

买卖鸡蛋：出售鸡蛋给别人或用现金买入别人的鸡蛋。

买卖母鸡：出售母鸡给别人或用现金买入别人的母鸡。

借贷现金：借钱给别人或借取别人的现金。

孵化母鸡：鸡蛋加一定的金钱可以孵化出母鸡。

产出鸡蛋：鸡加一定的金钱可以生产出鸡蛋。

在实验中，每位同学都可以进行多种模拟决策，可以选择将自己手中的鸡蛋或母鸡挂牌到“市场”进行交易或指定班内某一个学生进行定向交易，也可以选择将自己手中的现金出借给其他同学，出售的价格或出借资金的回报率完全取决于交易双方协商确认（见表 4-1）。

表 4-1　**模拟交易规则表**

	X 现金	J 鸡蛋	M 母鸡
X 现金	XX 出借现金获得收益	XJ 现金购买获得鸡蛋	XM 现金购买获得母鸡
J 鸡蛋	JX 出售鸡蛋换取现金	无	JM 孵化鸡蛋获得母鸡
M 母鸡	MX 出售母鸡换取现金	MX 母鸡产蛋获取鸡蛋	无

• 创业价值

在实验的全过程中，每位学生都可以结合自己手中的资源情况，并结合自己的发展目标，参与到上述表格的各种交易或生产活动中去。每一笔交易或每一次生产活动都将对最终的创业价值产生影响，实验并不保证每位学生最后都能产生的正收益的，这完全取决于每位学生在实验期间的谋划和经营策略。

• 交易规则

出借现金：学生按自主协商确定回报率，但是回报率不允许超过系统内规定的上限，回报率不得超过 20%，学生之间自主协商确定本金归还时间，到期后借入方一次性将本金归还给借出方。学生每轮只能借出/借入现金各 5 次，每次金额不限。交易成功后，出借方当期即可获得贷入方应付利息作为收益。

现金买卖鸡蛋：学生按自主协商确定交易价格，但是交易价格不允许超过评估价值的 100%。学生每轮只能现金买卖鸡蛋 5 次，每次买卖鸡蛋个数不限。

现金买卖母鸡：学生按自主协商确定交易价格，但是交易价格不允许超过评估价值的 20%。学生每轮只能现金买卖母鸡 5 次，每次出售母鸡 1 只。

鸡蛋孵化母鸡：1 个鸡蛋+孵化费 10 元=1 只母鸡，每轮只能操作孵化器 1 次，每次最多孵化 2 个鸡蛋。孵化费在开始孵化的时候一次性支付。

母鸡产出鸡蛋：1 只母鸡+产蛋费 1 元=1 个鸡蛋，每期每只母鸡最多产 3 个蛋，产蛋时立即支付产蛋费。

• 价值评估

市场评估价：一个鸡蛋 2 元，一只母鸡 50 元。

从实验开始到结束，该评估标准不会发生变化，评估主要用于阶段性统一衡量每位学生最终手中所有资源的价值，但并不约束买卖双方每笔交易的价格。最终价值将以学生手中的鸡、鸡蛋和现金以及未收回的贷款金额总和为准。

3. 资源分配

教师在控制端，点击认知创业应用实验控制的“分配资源”按钮，将会给全班学生分配起步资源。系统默认给出的分配比例经过多次实践教学的检验，具有相对合理性。教师也可以根据实际授课情况调整该默认比例，但一般建议现金比例不要过低，过低的现金资源将导致在进行资源交易及创造价值过程中遇到现金不足的情况，从而影响实验效果。

4. 突破资源瓶颈

教师在控制端点击“开始实验”按钮即可开启实验。学生进入系统以后，可以看到自己得到的资源(见图 4-2)。每位学生都将随机得到唯一一样创业资源(价值 100 元)，接下来每位学生要做的第一件事就是如何打破手中创业资源的局限性和单一性僵局，即不拘泥于手中的现有资源。

图 4-2　认知创业应用——学生实验初始界面

资源的获取无论出现什么情况，都属于正常现象，因为这可以反映出创业学生的充分努力和创业意图。在获取其他资源的过程中，并不是所有的学生都会获得其他方面的资源，因为有一部分学生可能选择不做任何操作，可能还是会有一部分学生处于单一资源状态，这样也完全符合现实市场中的环境和现实世界中创业的真实情况。

教师在控制端点击“教学解析”即可进入认知创业应用教学解析模块。学生在做实验的过程中，系统将会记录大量的交易实验数据，并形成各种维度的各类分析报表，帮助学生分析自己的实验行为，也可以帮助学生提出更多围绕创业的发散性主题，以让其积极参与，教师也可以分享一些对创业的深入理解与思考的知识点。

认知创业应用教学解析的分析报表一共分为五大类，分别是学生资源分布、创业资源分析、创业机会分析、创业价值分析和创业综合分析。

学生资源分布下的学生实时资源分布报表主要用于认知创业实验进行过程的实时监控与教学效果动态估计，教师可以结合财务知识来分析该报表，也可以通过排序来实时评价每个学生当前的资源状况，同时还可以选出典型学生来进行提问。

创业资源分析部分有六个图表，分别是全班创业资源种类分布图、全班创业资源种类变化趋势图、全班创业资源种类分段对比排行图、全班创业资源种类分段对比排行表、个人创业资源种类分布图和个人创业资源种类变化对比图。通过这些图表可以看到当前整个班级当前一轮资源的详细分布情况（见图 4-3），让创业学生了解经过多轮的实验后，整个班级的资源整体分布情况，从而方便学生从这里了解班内资源的分布情况。通过对比分析不同轮之间的资源分布图，可以让学生看到通过大家多轮的努力，整个班级的初始分配资源僵局正在逐渐被打破，并不断在发生变化。

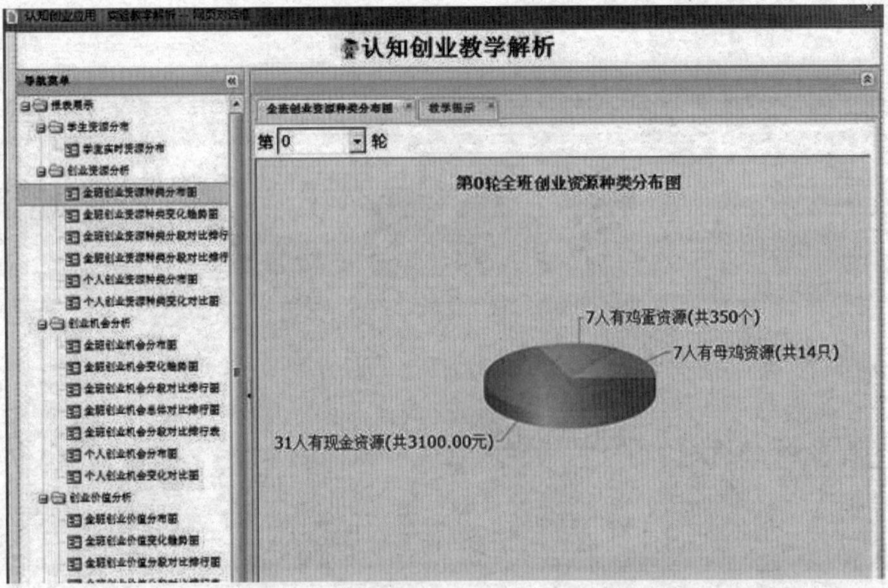

图 4-3　认知创业应用——全班创业资源分布图

通过给学生查看一定区间内所有学生某种资源的排行图，让大家了解即使在同样的环境规则之下，通过个人的努力，最后某种资源的获取结果会有显著差异性。教师可以就这个结果邀请表现良好的学生为大家分享具体的打破资源僵局的方法，也可以邀请部分表现较差的学生让他们阐述下一步的打算和计划。

通过查看个人创业资源分布图，对某一个比较有典型意义的学生的某一轮的个人数据进行展示和分析；还可以查看个人创业资源种类变化对比图，就某一个有典型意义的学生的一个区间的个人数据，让学生谈谈未来趋势发展的想法。通过对学生这种个体资源变化分布和趋势图的分析，可以让学生了解创业者如何突破资源瓶颈去努力的全过程。

通过第一轮突破资源瓶颈的实验后，可以让学生思考和讨论如下问题：

• 在此实验项目中，有哪些资源可以利用？请大家一起罗列。除了系统中的现金、鸡蛋和鸡的资源以外，可以让学生从广义角度延伸罗列更多资源，比如学生的人脉资源、学生谈判沟通能力的资源、学生获取信息资源的能力的资源等。

• 在此实验项目中，请大家讨论获得哪一种初始资源更具有优势？这个话题可以启发学生进行发散性思考，让学生认同自己手中现有资源的价值，进而利用这个资源获取到其他更多资源。只有资源突破了单一性和局限性，越来越多的资源才有希望被整合协调到一起发挥自己多资源的真正优势。

• 大家觉得创业如果是需要资源的，那么这些资源主要有哪些？此话题可以让学生进行发散性思考真实创业过程中的创业资源的内涵。

• 如果去真实创业，你们觉得最欠缺的资源是哪些？

• 如果大家要在资金不足的情况下去创业，应该怎么去解决这个问题？

这一轮实验可以给学生带来很多的启示，可以让学生了解到创业活动是不拘泥于现有资源的行动；可以了解到创业资源是可以按创业者自身发展意图而发生可喜变化的，在资源匮乏或不足的环境下，创业者更需要付诸行动而不是坐以待毙。

最后，教师也可以根据离开座位开展交易的学生、站起来左右环顾寻找交易的学生和无任何举动的学生情况挑选1~2个典型的例子就他们的具体数据进行教学解析。

5. 积极寻找机会

在经过第一轮的突破资源瓶颈的实验后，大部分学生获取了多种类型的资源，已经可以充分利用手中的多种资源并根据游戏规则进行相应的生产活动了，同时学生之间也因为资源种类及数量的增多会发生更多的交易行为(包括生产的机会和交易的机会)，每位学生都可以按照自己的创业规划和设想积极主动地与其他学生进行大量的沟通和交易。当然也会有部分同学因为受阻于第一轮实验未能获取多种资源而无法进行交易行为，这时候教师应该积极引导此类学生积极主动地去寻找机会，扩大交易，让自己的资源种类和数量逐渐丰富起来。教师可以根据实验的实时数据让学生中做得较好的就他们在某种困难阻碍下如何面对及解决好这个问题来分享他们的经验和看法。

在此轮实验中，有可能部分学生形成了一个团队联合体，达成了大量定向交易，进而获得了某方面的巨大优势，这可能会引起其他学生的异议；这个时候教师应该积极引导，只要他们遵守实验的游戏规则，所有的实验行为都应该是允许的。从创业资源整合管理的层面来进行分析，这种个人或团体之间的分工协作以及友好合作在我们现实社会的经济生活中是普遍存在的，在符合国家法律法规的情况下，这本身就是一种非常正常的普遍现象。

在此轮实验中，教师也要注意一些在首轮做得好的学生可能由于过于激进的策略导致自己资金链断裂或在随后的实验中遇到了无法轻易解决的困境情况。这样的案例可以引发学生们的进一步深入思考，这时教师可以邀请遇到此类情况学生来分享他们的心得体会，同时启发其他学生如果他们在今后的实际创业活动中也遇到这样大起大落的情况，该如何去面对以及采取什么样的策略去努力避免。

此轮实验结束后，教师可以根据系统给出的教学解析引导学生围绕创业过程中的机会挖掘、机会创造和机会把握等方面进行教学活动，也可以着重就系统中的创业机会分析报表展开相关教学解析活动。创业机会分析有七个图表，分别是全班创业机会分布图、全班创业机会变化趋势图、全班创业机会分段对比排行图、全班创业机会总体对比排行图、全班创业机会分段对比排行表、个人创业机会分布图和个人创业机会变化对比图。教师可以通过给所有学生查看一定时间区间内的全班各类交易机会的分布情况，来说明整个班级的整体交易活跃程度及各类交易占比。通过给所有学生查看一定区间内的各轮交易次数变化趋势情况，可以说明整个班级随着时间推进，机会从较少的状态不断趋向于越来越多的发展，在大量学生个体突破自身资源瓶颈后，催生出了整个市场的更多发展机会，反过来又成就了大量个体进一步获得新的发展机会。通过全班所有学生对所有机会或者某一类机会的把握及达成次数的排行对比图，可以说明即使在相同起点及规则情况下，不同人对机会的把握及判断是有差异的，也可以通过更具体的数据排行表来分析整个班级所有学生对机会的把握情况。这时候教师可以邀请总资源和交易次数排在前面的学生分享他们在实验中的做法以及思路，也可以邀请部分排在最后做得较差的学生来分享他们做法以及将来的打算。最后，教师可以通过对个别学生的机会把握及达成情况来进行分析，进而形成个人案例分析较多的教学点评；也可以通过对个别学生在不同时间段对机会的把握及达成趋势进行分析，了解不同学生在更具体层面的差异及不同特点。

通过第二轮积极寻找机会的实验后，可以让学生思考和讨论如下问题：

- 在此轮实验中，同学们有没有发现这个市场出现了什么变化(例如资源状况、交易价格、交易对手等)?
- 此实验项目中有哪些机会？请大家一起罗列出来。
- 此实验项目中哪些机会最容易获得，哪些机会最难获得?
- 大家觉得创业如果是需要机会的，那么这些机会主要有哪些?
- 如果让大家去真实创业，最欠缺的机会是哪些?
- 如果大家感觉自己没有合适的创业机遇，接下去应该怎么解决这个问题?

这一轮的实验可以给学生带来很多的启示，可以让学生了解到创业机会每天都存在于我们身边，需要每位创业者用心思考、用心发现；好的创业机会永远只给予有准备的人；机会往往与风险相伴而来，渴望机会的同时还需尽力避开风险；机会需要我们积极主动地挖掘甚至创造，守株待兔并不能等来机会。

6. 积极创造价值

经过前两轮的发展，绝大多数同学的资源种类和数量较游戏开始时的初始资源有了极大的增长，这个时候教师就要在此轮实验中给予学生们更多的时间进行实验操作，以确保班上绝大部分学生能够在此轮实验中完整体验不拘泥于现有资源、突破资源瓶颈、积极寻找机会并积极创造价值的全过程。

此轮实验结束后，教师可以根据系统给出的教学解析引导学生们围绕创业价值的主体展开讨论与分享，也可以着重就系统中的创业价值分析报表展开相关教学解析活动。创业价值分析有五个图表，分别是全班创业价值分布图、全班创业价值变化趋势图、全班创业价值分段对比排行图、全班创业价值分段对比排行表、个人创业价值分布图和个人创业价值对比图。教师可以通过给学生查看整个班级当前轮价值的分布情况，让学生了解经过一轮的实验后，整个班级的价值整体分布情况，以方便学生从整体上了解班内价值分布情况。通过给所有学生分享经过若干轮的实验后，全班所有学生创造的总价值趋势图清晰地展示出，整个班级的总价值在不断地往上发展。通过这个趋势图可以直观地看出创业的整个过程就是在突破资源瓶颈后，通过不断寻求机会，最终创造出价值的过程。通过全班所有学生的创造的价值的排行图，可以看到即使在相同起点及规则环境下，不同学生最终创造的价值是有显著差异性的。这可以说明不同的创业者在实际操作中总会体现出个体的差异性，这种差异性也导致了不同创业者即使在一模一样的起点环境的情况下去做同一个项目，不同人之间结果(甚至成败)是存在不确定性的。现实中的创业者可能会面对更多机会的选择与判断，不同创业者对不同机会的判断与选择最终将会导致最终创业结果的巨大差异性。

教师也可以就整个实验过程中参与者状态和交易者状态进行教学分析点评。

- 参与者状态：

提问——交流——观望——突破——学习——分化

(规则)　(质疑)　(参考)　(第一人)　(跟随)　(差异)

参与者主动出击，突破资源瓶颈。

参与者积极交易，寻找机会。

参与者财富增长，创造价值。

- 交易者状态：

主动出击：占取先机——主动寻找商机——被动等待机会。

果断交易：不计较价格——犹豫会导致机会丧失。

活跃交易：次数频繁——不断地发现机会、创造价值。

通过第三轮积极创造价值的实验后，可以让学生思考和讨论如下问题：

- 在此实验项目中是否每一位学生都能创造出系统内认可的价值？
- 此实验项目中有哪些地方可以创造价值？请大家一起罗列出来。
- 此实验项目中哪种活动最容易创造价值？哪些活动较难获得价值创造？
- 大家觉得创业应该是一个什么样的过程？
- 如果时间允许，请大家重新做一遍这个实验，每个人的最终结果还会一样吗？
- 班上有正在准备创业的同学吗？请分享你的创业想法。
- 班上有已经在真实创业的同学吗？请分享你的创业经验。

这一轮的实验可以给学生带来很多的启示，如学生对创业的深刻理解和感悟。通过此轮实验我们可以让学生了解到创业资源在转换过程中会发生资源价值的损益变化，创业者需要综合判断与分析这种损益情况；创业价值不仅仅是狭隘地获取利润的话题，广义的创业价值包含了给客户创造的价值、为员工带来的发展价值、为股东创造的经济价值、为国家社会创造的社会价值等。如果要严谨地计算一次创业活动创造的利润回报，我们需要掌握基础的财务知识，即学会基础的收入成本计算方法及盈亏平衡测算方法。

（四）实训总结

此实验项目旨在通过资源的分配、突破资源瓶颈、积极寻找机会、积极创造价值这四个阶段的三轮游戏过程的操作，让学生们体验创业的全过程。通过认知创业应用实验让学生了解资源的特性及对创业的影响、资源的获取途径和结果对创业的影响、机会的发现和把握对创业的影响、创业环境的变化对创业的影响等。

五、商机筛选应用实训

（一）实训目标

（1）通过对具体详尽的创业项目的量化评估，系统掌握商业机会与风险所涉及的各个要素。

（2）通过对系统内置机会风险筛选器的使用，掌握一种有效的机会风险筛选识别方法与工具。

（3）通过对筛选器原理的了解，培养为自己的创业项目设计筛选器的能力及筛选器在未来创业过程中的实践应用的可能。

（4）通过对商机策略的应用，掌握一种降低创业项目总潜在风险、提升机会的方法。

（5）培养一种严谨做事与量化分析管理决策的思维与习惯。

（二）实训要求

（1）确保教师有一台可联网的计算机，并可正常登录当前实训游戏，且能正常连接投影仪进行必要内容的展示。

（2）确保每位学生有一台可联网的计算机，并可正常登录当前实训游戏。

（三）实训内容

1. 实验介绍

很多人日常工作学习生活中时常会有好的创意或创业点子产生，但这样的点子如果去实施创业，其中所蕴含的机会与风险到底处于什么情况？创业者如何用一种实际有效的通用工具或方法去相对精确地识别一个创业项目的机会与风险？商机筛选应用就是为了解决这个问题而设计的实训项目。

商机筛选应用是一个基于网络的商业机会与风险识别实训系统，系统内设计了一个创业项目展示数据库，内置了数十套内容详尽、各个角度和不同类型的创业项目，这些项目大部分还未在现实生活中成熟运营，普遍处于项目筹划期或初创期，即使是创业者本人也很难准确预估多年后项目会以什么结果呈现。此应用为每位学生设计了一套可供实践的机会筛选器工具，每位学生可根据自己接收到的创业项目本身的详尽描述，使用筛选器对该项目做数十个维度的、详尽的商业机会与风险识别甄选，通过该过程让学生掌握一种严谨的、可实践使用的商机与风险识别方法与技巧。

2. 实验规则

学生打开软件进入商机筛选实验室后，在接下去的一定时间内，将扮演一名特定创业项目的负责人，且该项目已经完成了产品（服务）部分的详细设计与开发。我们的创业者作为项目负责人将需要为该项目取一个合适的个性化名称，以结合当前自身实际情况，并使用商机筛选器，对该项目进行商业机会与风险的识别，并对识别出的结果，使用商机策略画布工具制定完整的提升商业机会与降低商业风险的应对策略方案。然后创业者还有可能需要在众多的投资者(其他同学)面前阐述你的商机识别结果及应对策略，以及获得一定数量的投资者的认可与投资。创业者在当前环节所做的这一切工作，都将为他的项目进一步商业化推广与运营打下坚实的创业基础。

3. 实验任务流程

学生从教师处接收到确定的创业项目背景，在收到项目后，需要先了解项目，并为项目设定一个富有创意或个性的名称，并结合自身实际情况通过系统内置的商机筛选器，对项目做仔细的商业机会与风险筛选评估，对于最终的筛选评估结果，作为创业者还需要围绕其中的机会部分的把握与风险部分的应对做出进一步的应对策略。最后结合筛选评估结果与所制定的应对策略，以创业者的身份上台为其他同学做项目路演，并争取大家对你的投资认可(见图 4-4)。

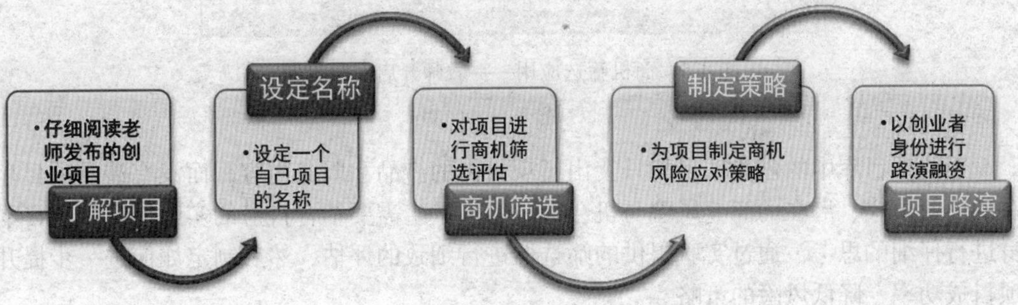

图 4-4　商机筛选应用——任务流程

4. 实验任务提示

老师提供的创业项目背景更多涉及的是产品或服务本身的内容，每一位同学需要结合自身的现有情况，如资金、技术和经验等各方面因素，通过筛选工具做出每一项的机会与风险的判断识别。

对于不同的创业者来说，即使大家面对的是同一个创业项目，也会由于创业者之间的个体差异而得出不同的机会与风险的结论。这是一种非常常见的现象，即使是同一个项目在同一个创业者的持续创业过程中，其中的机会与风险也时时刻刻在发生着变化。作为创业者，更需要思考如何进一步巩固并提升对机会部分的把握，并通过具体的应对策略，有效降低项目中的风险部分。在此实践项目中，可以通过商机策略画布来进一步细化与指导创业者的实际创业行动。

当然，最后在路演过程中，众多投资者的认可是最好的试金石，创业者应尽可能地让自己的项目在路演中获得满堂喝彩并获得大量的资金支持。

5. 发布项目

教师在控制端点击“发布项目”，然后在系统提供的项目库里任意选择一个项目进行发布即开启实验(见图 4-5)。教师在上课时可以根据所授课班级同学的意愿以及对相关项目了解熟悉程度挑选系统内的创业项目或者其他项目作为背景下发给学生，并作为随后开展的实验的主要背景资料。

图 4-5　商机筛选应用——教师开启实验界面

系统项目库中的创业项目均只突出了项目内的产品和服务内容，而没有涉及项目存在的商业模式、潜在的商业风险与机会等内容。学生需要结合自身的实际情况和项目本身进行仔细的思考，通过实验提供的筛选器进行细致的评估，然后制定如何进一步提升项目成功率、降低风险的策略。

6. 了解项目

所有学生登录系统以后将接收到教师发布的项目背景资料(见图 4-6)，学生将在教师规定的时间内对项目背景资料进行仔细研读，通过对相关资料的认真阅读对项目作出基本的了解。

图 4-6　商机筛选应用——了解项目界面

此实验是一款体验式的情景角色扮演游戏，每一位学生在实验中都是一个围绕具体项目背景开展创业的创业者。学生可以通过点击“项目背景”按钮查看具体项目的背景资料(见图 4-7)。学生除了在当前阶段可以查看项目背景资料外，在随后的实验中可以随时进入项目背景资料进行及时查阅。

图 4-7　商机筛选应用——查看项目背景资料

7. 设定名称

学生了解完项目背景之后，教师可以在控制端点击“设定名称”按钮开启该环节。每位学生在该环节可以为自己的创业项目取一个个性化的项目名称。教师可以通过单击“学生实时状态”查看每位学生给自己项目所取的名称(见图 4-8)，也可以随时查看每位学生的实时学习情况，包括项目名称和应对策略等。

图 4-8　商机筛选应用——查看学生实时状态

学生根据自己对当前创业项目的了解情况并结合自己下一步商业运作的思考，取一个贴合项目的名称。名称要从公司的名称和定位、产品的名称定位等方面来综合考虑。好的名称能够体现创业者和团队的奇思妙想以及创新性。学生可以单击“设定名称”按钮为自己的项目命名(见图 4-9)。

图 4-9 商机筛选应用——设定名称

8. 商机筛选

学生完成设定名称之后，教师在控制端点击“商机筛选”按钮开启该本环节。所有学生都将进入系统内置的商机筛选器，围绕当前项目的商业机会与风险分布，进行量化评估。系统内置的商机筛选器采用蒂蒙斯创业机会评价模型，该模型最早是由美国百森商学院创业学教授杰弗里·蒂蒙斯在 1977 年首次提出的，用于评价创业机会的量化评估模型及方法。该方法借鉴了数量经济学中的量化模型建立及评估原理，希望通过对大部分创业项目所具有的共性部分的多个维度与众多指标模型建立，由创业者或更多人对创业机会做出量化的评估分析，为相对较为精确地判断商业机会与风险提供参考。它是首个较为全面系统的创业机会量化评估模型，评估角度及指标较为全面和平衡，为创业者或创业教育工作者提出了一种较好的解决思路；该模型经过几十年众多教授的教学实践和改进，已广泛用于欧美高校的创业实践课程中。基于蒂蒙斯创业机会评价模型的思路，并受美国百森商学院创业学安德鲁·扎卡拉基斯教授的指导与启发，贝腾创业研究院研发与设计了创业机会识别与风险改善实践学习项目。① 在真实创业中，并非所有的创业项目都有极高价值的商业机会，学生如何考查哪些创业项目更具潜力正是通过这种实验内置的机会筛选器来评估不同项目。机会筛选器提供了一组涵盖各种类型的指标，潜力大的机会要比潜力小的机会在更多指标上有吸引力，通过这种机会筛选器工具进行

① Zacharakis A. Conjoint analysis: A new methodological approach for researching the decision policies of venture capitalists[J]. Venture Capital, 1999, 1(3): 197-217.

创业过程中的项目机会与风险评估是一种切实有效的方法。

学生进入系统后点击“商机筛选”按钮，即进入该环节实验(见图 4-10)，然后点击“开始识别”即可进入实验。学生在该环节需要围绕当前的创业项目，结合项目产品(服务)内容及自身现实情况，展开商业机会与风险的量化评估，同样的项目会由于创业者或者团队的差异而产生完全不同的机会风险分布情况，每位创业者对同样的项目背景会由于个人知识结构和判断差异而产生不同的商业机会与风险评估结果。即使同样的项目让相同的创业者在不同的时间进行评估，也会由于创业者的努力程度、创业时间、创业环境和创业资源等实际情况的改变而引起新的商业机会与风险分布结果，作为创业者需要根据每次的评估结果，围绕如何进一步提升商业机会、降低商业风险制定严密细致的应对策略。

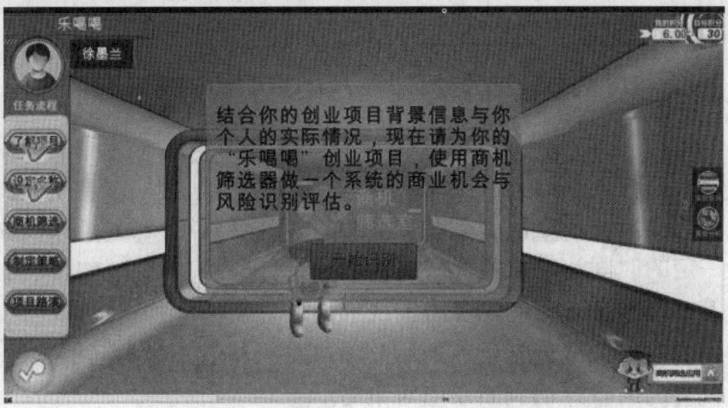

图 4-10 商机筛选应用——商机筛选界面

在实验环节，系统有 10 个视角、50 余个评估指标，需要每位学生根据自己的直觉与过往经验做出判断。10 个视角分别是目标客户(可识别性、心理特征、消费特征和人口统计特征)、消费特性(消费习惯、定价策略、价格和购买频率)、市场规模(数量规模、供需结构和区域范围)、市场趋势(宏观市场、市场结构和目标市场)、市场成长性(成长速度、持续性和稳定性)、市场竞争(竞争者、竞争格局、直接竞争者数量、间接竞争者数量、潜在新进入者和替代品)、分销渠道(分销途径、电商分销和价值链的环节)、成本结构(固定成本、管理费用、营业费用、财务费用、税收费用、成本增长速度和净利润率)、全球环境(消费者、贸易壁垒、竞争和合作)、政策环境(法律风险、支持力度和支持态度)。有些指标会存在学生在短时间内无法准确判断的情况，建议可以对该部分指标做机会风险对等的判断。对于短时间内可以做出基本判断的指标，学生无需过多纠结具体的量化数值，简单做出大概的风险机会分布判断就可以了。

学生在实验中单击系统 10 个视角评估指标的每一个饼图就可以完成对该指标的风险机会识别判断，也可以点击饼图旁边的问号开启具体指标的帮助文档来查看说明(见图 4-11)。

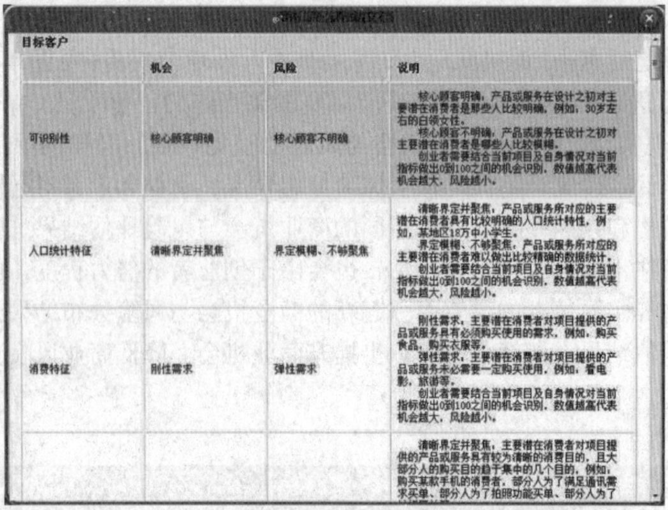

目标客户

	机会	风险	说明
可识别性	核心顾客明确	核心顾客不明确	核心顾客明确，产品或服务在设计之初对主要潜在消费者是那些人比较明确。例如，30岁左右的白领女性。 核心顾客不明确，产品或服务在设计之初对主要潜在消费者是哪些人比较模糊。 创业者需要结合当前项目及自身情况对当前指标做出0到100之间的机会识别，数值越高代表机会越大，风险越小。
人口统计特征	清晰界定并聚焦	界定模糊、不够聚焦	清晰界定并聚焦，产品或服务所对应的主要潜在消费者具有比较明确的人口统计特性，例如，某地区18万中小学生。 界定模糊、不够聚焦，产品或服务所对应的主要潜在消费者难以做出比较精确的数据统计。 创业者需要结合当前项目及自身情况对当前指标做出0到100之间的机会识别，数值越高代表机会越大，风险越小。
消费特征	刚性需求	弹性需求	刚性需求，主要潜在消费者对项目提供的产品或服务具有必须购买使用的需求，例如，购买食品，购买衣服等。 弹性需求，主要潜在消费者对项目提供的产品或服务未必需要一定购买使用，例如，看电影，旅游等。 创业者需要结合当前项目及自身情况对当前指标做出0到100之间的机会识别，数值越高代表机会越大，风险越小。
			清晰界定并聚焦，主要潜在消费者对项目提供的产品或服务具有较为清晰的消费目的，且大部分人的购买目的趋于集中的几个目的，例如，购买某款手机的消费者，部分人为了满足通讯需求买单、部分人为了拍照功能买单、部分人为了

图 4-11　商机筛选应用——商机筛选环节帮助文档

9. 制定策略

学生商机筛选环节完成之后，教师在控制端点击“制定策略”按钮开启该环节。教师应给予学生一定的时间让学生需要根据商机筛选环节的评估结果，使用系统内置的商业机会与风险策略画布工具，制定各自围绕如何进一步降低项目风险、提升项目成功机会的策略方案；也可以让部分学生在随后的项目路演环节上台为其他学生分享自己针对当前项目商业机会的风险评估判断及应对策略。

学生进入系统后点击“制定策略”按钮即可开启实验(见图 4-12)。学生在教师规定的时间内设计应对策略，可以结合当前创业项目的机会风险识别结果，针对其中风险较大的指标制定相应的应对策略来降低该部分的风险；也可以针对机会较大的指标制定相应的应对策略来提升项目成功的机会；还可以使用商业机会与风险策略画布工具制定风险机会改善策略方案(见图 4-13)。

图 4-12　商机筛选应用——制定策略界面

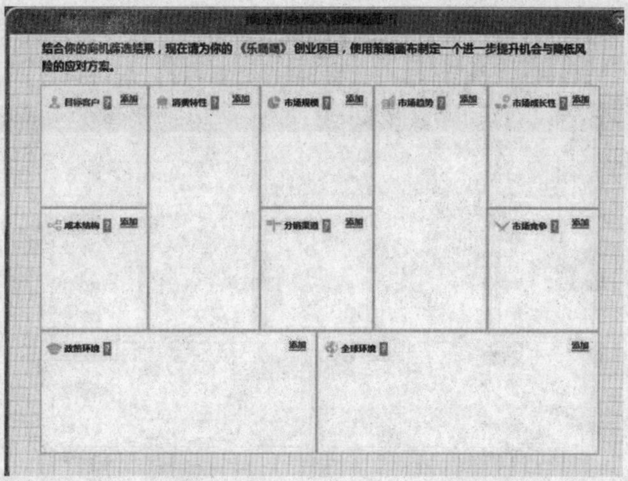

图 4-13　商机筛选应用——商业机会与风险策略画布

10. 项目路演

学生制定策略环节完成之后，教师在控制端点击“项目路演”按钮可开启该环节(见图 4-14)。教师可以打开商机筛选路演控制平台(见图 4-15)，单击每条记录的项目路演按钮让学生逐个上台作为创业者进行项目路演(见图 4-16)，路演者需要围绕自己的项目解决方案进行路演，同时向台下所有其他学生阐述自己对当前创业项目的商机与风险的判断情况，以及自己围绕如何进行改进与提升的思路与方案部分进行路演。此时台下学生可以通过教室的投影以及自己的终端设备看到路演者的具体策略；教师也可以根据具体情况优先邀请主动要求上台路演的学生进行路演，主动要求上台路演的学生记录后面会有绿色小手形状的图标标记。

图 4-14　商机筛选应用——开启项目路演界面

图 4-15　商机筛选应用——商机筛选路演控制台

图 4-16　商机筛选应用——项目路演界面

在当前路演学生结束路演后，教师在控制台点击“结束路演，接收投资”按钮，学生即可开始进行虚拟投融资（见图 4-17）。此时，台下同学可以扮演投资者的角色对台上创业者进行虚拟投资，这是投资者对路演者的一个评价过程。系统将给予每位投资者 10 万元固定额度的虚拟投资资金，用于向创业者做出自己的投资决定，具体的投资金额可以根据台上创业者的路演具体情况自主判断后给出。

系统也会实时动态显示投资者为路演者做出的每一笔投资决定，同时也会动态呈现投资者给路演者发送的实时文字信息。教师可以根据课堂实时情况，邀请尽可能多的学生上台进行路演，并模拟投融资过程，让更多的学生参与到创业的情景模拟实验过程中

图 4-17　商机筛选应用——项目投融资界面

来。教师也可以根据全班创业项目路演融资排行图和全班创业项目路演投资排行图的角度进行教学解析，如果时间足够，可以进行更加细致的教学解析(见图 4-18)，以便进行进一步的课堂延伸教学。

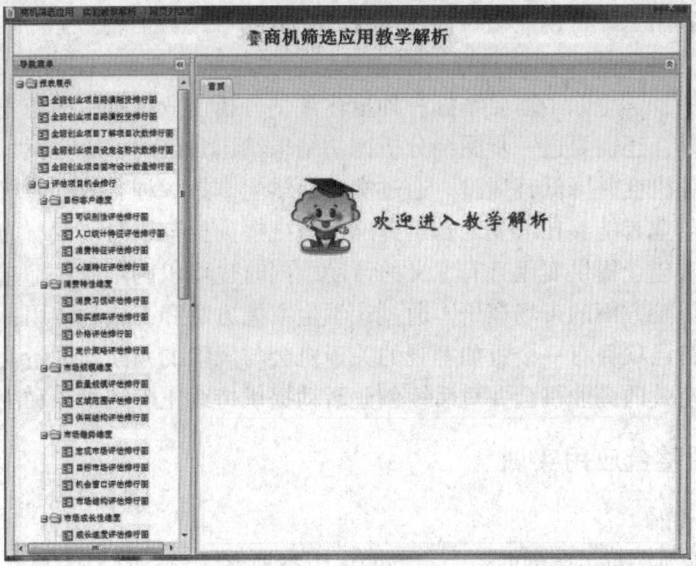

图 4-18　商机筛选应用——教学解析界面

11. 结束项目

教师在确定所有学生都已完成所有围绕当前项目的整个实验过程后，可以在控制台点击“结束项目”按钮来完全结束此次实验。此时，学生端将自动回到刚开始的进入界面。

12. 实验解析

- 如何看待创业项目评估过程中模糊不确定的部分？

对于评估过程中部分暂时无法较好判断的指标，建议按风险、机会各 50%处理。

• 创业者对创业项目评估完成后，发现其中蕴含着致命风险部分，且短期无有效应对策略，怎么办？

建议放弃该项目，实际上，大部分创业机会最终并不能成为有效的创业机会；如果在机会早期阶段就显示出更高的风险分布，这类项目往往有着更高的最终失败概率。

• 如何看待不同创业者对同一个项目作出截然不同的评估结果？

该项目设计主要目标并非专业投融资实践，所以这部分的环节更多起到的是现场检验不同路演者在更多观察者面前的认同度。

• 基于商机筛选器的创业机会识别，在实际创业中应用的注意点有哪些？

➢ 商机筛选器更重要的是一种思路，实际应用中可以根据不同项目特点，调整筛选器模型维度、指标等，甚至开发自己个性化的筛选器工具。

➢ 除了创业者自己可以使用商机筛选器对潜在创业机会做出评估，实际上，如果能让更多非项目相关人员站在创业者角度做出评估，样本越多，评估结果将会更有效。

➢ 商业机会与风险本身就是一个动态平衡的过程，创业者可使用筛选器对同样项目定期多次评估，以掌握机会与风险动态变化的趋势。

➢ 商机筛选工具除了可用于创业者评估识别自身项目机会外，还可以被专业投资者、创业研究者用于评价创业项目价值本身。

(四) 实训总结

在此实验中，学生除了需要掌握一种量化评估分析创业项目中的商业机会与风险的工具与方法之外，还需要进一步围绕分析评估结果给出自己的解决方案，即如何进一步提升项目的商业机会并降低其风险。通过实验让学生掌握一种有效的商机识别与筛选技术工具，使得创业者能够在创业之初迅速准确地把握商机与风险要素，为我们学生自己未来可能的真实创业提供实用且有意义的帮助，同时也可以利用商机筛选器完成具体创业项目的机会风险方面的市场调研。通过让学生掌握方法和工具的使用，然后进行量化分析的方法对自己项目有一个更加客观的关于机会与风险的判断与度量，让学生在创业的时候选择出有效的商业机会并对后续创业活动提供持续正确的指导和决策。

六、资源整合应用实训

(一) 实训目标

(1) 进一步加深对主要创业资源类型的认识与理解。

(2) 培养对现有创业资源的管理与使用的能力。

(3) 培养查找创业资源和获取资源信息的能力。

(4) 培养与其他创业者进行资源谈判或交易的能力。

(5) 培养与其他人合作、分享、多赢的做事原则与方法技巧。

(6) 理解创业资源的各种内在特性。

(二) 实训要求

(1) 确保教师有一台可联网的计算机，并可正常登录当前实训游戏，且能正常连接投影仪进行必要内容的展示。

(2)确保每位学生有一台可联网的计算机，并可正常登录当前实训游戏。

(三)实训内容

创业过程中围绕创业资源的获取、整合和管理是非常重要的工作内容，这方面能力的强弱在很多时候决定了不同创业者最后的成败结局。如何更加深刻地理解资源本身，及时有效地提升对资源的获取管理能力，是设计此实验项目的主要目的。

资源整合应用是一项基于网络的多人互动实验，系统内设计了与创业相关的七大类核心资源要素，这些都是我们在大量实际创业中遇到的常见资源，包括财务、管理、人才、市场、政策、信息和技术等(见图 4-19)。这些资源在系统中都会以形象直观的卡片形式出现，每一类资源都有一块颜色对应的七巧板(见图 4-20)。

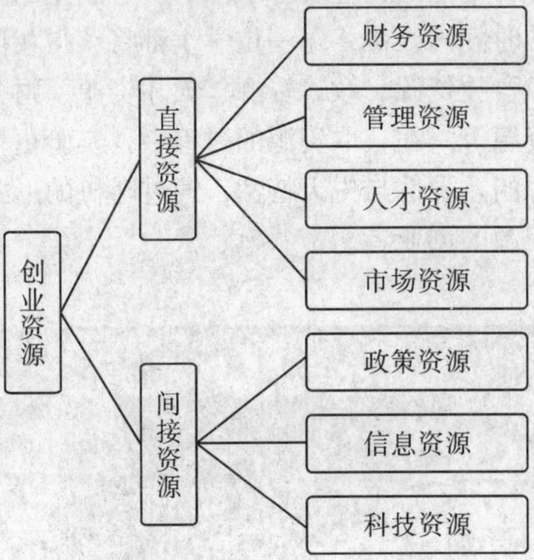

图 4-19 资源整合应用——创业资源分类

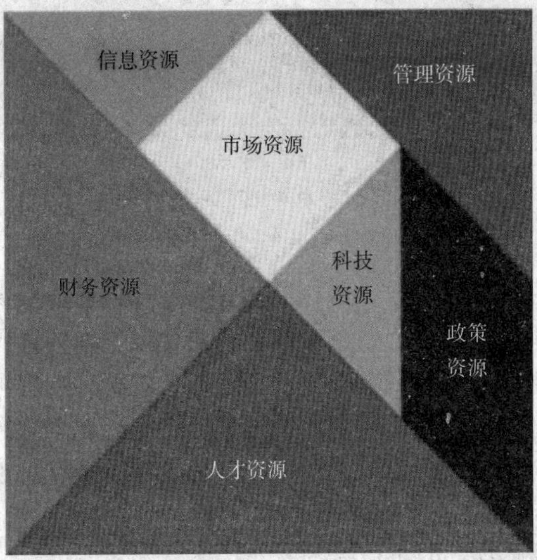

图 4-20 资源整合应用——资源分类色板图

此实验在开展过程中，每一位参与的学生均需要经过三个阶段，分别是获取资源阶段、整合资源阶段和管理资源阶段。

实验一开始会对每一位学生进行创业资源的初始化，让学生获得同类不同形的若干块七巧板。学生需要先盘点自己获取到的确定的创业资源，并根据系统指示的明确任务目标，结合线下交流谈判，在应用中用自己手中多余的七巧板与其他同学交换自己所需要的七巧板，最终拼出能够代表如阿里巴巴、联想等公司创业关键期的创业资源的资源完整图形。

此实验可以在教师的统一引导下开展各个阶段的互动体验式实验。教师在控制端点击“获取资源”按钮即开启该阶段的实验(见图 4-21)；在这个阶段，学生通过扔骰子的形式从系统中随机获得各种类型的创业资源卡片。所有学生的初始资源卡片数量由教师统一设定，在教师规定的时间内，最终每一位学生都将获得相同数量、种类各异的创业资源卡片。卡片类型有：科技资源、政策资源、人才资源、财务资源、信息资源、市场资源、管理资源和其他资源等。在获取资源的过程中，实验更多地体现了真实生活中不同创业者之间的初始资源的差异性与先天特性，通过随机的形式，把课堂上所有学生快速转化成具有不同创业资源的创业者。

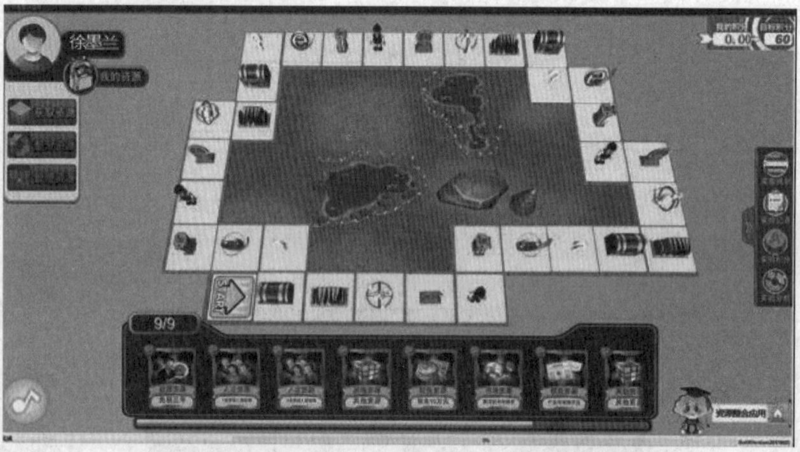

图 4-21　资源整合应用——获取资源界面

学生结束获取资源阶段后，教师可以在控制端点击“整合资源”按钮即开启该阶段的实验。在整合资源阶段，学生之间可以互相自由交换手中的资源卡片，这需要通过线下相互沟通、相互谈判等一系列环节寻找资源和确认资源，然后再在系统中完成最后的资源交换操作，系统也支持不同学生之间通过联合组建创业团队的形式来更高效地完成资源整合。所有的整合资源工作除了在线下的部分工作，还有直观地整合资源线上操作平台以进行相应的操作。系统中有“资源交换”“打开画布”“学员组队”三个按钮，点击相应按钮即可进行相应操作(见图 4-22)。

在整合资源的过程中，实验更多地体现了真实生活中不同创业者之间虽然有着差异性较大的初始资源，但是通过创业者后天的积极行动，不断通过自己的努力打破这种固有状态，并使得自己的创业资源数量和种类朝着创业者的发展意图或目标而发生可喜改变，当然这需要创业团队中每一位创业者全身心地付出并在创业资源整合中使用新手段和新方式。

图 4-22　资源整合应用——资源整合界面

学生结束整合资源阶段后，教师可以在控制端点击“管理资源”按钮开启这一阶段的实验。在管理资源阶段，创业者或创业团队需要使用系统内置的画布工具完成对手中资源的管理工作，完成对手中创业资源关系的梳理、归类等工作。学生可以用资源画布工具完整地阐述自己对这些创业资源开展创业的设想与规划。学生在完成创业资源的管理后，创业者或者创业团队需要分别上台开展自己项目的路演(见图 4-23)。

图 4-23　资源整合应用——管理资源界面

创业资源整合应用实验是一个看似简单但又非常有趣的创业资源整合互动体验式实训应用。此实验在整个实训过程中都充分体现了真实创业过程中的创业资源整合期的各种困境、问题、方法和技巧等内容，可以让学生了解到创业资源总是短缺的、分散的和难以获得的，都是需要进行整合管理的。通过实验，学生可以在互动学习中更直观地理解围绕创业资源相关的各项主要工作内容，了解大部分创业项目早期资源匮乏和不足的特征，亲身感受在创业的过程中，通过创业者或者创业者团队的不断付诸行动的努力，创业资源在这个过程中的动态变化。

此实验教师端设计了一套完整的后台数据记录及分析功能，教师可实时查看当前课程内所有学生的资源分布和流动情况，也可以实时跟踪每位学生完成指定任务的进度情况。在阶段性任务完成后，最终将有大量基于各种维度的报表和图表提供给教师进行授课讲解点评。

(四)实训总结

通过资源整合应用的学习，可加深学生对创业过程中创业资源形态和类型的认识和理解，掌握认识和识别创业资源的基本方法；让学生深刻理解创业资源在创业者早期阶段的来源与特征，了解创业资源在创业过程中的不同特征和作用；培养学生对创业资源的主动发现及挖掘能力，围绕创业资源的沟通能力、谈判能力和资源整合能力；掌握基本的合作共赢的原则、方法和技巧，最终能够评价和提升创业资源管理的能力。

第二节　商业模式

本节将分析商业模式创新中介机会识别对企业绩效的影响，以了解商业模式的本质，掌握商业模式创新的逻辑与方法。

一、商业模式的本质

20世纪90年代，计算机技术的飞速发展以及互联网的普及，催生了一批以互联网技术为基础的新企业运营模式。它们凭借着与传统企业完全不同的经营理念——为客户创造价值而迅速发展壮大。创新企业模式开始将原本运用于计算机领域的词汇“商业模式”引入企业管理。借助于创新企业的成功，商业模式研究成了学界和业界的热点，传统企业也开始寻找它们的最佳商业模式。

商业模式，顾名思义，就是指企业是如何做买卖的，它将企业整体资源进行整合，包括企业的经济本质、经营运作和战略发展。① 经济类定义将商业模式看做是企业的经济模式，用以揭示企业获取利润的根本原因，由收益来源、定价方法、成本结构和利润等构成；运营类定义关注企业内部流程及构造问题，构成要素包括产品或服务交付方式、管理流程、资源流、知识管理等；战略类定义涉及企业的市场定位、组织边界、竞争优势及其可持续性，构成要素包括价值创造形式、差异化、愿景和

① 周辉，刘红缨. 商业模式本质与构建路径探讨[J]. 现代财经(天津财经大学学报)，2007，27(11)：79-82.

网络等。

企业发展的关键是商业模式，如果说资本总量是企业的硬实力，那么商业模式就是企业的“软实力”。在当今经济环境下，创新模式的企业是一股强劲的增长力量，创新的商业模式能够使其在激烈的市场竞争中占据一定的市场份额，同时与其他企业具有一定的差异性，能够在同质化竞争中保持住自己的市场地位。可以说，商业模式决定了企业的成败。因此，创业者首先确定好自身的商业模式是极其重要的。

二、商业模式的结构体系

关于商业模式的结构体系，本章将介绍几种主流观点。以往学者采用的商业模式分类方法大体分为逻辑推理方法和案例归纳方法。以案例归纳方法为例，其中比较主流的分类体系是 Paul Bambury 提出的基于传统经济和新兴互联网经济的差异化总结的互联网企业商业模式的两大类：移植于真实世界的商业模式（Transplanted Real World Business Mode，简称“移植模式”）和互联网与生俱来的商业模式（Native Internet Business Mode，简称“禀赋模式”）。① 移植模式是指那些在传统经济当中存在的，被移植到互联网环境中的商业模式。禀赋模式是指那些传统经济中没有的，只在互联网中存在的商业模式。

关于商业模式的结构体系，我国学者原磊提出了一种“3-4-8”结构。他提出商业模式是一种描述企业如何通过对经济逻辑、运营结构和战略方向等具有内部关联性的变量进行定位和整合的概念性工具。商业模式说明了企业如何通过对核心价值、价值网络、价值维护和价值实现四个方面的因素进行设计，在创造顾客价值的基础上，为股东及伙伴等其他利益相关者创造价值。其中：①核心价值和价值维护可归为战略方面，价值网络可归为运营结构方面，价值实现可以归为经济逻辑方面；②商业模式从本质上讲是企业的价值创造逻辑，而价值通过顾客、伙伴、企业的合作而被创造出来，并在它们之间进行传递和消费，因此可以从顾客价值、伙伴价值和企业价值三个角度研究企业的价值创造活动；③从层次上看，顾客价值、伙伴价值和企业价值三者处于不同层次——顾客价值是基础，伙伴价值是支撑，企业价值是目标。这样可以将商业模式的结构概括为一种“3-4-8”构成体系。其中：“3”代表联系界面，包括顾客价值、伙伴价值、企业价值；“4”代表构成单元，包括核心价值、价值网络、价值维护、价值实现；“8”代表组成因素，包括目标顾客、价值内容、网络形态、业务定位、伙伴关系、隔绝机制、收入模式、成本管理。这样，“3-4-8”构成体系就形成了一种包含从三个层次对商业模式进行全面描述的立体架构。

但商业模式在本质上是基于若干因素构成的价值链。基于价值链差异的商业模式分类方法应遵循以下三个原则：一是波特的价值链分解、区分构成要素；二是建立交互模式原型，在价值链的构成环节上形成许多商业模式原型；三是将分解的价值链重新构造组合而得到新的商业模式。

---

① Kerry Coffman, Andrew Odlyzko, et al. The Work of the Encyclopedia in the Age of Electronic Reproduetion[J]. First Monday, 1998, 3(10).

三、商业模式将创业机会转化为企业绩效

乔治和博克(George, Bock)认为，商业模式是企业为了开发商业机会进行的组织设计。机会只有在被发现或创造时才能带来价值。① 阿米特和左特(Amit, Zott)认为，商业模式是开发、识别机会的价值创造机制。② 随后，他们进一步指出，商业模式的设计本身就是对机会的开发、利用过程。创业往往从识别商业机会开始，最终体现在为客户创造新价值或增加价值的产品或服务中。因此，很多学者认为机会识别是企业竞争优势和绩效的重要来源。郭海等研究表明商业模式创新是企业将创业机会转化为企业绩效的一条有效路径，从而为企业开发创业机会提供了一种解决方案。

四、商业模式应用实训

(一)实训目标

(1)进一步理解商业模式的基本概念及核心要素，掌握商业模式设计与开发思路。

(2)掌握一种常见且有效的商业模式设计工具和方法，明确开发商业模式的关键影响因素。

(3)通过对现有创业项目的商业模式工具化提取与分析，进一步掌握商业模式设计的精髓和要点，帮助创业者了解商业模式要素、借鉴优秀商业模式并掌握商业模式创新的思路和方法。

(4)亲身体验作为一个创业者实践商业模式的设计及投融资过程。

(5)进一步学习更多常见通用的商业模式，拓展知识面，并能在现实创业项目中做出正确识别。

(6)能够将应用所教的商业模式分析方法及具体使用工具应用到今后的创业过程中。

(二)实训要求

(1)确保教师有一台可联网的计算机，并可正常登录当前实训游戏，且能正常连接投影仪进行必要内容的展示。

(2)建议采用小组合作模式进行实训，3 人为一组，每个小组需要一位负责人领头。

(3)确保每位学生有一台可联网的计算机，并可正常登录当前实训游戏。

(三)实训内容

1. 实验介绍及规则讲解

在正式开始实验前，教师将会为所有学生介绍该实验的基本情况及实验规则。同时，学生也可以通过系统中的引导查看实验的相关说明(见图 4-24)。

---

① Dijulio A M, Markham G D, Bhat K L, et al. Amine-Catalyzed B-O-C Bond Formation: Mechanistic Insights from Density Functional Theory and Second-Order Moller-Plesset Perturbation Theory [J]. Organometallics, 2006, 25(10): 2427-2436.

② Zott C, Amit R. Business Model[M]. // Wiley Encyclopedia of Management. wiley, 2015.

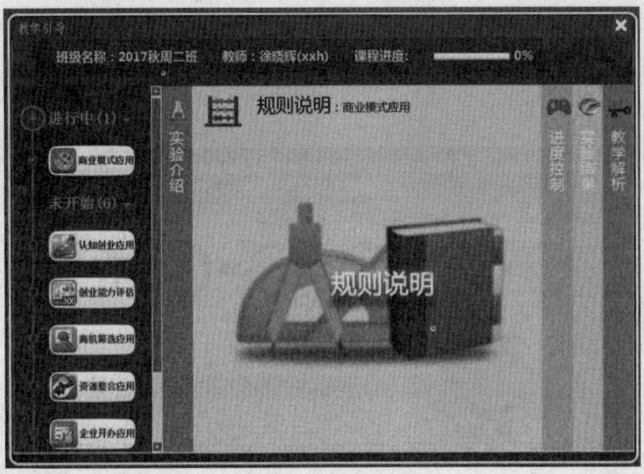

图 4-24　商业模式应用——规则说明

2. 任务说明

此次实验任务主要是让同学们在接下去的一段时间内成为一名特定创业项目的负责人。该项目已经完成了产品(服务)部分的详细设计与开发，作为负责人，接下去你将需要为该项目取一个合适的个性化名称，并使用商业模式画布工具为其设计一种具有竞争力的商业模式，再接下去你还有可能需要在众多的投资者(其他同学)面前阐述并推荐你的创业项目，以期获得一定数量的投资者的投资。你所做的这一切工作，都将为你的项目进一步顺利商业化推广与运营打下扎实的创业基础。

3. 自主学习

学生进入实验后，可以自行开展先期的自主学习，了解商业模式设计中常见的工具及其各部分含义和用法，为随后的实验做好知识铺垫。自主学习区中提供了三个方面知识的学习，分别是商业模式设计初识、商业模式设计进阶、商业模式项目演练(见图 4-25)。

图 4-25　商业模式应用——自主学习区

4. 发布项目

教师在教学引导系统中点击“开始实验”，实验正式开启。正式开启实验后，教师除了需要在教学引导系统中使当前实验处于“进行中”，还需要在“实验控制”界面中进行进一步的配置和确认(见图 4-26)。

图 4-26　商业模式应用实验控制

点击“发布项目”前往项目库，然后从系统项目库任意挑选一个有趣的项目发布，作为学生们接下来开展实训的背景资料让学生进行了解(见图 4-27)。

图 4-27　商业模式应用项目库

目前系统项目库分为办公、科技、设计、生活、娱乐和其他共 6 类、19 项。

这些项目均只突出了项目内的产品或服务内容，而没有涉及更多的如商业推广、市场运作、经营管理、持续发展、战略管理等创业公司需要面对的工作。这些工作是接下来学生作为创业者需要思考和设计的内容，将在随后的实验中由学生自主去设计产品或服务本身之外的其他所有工作。

授课教师也可以不局限于系统项目库中的项目，让学生们提出自己感兴趣的项目进行商业模式设计，然后授课教师根据自己对不同创业项目的了解熟悉程度，结合学生们可能的兴趣点，挑选合适的创业项目作为背景资料发布给学生，作为随后进行的一系列实验的主要背景资料。一次完整的商业模式应用实验，将以教师挑选发布的一个确定的创业项目为出发点，让所有学生围绕该创业项目进行项目了解、设定名称、设计模式、项目路演、项目投融资等一系列实验过程。

5. 了解项目

教师在发布某个确定的创业项目给所有学生后，所有登录平台的学生就可以在自己的客户端自动接收到教师发布的项目背景资料并进行相关了解(见图 4-28)。

学生在系统中点击左侧的“了解项目”按钮就可以查看具体创业项目的背景资料(见图 4-29)。学生除了可以在了解项目阶段阅读项目背景外，在随后进行的其他任意环节中学生均可以随时查看项目背景资料。教师可以给学生们一定时间进行相关创业项目的背景资料了解，了解完以后可以开启下一个环节。

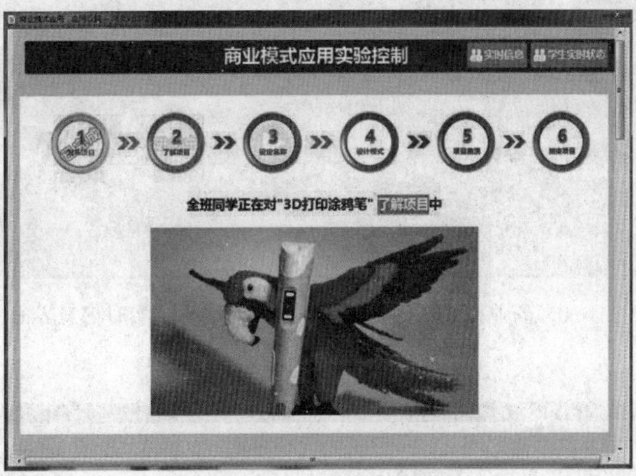

图 4-28　商业模式应用——控制端了解项目

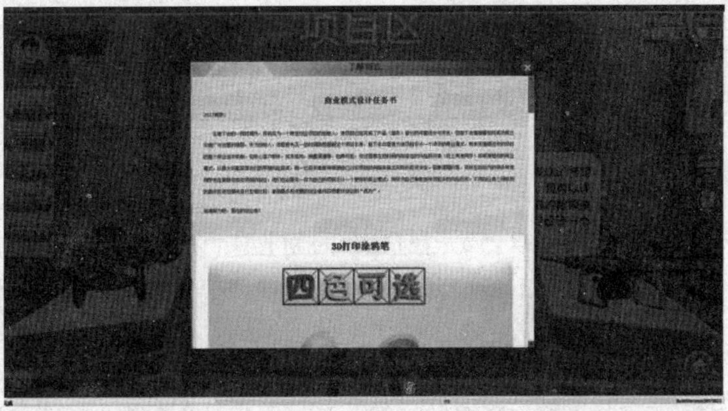

图 4-29　商业模式应用——学生端了解项目

6. 设定名称

教师在教师控制端通过单击“设定名称”按钮来开启实验环节，开启后班级里每位学生都将自动进入设定名称环节，该环节主要是提升学生们的主人翁意识和创业者角色的代入感，让每位参与实验的学生能够以创业者的身份为自己的创业项目全力以赴。通过单击“实时信息”和“学生实时状态”按钮可以实时查看每位学生为项目取的名称(见图4-30、图4-31)。

图 4-30　商业模式应用教师端——设定名称—实时信息界面

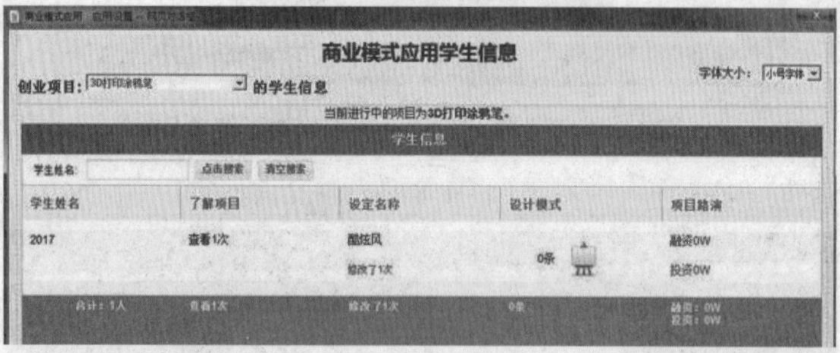

图 4-31　商业模式应用教师端——设定名称—学生实时状态界面

学生在该环节中需要根据自己对当前发布的创业项目的理解与下一步商业运作规划展开思考，根据自己创业公司的名称取一个恰到好处的项目名称有助于消费者或者潜在客户记住本公司的产品或者服务，为公司下一步的发展打下良好的基础。项目命名、营销活动的命名以及公司的命名最能体现一个创业者或者创业团队的奇思妙想。实验中每位学生为自己设定的项目名称，将在随后的几个环节中被反复用到。当教师端开启设定名称按钮后，学生通过学生端软件就可以为自己的项目设定一个个性化项目名称了(见

图 4-32)。

图 4-32　商业模式应用——学生端设定名称

7. 设计模式

教师在教师控制端通过单击“设计模式”按钮来开启实验环节，开启后班级里每位学生都将自动进入设计模式环节，在此环节中所有学生都可以看到当前实验项目内置的商业模式设计画布工具(见图 4-33)。这里的商业模式画布图是指一种能够帮助创业者催生创意、降低猜测、确保他们找对目标用户、合理解决问题的工具，是一种已知的比较有效的在创业过程中用于设计商业模式的辅助工具。商业模式画布图不仅能够提供更多灵活多变的计划，而且更容易满足用户的需求。更重要的是，它可以将商业模式中的元素标准化，并强调元素间的相互作用。

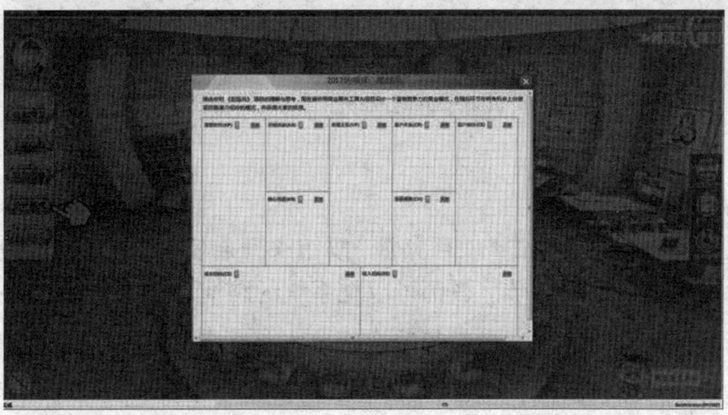

图 4-33　商业模式应用——商业画布界面

在此环节中，建议教师给予每位学生比较充分的时间，由学生自由发挥自己的想象力、创造力以及创新能力，围绕手中的具体项目展开自己的商业模式设计之旅。学生在实验环节需要围绕当前教师给出的创业项目背景中的产品或服务内容，开展自己的商业模式设计与描述。因为商业模式在初创企业运作管理中有着至关重要的作用和地位，围绕商业模式的创新也是每位创业者需要重点考虑和投入大量精力去思考的问题。在此实验的商业模式的设计过程中，建议学生更多地以核心主题词的提炼为主，并时刻保持整个模式的完整性与内在逻辑性，如果能用更多的引申资料或数据来证明当前模式的合理性与可行性，那就更佳了。

学生通过学生端软件点击“设计模式”就可以打开商业画布工具，单击“添加”按钮可以分别为画布的 9 个部分(重要伙伴、关键活动、价值主张、客户关系、客户细分、核心资源、渠道通路、成本结构、收入结构)添加相关主题词(见图 4-34)，主题词用于简明扼要地描述自己在这方面的商业模式运作思路。学生也可以点击每个主题词旁边的“问号”查看相关的帮助提醒内容，加强对该部分的理解与运用。

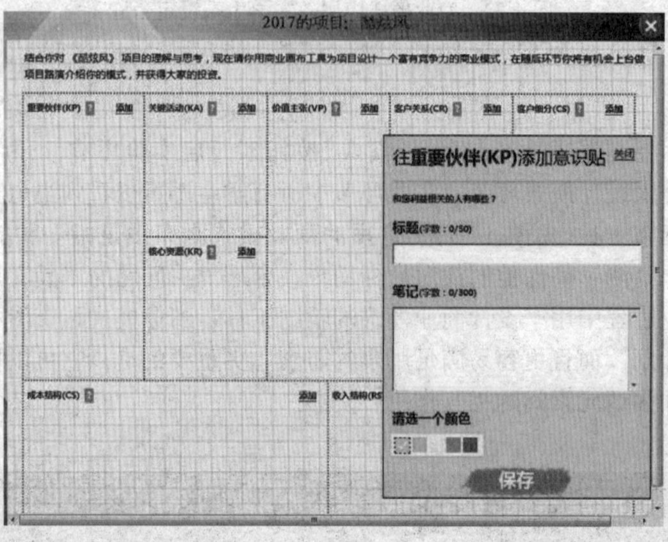

图 4-34　商业模式应用——学生设计商业模式

8. 项目路演

教师在教师控制端通过单击“项目路演”按钮来开启实验环节，开启后班级里每位学生都将自动进入项目路演环节。教师可以在系统的路演名单中，挑选部分同学上台扮演创业者进行项目融资路演。通过教师端教师单击每一条学生记录中的路演按钮邀请某位学生上台进行项目路演(见图 4-35)。学生记录中由绿色小手标记的学生说明是主动要求上台路演的，可以优先考虑让这些学生上台进行路演。邀请某位学生上台项目路演后，教师端在投影设备上将自动显示当前路演学生的商业画布内容。教师可以在当前路演者结束路演以后，单击“结束路演，接受投资”按钮，开始让台下学生为该名路演创业者进行投资(见图 4-36、图 4-37)。此时软件中间动态呈现投资者们为路演者做出的每一笔投资决定，同时也会动态呈现投资者发送给路演者的文字信息。

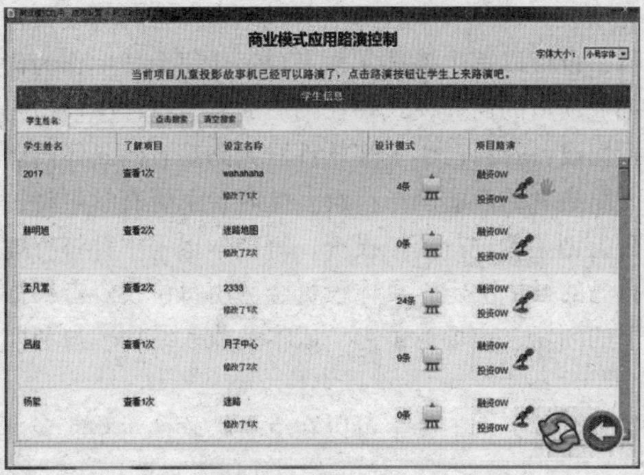

图 4-35　商业模式应用——路演控制界面

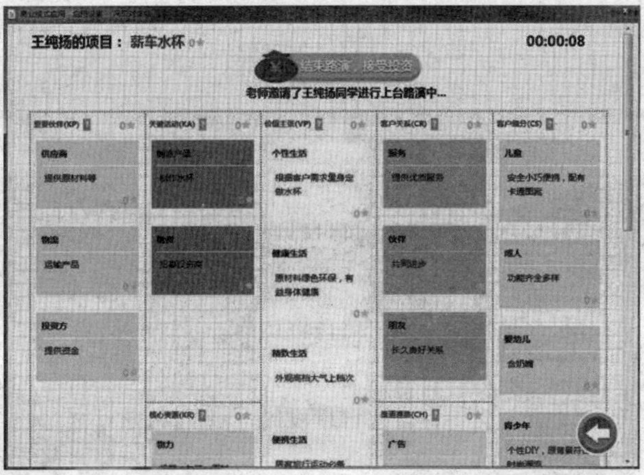

图 4-36　商业模式应用——路演者商业画布和结束路演界面

图 4-37　商业模式应用——投资界面

如果实验时间充裕，在该环节中教师也可以结合课程时间安排情况邀请尽量多的学生上台路演讲解项目，也可以逐个挑选学生上台，让每个学生作为创业者向台下其他学生路演讲解自己的创业项目的商业模式并在随后的实验过程中模拟投融资过程。台下所有学生均可以通过投影设备及自己学生端软件看到路演者的具体商业模式，也可以通过边看软件边聆听台上路演者的商业画布讲解，此时台下所有学生将扮演投资者的角色且在随后的环节中对台上创业者进行模拟投资。每位学生手中都将有虚拟的10万元资金，用于向路演者做出自己的投资决定，具体投资金额由每位投资者根据台上路演者的演讲发挥及在商业模式上的创新、市场竞争力、成本及收入结构、盈利前景等指标自主判断后确定。

在教师开启投资环节后，台下学生可以在学生端软件对路演者进行投资，投资金额从0到10万元不等，由台下投资者自行决定，默认不投资即表示投资0元，投资者可以单击“说点什么”按钮在系统中发布自己的建议和意见，也可以直接举手向教师示意将自己的建议和意见当场向路演者表达。在系统中说过的话将通过教师端投影设备实时动态显示出来(见图4-38)。

图4-38 商业模式应用——学生端投资及建议界面

学生可以通过学生端软件点击中间白板查看台上路演者的商业画布的详细情况(见图4-39)。路演者也可以在自己计算机上动态看到投资者对自己做出的投资决定，同时也能动态看到投资者发给自己的建议。

9. 结束项目

教师在确定当前项目的整个实验内容完成后，可以通过教师控制端单击“结束项目”按钮来结束实验环节。此时软件的学生端将自动回到刚开始进入的状态，如果此时教师继续发布第二个项目，则所有学生又将可以继续围绕新的创业项目开展下一次的商业模式设计及投融资演练实验学习过程。

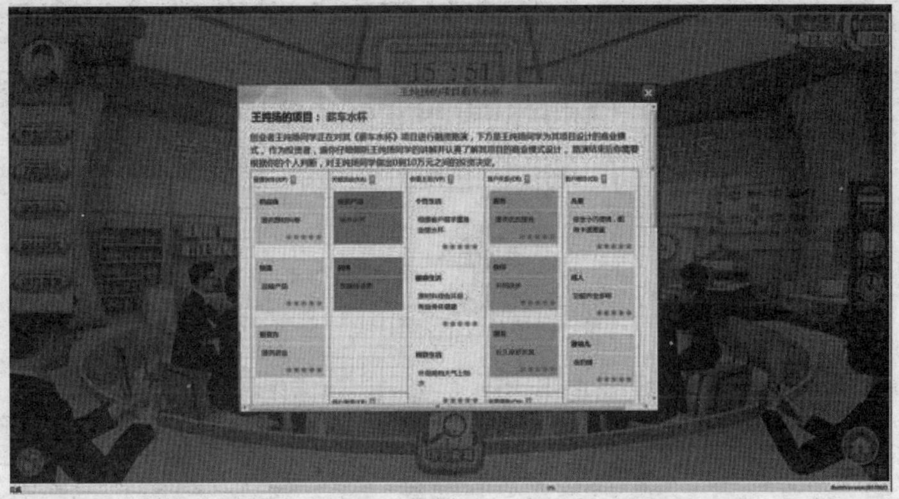

图 4-39　商业模式应用——学生端查看路演者商业画布界面

10. 实验解析

教师在结束项目后可以在控制端查看学生的实验结果(见图 4-40)并进行教学解析(见图 4-41)。教学解析可以从全班创业项目路演融资排行情况、全班创业项目路演投资排行情况等方面进行重点分析。

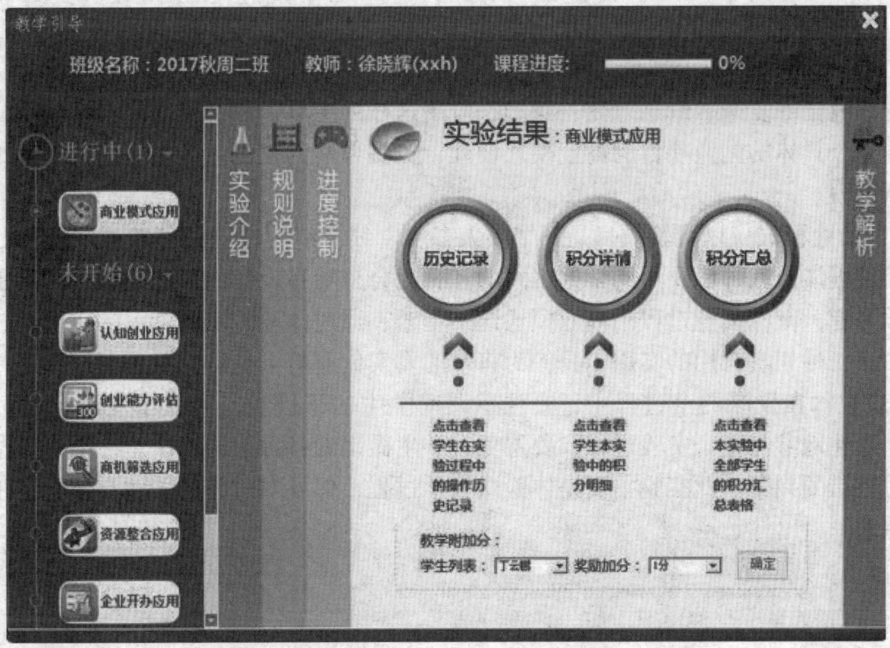

图 4-40　商业模式应用——教师端查看实验结果

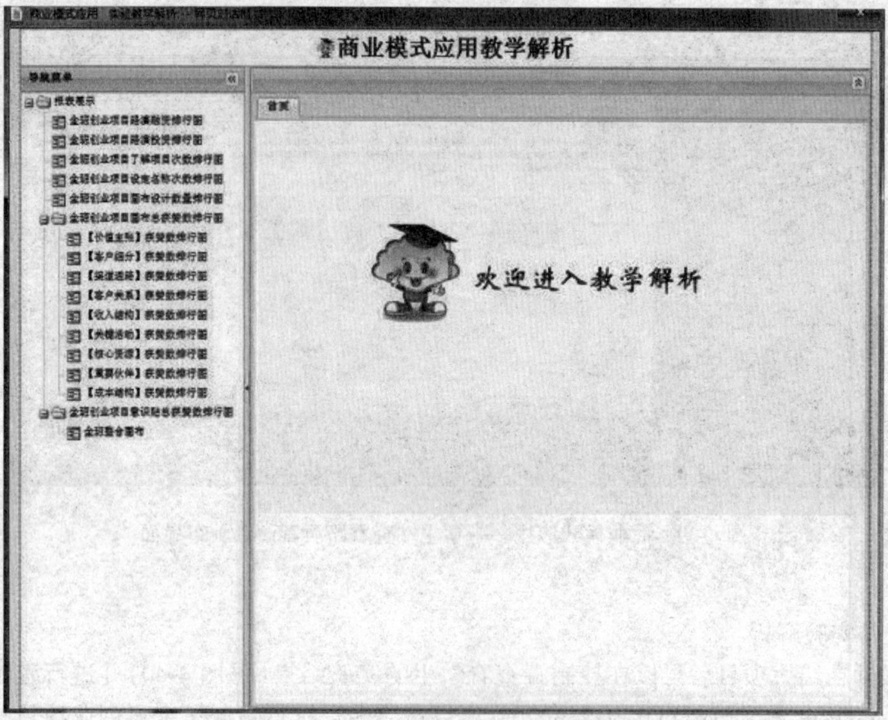

图 4-41　商业模式应用——教师端实验解析界面

（四）实训总结

（1）商业模式画布工具是一种较为流行与典型的用于商业模式设计的工具之一，现实商业环境错综复杂、瞬息万变，我们在应用这样的工具过程中更需要灵活应变，尤其是围绕一个具体的创业项目的商业模式设计，更多考验的是创业者本身的缜密思维能力与创新能力。

（2）商业模式应用实验项目是一个多人参与、线上线下结合的体验式实验项目，整个实验过程涉及教师以及不同学生之间的互相配合，项目设计的目的是为了帮助更多的创业学习者，围绕创业过程中商业模式这一主题，通过体验式实践学习的手段，较为牢固地掌握一种切实有用的实用工具，为将来的真实创业打下良好的基础。

（3）教师在授课的全过程中，要注重调动学生的积极性，启发学生进行发散型思考，创造性地参与整个实验过程，要避免对学生做出的各种想法、决定、结论等给出简单的对与错的判断。此实验主要是体验式教学过程，倡导对过程的关注与体验重于对结果的追求。

第五章　商业计划书

本章内容主要为读者解答为何要撰写商业计划书，撰写商业计划书前需要做哪些准备工作，如何去撰写完备的商业计划书以及商业计划书的推介。一般在创业活动开展前，创业者都要撰写较为详细的商业计划书，学生可以根据《创业之星》整个训练系统平台的商业背景环境与数据规则，分析市场环境与竞争形势，完成公司商业计划书的编写。创业团队首先对背景环境进行商业机会分析，组建经营团队，制订资金筹措计划，撰写公司名称，制订公司章程，并编写一份完整的商业计划书。

商业计划书是创业者撰写的，用于向其潜在投资者、企业员工和管理层介绍其所识别到的能够创造盈利的创业机会，并详细说明其如何将创业机会通过一系列的战略计划实现的计划书。①

吸引潜在投资者是创业者撰写商业计划书的最大动力之一。商业计划书通过将创业者的创意和企业发展愿景转变成一个可行性高、具有说服力的详细路线图，为创业者和潜在投资者建立起共识的桥梁。创业者通过向企业员工展示商业计划书，能够使员工快速了解创业者的计划和愿景，让员工明白他们努力工作带来的成果是怎样的，且为员工提供一种安全感和归属感，促使企业拧成一股同方向的劲。而对于战略合作者，商业计划书既提供了一种完整的经营模式介绍，也为他们能够合理估计未来的风险和收益以保障自己的权利较为透明和可控。

而对于创业者自身而言，在撰写商业计划书的过程中，能够更加全面和详细地思考创业思路，不断修正以前想法中不可行的部分。同时，一份完备的商业计划书能够不断督促创业者按照原有的愿景进行创业活动，避免资源使用用途的重大偏离。商业计划书可以说是在创业过程中衡量创业者实际成果与预期计划之间差异的基础。

第一节　撰写商业计划书的前期准备

大部分的商业计划书是为了寻求咨询或者进行自我推介，每年产生那么多的商业计划书，但并非每份商业计划书都能够融资成功或者足够吸引人。那么，创业者应该如何在撰写商业计划书前对其质量和吸引力进行判断和分析改进呢？

① 陈文梅. 对商业计划书的认识[J]. 企业经济，2003(5)：62-63.

一、商业计划书失败的原因

大多数商业计划书失败、融资不成功的原因可分为以下几种情况：

(1)对市场竞争环境不熟悉，前期的市场调研不充分，具有区域限制或者人群限制，通过片面的认知，低估市场进入壁垒。同时，创业者还未尝试进行产品的市场推介，就得出一定能受市场欢迎的结论，与现实有一定的脱钩。

(2)商业计划书的撰写内容本身就条理不清、不简洁明了，创业者无法将企业盈利模式清楚地表述出来。阅读者无法很快抓住创业者的创新点，针对性不足，吸引力自然就下降了。

(3)商业计划书中对于企业产品的销售和盈利能力过于乐观，凭空构造销售收入和现金流会像滚雪球一般，迅速增长。对于初创企业可能涉及的风险一概不提或者完全没有意识到。

(4)商业计划书虽然是融资的战略桥梁，但是却不曾提及初创企业资金的预计使用用途以及这些用途的可行性和盈利能力评估；也没有提及当企业步入正轨后，通过何种方式和渠道让投资者逐步回收投资和可观收益。

(5)创业企业一直都存在两个问题：第一，创业者对企业的控制权过于集中，没有设置合理的企业组织结构，保护投资者的知情权和经营投票权；第二，创业企业由于人力资源的稀缺，再加上创业团队成员需要一定的领导权和执行权，因此极容易出现创业成员的专长和能力与所属职位所要求的能力和专业素养不匹配等问题。

(6)由于部分创业者怀着欺诈和不诚实的态度利用商业计划书进行融资，投资者经过简单的测试和检验发现了这种不诚实，就可能会撤销对项目的投资。

问题(1)~(3)可以通过 John W. Mullins 叙述的创业7领域测试方法进行修正；问题(4)~(5)可以通过创业者与投资者进行沟通和协商，进行改进；问题(6)出现后，就没有必要改进了。①

二、创业七领域模型

创业七领域模型的提出，就是为了满足创业者对其发现的创业计划进行综合的评估，让创业者对市场的宏观和微观环境有一个较为全面的了解，同时对创业团队的能力、创业意愿和执行力进行较为客观的评估。

此模型具有结构要素包括：宏观层面的市场测评、微观层面的市场测评、宏观层面的行业吸引力分析、微观层面的行业吸引力分析、团队使命个人志向和冒险倾向、团队执行关键成功因素以及团队与价值链内外建立的关系网络。

(一)宏观层面的市场测评

宏观层面的市场测评主要有以下几个步骤：

(1)评估市场的大小。市场规模的测量有很多方法，比如较为全面的市场调研、可

① Mullins J W. Voices: What to Do Before You Write a Business Plan[J]. Business Strategy Review, 2011, 21(4): 92-93.

比公司的评估报告。具体需要测试的内容众多，包括市场上消费者的数量、每年消费能力和总支出。

(2)收集近几年的市场数据，通过数据分析，判断市场的增长速度和发展趋势。

(3)评价宏观经济发展趋势，比如人口趋势、经济趋势、技术趋势等，以确定未来市场机会的变化趋势。

(二)微观层面的市场测评

微观层面的市场测评主要有以下几个步骤：

(1)市场中是否存在细分市场？创业企业能否进入细分市场？新的产品或服务对消费者是否具有吸引力？

(2)创业企业提供的产品或服务同市场上现有产品或服务是否具有差异？如果没有差异，产品或服务能否提供比已有产品或服务更低的价格，而且具有可持续性？

(3)如果细分市场存在，那么这个市场规模有多大？发展速度如何？现有的竞争是否已经饱和？进入该市场后，是否有助于创业者进入感兴趣的其他市场？

(三)宏观层面的行业吸引力分析

宏观层面的行业吸引力分析借助的是波特(Michael Porter)的五力模型。① 创业者在进入新的行业前进行波特五力分析，能够较好地判断这一行业对其的吸引力与其潜在获利能力。这五个方面的力量分别是：行业现有的竞争状况、新进入者的威胁、购买者的讨价能力、供应商的议价能力、替代商品的威胁。

(四)微观层面的行业吸引力分析

微观层面的行业吸引力分析主要是分析初创企业竞争优势的可持续性。测评初创企业竞争优势的可持续性是极其重要的，这意味着企业能够在竞争激烈的市场上存活下来，并逐渐成熟。我们通过以下几个因素来进行测评：

(1)专有因素：包括专利权、商业诀窍等；

(2)其他企业难以模仿的卓越的组织流程、能力或资源；

(3)商业模式的经济可行性。

除上面四种因素影响创业的成功与否之外，风险资本家(VC)也很看重创业团队的能力：一个创业团队发现的创业机会是否能够与其团队的使命、创业者个人的志向相互匹配？团队对于创业机会的把握是否及时有效，是否具有较高的执行力？团队是否有较好的关系网络，能够提供来自诸多方面的外界支持？七领域模型接着介绍的这三点就是关于与团队能力努力有关的测评。

(五)团队使命、个人志向和冒险倾向

由于诸多原因，创业团队发现的创业机会与其团队的使命、创业者个人的志向并不匹配，创业机会存在的市场并不是创业者愿意服务、愿意竞争的市场，同时创业者可能

---

① Porter, Michael E. Competitive Strategy: Techniques for Analyzing Industries and Competitors[J]. Social Science Electronic Publishing, 1980(2): 86-87.

Honig B, Karlsson T. Institutional forces and the written business plan[J]. Journal of Management, 2004, 30(1): 29-48.

也不愿意承担创业失败带来的损失风险。即使创业机会与创业者的个人志向非常匹配，也不一定能够融资成功，成为取决于风险资本家是否对该行业的创业机会有兴趣。在评估创业机会时，我们不得不承认，投资者是具有一定的行业和市场偏好的。如果机会与他们的偏好并不匹配，则这个创业机会对他们而言是缺乏吸引力的。当然，如果机会足够吸引人，创业推荐面做得很广，还是能够遇上有兴趣的投资者。

(六)团队执行关键成功的因素

大多数创业机会开发的前期，会困难重重。一方面是对市场不熟悉，销售渠道还没有建立；另一方面是由于创业企业提供的产品或服务与市场其他产品或服务具有差异化，没有可以借鉴的经验。这些都影响着这个创业机会能否被很好地执行。大多数风险资本家在评估机会时，会注意整个团队是否能够理解某一特定机会和与之相关的关键成功因素以及能否很好地把握这个特定机会。因此，创业者应该要先准确地评估自己的团队是否在关键成功因素上具有执行力。

(七)团队与价值链内外建立的关系网络

风险资本家在评估创业团队所具有的资源时，会考虑到团队是否有较好的关系网络，能够提供来自诸多方面的外界支持。因此，创业者在评估自身的市场地位时，应该考虑在自己的价值链内——供应商和消费者、本行业以外建立的关系网是否足够庞大？如果目前还没有建立好关系网，创业团队将如何建立？

第二节　撰写完备的商业计划书的步骤

商业计划书一般有25~40页，篇幅不长、简洁清晰，其中包括以下几部分：公司的发展目标、实现目标的具体实施过程、谁是风险承受者、产品(服务)的市场吸引力、资金的募集与运用方式等。

制作一份具有足够吸引力的商业计划书需要多长时间呢？从一般的经验法则来看，好的规划设想至少需要经过两次撰写。制作时间的一个基准参照时间是至少专心制作200个小时。这是一个巨大的工作量，因为商业计划书的撰写并不是连贯的行动，而是在撰写的过程中，需要不断地花时间思考，与团队成员讨论可供选择的方案。在撰写过程中，一种有效的解压方式是首先将最初的想法以及那些你已经掌握的大量背景信息先写出来，然后再开始查找资料、收集信息并进行补充修改。商业计划书撰写完成后，工作实际上还只进行了大部分，创业者需要对已撰写完成的商业计划书进行全盘的深思熟虑、反复研究，不断修改含有不确定的内容。这也需要花费一定的时间。

一、撰写商业计划书的四个步骤

商业计划书的使用者众多，包括潜在投资者、管理层、员工、政府部门、创业者本身等。不同的使用者的关注点是不同的，在撰写商业计划书之前，要明确商业计划书针对的是哪一个使用者群体。虽然使用目标人群不同，但是商业计划书本身是具有一定的共性的。创业者该如何撰写一份完备且有吸引力的商业计划书呢？这涉及以下四个步骤：

(一)创业设想详细化

在撰写商业计划书之前，创业者应该考虑发现的创业机会如何转化为实际能够盈利的企业运作。同时，应当明确企业所处的市场竞争环境、市场结构、消费者的偏好、供货商的协作、技术的进步等，将创业活动进行总体规划。

(二)市场调研

市场调研是创业者创业之前了解市场环境的一个重要过程。市场调研收集到的数据也是对创业者市场预期的印证，也是作为向投资者展示的最有说服力的证据。①

市场调研分为直接调研和间接调研。如果创业者需要的信息别人已经收集并公布出来，那么创业者可以直接利用这些间接数据以了解行业和市场情况，并与自己的预测情况形成对比。这里介绍获取行业和市场情况的间接数据的几种方法：阅读材料和访谈。阅读材料包括自行收集的经济类书报、行业出版的行业分析报告、行业协会提供的协会研究报告、互联网信息等。一般来说，要安排专人定期查阅阅读材料，将有价值的信息收集下来供传阅之用。访谈的对象也可以进行分类，以收集不同的情报。可以与同一价值链中的上下游企业和相关人员进行交谈，进而获取有效信息；也可以与企业内部员工进行交谈，以提高对企业运作实际情况的了解。间接数据一般都能呈现出较为准确的市场竞争格局信息。如果间接数据与创业者的想法相差甚远，那么就需要重新调整自己对市场的认知。如果间接数据与创业者的想法较为相近，那么接下来，创业者还应该进行直接调研，亲身了解市场情况。

直接调研相对于间接调研工作量更大、难度更高。但是科学准确的市场调查数据对创业者制订未来的商业计划至关重要。在生活中，我们经过遇到的市场调查活动包括：(1)消费者购买行为研究；(2)广告及促销研究；(3)市场潜力及消费者消费特性研究；(4)销售研究；(5)产品(服务)的市场接受度研究；(6)销售环境研究；(7)销售预测。对于创业企业，首先要明确自己市场调查的重点是产品(服务)的市场接受度研究和销售预测，为后期的产量控制、价格制定和宣传推广提供参考依据。

市场调研的一般步骤：(1)确定市场调研的必要性；(2)定义问题；(3)确立调研目标；(4)确定调研设计方案；(5)确定信息的类型和来源；(6)确定收集资料的方法；(7)问卷设计；(8)确定抽样方案及样本容量；(9)收集资料；(10)资料分析；(11)撰写最终调研报告并演示。

(三)起草商业计划书

商业计划书是在前期充分的市场调研后开始起草的，市场调研得到的数据经过整理、进行统计分析，可以得到较为客观的数据。创业者拥有这些数据，并不代表能够很好地完成商业计划书。一份完备的、具有吸引力的商业计划书应该避开本章第一节介绍的商业计划书失败的原因。另外，还需注意以下两点：

1. 形式美观、内容简洁明了

商业计划书一般通过它的外观、排版来给投资者带来第一印象。具有吸引力的外观、适当的篇幅、重点突出的排版以及专业的拼写和印刷是商业计划书的第一加分项。

① 田淼. 浅谈企业市场调研[J]. 管理观察，2009(6)：83-84.

如果你撰写的商业计划书过于凌乱或者过于冗长，即使是非常好的创业想法，也会使投资者缺乏耐心，从而无法完成阅读。

2. 简明而生动的执行摘要

商业计划书的执行摘要一般是创业者完成商业计划书的其他部分之后对全文进行的总结概要。虽然执行摘要是创业者最后撰写的，但确实投资者最先阅读的部分。一般，只有执行摘要具有吸引投资者的要点，投资者才会花费时间接着看其他内容。因此，执行摘要在全文应该起到画龙点睛的重要作用，能够让投资者有兴趣并印象深刻。

(四)商业计划书的检查与更新

总结一些成功的商业计划书的撰写经历会发现，逻辑清晰、结构严谨的商业计划书在初步完成后，需要经过8~12周的反复斟酌、反复修改，才能最后定稿。商业计划书是具有时效性的，为了应对快速变化的市场，创业企业在转变自己的目标方向后，也应该及时更新商业计划书，一般来说，至少6个月就需要更新一次。

二、商业计划书的主要内容

商业计划书的主要内容虽然在各种文献中略有不同，但是主要分为以下11个部分：

(一)执行摘要

执行摘要虽然是商业计划书的第一部分，但是由于它是对商业计划进行的总结概括，所以应该在全部其他部分完成后，再开始撰写执行摘要。由于投资者最先阅读的是执行摘要部分，因此，执行摘要在突出创业活动的亮点的同时，也要确保将所有内容都包含在内。执行摘要是一份概括文件，因此篇幅不应该过长，2~3页最为合适。

执行摘要由4个部分组成：

(1)企业概述。这部分进行企业的介绍，描述企业所提供的产品或服务以及企业所处的市场环境。这部分主要是对企业进行市场定位，要清楚地回答企业销售的产品或服务是什么，消费群体是谁以及企业的竞争优势源于何处？

(2)成功因素。产品或服务能够在市场上成功且具有可持续性是涵盖了诸多成功因素的，包括已取得的专利、企业的研发计划、选址与产品制造等。这部分将会详细介绍企业的成功因素。

(3)目前状况。创业者对于投资者应该保持诚实合作的态度，对于有关企业的信息、组织结构、公司所处的发展阶段、管理团队员工，都应该进行介绍。

(4)财务规划。这部分突出介绍企业的财务计划，包括当前财务情况、募集资金渠道、资产管理方法等。

商业计划书最主要的阅读者是投资者，因此进行适当的商务格式排版是必要的。第一，应该制作扉页和目录。扉页上的内容包括企业的名称、地址、联系人、联系方式。目录与其计划书的编排顺序一致，让阅读者能够方便快捷地找到他们要阅读的章节。第二，目录之后是摘要、正文，最后是附录。

(二)企业概述

企业概述主要是让投资者对要创立的企业有一定的了解，包括企业选址、合法的所有制形式、经营业务的现状、企业的组织结构、产品或服务的特性以及企业目前发展阶段。企业概述部分只需要简单地介绍下企业，篇幅不宜过长。

(1)企业的一般概述。这部分包括准备设立或已设立的企业的选址、所有制形式、经营业务的现状，联系方式等。对于经营现状这一部分，主要是介绍下创业企业的历史，产品或服务的市场地位等。

(2)企业的组织结构。通过组织结构图清晰地向阅读者展示企业的组织结构，一般现代初创企业的组织结构较为简单，以扁平化为主。传统的直线－职能制的组织结构专业化程度较高，领导机构对于所管辖的范围有决定权和指挥权。但是这也会导致各职能部门之间由于关于细化的分工，缺乏协作的配合。由于职能制的权利集中，面对快速变化的市场优势会反应不足，造成办事效率低。而扁平化结构层次少，上传下达快速，信息失真几率小；同时，管理层次少可以提高下属工作人员的灵活性和积极性，降低初创企业的管理成本。

(3)产品或服务的特性。在这一部分，创业者应该简单地介绍下企业提供的产品或服务相对于市场上其他产品或服务的竞争优势，这些产品或服务能够为市场消费者的生活或工作带来怎样的品质提升，产品或服务是否具有别具一格的营销方式。这是计划书中介绍产品或服务本身的主要章节，因此，产品介绍应该分为以下几个方面：产品或服务的概念、主要产品或服务介绍、性能及特性、产品或服务的市场竞争力、产品或服务的持续研发计划、产品或服务的销售预测、产品或服务已取得的专利等。

(4)企业目前的发展阶段。企业发展一般分为四个阶段：初创期(生存为第一目标，企业组织尚未规范)；成长期(业务扩张快速，公司管理逐步规范，人力资源紧张，资金需求大)；稳定期(管理规范化，业务持续稳定，财务管理稳健)；衰退期/持续发展期(组织运作僵化、业绩下滑、效率低下、全面革新)。

(三)市场分析

投资者可以从计划书的市场分析中判断创业者对市场的认知是否成熟且全面，因此市场分析对于创业者融资成功与否息息相关。创业者在撰写市场分析过程中，能够形成较为精确的产业链和竞争状况的分析，为后期制定企业战略奠定基础。可以从以下几个方面进行市场分析：

1. 营销环境分析

营销环境分析分为宏观制约因素分析、微观制约因素分析以及市场概况。

(1)企业市场营销环境中宏观制约因素。企业的经营状况与总体的宏观经济形势、总体消费态势、产业发展政策以及市场整治、法律背景息息相关。了解宏观环境制约因素，企业家可以得到一些重要的信息，避免企业可能触及的政策“雷区”，使企业能够顺市场形势而行。

(2)市场营销环境中微观制约因素。产品或服务在销售过程中，有竞争性的定价起到了巨大的作用。而创业企业在初期既要做到竞争性定价，也要保持企业的盈利水平，这取决于与原料的供应商的合作关系。原材料的成本决定了企业产品或服务的定价灵活性。因此，这一部分也需要介绍供应商的议价能力。

(3)市场概况。这部分主要描述企业所在产业市场的整体情况，包括当前市场销售额、市场可能容纳的最大销售额、未来市场规模的趋势、市场同类竞争对手以及市场的周期变化。这里应该注意：将整体市场与细分市场进行区分，有时候企业在整体市场中无法找到竞争优势，却可以借助竞争对手在细分市场的不足之处获得市场份额。

(4)营销环境分析总结。这部分主要是对企业多出的营销环境进行整体分析，可以采用SWOT分析法，分析本企业在当前营销环境下所遇到的机会与威胁，以及拥有的优势与劣势。

2. 消费者分析

消费者分析分为消费者总体消费态势、消费者特征分析、消费行为分析以及消费态度分析。

(1)消费者总体消费态势。对于产品或服务的消费人群的特征、消费行为、消费态度进行概述，并描述消费者的这些消费特征对于企业的销售额和利润水平的影响。

(2)现有消费者特征分析。创业者在描述现有消费者特征时，应该回答以下几个问题：现有消费者的市场有多大？现有消费者主要是哪一个年龄段的？他们对新产品的接受程度如何？现有消费者主要从事哪些职业？这些职业的工资收入是否与企业产品或服务的定价相匹配？

(3)现有消费者的消费行为分析。进行现有消费者的消费行为分析可以作为后面制订营销计划的依据。了解消费者的购买动机、消费时间、消费频率和消费数量能够促使企业在未来决策时更加灵活，也能够在细节上打动消费者。

(4)现有消费者态度分析。在前期的市场调研中，很重要的一部分就是调查本企业即将推出的产品或服务的市场接受程度。在前期的调查结果上，这部分应该描述现有消费者对本企业的产品或服务的喜爱程度、对本品牌的认知程度以及对本企业前期塑造的品牌形象的偏爱程度。

(四)市场营销计划

市场营销计划也是商业计划书的一个重要组成部分，产品或服务营销不仅是企业经营运转的一个关键环节，也可能发展成为企业的核心竞争力，如小米科技通过营销模式创新在短时间内从一个不知名公司到扬名于互联网。因此在当前企业运营中，市场营销计划越来越重要。企业的市场营销计划主要包括以下内容：产品或服务的市场政策、产品或服务的销售目标、销售管理计划以及财务损益预估。

1. 公司产品(服务)的市场政策

企业未来的经营方针和战略规划影响着市场营销策略的制定。创业者在撰写商业计划书时要首先明确以下问题：

(1)确定目标市场与产品定位。

(2)销售目标是扩大市场占有率还是追求利润。

(3)制定价格政策。价格将影响产品或服务的竞争实力，竞争对手采取的是怎样的定价策略？创业者准备如何定价？定价政策必须与企业的销售目标相一致。

(4)确定销售方式。现在互联网渗透到生活的方方面面，大多数企业也开始拓展线上业务，以线下业务为依托，利用线上业务提高销售效率和范围。创业者应该根据自己产品或服务的特点，选择合适的销售方式。

(5)广告表现与广告预算。准备采用什么样的广告方式进行产品或服务的宣传？这种广告方式是不是达到同样效果中的方式中预算最少的？同样，因为互联网的发展，广告方式越来越多样化。较为成功的广告会根植于消费者的生活习惯中，引起消费者的共鸣。

(6)促销活动的方式与重点。由于企业的产品或服务已经确定了市场定位以及销售群体，因此促销活动的方式与重点也应该与该消费人群的消费习惯相一致。

2. 企业的产品(服务)销售目标

所谓销售目标，就是指企业的各种产品在一定期间内(通常为一年)必须实现的营业目标。① 企业只有达到一定的营业收入才能在市场中生存下去。对于初创企业，可能销售目标并不一定是达到盈亏平衡点。由于前期市场开发或者资源的积累过程中，是一个资金沉淀的过程，因此前期即使是非盈利的，只要能够不陷入资金链断裂，都是能够接受的。但是要注意的是，企业在制定销售目标时，一定要与相关公司进行比较，其制定的目标应该符合市场和企业的实际。

3. 销售管理计划

在前期的市场调研中，企业可以得到关于市场的准确情报。产品的推广方式会为企业"攻城略地"做足声势，而销售管理计划就是为"攻城略地"培训攻坚力量。因此，销售管理计划的重要性不言而喻。销售管理计划包括销售主管和职员、销售计划、推销员的挑选与训练、激励推销员、推销员的薪酬制度(工资与奖金)等。

4. 财务损益预估

任何营销策划案所希望实现的销售目标，实际上就是要实现利润，而损益预估就是要在事前预估该产品的税前利润。只要把该产品的预期销售总额减去销售成本、营销费用(经销费用加管理费用)、推广费用后，即可获得该产品的税前利润。

(五)运营

运营部分主要是介绍企业选址的考虑因素、产品或服务的研发与设计以及产品或服务的生产计划。②

1. 选址

运营部分从企业选址开始。企业选址要综合考虑诸多因素，比如当地的劳动力素质、工资水平、是否靠近供销商、能否获得当地政府的支持。此外，也应该关注当地的税负水平、地区消费者数量。当地银行对新企业的支持程度都应该体现在计划书中。

2. 产品或服务的研发与设计

如果创业活动属于高科技行业，那么技术研发对于企业的生存发展具有至关重要的作用。这部分主要介绍企业未来对于新产品会新服务的研究、开发计划，向投资者展示企业所具有的研发能力。为一览全局，创业者应该具有技术性的协作，有可能的话，在

---

① 宋艳，田大钢. 基于多维度的企业产品销售预测管理[J]. 商场现代化，2008(9)：98-99.

② 姜旺，魏晓平. 基于虚拟经营的企业运作模式研究[J]. 科技管理研究，2008，28(1)：153-155.

这部分最好加入蓝图、略图、素图和模型。

3. 产品或服务的生产计划

产品或服务的生产制造对于企业而言是至关重要的一步。如果无法生产出预期的产品或服务，企业的营销和盈利就不可能实现。在商业计划书中，创业者应该对产品或服务的制造过程及其围绕这一过程的生产规划进行详细的说明。主要内容包括以下三个方面：

(1)产品或服务的生产方式。企业得到最终的销售商品或服务，可能是企业内部自行生产的，也可能是外包给其他企业委托生产。创业者要说明其选择的生产方式，并解释企业选择的依据。如果是内部自行生产，那么要详细介绍生产流程及其生产中人、财、物是如何管理的。

(2)生产设备的购置。初创企业前期大部分资金用于固定资产的购置，创业者应该说明企业生产所需的设备，这些设备是如何发挥预期作用的，还要注意生产人员的培训以及对设备后期的管理。

(3)生产过程的质量控制问题。对于初创企业，产品质量影响着产品的市场吸引力，这是企业生产过程中重点关注的问题；创业者需要说明生产过程中各种工艺的质量监管措施和指标，使投资者放心投入资金。

(六)管理团队

被誉为“全球风险投资之父”的美国风险投资家多里特有一句名言：我更喜欢拥有二流创意的一流创业者和团队，而不是拥有一流创意的二流创业团队。① 这个观念如今已成为风险投资界的一条投资原则。实际上，风险投资家在选择投资项目时，首先评价的要素就是创业者和创业团队，接着才是技术先进性、产品独特性和市场潜力及赢利前景等。因此，在商业计划书中，管理团队的描述也是一个很重要的部分。一套设置合理的组织结构、正确的人员任免、赏罚分明的人力资源管理制度，是一个团队所必需的。

1. 关键管理人员介绍

在对主要管理人员的简历进行描述时，应介绍他们的学历背景、工作经验、所具有的领导能力，同时介绍他们在本企业中的职务和责任。要注意体现关键管理人员在其职务上是有工作经验或者专业特长的，这样的职务设置能够最优化人力资源。为了使这部分阅读起来更为直观，可以采用图表的方式展示，同时显示出管理团队的能力结构、年龄结构、学历结构等方面的互补性。让投资者觉得每个关键职位上的领导者都是稀缺的、难以复制的人才。

2. 人力资源管理——激励与约束机制

激励与约束机制一方面能够调动起企业员工的工作积极性，留住人才，造就良好的竞争环境；另一方面也能减少员工滥用权力、维持企业的秩序性。常见的激励约束机制

---

① Bennett J. High vacuum in industry：Post-Graduate Study by M. Grossman，et al.（Manufacturing course of Professor Georges Doriot at the Harvard Graduate School of Business Administration，1953）. Copyright by Marvin Grossman，et al.［J］. Vacuum，1952，2(4)：390-392.

包括物质激励和精神激励。物质激励主要是通过薪资激励、福利激励和股权激励。在商业计划书中，创业者要清晰地说明本企业将要采用的激励方式，特别是高层管理人员的薪酬、奖金和额外福利。投资者在考察投资项目时也会关注创业团队的薪酬是否合理。

同时，这部分还应该阐述企业进行人力资源管理的基本态度，是采用严苛、纪律性的管理制度，还是宽松、灵活性的管理制度。同时还要介绍对于员工的薪酬福利是如何安排的，以及企业对于员工的招募方式。

3. 企业股权结构

企业的股权结构影响着投资者在企业决策中的影响力。商业计划书中应该明确说明已签署的股权协议、雇佣协议和公司所有权。

4. 董事会与咨询人员的权责

对于初创企业，往往会忽略设置董事会这一机构。在创业初期，创业领导者是整个创业活动的决策"大脑"，创业者大小事一般会亲力亲为。但是对于将要引入外部投资者时，创业企业需要增设董事会，以保障外部投资者的权益。这一部分还应该对企业雇佣的顾问和咨询人员进行说明，明确其权责以及薪酬待遇。

(七)财务计划

财务计划是企业对未来现金流、经营成果和企业状况进行预测，展现的是企业如何能够在未来市场竞争中生存下来。① 这部分的撰写过程对创业者的能力要求很高，一是因为需要对未来的经营成果有明确且合理的预期；二是因为本身财务表格的编制需要很高的专业水平，再加上这是对未来的预测报表，专业性要求更高；三是这部分要说明资金的募集方式和使用计划，即如何体现资金的使用效率高、提高企业的利润水平。如果团队中没有财务专业人士，应该邀请专业人士进行撰写。

1. 财务预测

在前面的章节中已经阐明了企业的发展目标和销售预测，财务预测是在对未来的生产计划、销售预测等的基础上进行编制的，因此财务预测应该与前面的假设相一致。在进行财务预测时，应该先回答以下几个问题：

(1)营业成本，包括产品或服务在每个报表期间的生产量、产品或服务的所需设备、每单位产品或服务的成本费用大小。

(2)营业收入，包括每单位产品或服务的价格水平、企业在每一分销渠道的销售量。

(3)人力成本，包括行政管理和销售需要雇佣的人数及其薪资水平。

这一部分实际上是对营销计划、生产计划等进行综合描述，将前面的经营计划通过财务数据表现出来。

2. 财务报表

财务预测只有通过财务报告的形式才能更加全面直观，同时对于企业的资金安排和盈利能力的说明才能具有说服力。在全面评估市场信息和公司经营计划的基础上，创业应当预测未来三年的资产负债表、损益表和现金流量表。

---

① 黄平. 财务预算和财务计划降低企业财务风险的研究[J]. 江苏商论，2008(32)：193-193.

(1)资产负债表。它展示的是企业不同时期的财务状况，投资者通过计算企业的资产负债率、营运资金、各类资产周转率、流动比率等财务指标与企业的经营计划来印证企业的财务状况。

(2)损益表。它展示的是企业不同期间的经营成果，这部分是在营销计划和生产计划的基础上对企业预计的成本费用、收入利润进行预测。

(3)现金流量表。初创企业在运营初期很可能因为资金流断裂而陷入危机，因此对未来不同时期现金的流入和流出的流量进行预测很有必要。

3. 财务规划

在对企业的现金流量表的预测中，管理层可以在企业未来出现严重流动性危机之前发现问题、解决问题。由于现金流入、流出的时间不匹配，可以突出企业何时需要进行额外融资，融资需求量是多少。管理层必须决定这些融资资金的来源、期限、成本、偿还方式等。而对于初创型企业，资金的主要来源是权益性融资、银行贷款和部分短期信用调节。

(八)风险分析

创业的高风险让很多有创业想法的人萌生退意，也让很多正在进行的创业活动困难重重。创业者只有对创业企业可能遇到的潜在风险有透彻的了解，并且拥有风险的应对措施，才能在竞争中生存下来。投资者也会通过商业计划书的风险分析，判断创业者的风险应对能力和承压能力。

1. 重大潜在风险说明

(1)宏观市场风险：宏观经济不景气，行业中不利因素的影响，行业政策限制。

(2)生产研发风险：研发或生产成本超过预期，产品研发计划无法进行。

(3)销售风险：销售量远低于目标值，原料价格上涨导致售价过高，竞争对手的报复性降价。

(4)管理风险：管理团队因经营理念不同而解散，管理层管理水平和经验欠缺。

2. 风险应对机制

应对不同的潜在风险，创业者可以举例说明自己的应对措施，让投资者降低对其投资资金安全性的担忧。这里要注意，不要刻意隐瞒对企业不利的风险，因为投资者一般对企业可能遇到的风险早已烂熟于心，诚恳的创业者才是受投资者欢迎的对象。

(九)收获及退出机制

正如前面所列出的商业计划书失败的原因之一是因为创业者没有提及当企业步入正轨后，通过何种方式和渠道让投资者逐步回收投资和可观收益。这一部分将回答这一问题。对于企业家而言，在企业逐渐发展成熟过程中，如何做好有序过渡的计划是必要的。另外，风险投资者对其投资资金如何在企业发展中安全推出、收获也是非常关心的。风险投资退出方式包括公开上市、兼并和回购、管理层收购等。创业者也应该思考在股权结构发生变化时，如何使公司的决策不会大方向变化，保持战略思想的连续性。

(十)关键里程碑计划表

这部分主要是对企业将要发生的关键活动提供一个时间时间计划表，阐明计划的时间框架与此期限内的相关事件。对于投资者而言，能够清晰地知道企业发展的进程，表明创业者对企业的运营进行了细致的思考。这部分主要包括以下内容：

(1)企业创立的时间；

(2)产品设计的研发时间；

(3)雇佣生产、销售、行政人员的时间；

(4)与经销商达到协议的时间；

(5)首笔订单的时间；

(6)与原料供应商达到协议的时间；

(7)首次生产与销售的时间；

(8)首次扭亏为盈的时间。

(十一)附录

附录主要是对前面正文中不适合详细说明的内容在附录中进行补充。附录主要包括三个部分：附件、附图和附表。

(1)附件：主要是对正文中阐述的计划和预测的支持性文件，包括创业企业已经签订的合作协议、订单合同、市场调查表、已成立的公司的证明文件等。

(2)附图：主要是放置篇幅过大、不适合放置在正文的图形，包括企业的组织结构图、工艺流程图、产品展示图、销售预测图等。

(3)附表：主要是记录一些必要的表格信息，例如主要产品目录表、主要客户名单、主要供销商名单等。

三、商业计划书的推介

商业计划书撰写完成后，在推介之前需要进行长时间的反复研究、修改。创业者可以按照前面介绍的商业计划书失败的原因对照检查自己的商业计划书，保证不存在致命性的错误。另外，创业者可以让团队成员阅读，从更多角度进行核查。

商业计划书准备就绪后，接下来要做的就是带着这份准备充分的商业计划书向金融专业人士推介或者是参加各类创业挑战赛。在大多数情况下，口头介绍在计划书推介过程中是关键一步。介绍性的语言一定要预先充分准备，语言要风趣灵活且简明扼要，以吸引投资者的关注。在把握整体的同时，能够突出自身创业活动的竞争优势。

(一)前期准备的建议

下面是对创业者进行口头介绍的一些建议：

(1)清楚口头介绍时必须包括的要点，充分把握口头介绍的整体概况；

(2)在概述过程中使用关键词帮助串联整体、联想例证或其他细节；

(3)通过不断预演，准备不同时间长度的口头介绍；

(4)熟悉在陈述中会使用到的设备，如天花板投影仪、幻灯片投影仪或录像机；

(5)在推介前有充足的时间运用所有的视觉教具设备做一次完整的演练；

(6)推介当天应该提前到场，测试好所有设备，组织团队成员做笔记和视觉提示。

(二)推介时应有的心态

推介活动就是为了应对投资者各种刁难的问题，即使你的商业计划书做得再好，都要做好心理准备：你的计划书可能会被批驳得一无是处。风险投资者投资初创企业面临的巨大风险使得他们对于商业计划书非常谨慎，因此要求也会非常高。创业者必须提前充分准备，在推介中面对投资者的提问能够对答如流。有时即使在推介会上，商业计划书被所有人拒绝，也不代表你无法融到资金。不要因失败而放弃，应该虚心听取批评，从批评中学习，承诺在下一次的推介中作出相应的改进。

第三节　创业计划应用实训

一、实训目标

(1)通过动手操作形式，使学生比较全面地了解完整的商业计划书的主要要素及内容。

(2)通过在实训过程中对商业背景的分析，提升学生对具体商业项目的分析判断能力。

(3)使学生掌握一种具体的商业计划书辅助撰写工具与方法。

(4)学习到更多与创业计划书相关的扩展知识与技巧。

二、实训要求

(1)确保教师有一台可联网的计算机，并可正常登录创业总动员的创业认知实践模块，且能正常连接投影仪进行必要内容的展示。

(2)确保每位学生有一台可联网的计算机，并可正常登录创业总动员的创业认知实践模块。

三、实训内容

创业计划应用是一个围绕如何写好一份完整详尽的创业计划书为主要目标的实训应用，应用中设计了一套详尽的商业背景调查项目，背景包含各类创业相关信息、项目所属行业情况、宏观数据环境、潜在消费群体、市场容量、市场趋势、竞争对手、人力资源情况、物价水平等各类信息。

该应用系统提供了一个自动化的创业计划书撰写模板与工具，内置了一套通用性极强的标准化创业计划书模板，学生需要根据给出的项目背景信息，使用该计划书工具完成一份详尽的计划书撰写任务。

(一)启动应用

该应用可以通过教学引导的授课方式和学生引导的自学方式进行开启。

在教学引导模式下，学生端默认是等待状态，需要教师端“实验控制”内“开始”应用。学生在等待的过程中，可以查看相关的规则说明。

在学生引导模式下，可以直接点“开始实验”，然后点“进入实验”进入创业计划书界面，无需等待(见图 5-1)。创业计划书模块包含 9 个子模块，分别是创业资金、企业构思、市场评估、市场营销、人员结构、固定资产、流动资金、预测销售收入、销售和成本计划。本节接下来将详细讲解这 9 个子模块的操作。①

图 5-1　创业计划应用进入界面

(二)创业资金

创业资金的数量一般与创业者的个人财产状况紧密相关。创业者的个人财产状况表既体现了创业初期的财产收入，也体现了家庭生活之需。在创业初期收入扣除家庭之需的剩余是创业资金的重要来源。

创业计划书的第一步是罗列出从现在起到新企业能够支撑你的家庭生活这段时间里的收入和必要支出(见图 5-2)。

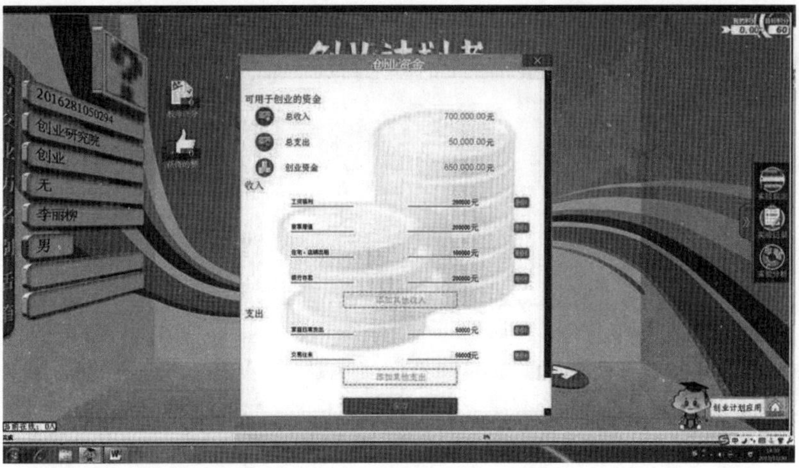

图 5-2　创业计划书——创业资金

① Chen X P, Yao X, Kotha S. Entrepreneur Passion and Preparedness in Business Plan Presentations: A Persuasion Analysis of Venture Capitalists' Funding Decisions[J]. Academy of Management Journal, 2009, 52(1): 199-214.

(三)企业构思

企业构思是创业者前行的指明灯，合理而又周密的企业构思能够引导创业者更高效地创立成功的企业，可以避免或减少日后的失望和损失。该系统为创业者提供了详细的企业构思引导(见图5-3)。

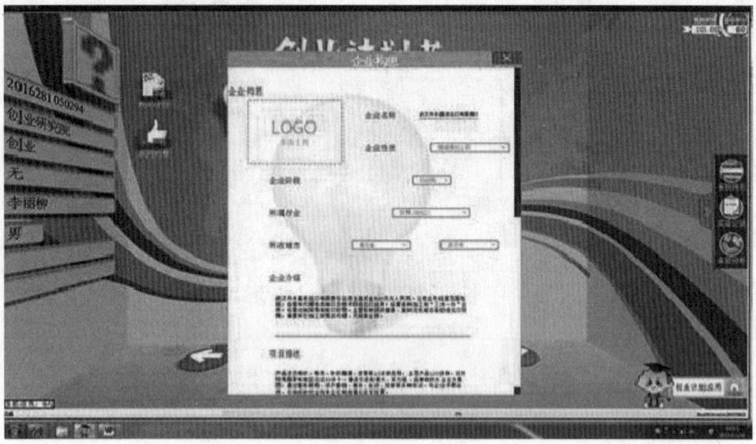

图5-3 创业计划书——企业构思

(四)市场评估

市场评估对创业者的目标市场进行了详细分析，从竞争对手的优劣势、目标客户群体的特征一级本企业想要进军该市场的优劣势，为创业者了解该市场提供了更加全面的视角，加强了创业者对市场的熟悉程度，能使其避免盲目进入市场(见图5-4)。

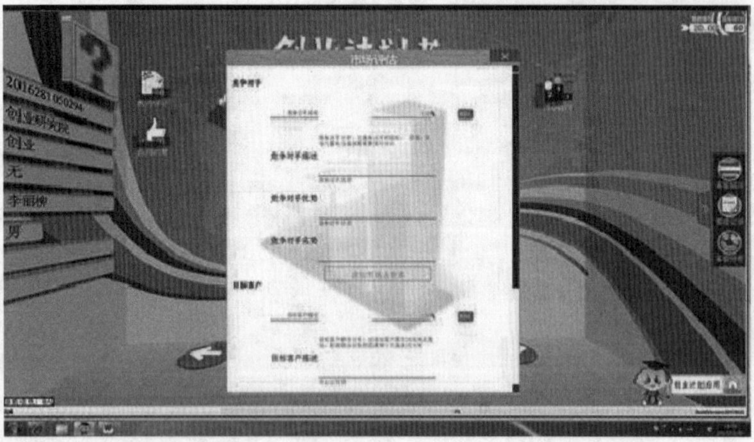

图5-4 创业计划书——市场评估

(五)市场营销

经过缜密的市场评估后，创业者可以制订详细的市场营销计划，对自身的优劣势进行扬长避短。制订市场营销计划通常采用的是“4P”方法，从产品(Product)、价格

(Price)、地点(Place)、促销(Promotion)四个方面构建市场营销的整个内容。图 5-5 是创业计划书中涉及的市场营销计划部分写作指导。①

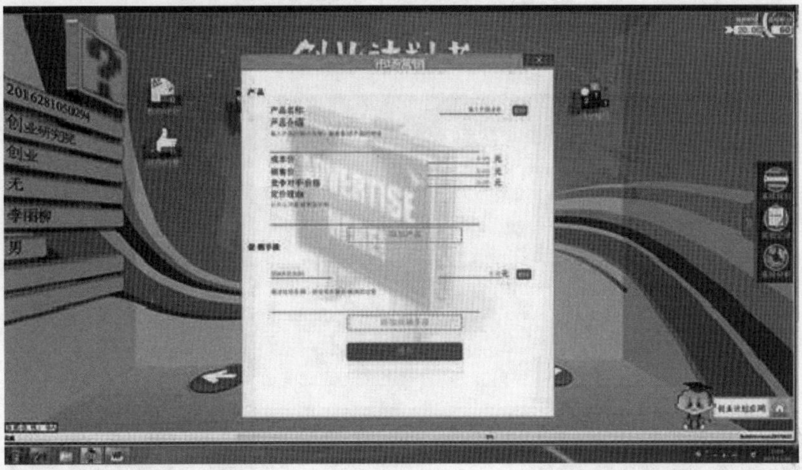

图 5-5　创业计划书——市场营销

(六)人员结构

人员结构是企业正常运行的关键，新企业创立之初需要招聘各个岗位的工作人员，创业者应该在创业计划书中详细地规划企业员工的职务、薪酬、需求数量等。在创业总动员的创业认知实践模块中，创业计划书的人员结构部分还包括企业需要申请的营业执照、许可证和保险费等信息(见图 5-6)。

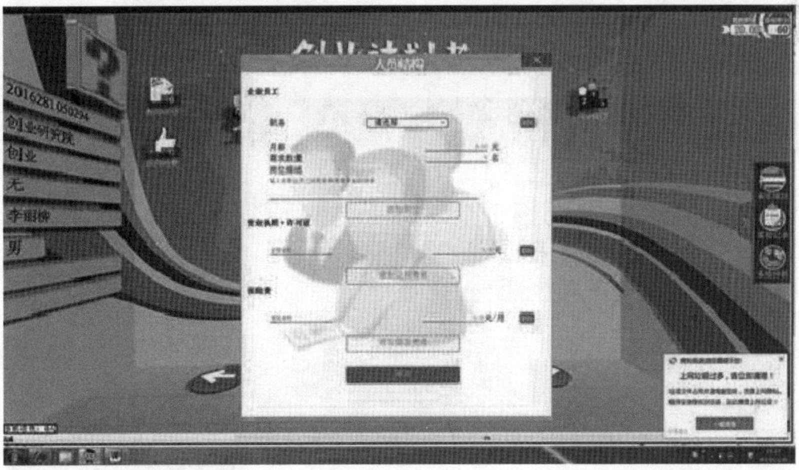

图 5-6　创业计划书——人员结构

① 王志瑛. 企业市场营销中 4P 与 4C 的结合运用[J]. 中国市场，2008(22)：50-51.

(七)固定资产

企业的固定资产是初创企业投资的最重要一块，因为固定资产周转速度较慢，变现能力也就很慢，为了降低企业经营风险，应谨慎控制专业化程度高的固定资产的规模。

在创业计划应用中，该模块涉及交通工具、办公家具和设备、折旧概要(见图 5-7)。

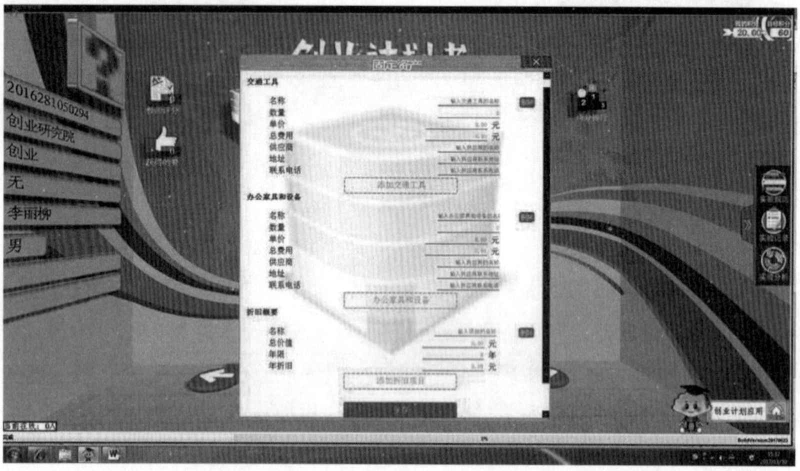

图 5-7　创业计划书——固定资产

(八)流动资金

流动资金充足才能保证企业正常日常运营，创业者需要流动资金支付以下开销：购买并储存原材料和成品、促销、工资、租金、保险等。流动资金不足，可能导致生产经营环节断裂；但是流动资金过多，则会形成较大的机会成本。在创业计划书中对流动资金的需求进行详细的估计有助于企业更好地控制流动资金的金额(见图 5-8)。

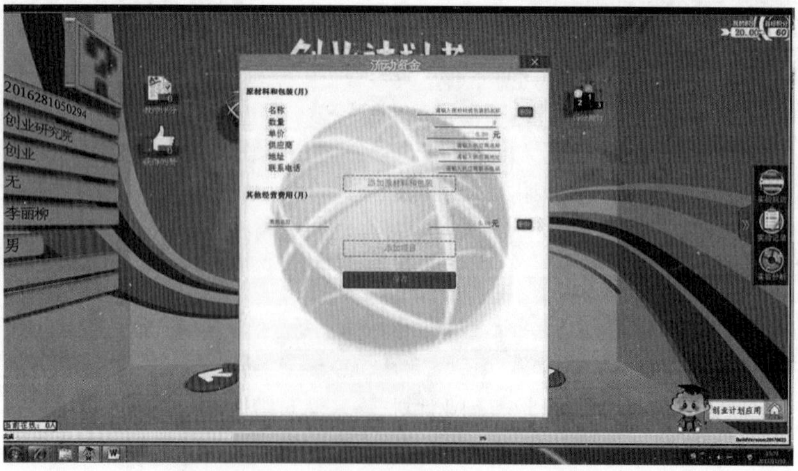

图 5-8　创业计划书——流动资金

(九)预测销售收入

只有事先预测产品收入，才能在经营初期制订对应的生产计划、物料需求计划、人员安排计划。预测销售收入的步骤是预测企业所有产品或服务在未来一年的价格趋势和需求量。每项产品的月销售额可用销售价格乘以月销售量来计算(见图 5-9)。

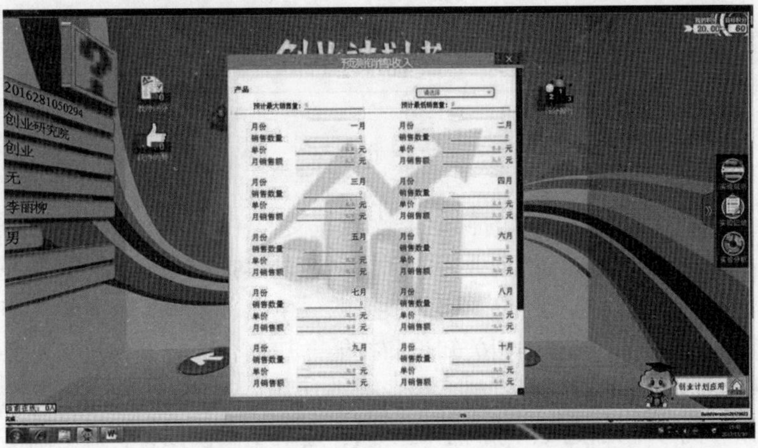

图 5-9　创业计划书——预测销售收入

(十)销售和成本计划

为了获取企业的目标利润，除了预测销售收入外，还需要制订企业的销售和成本计划(见图 5-10)。

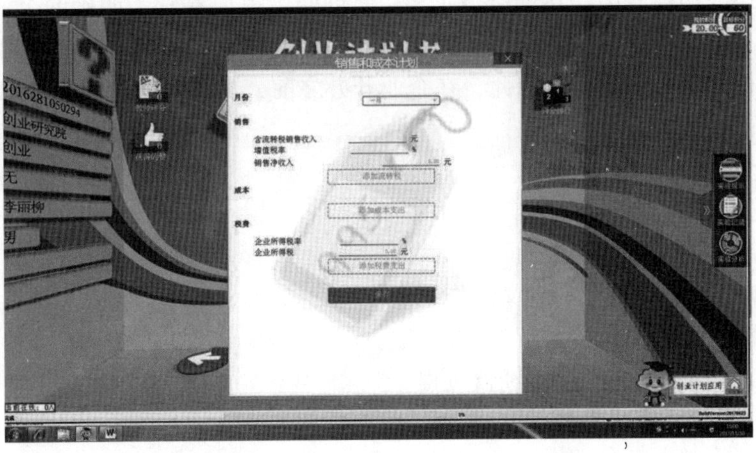

图 5-10　创业计划书——销售和成本计划

四、实训总结

该模块为参加实训的同学提供了创业计划书的撰写演练，可使学生较为全面地了解完整的商业计划书的主要要素及内容，以提升学生的商业项目分析判断能力。

第六章　创业基础经营管理

本章主要介绍“创业总动员”的初创企业管理模块。初创企业管理模块专题训练主要是针对于不同专业同学进行的创业入门训练。通过模拟企业简单的日常经营活动，使学生了解企业的实际运作流程，参与研发、采购、生产、销售、财务、人事、税务等各个环节，培养其企业经营管理的相关知识和技能。初创企业管理模块又可以细分为以下几个功能子模块：经营基础应用模拟、企业开办运用、财务基础模拟、营销基础模拟、人力基础模拟、税务基础模拟、电商基础模拟、连锁基础模拟、物流基础模拟等。

第一节　经营基础应用

在创建企业之前，创业者应该先了解企业经营形式的种类，从而选择最适合自身企业发展的形式。其次，企业战略目标是企业经营管理的灵魂，影响着企业的发展规模和各个职能板块的构建，因此在创建企业之初，创业者需要有较为明确的企业战略目标。在明确企业战略目标之后，一份优秀的商业计划书能够更加全面、系统地指导创业者为实现战略目标而努力的方向。因此，在企业开办之前，加深对企业经营基础的了解，能够更好地向前发展。

一、实训目标

(1)了解企业的经营形式。

(2)理解企业战略目标的含义及作用。

(3)掌握计划的制订。

(4)全面、整体地认识企业经营过程。

(5)掌握企业经营成果分析方法。

二、实训要求

(1)确保教师有一台可联网的计算机，并可正常登录当前实训游戏，且能正常连接投影仪进行必要内容的展示。

(2)确保每位学生有一台可联网的计算机，并可正常登录当前实训游戏。

(3)在课前完成相关知识的预习，包括企业经营背景和流程的自学。

(4)在每一轮模拟经营结束之后、下一轮模拟经营开始之前，学生对教师下发的经营结果进行分析，对竞争形势进行探讨，完成一些必要的知识储备。

三、实训内容

经营基础应用通过模拟一家黄河口大米店的经营过程，使学生了解企业经营相关的基础知识和各种行为，通过参与到企业的计划、采购、配送、销售、财务和人事等各个环节的简单的实际操作过程中，体验及熟悉企业经营的整个流程，对企业的生产经营进行决策、组织、控制和协调，了解可能遇到的问题和处理方式，让非经管类学生也能很好地掌握并理解企业经营涉及的活动，并在企业经营活动时会灵活运用，从而提升学生的创业与就业能力。

在此实验中，系统将以虚拟的周为时间单位，通过连续若干周模拟经营一家小型的黄河口大米店，系统地学习企业经营过程中所需的各项知识和基本技能。在此实验中，学生需要仔细认真地分析模拟环境中五花八门的经营风格，确定不同的资金来源，最终决定自己的经营计划，并开始经营自己的大米店，从而了解和掌握企业经营的全流程。

四、数据规则

经营者会在接下来的5周模拟时间里，独自开设一家黄河口大米店，并把这家小店带入正常的经营轨道。黄河口大米产于黄河三角洲一带，尤以山东省东营市垦利县为多，所产的大米以其颗粒均匀、晶莹剔透、黏度适中、香甜可口和营养丰富而成为稻米中的上品，被人们亲切地称为“黄河口大米”，深受市场青睐和消费者的喜爱。我们的经营者在开始会获得一笔1万元的初始启动资金，开始经营之后，经营者会开展一系列的工作任务。经营者的经营场所处于一条商业街，这条商业街是一个相对封闭与独立的商业区，周边常年居住着两万多居民，居民们都以大米为主食，对大米的需求非常旺盛。目前，这条商业街还没有一家正式的粮食店，这对即将开设的小店非常有利。

在正式开始经营之前，经营者还需要做一些初期准备：

(1)确定经营风格：企业经营风格是一家企业有别于其他企业的个性特征，是企业在一贯行为中表现出来的内在品质，它是企业形象赖以树立的基本要素，是企业精神和企业价值的体现。在此实验系统中，不同的经营风格具有不同的模拟经营规则与经营起始环境(如起步资金等)，经营者可以根据自身的特点与喜好，综合对比三种经营风格后，最终选择一种适合自己的风格。实验中三种经营风格分别是保守型、激进型和企业家型。保守型经营者的特征是小心地投入，并且储存大量的现金；将大量的现金存入银行，使用剩余的资金购买材料进行生产和每周只招聘很少的农民。激进型经营者的特征是把全部资金投入企业运作，争取产生最大的效益；这会导致企业快速发展壮大，但是在此过程中企业有一定的经营风险。经营者会将全部资金作为运营资金或者存很少的现金到银行中，而大部分的现金用于购买生产材料，每周按照最大招聘人数去招聘生产农民。企业家型经营者的特征是根据企业的发展情况合理使用资金，在控制风险的情况下不断扩大规模。系统对这种类型不限制资金的使用，经营者可以自由组合相关规则。

不同的经营风格的经营数据在系统里是不一样的，主要体现在银行的存款比例、招聘农民的数量、购买材料比例等因素上。具体数据如表 6-1 所示。

表 6-1　不同经营风格的模拟经营规则数据表

经营风格	保守型	激进型	企业家型
初始资金(元)	10000	10000	10000
定额税率(%)	5	5	5
水电费用(元)	200	200	200
运营周期(周)	5	5	5
店铺租金(元)	2000	2000	2000
银行存款限制	否	是	是
银行存款比例(%)	20	10	15
购买办公用品(元)	200	300	400
购买材料(%)	1	1	1
最少招聘人数(个)	2	4	3
最大招聘人数(个)	6	8	7
分红比例(%)	10	10	10
采购价格(元)	50	50	50
价格波动(%)	10	10	10
种子数量(个)	1	1	1
化肥数量(个)	1	1	1

(2)确定资金来源：在初期实际经营前，经营者必须选择资金来源。系统默认提供两种起步资金来源，分别是银行贷款和民间借贷。两种来源都需要提供一定的资金回报，并在店铺经营周期结束后归还本金。如果是银行贷款，在资金来源选择后，就能拿到本金，在每周末需要支付一定比例的利息，在期末归还本金。如果是民间贷款，在资金来源选择后，也能拿到本金，并且在经营过程中无需支付利息，在期末根据利润支付一定的分红。

(3)在正式经营前，经营者还需要租用一个经营场所，系统默认为每位经营者提供一个确定的店铺场地。

在完成了各项初期经营的准备工作后，就可以开始正式的经营活动了。正式经营分为 5 周，每周共有 7 天，其中每天都需要完成若干特定的经营任务(见表 6-2)。

表 6-2　　**每周经营任务表**

日期	任　务
星期一	周经营计划表 预先填写本周的商品销售收入，银行利息收入，购买种子、化肥、办公用品，支付店铺租金、农民工资、当期税款、银行利息等相关数据
星期二	购买生产材料，招聘生产农民 从供货商那你购买生产材料，每周必须花费一笔钱购买种子、化肥。种子和化肥的数量决定了经营者能够生产多少成品 每周，经营者必须招聘一定数量的农民。每周生产成品的最大数量不能超过所有农民的总能力。招聘农民时不支付工资，而是在特定的一天内支付农民工资。每周可以辞退本周和之前招聘的农民，这对本周的招聘计划没有影响
星期三	加工制作成品 根据本周种子、化肥和农民能力的情况，可以确定本周可以加工多少成品。如果农民能力小于当前材料构成的成品数量时，加工成品的数量为农民的能力值；反之，成品数量为当前材料可以构成的成品数量，加工之后不可以再撤销操作
星期四	向外出售成品 据系统已经设定，这是一个供不应求的市场，可随时向小区居民销售大米成品。经营者可以选择出售或者不出售，但是出售的数量不能超过经营者当前的成品库存数量。销售价格每周是不一样的，所以要考虑出售成品的数量。出售成品之后，不能立即收到货款，而是会在特定的一天去收回货款
星期五	根据本周出售的成品数量，将货款收回，然后经营者支付当前小店内所有农民的工资。为了使店里多余的现金产生一定的稳定回报，系统规定每周必须到银行存入一笔资金。存款金额按照当前经营者的现金的一定比例计算，存款之后会产生利息。当到达下周时，存款的金额为本周的存款金额加上本周的存款利息。注意：系统设定的存款是不能取出来的
星期六	购买办公用品，补充未支付利息，收取存款利息
星期日	休息

在完成某一天的任务后，你可以手动结束当天的模拟经营，从而进入第二天的模拟经营，循环往复，直到完成整个经营周期。在学生完成整个经营周期后，需要对小店做一个完整的期末总结，包括：缴纳整个经营期间发生的水电费用；缴纳经营期间发生的税费，税费根据公司的利润和税率得出的；计算经营过程中的各项成本和利润，给予借款人红利回报。如果初期资金来源为银行借款，则需要在期末归还本金，利息已在每周自动扣除，如果期末经营者现金不够支付本金则直接破产。如果初期资金来源为民间借贷，则需要再期末分红，金额为现金的分红比例加上本金，如果经营者现金不够支付本金则直接破产。

五、模拟经营

该应用可以通过教学引导的授课方式和学生引导的自学方式进行开启。开启后的界面如图 6-1 所示。

图 6-1　经营基础模拟应用——学生端启动界面

学生进入系统后点击开始经营即进入模拟操作主界面(见图 6-2)。界面的上方最左侧显示学生的姓名和选择的经营风格，中间分别显示当前经营实时周期、现金数量、种子数量、化肥数量、大米数量、工人数量和定价趋势。

图 6-2　经营基础模拟应用——应用主界面

学生经营者进入系统后首先进行初期经营操作，选择经营风格(见图 6-3)，然后在主界面左上角点击“开始任务”按钮，在弹出来的界面选择资金来源(见图 6-4)，然后点击“租用店铺”(见图 6-5)。初期操作完成以后，点击开始经营即开始期中的 5 周模拟经营。

图 6-3　经营基础模拟应用——选择经营风格

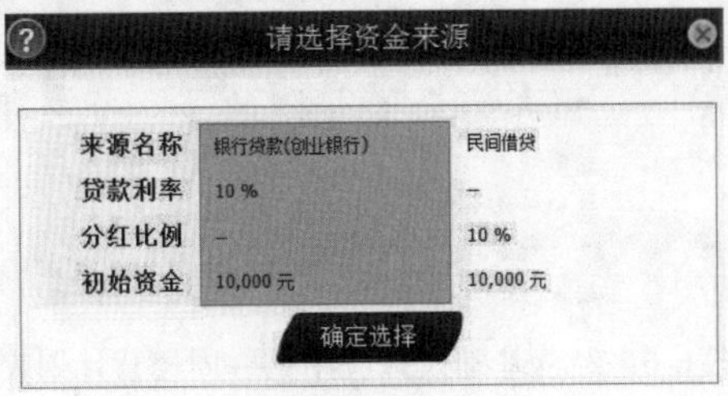

图 6-4　经营基础模拟应用——选择资金来源

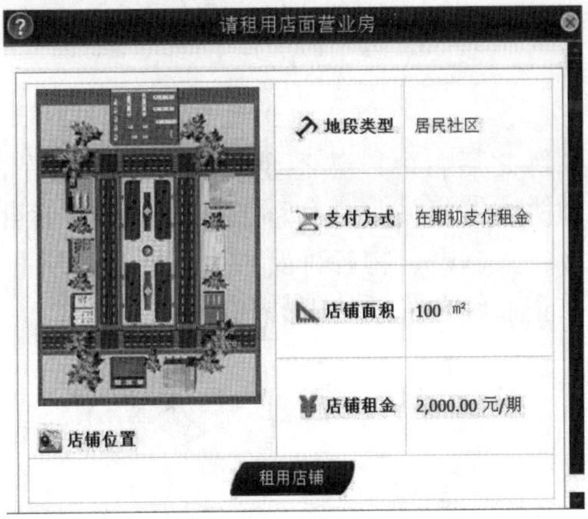

图 6-5　经营基础模拟应用——租用店铺

每期模拟经营都以周为单位，从星期一到星期六每天的任务不同，星期日为休息日。经营者按照表 6-2 的每周经营任务表操作每周的经营内容即可。周一，提交每周经营计划表(见图 6-6)；周二首先需要购买生产材料，根据周一提交的经营计划表购买种子和化肥，种子一颗成本为 12 元，并且每次购买不得低于 80 元。化肥一包成本为 7 元，没有单次最低购买金额要求。然后开始招聘生产农民，经营者根据购买的原材料及所需生产的多少招聘生产农民。每个农民每周的生产能力为25袋，每周工资为300元，每次招聘最少招聘人数根据选择的经营风格略有不同。周三加工制成成品，将周二采购的原材料加工制成成品。周四向外出售成品，将周三制成的成品进行售卖。周五首先收回贷款，然后支付农民工资，最后去银行存款和贷款。周六购买办公用品，由于每周的办公用品都会有损耗，因此每周必须购买一定数额的办公用品，每次采购办公用品价格和最低消费金额根据选择的经营风格略有不同。

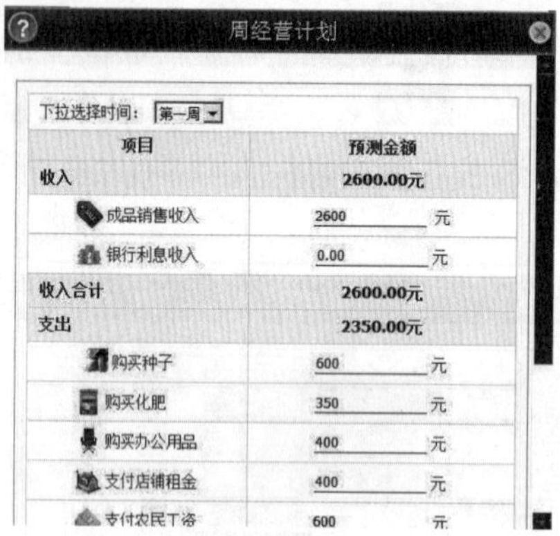

图6-6　经营基础模拟应用——周经营计划表

经营结束后，可以让学生互相交流决策的方法，查看其他同学的经营情况。教师可以邀请经营较好的学生对自己的经营情况进行经验分享。

六、实训总结

学生完成此实验的训练之后，可以熟悉企业整个生产经营活动中所涉及的企业决策、计划、组织、控制和协调等相关业务和环节。通过经营者合理地组织生产，使产、供、销各个环节相互衔接，人、财、物各种要素合理结合，从而使得学生能够在模拟经营实体的整个流程中增强企业经营管理的能力和经验。

第二节　企业开办应用

一、实训目标

(1)培养学生对开办企业主要事项及流程的感观认识。

(2)真实感受我国现行商业政策环境下的企业开办过程。

(3)提升学生准备实际开办企业所必需的各类材料资质的能力。

(4)为学生补充企业开办所需的相关知识，拓宽创业知识面。

二、实训要求

(1)确保教师有一台可联网的计算机，并可正常登录当前实训游戏，且能正常连接投影仪进行必要内容的展示(实验室集中式实训教学)。

(2)确保每位学生有一台可联网的计算机，并可正常登录当前实训游戏。

(3)在每一个流程之后、下一个流程开始之前，学生在老师的指导下进行探讨，完成一些必要的知识储备。

三、实训内容

企业开办应用是以各种仿真窗口互动的形式模拟开办注册一家创业企业，内置的开办流程完全对接了国内目前最新的工商注册政策法规，体现了最新的简化了的行政审批流程及企业开办三证合一的新内容。

(一)实验介绍及规则讲解

在正式开始实验前，教师将会为所有学生介绍此实验的基本情况及实验规则。同时学生也可以通过系统中的引导查看实验的相关说明。此实验是模拟一家创业公司的注册流程，了解创业注册的相关知识点。在企业注册的各个流程中，熟悉相关材料的准备、各业务办理的相应地点、在各业务办理过程中需要填写的相关表格以及表格填写规范等，通过模拟实验让学生掌握设立开办企业所必需的各类资质材料的整理能力。

在实验中，学生将扮演一位创业者，注册成立一家名为创业市开拓科技有限公司的有限责任公司，公司地址位于创业市开拓路 188 号金茂大厦 A 座 18 楼 1801 室，该公司包括学生在内有 4 名自然人股东，其他三位为兰天、于浩、秦风，公司实际注册资金为 500 万元，其中学生扮演的创业者出资 200 万元，其他三人各出资 100 万元，该学生担任公司 CEO。

(二)实验准备

此实验是一个工商注册模拟实训应用，系统内置了一个标准的有限责任公司的成立开办流程，学生需要根据应用内置的背景资料，在课前完成教师下发的企业注册相关知识和流程的材料自学。

(三)启动应用

该应用可以通过教学引导的授课方式和学生引导的自学方式进行开启。教师端开启后的控制界面如图 6-7 所示，学生端开启后应用后初始化界面和主界面如图 6-7、图 6-8 所示。

图 6-7　企业开办应用——教师控制界面

图 6-8　企业开办应用——学生端初始化界面

图 6-9　企业开办应用——学生端主界面

（四）开办流程

点击“工商注册流程”按钮，即进入具体开办流程界面，如图 6-10 所示。

图 6-10　企业开办应用——开办流程界面

1. 租赁办公场地

点击创业大厦“租赁办公场地”图标即进入这一流程，可以查看按相关房屋租赁合同，提交系统所需材料，单击“完成准备”按钮进入后续环节(见图 6-11)，然后再单击“确定”，去创业大厦物业公司办理相关租赁手续(见图 6-12)。

图 6-11　企业开办应用——租赁办公场地

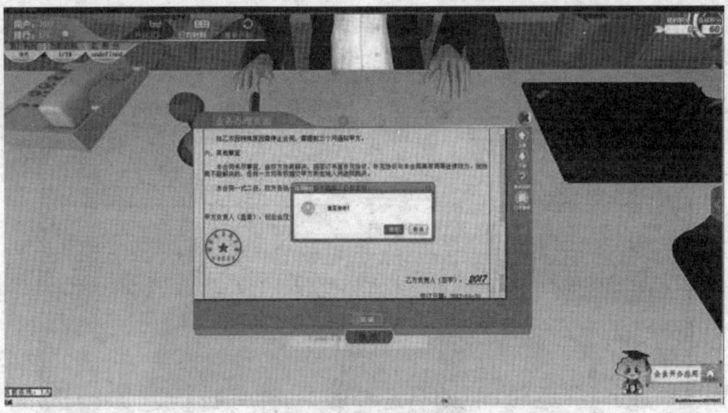

图 6-12　企业开办应用——签订租赁合同

2. 撰写公司章程

点击“撰写公司章程”即进入这一流程，进行本公司章程的撰写(见图 6-13)。公司章程是指公司依法指定的、规定公司名称、住所、经营范围、经营管理制度等重大事项的基本文件。它也是关于公司组织和行为的基本规范，它不仅是公司的自治法规，而且也是国家管理公司的重要依据。学生在该流程中，需要召开公司股东会议，并与股东讨论决定公司的章程，并以书面形式确定下来。

业务办理页面右侧有四个按钮，分别是“上移”“下移”“表单说明”和“打开表单”。其中的“表单说明”是对此次需要填写内容的进一步说明，学生如果不清楚如何填写，可以先查看这里以后再根据提示填写相应表单。

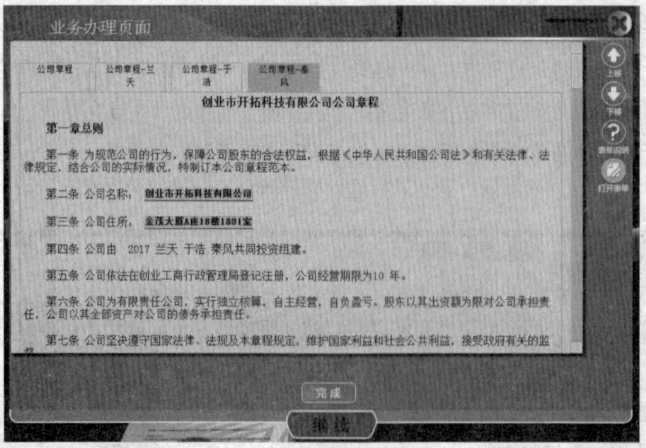

图 6-13　企业开办应用——撰写公司章程

3. 指定代表证明

注册公司后的一系列业务需要一个指定代表去办理，公司股东需要指定一个代表进行业务办理。股东们在讨论选举一个代表之后，要签署一份共同委托代理人证明，同时需要附上身份证复印件。学生在系统中查看相关指定代表合同，填写相关内容，签订合同后，单击右边的"保存"按钮即可完成这一流程(见图 6-14)。

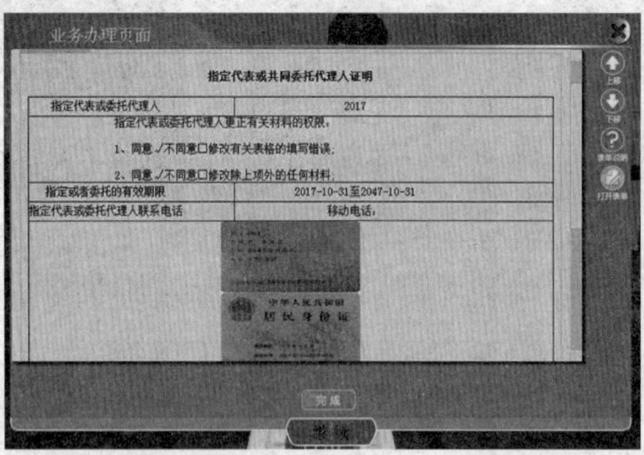

图 6-14　企业开办应用——指定代表证明

4. 名称预先审核

公司名称预先审核所需的材料有身份证原件及复印件各一份、指定代表证明原件及复印件各一份。所需材料准备齐全后，可前往工商行政管理局进行业务办理。填写相关内容，提交申请，名称预先审核通过之后，领取名称预先审核通知单，并交纳相关费用，业务即办理成功，单击保存，即可完成本流程任务(见图 6-15~图 6-17)。

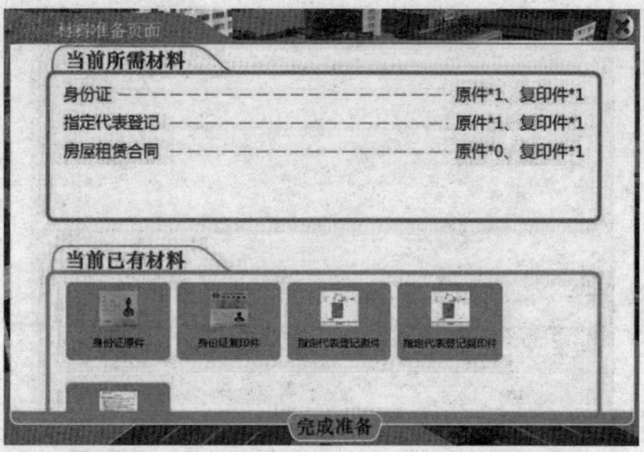

图 6-15　企业开办应用——查看所需资料

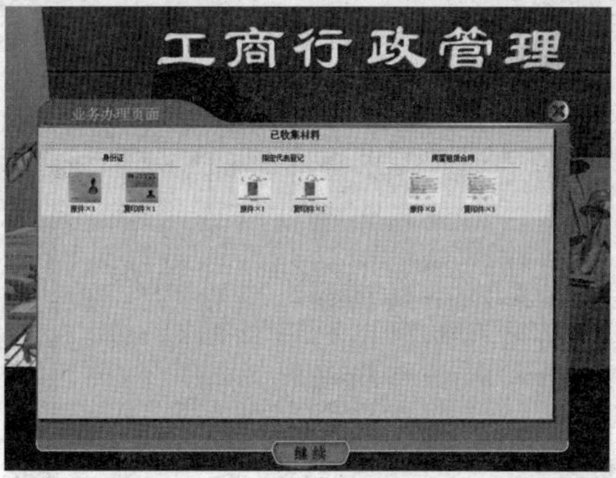

图 6-16　企业开办应用——工商局出具相关资料

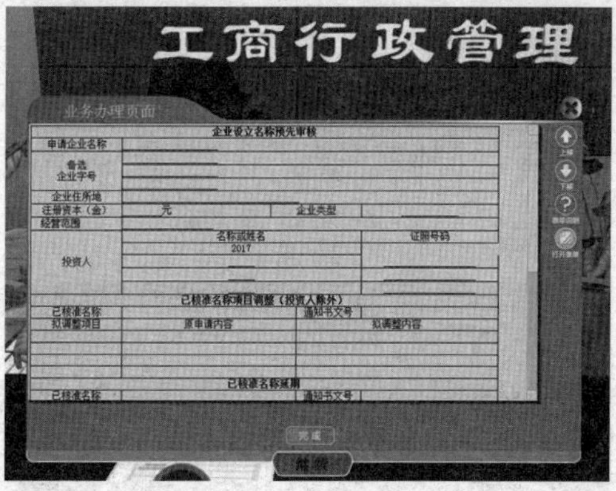

图 6-17　企业开办应用——企业设立名称预先审核

5. 首次股东会议

点击查看首次股东会议记录，主持人和全体董事签字后，单击“完成”按钮，即可完成这一流程(见图 6-18)。

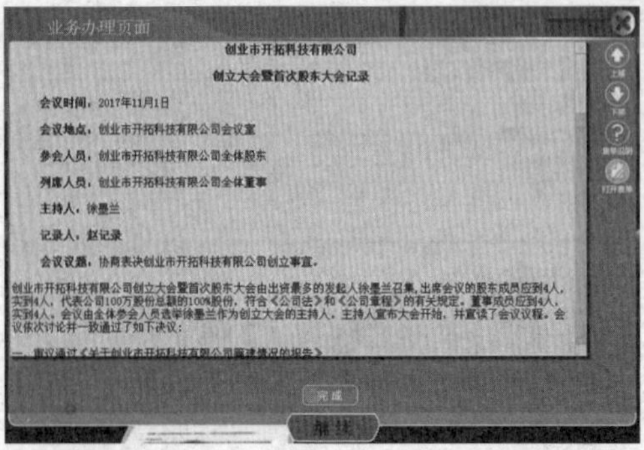

图 6-18　企业开办应用——首次股东会议

6. 首次董事会

点击查看董事会记录，全体董事签字后，单击“完成”按钮，即可完成这一流程(见图 6-19)。

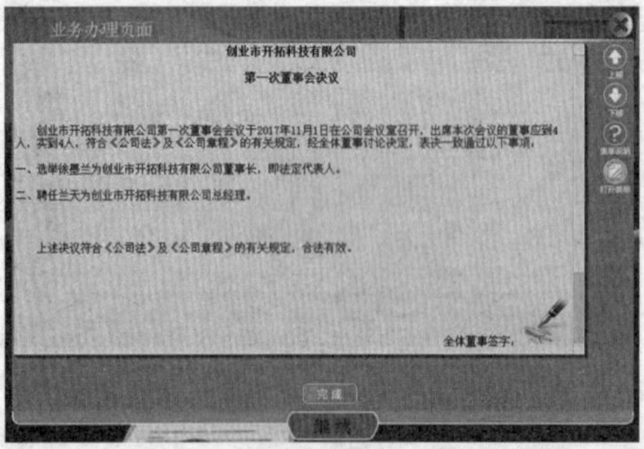

图 6-19　企业开办应用——首次董事会

7. 首次监事会

查看首次监事会会议记录，全体监事签字后，单击“完成”按钮，即可完成这一流程(见图 6-20)。

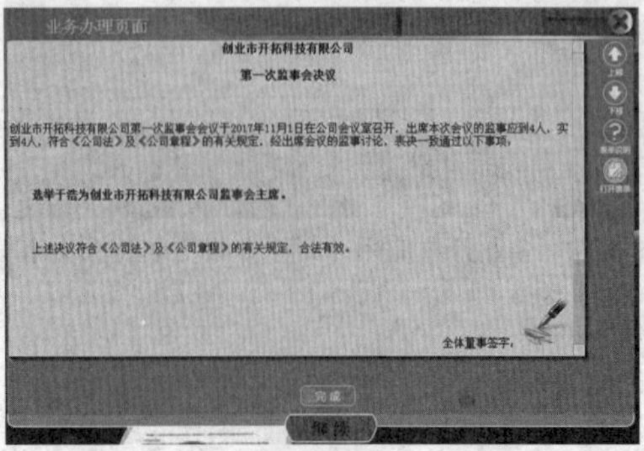

图 6-20　企业开办应用——首次监事会

8. 法定代表人信息表

查看填写法定代表人信息表，法定代表人签字后，单击“完成”按钮，即可完成这一流程(见图 6-21)。

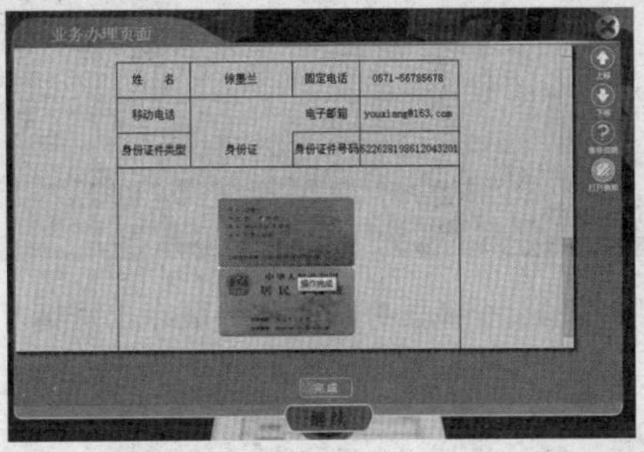

图 6-21　企业开办应用——法定代表人信息表

9. 董事监事经理信息

查看填写董事监事经理表，董事监事经理签字后，单击“完成”按钮，即可完成这一流程(见图 6-22)。

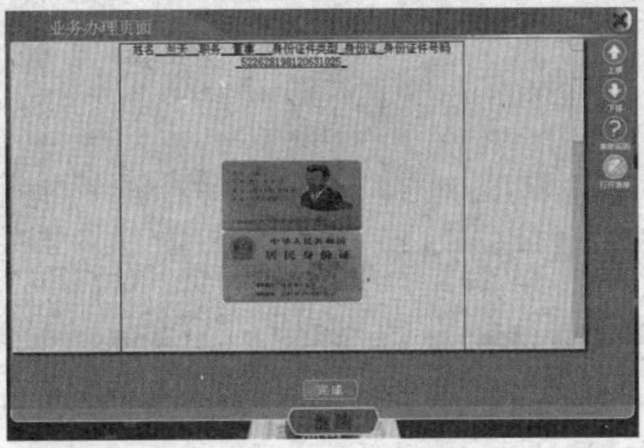

图 6-22　企业开办应用——董事监事经理信息

10. 股东出资情况表

查看所需准备的材料，去银行办理相关注资手续，填写相关表格，单击“完成”按钮，即可完成这一流程(见图 6-23、图 6-24)。

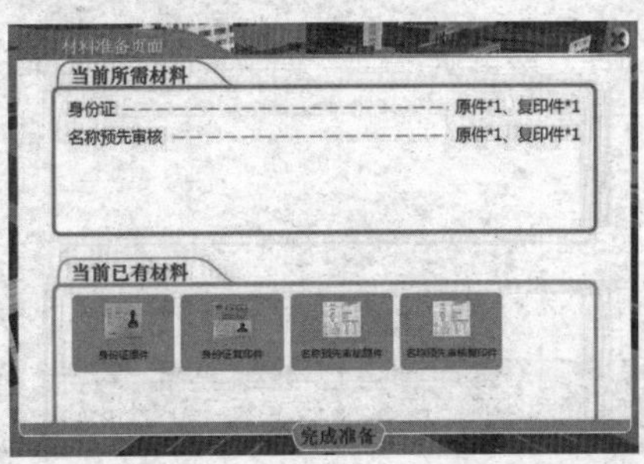

图 6-23　企业开办应用——股东出资环节所需准备材料

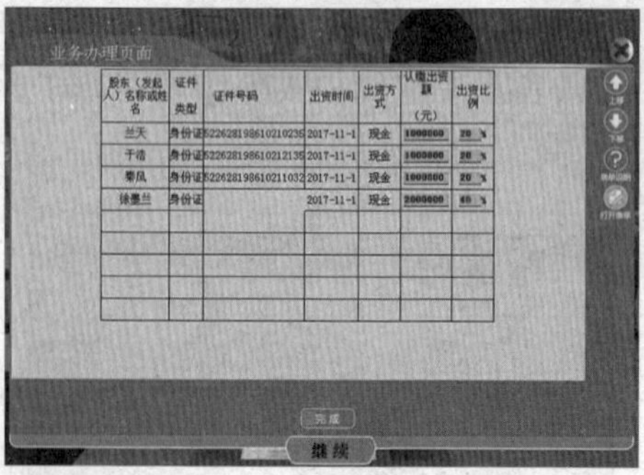

图 6-24　企业开办应用——股东出资情况

11. 财务负责人信息表

查看填写财务负责人信息表，财务负责人签字后，单击“完成”按钮，即可完成这一流程(见图 6-25)。

图 6-25　企业开办应用——财务负责人信息表

12. 联络人信息表

查看填写联络人信息表，联络人签字后，单击“完成”按钮，即可完成这一流程(见图 6-26)。

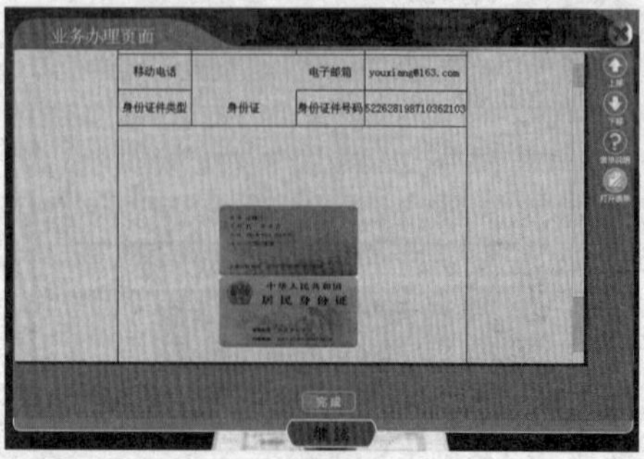

图 6-26　企业开办应用——联络人信息表

13. 公司设立申请

查看所需准备的材料，然后去工商行政管理局办理相关业务，填写相关文件。签字后，单击“完成”按钮，即可完成这一流程(见图 6-27、图 6-28)。

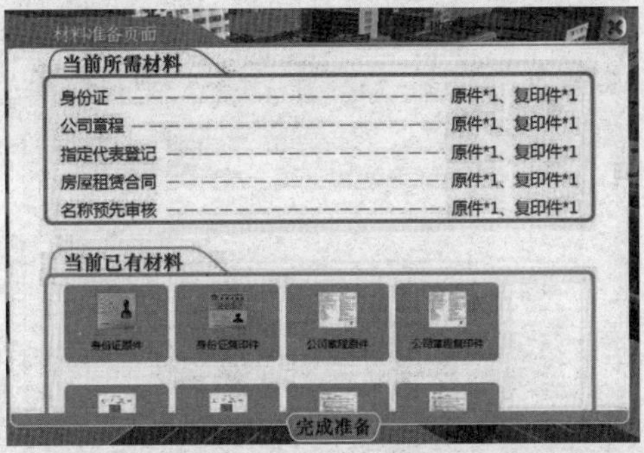

图 6-27　企业开办应用——公司设立申请所需资料

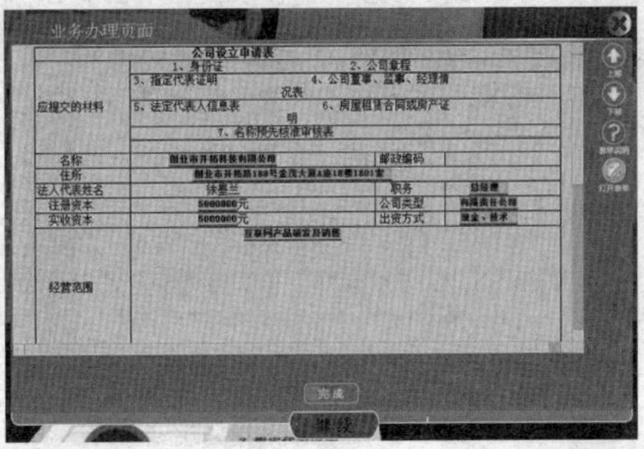

图 6-28　企业开办应用——公司设立申请表

14. 办理营业执照

查看所需准备的材料，然后去工商行政管理局办理相关业务，填写相关文件。签字后，单击“完成”按钮，即可完成这一流程(见图 6-29)。

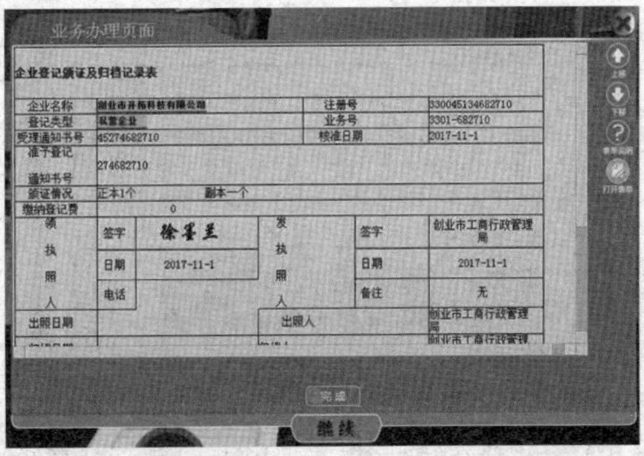

图 6-29　企业开办应用——办理营业执照

15. 刻制公司印章

查看所需准备的材料，然后去刻章店刻制相关公司印章，印章一共需要刻制三枚，分别是公司章、财务章和法人章，查看相关公章准确无误后单击“完成”按钮，即可完成这一流程(见图 6-30、图 6-31)。

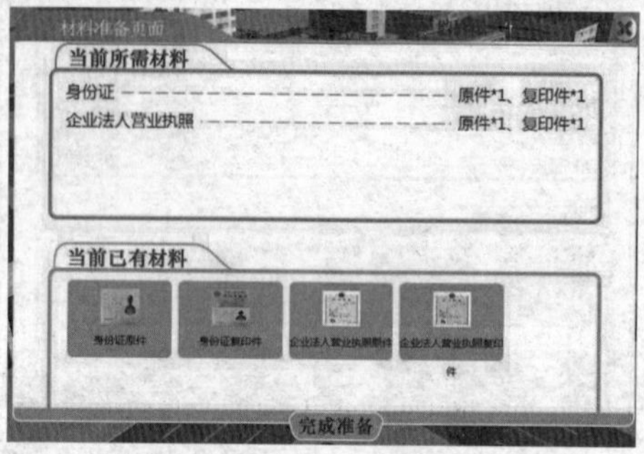

图 6-30　企业开办应用——刻制公司印章所需资料

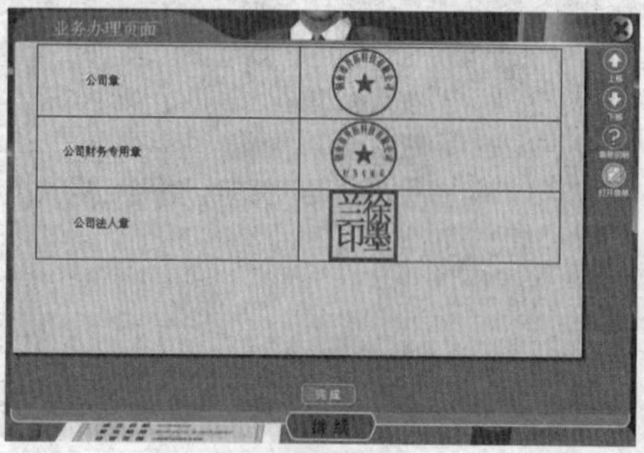

图 6-31　企业开办应用——刻制公司印章

16. 开设银行账号

查看所需准备的材料，去银行办理相关业务，填写相关表格，单击“完成”按钮，即可完成这一流程(见图 6-32、图 6-33)。

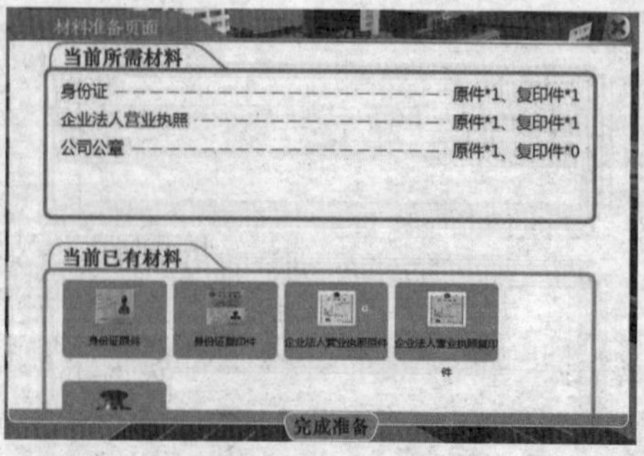

图 6-32　企业开办应用——开设银行账号所需资料

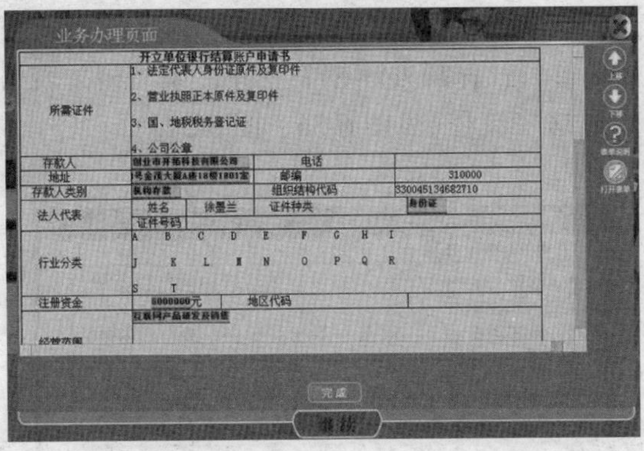

图 6-33　企业开办应用——开立单位银行结算账户申请书

17. 社会保险登记

查看所需准备材料，去社保局办理相关业务，填写相关表格，缴纳相关费用，单击“完成”按钮，即可完成这一流程(见图 6-34、图 6-35)。

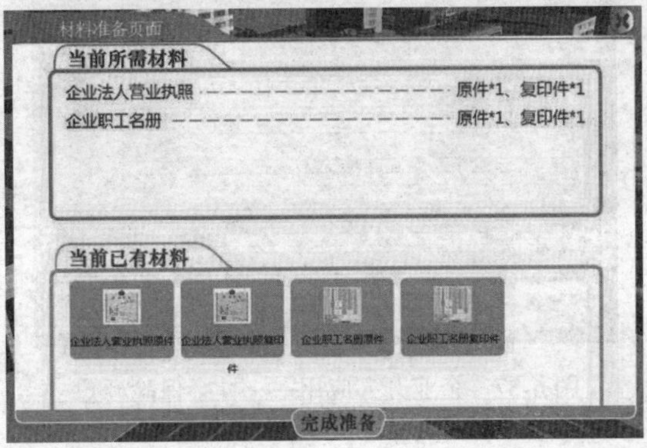

图 6-34　企业开办应用——社会保险登记所需资料

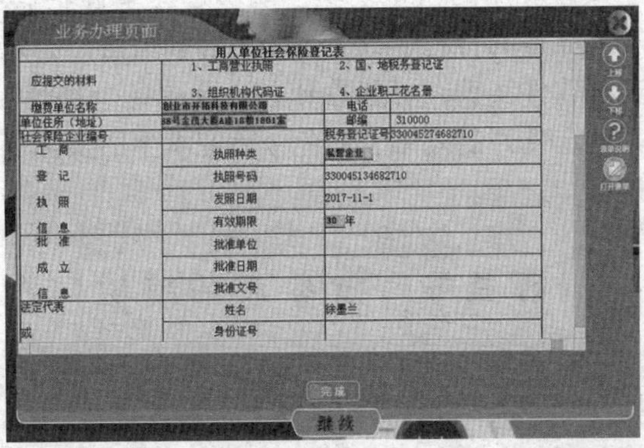

图 6-35　企业开办应用——社会保险登记

18. 社会保险开户

查看所需准备的材料，去社保局办理相关业务，填写相关表格，缴纳相关费用，单击“完成”按钮，即可完成这一流程(见图6-36、图6-37)。

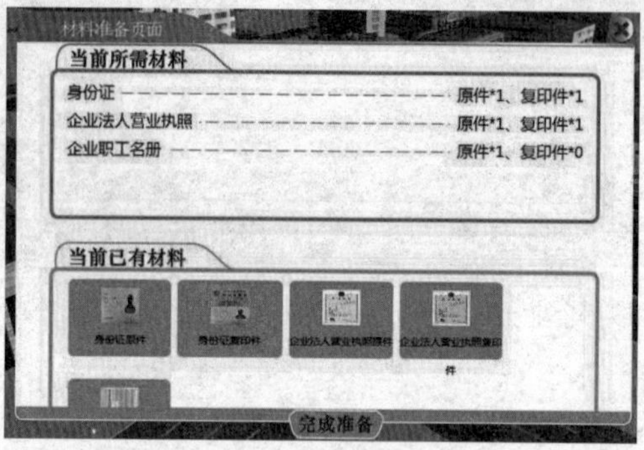

图6-36　企业开办应用——社会保险开户所需资料

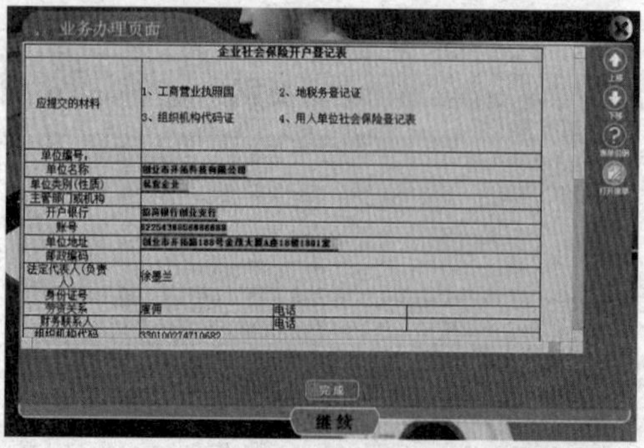

图6-37　企业开办应用——社会保险开户

四、实训总结

学生通过体验企业开办应用的模拟实验，能够迅速掌握企业申请开办的形式和流程，熟知每一道环节所需准备的材料、具体工作内容和关键点，避免了很多不必要的申请环节的重复。学生通过软件实训，可熟悉开办企业的各个环节需要注意的关键问题，为今后的创业企业开办奠定良好的基础，避免今后在学生的实际创业过程中过多地出现流程问题影响创业的进程。

第三节　财务基础模拟

一、实训目标

(1)掌握基本的财务概念与知识。

(2)掌握基本的财务预算的简单编制方法。

(3)培养财务报表的阅读能力。

(4)掌握成本与盈利的计算方法。

(5)掌握财务指标的计算方法。

(6)扩充企业经营管理过程中相关的其他各方面知识，拓宽创业知识面。

二、实训要求

(1)确保教师有一台可联网的计算机，并可正常登录当前实训游戏，且能正常连接投影仪进行必要内容的展示(实验室集中式实训教学)。

(2)确保每位学生有一台可联网的计算机，并可正常登录当前实训游戏。

三、实训内容

财务管理涵盖企业生产经营的整个过程，从经营初期的场地租用、现金预算、设备购买、工人招聘、原料购买环节开始，贯穿经营中期的产品生产环节，到经营后期的产品定价、产品销售、应收应付管理全过程。在企业的整体战略目标下，有效的财务管理能够优化企业资产的购置、资本的融通、营运资金以及利润分配的管理，帮助企业实现资金使用效益最大化。

财务报表是财务管理的量化指标，也是财务管理分析的核心所在。财务报表全面系统地揭示了企业一定时期的财务状况、经营效果和现金流量，有利于经营管理人员者了解本单位各项任务指标的完成情况，评价管理人员的经营业绩，以便及时发现问题、调整经营方向、制定措施，改善经营管理水平，提高经济效益，为经济预测和决策提供依据。

整个经营过程包括以下环节(见图6-38)：

图6-38 财务基础模拟应用——关键任务与流程

学生通过模拟整个财务管理过程，可了解各个经营板块对财务报表的影响，以及亲身体验到财务报表数据所反映的企业经营状况。整个财务基础模拟过程包括初期的资金、场地准备工作以及五年的财务管理工作。

四、数据规则与实训

1. 获取启动资金

经营之初，系统会以现金方式给每个企业提供一笔固定的启动资金(见图6-39)。这笔启动资金在财务报表中会体现出来，并能增加资产负债表的现金科目和实收资本(股本)科目余额，也增加了现金流量表中的筹资活动现金流入科目余额。

图 6-39　财务基础模拟应用——获取资金界面

2. 租用场地

经营之初，企业有唯一一次机会从多种厂房中选择自己经营使用厂房(见图 6-40)。不同类型的厂房的设备容纳量也不同，同时租金也会有所不同(见表 6-3)。一般而言，厂房越大，租金越高，能够容纳的设备数越多。

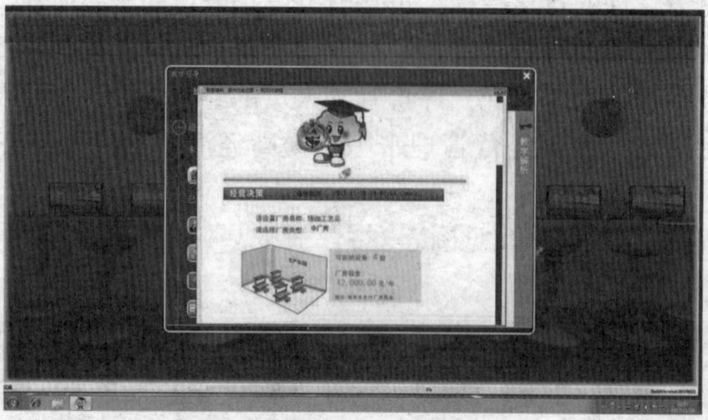

图 6-40　财务基础模拟应用——租用场地界面

表 6-3　　租用场地对财务报表的影响

厂房类型	设备容纳量	租金/元	对资产负债表的影响	对现金流量表的影响	对利润表的影响
小厂房	2	6000	现金科目：-6000 未分配利润科目：-6000	经营活动现金流出科目：6000	管理费用科目：6000
中厂房	4	12000	现金科目：-12000 未分配利润科目：-12000	经营活动现金流出科目：12000	管理费用科目：12000
大厂房	6	18000	现金科目：-18000 未分配利润科目：-18000	经营活动现金流出科目：18000	管理费用科目：18000

租用的厂房不属于企业的固定资产，支付的租金会减少资产负债表的现金科目余额和未分配利润科目余额，同时支付的租金增加了现金流量表中的经营活动现金流出和利润表的管理费用支出。

3. 应收应付

应收应付账款管理也是企业经营过程中的一项很重要的资金管理工作。企业在营运过程中，由于资金周转需要一定的期限，难免出现应收账款和应付账款。在模拟经营中，公司把生产出来的工艺品批发给经销商，其中有个经销商没有马上支付货款，需要拖欠一个年度才能支付。在会计处理上，这个经销商还没有支付货款前，该笔账款记录为应收账款。同理，公司向供应商进货时，其中一种原材料也不是马上支付货款，而是需要拖欠一个年度才能支付，会计上这笔货款记为应付账款。

每个年度初，模拟公司都有一次机会进行应收账款的收取和应付账款的支付工作(见图 6-41)。应收应付账款会影响企业的资产负债表和现金流量表(见表 6-4)。

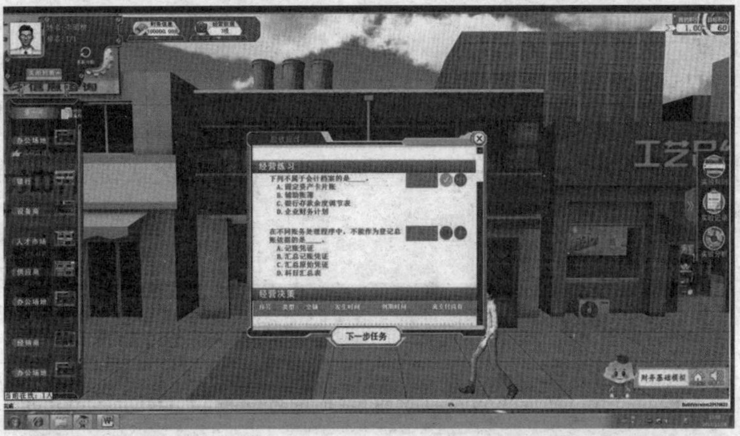

图 6-41 财务基础模拟应用——应收应付界面

表 6-4 **应收应付账款对财务报表的影响**

账款类型	金额/元	对资产负债表的影响	对现金流量表的影响	对利润表的影响
应收账款	6000	现金科目：6000 应收账款科目：-6000	经营活动现金流入科目：6000	—
应付账款	6000	现金科目：-6000 应付账款科目：-6000	经营活动现金流出科目：6000	—

4. 预算计划

财务预算是一系列专门反映企业未来一定预算期内预计财务状况和经营成果，以及现金收支等价值指标的各种预算的总称。编制预算计划要求在经营之初就要了解企业往期的各项收入支出，同时判断当期的市场变化对企业运营的影响(见图 6-42)。

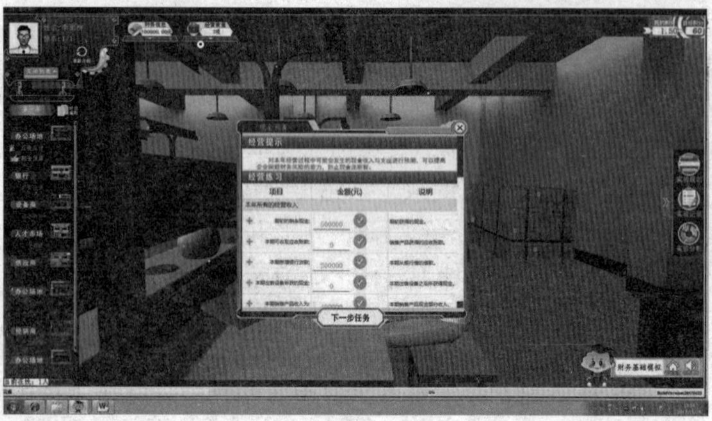

图 6-42　财务基础模拟应用——预算计划界面

5. 申请贷款

模拟公司在每个年度都有一次申请贷款的机会，贷款额度上限为 50 万元，贷款期限为两年，同时每个年度末需要归还已经到期的贷款本息之和(见图 6-43)。申请贷款和偿还贷款本金都会影响资产负债表和现金流量表，而偿还贷款利息不仅会影响以上两表，还会影响利润表(见表 6-5)。

图 6-43　财务基础模拟应用——申请贷款界面

表 6-5　**申请贷款对财务报表的影响**

账款类型	金额/元	对资产负债表的影响	对现金流量表的影响	对利润表的影响
申请贷款	200000	现金科目：200000 长期借款科目：200000	筹资活动现金流入科目：200000	—

续表

账款类型	金额/元	对资产负债表的影响	对现金流量表的影响	对利润表的影响
偿付贷款本金	200000	现金科目：-200000 长期借款科目：-200000	筹资活动现金流出科目：200000	—
偿付贷款利息	20000	现金科目：-20000 应付利息科目：-20000	筹资活动现金流出科目：20000	财务费用科目：20000

6. 设备购买

模拟公司在每个年度都有一次机会可以购买生产设备，同时也可以根据生产计划出售生产设备。每台设备的价格为2万元，折旧率为10%，同时每台设备最多可以容纳2个工人同时工作(见图6-44)。购买设备和出售设备都会影响资产负债表和现金流量表(见表6-6)。

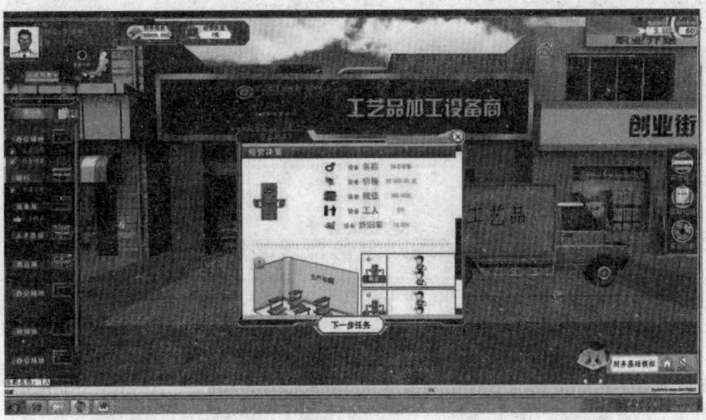

图6-44　财务基础模拟应用——设备购买界面

表6-6　**设备购买对财务报表的影响**

活动类型	金额/元	对资产负债表的影响	对现金流量表的影响	对利润表的影响
购买设备	80000	现金科目：-80000 固定资产科目：80000	投资活动现金流出科目：80000	—
出售设备	18000	现金科目：18000 固定资产科目：-18000	投资活动现金流入科目：18000	—

7. 工人招聘

模拟公司在每个年度都有一次招聘工人的机会，当然也可以辞退已有工人(见图6-45)。因为每台设备可以容纳2个工人同时工作，如果购买4台设备进行生产，则可以招聘8名工人进行生产。每个工人的生产能力为5000组/年，8个工人的生产能力为

40000 组/年。

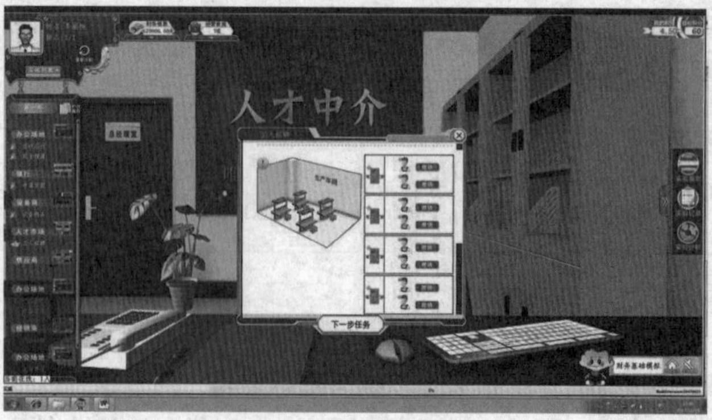

图 6-45 财务基础模拟应用——工人招聘界面

每个工人的工资为 6000 元/年，8 个工人的工资总额为 48000 元/年。招聘工人，需要在期末支付工人工资，辞退工人则不仅需要支付当月工资还需要额外支付一个月的工资作为补偿金。招聘工人和辞退工人都会影响资产负债表、利润表和现金流量表(见表 6-7)。

表 6-7 **工人招聘对财务报表的影响**

活动类型	金额/元	对资产负债表的影响	对现金流量表的影响	对利润表的影响
招聘工人	6000	现金科目：-6000 未分配利润科目：-6000	经营活动现金流出科目：6000	管理费用科目：6000
辞退工人	6500	现金科目：-6500 未分配利润科目：-6500	经营活动现金流出科目：6500	管理费用科目：6500

8. 原料购买

模拟公司在每个年度都有一次购买原材料的机会，如果以现金购买原材料，那么将影响资产负债表和现金流量表；如果以赊购的方式购买原材料，则只影响资产负债表(见表 6-8)。

表 6-8 **原料购买对财务报表的影响**

购买原材料方式	金额/元	对资产负债表的影响	对现金流量表的影响	对利润表的影响
现金	6000	现金科目：-6000 原材料科目：6000	经营活动现金流出科目：6000	—

续表

购买原材料方式	金额/元	对资产负债表的影响	对现金流量表的影响	对利润表的影响
赊购	6000	应付账款科目：6000 原材料科目：6000	—	—

原材料由主料和辅料构成，主料的单个成本为 100 元，只能现金支付，不能赊购。辅料的单个成本为 90 元，可以赊购，支付周期为 1 年，形成应付账款(见图 6-46)。

9. 产品生产

模拟公司在每个年度都有一次生产产品的机会，导致库存商品一增一减，数值上无变化(见图 6-47)。

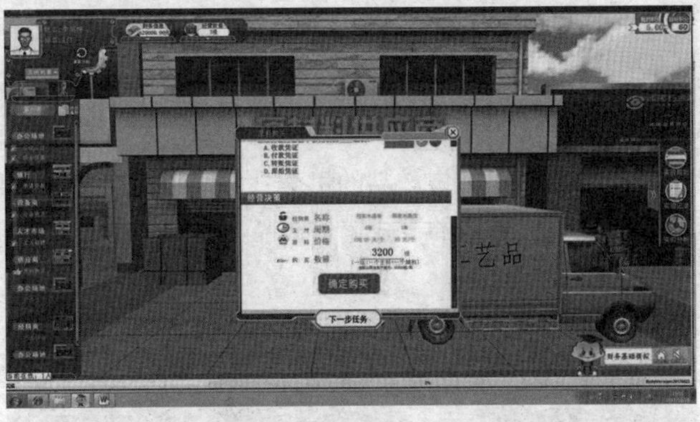

图 6-46 财务基础模拟应用——原料购买界面

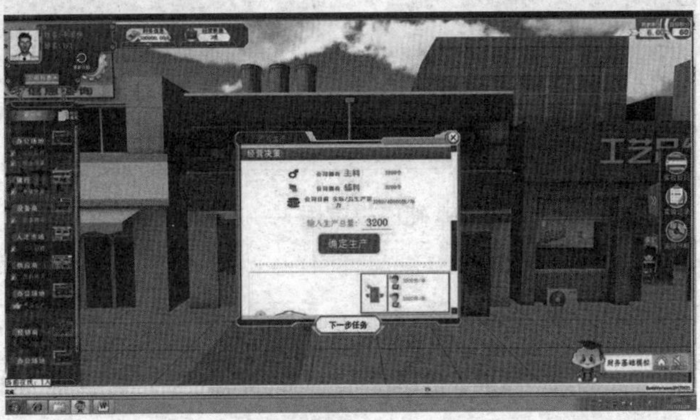

图 6-47 财务基础模拟应用——产品生产界面

10. 产品定价

一般来说，在企业生产成本基础上加上目标利润构成就构成了产品定价的依据。在其他因素都一样的前提下，价格与需要量成负相关关系，价格越低，需要量也会越大，反之亦然。该系统设定顾客最高承受价格为500元/组，企业定价不能超过500元/组(见图6-48)。

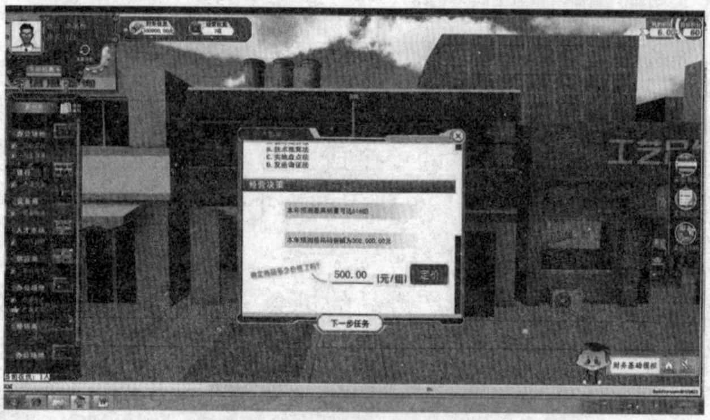

图6-48　财务基础模拟应用——产品定价界面

11. 产品销售

模拟公司在每个年度都有一次销售产品的机会，如果以现金销售产品，那么将影响资产负债表和现金流量表；如果以赊销的方式销售产品，则只影响资产负债表(见表6-9)。

图6-49　财务基础模拟应用——产品销售界面

表6-9　**产品销售对财务报表的影响**

购买方式	金额/元	对资产负债表的影响	对现金流量表的影响	对利润表的影响
现金	6000	现金科目：-6000 库存商品科目：6000	经营活动现金流入科目：6000	—
赊销	6000	应收账款科目：6000 库存商品科目：6000	—	—

12. 支付费用

模拟公司每个年度末都需要支付当期各项费用支出，包括：厂房租金、工人工资、银行利息、增值税、企业所得税、教育附加税、地方教育附加税、销售费用等，分别影响着资产负债表的现金、固定资产、应付账款、应付职工薪酬、应交税费等科目，也影响着现金流量表的经营活动现金流出科目和利润表的营业成本、管理费用、销售费用、财务费用科目(见图 6-50)。

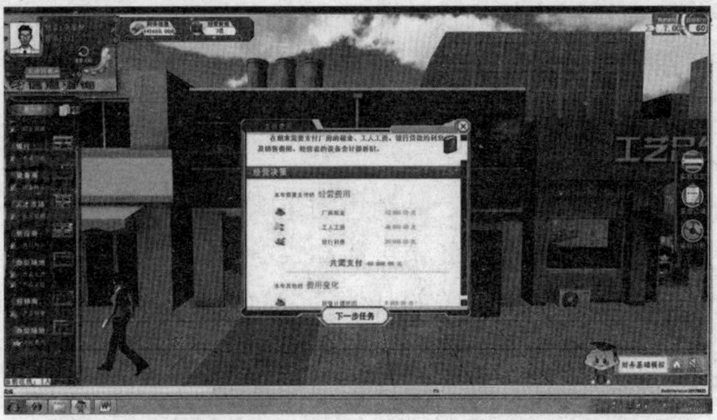

图 6-50 财务基础模拟应用——支付费用界面

13. 期末报表

模拟公司每个年度末需要编制年度报表，根据以上 12 个步骤的操作，可以逐步获得年度报表所需要的财务数据(见图 6-51)。通过编制财务报表，可以快速熟悉成本与盈利的计算方法。

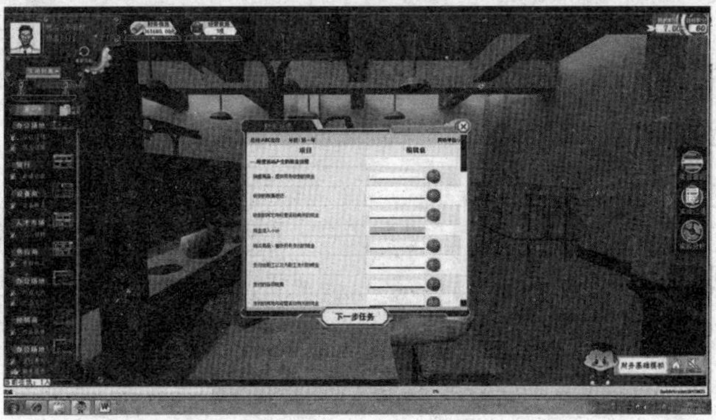

图 6-51 财务基础模拟应用——期末报表界面

五、实训总结

通过财务基础模拟，学生能够掌握基本的财务预算编制方法，提升编制及阅读财务报表的能力，熟悉各项财务指标的计算与分析。

第四节 营销基础模拟

一、实训目标

(1)建立市场概念，了解消费者需求与供求关系。

(2)掌握市场营销中目标消费群体定位分析的方法与技巧。

(3)掌握市场营销中目标市场规模的分析方法及技巧。

(4)了解市场营销中的产品定位与选取。

(5)掌握产品的基本定价方法与定价思路。

(6)了解不同渠道销售的特点。

(7)了解常见的促销方法及其对产品销售的影响。

(8)学会运用简单的营销组合开展销售活动。

(9)扩充企业经营管理过程中相关的其他各方面知识，拓宽创业知识面。

二、实训要求

(1)确保教师有一台可联网的计算机，并可正常登录当前实训游戏，且能正常连接投影仪进行必要内容的展示(实验室集中式实训教学)。

(2)确保每位学生有一台可联网的计算机，并可正常登录当前实训游戏。

三、实训内容

营销基础模拟应用是一款基于营销基础知识学习与认知的企业经营商业模拟游戏，应用以虚拟的“季度”为经营周期，每名学生进入应用后都将以现金的方式获取一笔启动资金。系统设计了一个虚拟的零售行业的个体经营户为蓝本，该经营户是一间初创的小型服装店，每名学生通过对该店铺的持续多轮模拟经营，进行相关营销管理流程的操作，系统地学习创业过程中所需要的市场营销知识与基本技能。

整个经营过程将包括以下环节(见图 6-52)：

图 6-52 营销基础模拟应用——关键任务与流程

经营过程中学生需进行目标消费群体分析、选择店铺类型、市场需求分析、进货品类分析、定价分析、渠道宣传分析等操作，了解消费者需求与供求关系，掌握市场营销中目标消费群体定位分析的方法与技巧、产品的基本定价方法与定价思路，学习常见的促销方法，能够开展简单的销售活动。

四、数据规则与实训

该模拟系统要求经营者连续5个季度模拟经营一家服装店。系统会自动分配给经营者一笔5万元的启动资金。目前市场上有10家左右的服装店正在运营。

(一)市场调研分析

在经营之初，经营者需要了解目标消费群体的需求、可以进货的品种、可以使用的渠道推广方式和促销方式(见图6-53)。

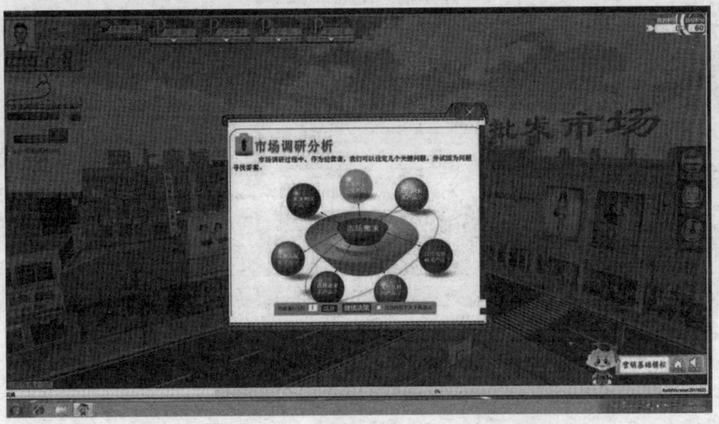

图6-53　营销基础模拟应用——市场调研界面

(二)租用店铺

经营者可以选择租用不同地段的店铺开展经营，不同地段的租金不同，人流量、穿衣风格、消费层次也不同，经营者可以根据自己对目标消费群体的分析选择某一地段进行经营。系统提供的商铺地段类型有3种：时尚购物圈、社区购物圈、大学城(见图6-54)。

图6-54　营销基础模拟应用——租用店铺界面

(三)开设网点

除了线下门店，经营者可以花费 1000 元开设互联网渠道销售服装，且每季度需要支付 500 元来维护网络渠道的正常运作(见图 6-55)。

图 6-55　营销基础模拟应用——开设网点界面

(四)产品进货

经营者每个季度初都有一次机会到批发市场进行当季热销商品的进货，对于上季度没有卖完的积压商品，当季度不能再进行销售；对于库存积压，系统将按 6.00%的折扣率回收，且回收收入不计入销售收入(见图 6-56)。所有经营者要根据市场目标消费群体的需求量合理预计当期的销售量，并控制库存量(见表 6-10)。

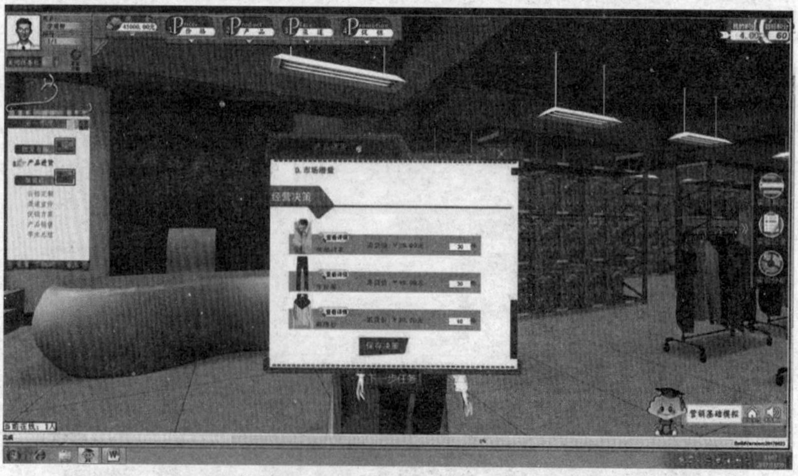

图 6-56　营销基础模拟应用——产品进货界面

表 6-10　　不同产品的销售价格与市场需求

产品名称	进货价/元	目标群体	承受价格/元	需求量/件	承受价格/元	需求量/件
		学生群体	90	80	81	150
长袖衬衣	25	白领一族	112.5	70	103.5	150
		中年女性	135	70	126	140
		学生群体	80	100	72	178
牛仔裤	40	白领一族	100	80	92	160
		中年女性	120	70	112	140
		学生群体	60	118	54	166
两用衫	30	白领一族	75	100	69	150
		中年女性	90	80	84	160

（五）产品定价

产品需要经过严谨的市场推算后才能合理定价。定价太高，没有竞争优势，销售量不理想；定价太低，无法完全覆盖成本，不能实现盈利（见图 6-57）。

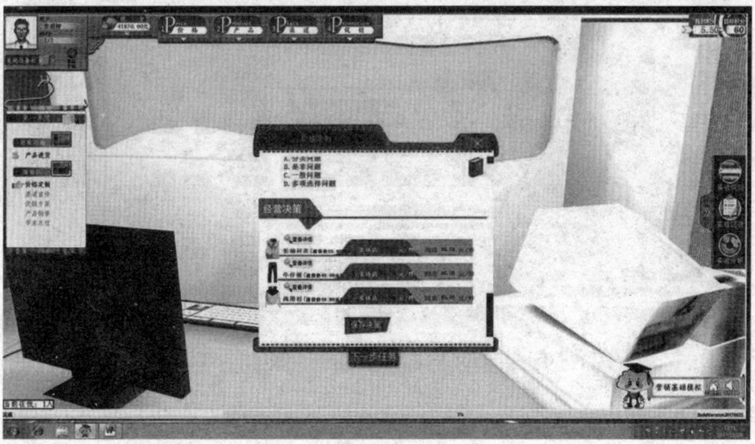

图 6-57　营销基础模拟应用——产品定价界面

（六）渠道推广

在系统中每个季度可以对服装店的销售渠道进行宣传，宣传渠道分为实体店渠道和网点渠道（见图 6-58）。

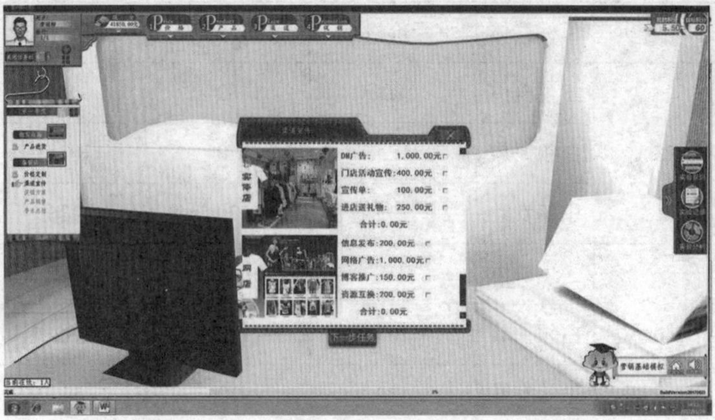

图 6-58　营销基础模拟应用——渠道推广界面

(七)促销方案

服装店可以选择促销方案提高销售量。不同的促销方式费用不同，对消费者的吸引力度也有所不同(见图 6-59)。经营者可以根据实体店和网店消费的客户群体的差异选择效果较为明显的促销方案。

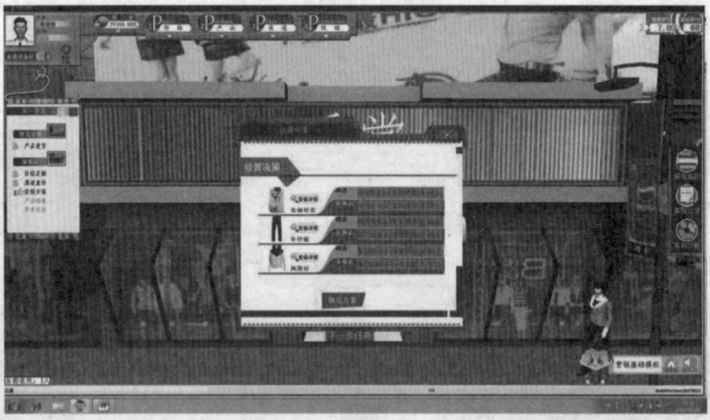

图 6-59　营销基础模拟应用——促销方案界面

(八)产品销售

消费者购买产品会经过以下筛选(见图 6-60)：

(1)渠道推广。没有渠道推广则不会引起消费者群体的关注。

(2)满意度。如果产品的满意度没有达到消费者的要求，消费者则不会购买此类产品。

(3)产品促销。出售的产品是否有促销活动，会影响前来购买产品的消费群体数量。

(4)产品价格。如果产品价格超过消费者的最高承受价，则会失去部分客户。

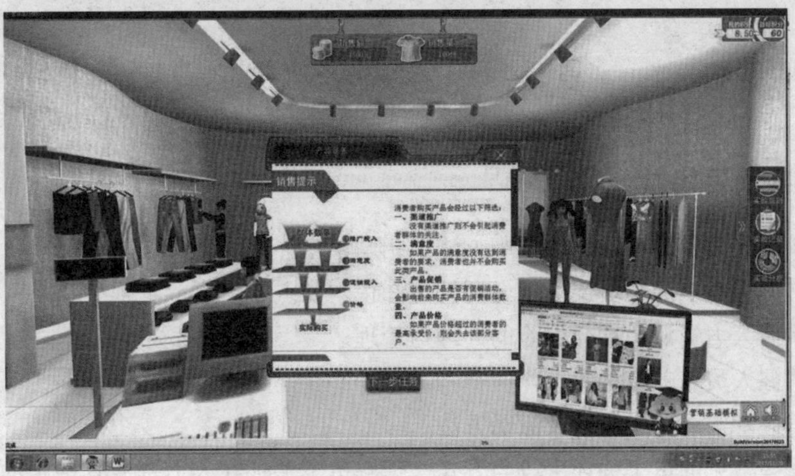

图 6-60　营销基础模拟应用——产品销售界面

(九)经营总结

每季度末支付店铺租金及 500 元的网络维护费用，缴纳 200 元的定额税。该系统模拟经营一家服装店，各项收入成本核算是简化的，从以上 8 种经营活动，可以得到简化版的利润表(见表 6-11)。

表 6-11　**服装店简化版的经营成果**

收入：	
减：租金	每季度支付店铺租金
减：网络开设	支付网站建设费用(只在第一季度发生)
减：网络维护	每季度支付网络维护费用
减：成本	当季度销售量对应的进货成本
减：推广费用	客户在不同渠道推广产生的进货成本
减：促销成本	产品促销产生的费用
减：定额税	每季度缴纳的定额税费
营业利润：	

表 6-11 量化概括了当季度服装店的经营成果，经营者可以从上表中观察总结销售经验，为下一季度的经营计划提供鉴定。

五、经营总结

通过营销基础模拟，学生能够掌握市场目标消费群体的特征的分析方法，熟悉市场规模的分析技巧、产品定价方法，了解渠道销售的热点以及常见的促销方法对产品销售的影响。

第五节　人力基础模拟

一、实训目标

(1)掌握人力资源中常见的招聘方法、招聘渠道。

(2)掌握人力资源中员工劳动合同管理知识与要点。

(3)掌握人力资源中社会保险的办理与管理。

(4)掌握人员培养方法。

(5)掌握基本的员工考核及激励方法。

(6)掌握常见的员工关怀手段与方式，理解员工关怀在人力资源管理中的重要性与必要性。

(7)扩充企业经营管理过程中相关的其他各方面知识，拓宽创业知识面。

二、实训要求

(1)确保教师有一台可联网的计算机，并可正常登录当前实训游戏，且能正常连接投影仪进行必要内容的展示(实验室集中式实训教学)。

(2)确保每位学生有一台可联网的计算机，并可正常登录当前实训游戏。

三、实训内容

人力基础模拟应用是一款基于人力资源基础知识学习与认知的企业经营商业模拟游戏，应用以虚拟的“月”为经营周期。每名学生进入应用后都将以现金的方式获得一笔启动资金；系统还设计了一家虚拟的物业管理公司，每名学生通过对该公司的持续多轮模拟经营，进行相关人力资源管理流程的操作，系统地学习创业过程中所需要的人力资源管理知识与基本技能。

此应用将以人力资源管理中员工的“选拔”“培育”“用人”“留人”四个角度展开模拟，整个经营过程将包括以下环节(见图 6-61)：

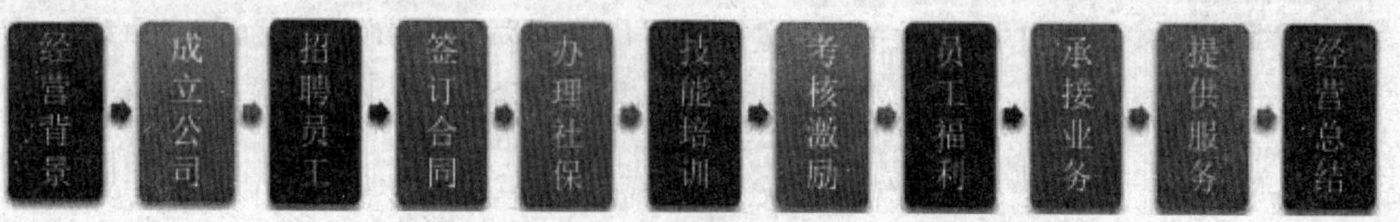

图 6-61　人力基础模拟应用——关键任务与流程

经营过程中学生首先需要了解当前市场上的客户需求，以及人力市场的各种人才信息。成立公司后，系统默认有一个招聘专员负责招聘工作和一个培训专员负责培训工作。

四、数据规则与实训

(一)经营背景

作为一家物业管理公司，其组织架构为总经理下辖人力资源部、服务部、工程部、营销部四个职能部门，四个部门的工作职责如下(见图 6-62)：

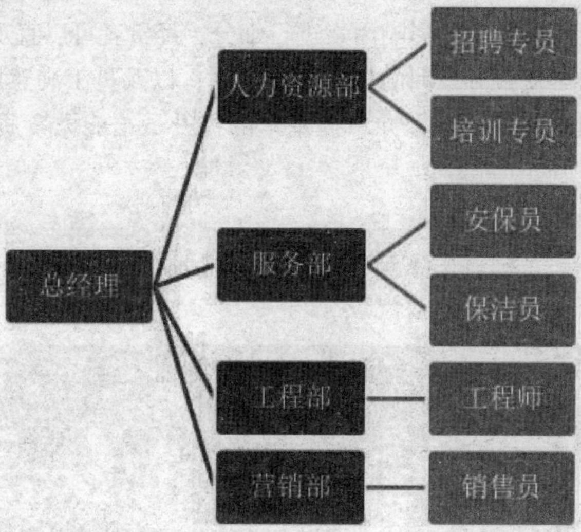

图 6-62　物业管理公司的组织结构图

为了模拟经营的方便，系统为每位员工设定了一个“最大工作能力”的指标，比如员工张三每个月最多能够服务 180 户业主。但是每个员工的实际工作能力受到多种因素影响，比如对当前公司及工作内容是否满意，工作积极性是否足够高，等等。因此，系统又设定了一个“员工满意度”指标，以检测员工对当前公司及岗位的满意程度。如果员工张三的满意度为 70%，则他这个月实际服务 180×70%＝126 户业主。用公式表示则为：

$$实际工作能力=最大工作能力\times员工满意度$$

当然，如果公司为员工提供针对性的技能培训，员工的最大工作能力将会提升一定比例。可用如下公式表示：

$$新最大工作能力=原最大工作能力+原最大工作能力\times技能培训提升比例$$

另外，员工满意度也由三个分项组成：薪资待遇满意度、激励政策满意度、福利关怀满意度。三个分项占员工满意度评分的比例分别为50%、25%和25%，同时三个分项的满意度的上限值对应为50、25和25。可用如下公式表示：

薪资待遇满意度=当前工资÷期望工资×薪资待遇满意度上限值

激励政策后满意度=激励政策前满意度+激励政策满意度上限值×提升比例

福利关怀后满意度=福利关怀前满意度+福利关怀满意度上限值×提升比例

通过对员工实际工作能力的影响因素进行细分，经营者可以直观地了解人力资源管理中员工个人能力与素质提升之间的相互影响关系，以及员工满意度与公司激励考核、员工关怀、福利政策之间的关系，并掌握基本的提升员工能力素质、满意度的方法和技巧。

(二)成立公司

从成立公司开始，系统会在经营之初给予一笔启动资金(见图6-63)。

图6-63　人力基础模拟应用——成立公司界面

(三)招聘员工、签订合同、办理社保

招聘是一项专业性较强的工作，需要由招聘专员完成。成立公司后，系统默认有一个招聘专员负责招聘工作和一个培训专员负责培训工作。招聘专员负责招聘员工、签订合同和办理社保(见图6-64)。

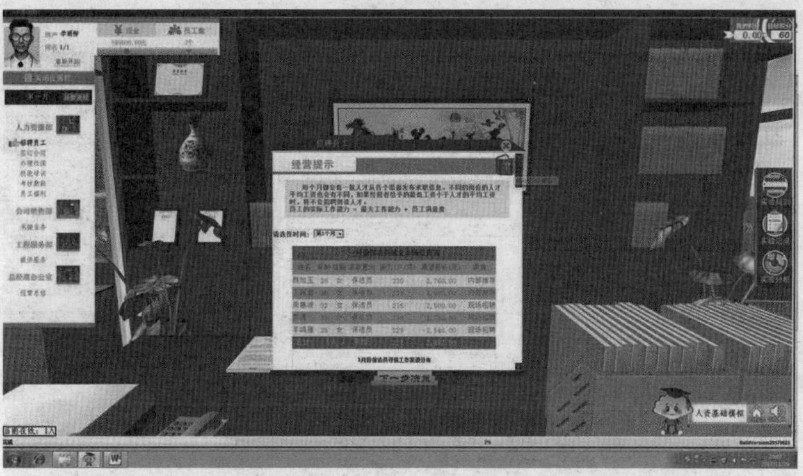

图 6-64　人力基础模拟应用——招聘界面

（四）技能培训

技能培训是公司人力资源管理工作中的重要部分，通过有针对性的培训，可以提升不同岗位员工的工作效率。系统也为经营者提供了多种培训方案（见图 6-65）。作为经营者，需要权衡好技能培训的投入成本与员工能力提升后带来的更大效益之间的平衡点。

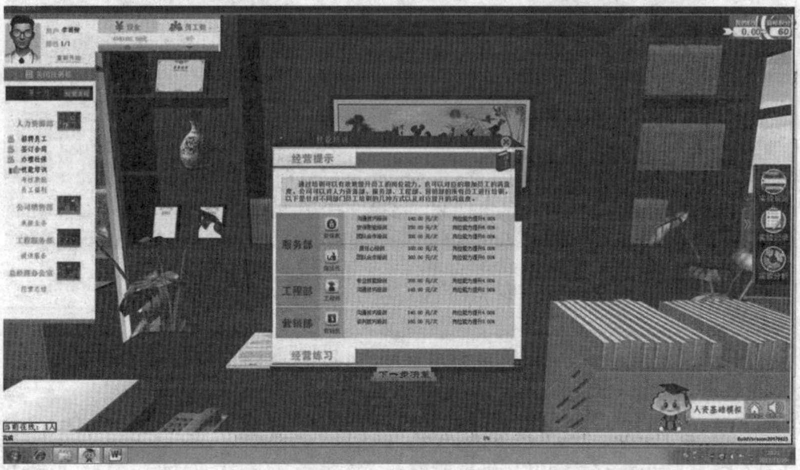

图 6-65　人力基础模拟应用——培训界面

（五）绩效考核及员工福利

员工满意度由薪资待遇满意度、激励政策满意度、福利关怀满意度三个部分组成，提升员工满意度的办法除了加薪，还包括制定有效的激励政策以及员工福利政策（见图

6-66、图 6-67）。

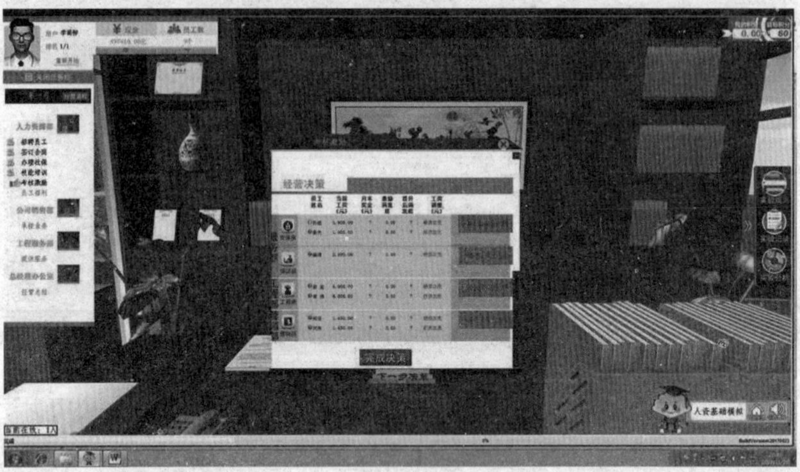

图 6-66　人力基础模拟应用——绩效考核界面

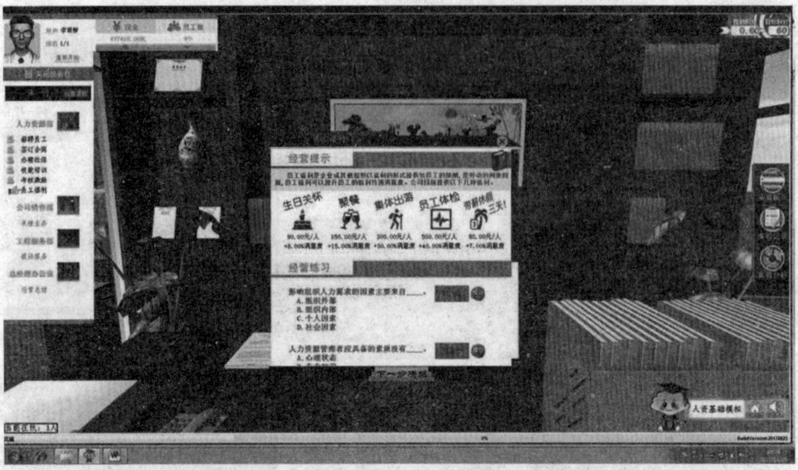

图 6-67　人力基础模拟应用——员工福利界面

（六）承接业务、提供服务

每月市场上都会出现一批需要物业服务的客户，且公司整个经营周期的客户需求数量是不断上升的。公司为客户提供物业服务，将在每季度末收到一笔物业管理费用。公司必须合理地配备各部门员工，才能最大化地利用现有资源为客户提供服务；否则会造成资源的浪费，客户的损失。如：公司当月的安保能力为 100 户；公司当月的保洁能力为 120 户；公司当月的维修能力为 200 户；公司当月的客户有 150 户。

由于安保能力不能满足现有的客户需求，则会有 50 户客户没有受到正常的物业服务（见图 6-68）。那么，公司需要按照 15%的违约金支付给客户。

图 6-68　人力基础模拟应用——提供服务界面

(七)经营总结

每季度末支付员工工资、“五险一金”、培训费用、福利费用、物业违约金。该系统模拟经营一家物业管理公司，各项收入成本核算是简化的，从以上 6 种经营活动可以得到简化版的利润表(见表 6-12)。

表 6-12　　**物业公司简化版的经营成果**

营业收入:	物业管理费用收入
减：工资	每月支付给员工的薪资
减：月末奖金	给员工发放的奖金
减：公司缴纳“五险一金”	为员工缴纳的“五险一金”的费用
减：培训成本	给员工培训的费用
减：行政管理费用	每月需缴纳一笔行政管理费，包括水电费、租金等
减：福利费用	各项福利所花费的支出
减：物业违约金	公司未能为部分物业客户提供服务的违约金
税前利润	收入-费用
减：企业所得税	税前收入×25%
净利润:	税前收入-企业所得税

表 6-12 量化概括了当季度服装店的经营成果，经营者可以从该表中观察总结销售经验，为下一季度的经营计划提供借鉴。

五、经营总结

通过人力基础模拟，学生能够了解员工招聘、合同管理、社保办理的相关手续，同时也能够了解员工培训、考核激励、员工关怀的方法及技巧。

第六节　税务基础模拟

一、实训目标

(1)了解个体工商户定额税的核定因素和核定方法。

(2)了解个体工商户发票购买、开具和管理。

(3)掌握定额税、个人所得税计算及缴纳方法。

(4)通过实训知识扩展学习，了解小规模纳税人与一般纳税人的相关知识。

(5)通过实训知识扩展学习，了解我国现行税收常规政策及优惠政策相关内容。

(6)扩充企业经营管理过程中相关的其他各方面知识，拓宽创业知识面。

二、实训要求

(1)确保教师有一台可联网的计算机，并可正常登录当前实训游戏，且能正常连接投影仪进行必要内容的展示(实验室集中式实训教学)。

(2)确保每位学生有一台可联网的计算机，并可正常登录当前实训游戏。

三、实训内容

在我们国家，税务局把市场上的纳税主体分为个体工商户(个体户)、小规模纳税人和一般纳税人三种。大部分个体工商户通过每个月缴纳固定的定额税来完成税务义务，商户在租下一家店铺开始生意后，需要主动去税务局申请核定每个月的定额税，税务局会根据多个因素给予商户一个确定的定额税金额，商户每个月需要按该金额主动缴纳税款。

税务基础模拟应用是一款基于税务基础知识学习与认知的企业经营商业模拟游戏，应用以虚拟的“月”为经营周期，每名学生进入应用后都将以现金的方式获取到一笔启动资金，系统设计了一个虚拟的零售行业的个体经营户为蓝本，该经营户是一家初创的经营茶叶的实体小店铺，每名学生通过对该店铺的持续多轮模拟经营，进行相关税务流程的操作，系统地学习创业过程中所需要的基础税务知识与基本技能。

整个经营过程将包括以下环节(见图 6-69)：

图 6-69　税务基础模拟应用——关键任务与流程

在经营过程中，学生需进行税务的申报、登记、核定、缴税等操作，了解每个经营周期中的涉税安排，体验个体工商户定额税的核定过程，认识常见发票类型及其相关规定，学习企业基本经营状况的分析。

四、数据规则

(一)获取启动资金

系统会在经营开始前，给予每个个体工商户一笔5万元的启动资金，用于茶叶店经营过程中的各项开支，茶叶店的资金来源为店主自筹。

(二)租用营业场所

在现实生活中，税务局很难精确监控每个个体工商户每天的实际营业额与经营成本，所以很难通过按营业额或利润按比例征缴税收。为了避免税收流失，税务局对数量众多、规模较小的个体工商户，采用定额税来完成税收征缴工作。

一般如果商户租用的营业面积越大，地段越好，租金越贵，税务局给予核定的每月定额税金额就会越高(见表6-13)。简单来说，就是每个月需要缴纳更多的税。当然这样的店铺可能也会给店主带来更多的客人、更大的销量。这个需要经营者自己衡量考虑。

表6-13　**租用营业场所相关信息**

商铺租金(元/月)	市中心商铺	6000.00
	近郊商铺	3000.00
商铺面积(m^2)	市中心商铺	60
	近郊商铺	60
水电费用(元/月)	市中心商铺	300.00
	近郊商铺	200.00
产品进价(元/斤)	市中心商铺	80.00
	近郊商铺	60.00
消费上限(元/斤)	市中心商铺	480.00
	近郊商铺	250.00
最小营业额(元)	市中心商铺	10000.00
	近郊商铺	6000.00
最大营业额(元)	市中心商铺	43000.00
	近郊商铺	38000.00
消费特点	市中心商铺	该地段附近的消费者对茶叶品质要求比较高，但对价格并不是非常敏感，当然价格适当便宜些，肯定能吸引更多的客户前来购买
	近郊商铺	该地段附近的消费者对茶叶品质要求不是很高，但对价格非常敏感，当然价格适当便宜些，肯定能吸引更多的客户前来购买

(三)定额税核定

新店开业后，经营户需要主动到税务局申请定额税核定。商铺提交新店开业要求核定定额税的申请后，税务局一般会派专门的税管员到实地查看评估了解，结合商铺的营业面积、地段、租金等综合因素收集资料，录入税务局专门用于定额税核定的计算机系统内，计算机程序将会根据录入的信息自动给出每月额定营业额，根据该营业额再计算出每月定额税金额，税务局会以《定额税核定通知书》的形式通知到商户手中，商户以后经营过程中，每个月都需要根据这个金额主动纳税。该实验模拟系统的定额税核定如表 6-14 所示。

表 6-14　**每月定额税核定一览表**

	市中心商铺	近郊商铺
每月核定营业额	20600.00 元	10300.00 元
每月定额税金额	600.00 元	300.00 元
缴税时间	每月 15 日前缴纳上月税款	
每月可领取开具发票金额上限	20600.00 元	10300.00 元
每月超额度发票需缴税款计算	(超过金额×0.3%)/1.3%	

(四)购买发票

在店铺实际营业过程中，会有客户要求对所买商品开具正规税务发票，根据法律规定，店主不能拒绝这样的要求。

在该实验的模拟经营中，店主每个月都可以去购买一次普通手写空白发票。税务局提供的发票以本为单位，每本内包含多张发票，如 25 张、50 张等。个体工商户每个月可根据自己的用量购买，当月未用完的空白发票，下月可继续使用。

(五)进货

店主每个月都可以到批发市场进一次货，具体可以进货的种类与进货价格，与店主经营刚开始时租用的店铺有很大关系。店主唯一需要考虑的就是进货的数量，以免最后不够卖耽误生意，当然积压太多也会影响店铺收益。

(六)定价

茶叶店在经营中，每个月到底能卖掉几斤茶叶，跟所租的店铺类型有关，所租的店铺地段越好，周边顾客需求越旺，相对来说茶叶销量越高。实际上，在现实经营中，影响所卖商品每月的销量的因素更多，除了店铺地段、商品价格，可能还会有开店时间的长短、老客户数量、店家服务态度、所卖商品品牌知名度等。单从价格因素来说，在其他因素都一样的前提下，价格越低，就越容易受顾客欢迎，自然销量也能越高；相反，价格越高，能卖出的茶叶就会越少(见图 6-70)。

在茶叶店的经营过程中，店家对所卖茶叶的价格制定是非常重要的，不同价格会导致每月销量不同，对应的销售额、赚钱的净利润等都会因为价格而发生变化。

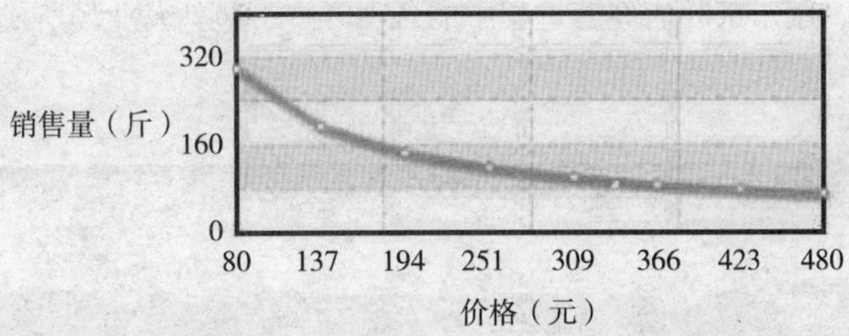

图 6-70　税务基础模拟应用——定价与销量关系图

(七)缴纳上月税款

税务局规定，个体工商户必须在每个月 15 日之前申报上月各项税款。在现实生活中，个体工商户也可以通过银行自动代扣完成纳税工作。在茶叶店的经营过程中，每月需要缴纳的税务有：每月固定定额税、开票超额补缴税、每月个人所得税，具体税款金额由系统自动计算，学生需进入税务局缴纳相应税款。

五、模拟经营

该应用可以通过教师教学引导的授课方式和学生引导的自学方式进行开启，开启后应用主界面如图 6-71 所示。教师教学引导的方式需要教师在控制端点击“开始应用”开启实验。

图 6-71　税务基础模拟应用——应用主界面

(一)初期任务

1. 获取启动资金

税务基础模拟第一步首先就是要获得资金，只有拥有充足的资金，才可以进行高效的生产经营。学生进入主界面后点击左边任务序列中的“获取启动资金”，就可以获得模拟经营的启动资金(见图 6-72)。系统在开始经营前，会以现金形式给予学生一笔 5

万元的启动资金，用于茶叶店经营过程中的各项开支，包括营业场所成本、茶叶成本以及各项税务支出等。

图 6-72　税务基础模拟应用——获得启动资金

2. 租用营业场所

学生在获取启动资金后，需要为茶叶店设定一个好的店铺名称并租用一个最佳的营业场所。系统中提供的商铺地段一共有 2 种，其租金、费用、销售茶叶种类及进价、消费上限以及消费特点等均不相同，学生可以根据自身情况选择其中一种地段租用店铺（见图 6-73）。

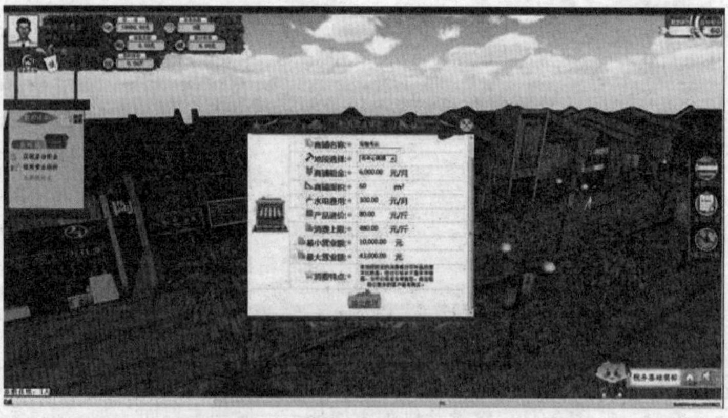

图 6-73　税务基础模拟应用——租用营业场所

3. 定额税核定

税务局会根据经营户的店铺营业面积、地段、每个月租金、附近同类店铺每月缴税金额等，在营业刚开始的时候给每个商户核定一个固定的每月缴税金额，不管商户当月实际经营情况如何，都需要按照这个金额缴纳税款。

学生在开始营业之前，需要到税务局进行定额税的核定，在税务局开出个体工商户定额税核定通知书之后，定额税核定才算完成(见图 6-74)。

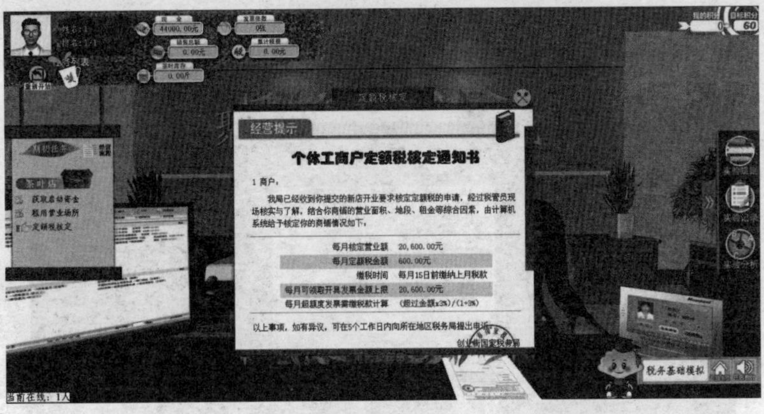

图 6-74　税务基础模拟应用——定额税核定

(二)正式模拟经营

模拟经营的内容包括：通过开茶叶店时与税务的简单交道，进行购买发票、进货、定价、销售、月末结账、计算当月税款等相关操作，并做开发票、算定额税等简单练习，以帮助学生学习基础税务知识等。

1. 购买发票

首先需了解不同类型发票的使用对象、使用方法，通过比较选择购买适合企业经营状况的发票。当月未用完的空白发票，下月可继续使用(见图 6-75)。

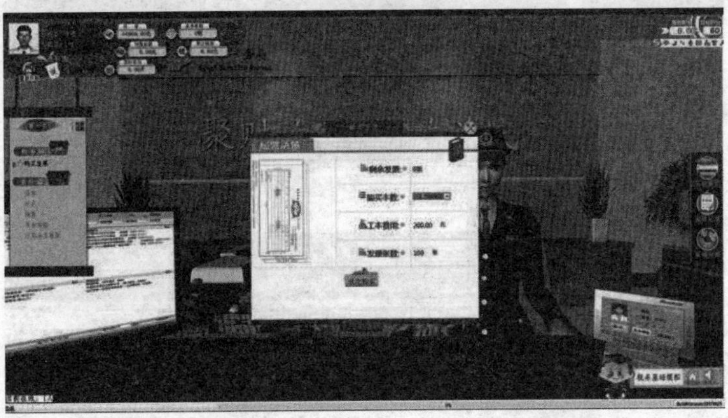

图 6-75　税务基础模拟应用——购买发票

2. 茶叶店进货

学生进入该环节可以先练习相关的习题“捡分”赢得积分。学生每个月都可以到批发市场进一次货，在对店里资金状况、库存情况、进价情况、消费者需求情况等因素进行综合分析的基础上，决定购买数量(见图 6-76)。学生需要认真做好每一步记录，这样才能使经营分析做到精确。

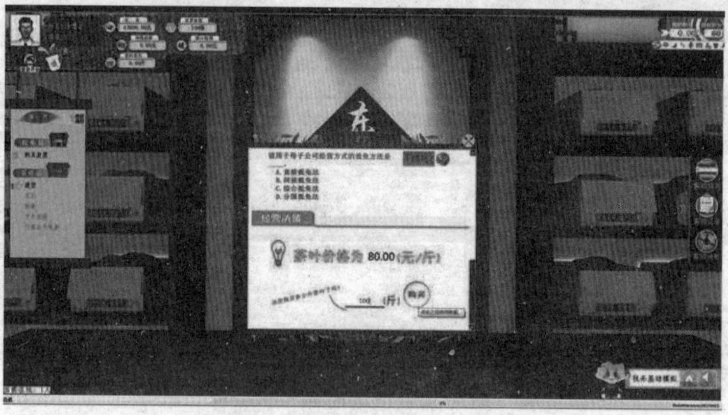

图 6-76　税务基础模拟应用——茶叶进货

3. 茶叶定价

学生进入该环节可以先练习相关的习题“捡分”赢得积分。学生应综合分析进货成本、人力成本、预计销量、房租、水电费、税金、店铺地段等因素，以确定茶叶的价格(见图 6-77)。

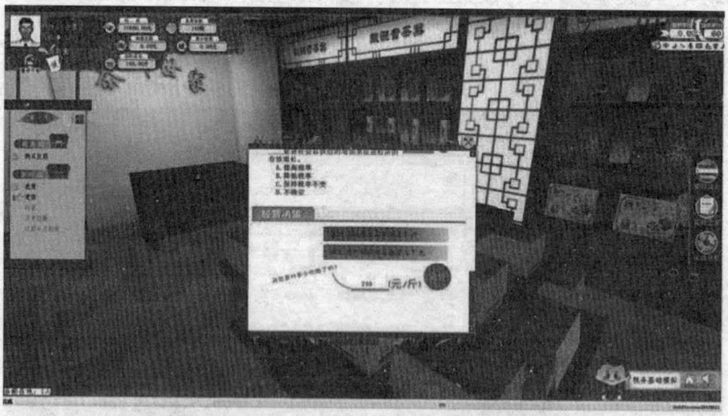

图 6-77　税务基础模拟应用——茶叶定价

4. 茶叶销售

进入产品销售阶段，根据不同客户的需求，给予客户相应茶叶种类和数量，获取相应的营业收入。同时，不同的客户对是否开具发票有不同的需求，对要求开发票的客户学生要及时为其开具发票(见图 6-78)。

图 6-78　税务基础模拟应用——茶叶销售

5. 月末结账

在完成上述的经营活动之后，学生需针对当月茶叶店的经营情况，计算相应的营业收入、变动成本、固定成本、税前收入、应缴税金，以及根据上述计算当月净利润(见图 6-79)。

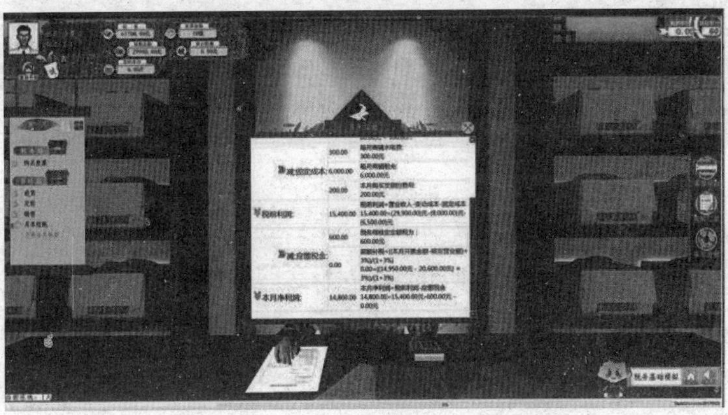

图 6-79　税务基础模拟应用——月末结账

6. 计算当月税款

在上述训练之后，学生进入第一个月最后一步程序，即计算当月税款，在该环节中，学生可以先练习相关的习题“捡分”赢得积分，然后需要在该环节中对当月的税金项目进行计算，需分别计算定额税金和超额补税依。

第一个月经营结束后，教师可以针对学生的经营情况作出点评，提出指导意见。然后学生再进行后续阶段的经营操作。与第一个月经营周期一样，第二个月仍然进行购买发票、进货、定价、销售、月末结账、计算当月税款的相关操作，并做开发票、算定额税等简单练习，以帮助学生学习基础税务知识。另外，从第二个月开始增加“缴纳上月税款”任务，从而突出了税务训练的功能；学生进入该环节后依据系统提示，可了解应缴纳的税款类型及方法，包括每月固定定额税、开票超额补缴税、个人所得税。学生需进入税务局缴纳相应税款，具体税款金额由系统自动计算(见图6-80)。同时，在每一个月结束之后有计算税金的练习，可帮助学生了解和掌握基础的税金计算方法。

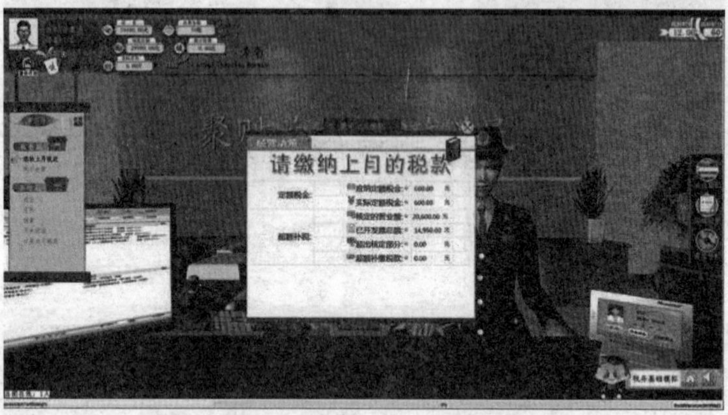

图6-80　税务基础模拟应用——缴纳上月税款

六、实训总结

通过模拟经营，学生将有机会学习到以下创业知识与技能：

- 个体工商户定额税的核定因素、核定方法。
- 个体工商户发票的购买、开具与管理。
- 简单的市场营销及销售技巧。
- 定额税、个人所得税计算机缴纳方法。
- 简单的财务核算、收入、成本和利润等概念的掌握与运用。

第七节　电商基础模拟

一、实训目标

(1)学习并掌握互联网电子商务创业的基本知识。
(2)掌握对目标市场规模分析与竞争对手分析的能力。
(3)学习一般网店的开设流程及平台的选取技巧。
(4)学习物流快递服务商的选取与合作方案的设定。
(5)学习电商产品进货与库存管理技巧。
(6)学习电商渠道产品基本的上架、包装和定价方法。
(7)学习常见的电商促销方法及对产品销售的影响。
(8)学习产品累计销量、客户好评率对后续经营的影响。
(9)学习创业者必须具备的基本财务核算与结算技巧。

(10)扩充企业经营管理过程中相关的其他各方面知识，拓宽创业知识面。

二、实训要求

(1)确保教师有一台可联网的计算机，并可正常登录当前实训游戏，且能正常连接投影仪进行必要内容的展示(实验室集中式实训教学)。

(2)确保每位学生有一台可联网的计算机，并可正常登录当前实训游戏。

三、实训内容

电商基础模拟应用是一个基于电子商务基础知识学习与认知的企业经营商业模拟实验，应用以虚拟的“月”为经营周期，每名学生进入应用后都将以现金的方式获取一笔启动资金。系统设计了一个虚拟的零售行业的个体经营户(网商)蓝本，该经营户是一家初创的网络小店铺，每名学生通过对该店铺持续多轮的模拟经营，系统地学习创业过程中所需的基础电子商务知识与基本技能，了解电子商务相关的基础知识和网络营销的各种行为，并在模拟经营中详细了解市场需求、电商渠道产品的进货及销售情况、网络店铺的推广与商品促销等一系列与经营网店有关的信息；让非经管类学生也能很好地掌握并理解电子商务的流程与注意事项，并在企业经营活动时灵活运用，从而提升学生的创业与就业能力。

该实验以月为时间单位，在初期会通过连续若干个月模拟经营一家化妆品电子商务渠道店，所涉及的任务包括市场调研分析、选择经营所在地、网店开设、网店装修、物流签约等环节。以下是模拟经营的各个具体的关键任务与流程(见图 6-81)：

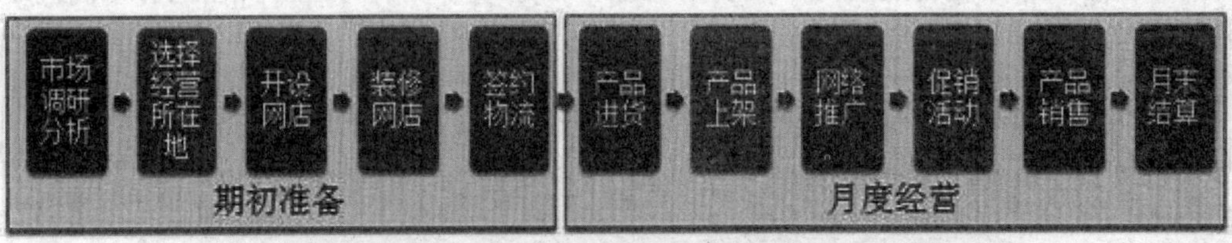

图 6-81　电商基础模拟应用——关键任务与流程

该实验的设计初衷并不是让学生掌握具体的行业或商户的经营管理，同时也不以培养专业的电子商务管理专业学生为目标，其核心目标是以创业教育为背景，以一个可能潜在的创业者需要了解掌握的基础电子商务管理知识为前提，把原本枯燥乏味且抽象晦涩的电子商务管理基础知识通过形象具体且生动有趣的 3D 模拟经营游戏的形式，让大部分原本对该领域知识积累不多的学生也能较好地获得掌握和理解，从而拓宽更多学生的管理知识面，并对学生未来的就业及创业都将大有裨益。

四、数据规则

(一)基本数据

学生会连续 5 个月经营一家销售化妆品的网店。学生首先需要了解当前市场需求以及产品进货相关信息。学生在任务初期将获得一笔10万元的初始资金，正式开始经营后需要完成以下工作任务。

(1)市场调研分析：学生在此阶段任务较重，包括详细了解市场需求、产品进货情况、店铺推广与促销等一系列与经营网店相关的信息。

(2)选择经营所在地：学生可以在系统备选的几个经营所在地中任选一个，不同经营所在地有不同的货源、物流等经营规则差异。

(3)开设网店：学生需要在这一步完成一个电子商务网店的开设过程。

(4)装修网店：学生需要在经营之初对所开网店形象做统一的装修，不同的装修模板会影响网店开业后的销量。

(5)产品进货：学生每个月可以根据自身库存与市场需求确定是否需要增加或补充产品货源。

(6)产品上架：新进的货源在网店中销售，需要进行上架操作，在上架过程中需确定该产品的价格、物流服务等信息。

(7)网络推广：学生可以通过网络推广提高产品销量。

(8)促销活动：学生可以通过促销活动提高产品销量。

(9)产品销量：学生可以模拟在线销售过程，结束后系统将会给出当月销售汇总信息。

(10)月末结算：在月末结算环节，可展示当月的销售收入、费用支出和利润收入等信息。

(二)经营场地

学生可以在系统备选的几个经营所在地中任选一个，不同经营所在地有不同的货源、物流等经营规则差异(见表6-15)。

表6-15　　电商基础模拟应用——经营场地数据规则

场地信息				
图片	地区	租金	类型	详细
	上海	5000.00元/月	可选物流	圆通快递 韵达快递 天天快递
			可选产品	大宝眼角皱纹蜜 珀莱雅BB霜 雅芳洁面露
	北京	9000.00元/月	可选物流	中通快递 宅急送 顺丰快递
			可选产品	资生堂沐浴露 玉兰油多效修护霜 玫琳凯舒颜精华露
	广州	4000.00元/月	可选物流	UPS EMS 申通快递
			可选产品	兰蔻粉水 雅诗兰黛粉底液 香奈儿香水

(三) 市场需求

每名学生都可以在经营开始之前选择一个确定的经营所在地，系统提供了北京、上海和广州3个经营所在地可供选择，学生需要通过电子商务销售的模式，把产品销往全国各地的买家手中，不同经营所在地可供经营的主打产品会有差异，同时这些产品在每个月的进货价格、销售数量和销售价格等都会有一定的差异(见图6-82和表6-16)。

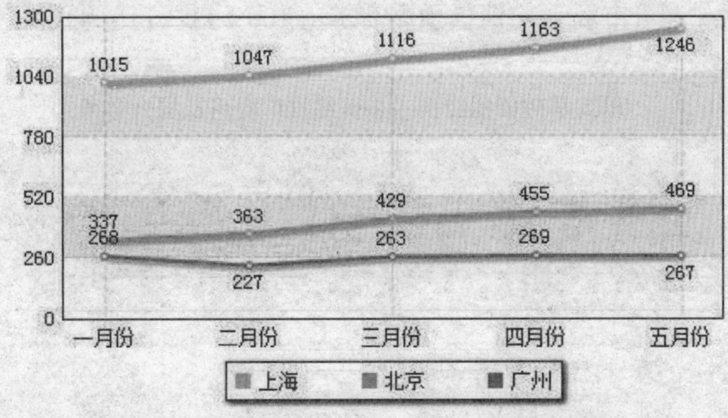

图6-82　电商基础模拟应用——产品平均销量走势图

表6-16　**电商基础模拟应用——产品种类信息及平均销量**

经营所在地	产品名称	进货价格(元)	最高售价(元)	最低销售量(件)				
				一月	二月	三月	四月	五月
上海	大宝眼角皱纹蜜	25.00	40.00	832	864	936	984	1072
	珀莱雅BB霜	60.00	90.00	127	118	107	96	85
	雅芳洁面露	90.00	130.00	56	65	73	83	89
北京	资生堂沐浴露	30.00	65.00	134	112	115	110	96
	玉兰油多效修护霜	50.00	90.00	98	139	187	215	240
	玫琳凯舒颜精华露	180.00	210.00	105	112	127	130	133
广州	兰蔻粉水	170.00	240.00	65	87	133	145	165
	雅诗兰黛粉底液	220.00	300.00	95	97	85	75	50
	香奈儿香水	320.00	390.00	108	43	45	49	52

表6-16展示的是不同经营所在地可供选择销售的所有产品每个月的平均合计销量，该销量是根据不同地区其他经营者统计分析后得出的平均数据，实际会由于不同经营者所采取的经营策略差异而导致各自销量有较大变化。经营策略差异包括经营者选择的产品种类多少，是否对店铺做了更好的装修，是否进行了有效的网络推广，是否进行了促销活动，等等。

(四) 物流服务

不同经营所在地店铺附近可供选择的物流公司提供的服务会有差异，物流公司会根据经营者每月的合计寄件数量，为经营者提供不同收费标准的套餐服务，学生在产品上架过程中可根据实际情况选择合适的物流服务商。

（五）网络推广

为了提升网店的产品销售量，学生可以对店铺进行推广活动，推广活动形式多样，每种推广活动都需要经营者投入一定的推广费用，可以同时投入多个推广活动，推广将对店铺商品的销量有一定的促进与提升作用（见表 6-17）。提升的效果是这样计算的：实际潜在的最大销量=市场平均销量预测需求×（100%+提升比例）。

表 6-17　　电商基础模拟应用——网络推广费用及提升效果

网络推广		
推广内容	推广费用(元)	提升平均销量
购物平台首页出现店铺	20000.00	15.00%
搜索相关关键字首页出现	7000.00	6.00%
搜索相关关键字前三页出现	1000.00	3.00%
人气搜索排名前移	3000.00	4.00%
加入平台爆款产品展柜	15000.00	11.00%
加入聚划算活动	10000.00	9.00%

为了提升网店的产品销售量，学生可以对店铺商品进行网络促销活动，促销活动形式多样，每种促销活动都需要经营者投入一定的促销费用，多个促销活动可以同时投入，促销后将对店铺商品的销量在市场平均销量基础上有一定促进提升作用，具体提升的效果是这样计算的：实际潜在的最大销量=市场平均销量预测需求×（100%+提升比例）（见表 6-18）。

表 6-18　　电商基础模拟应用——网络促销活动费用及提升效果

促销活动		
促销内容	促销费用(元)	提升平均销量
赠送精美小礼品	1000.00	9.00%
定时秒杀活动	2000.00	18.00%
节日促销	3000.00	20.00%
抽奖	1000.00	6.00%
搭配减价	3500.00	12.00%
搭配套餐	3000.00	10.00%

（六）网店装修

经营者可以在网店开设之后对网店进行装修设计，网店跟实体店一样，也需要有良好的装修视觉效果才能吸引更多的买家购买商品。该系统提供了不同等级的装修方案，经营者需要投入的费用会有所差异，不同的方案对店铺的商品销量也会有不同的影响。具体提升的效果是这样计算的：实际潜在的最大销量=市场平均销量预测需求×(100%+提升比例)。

表 6-19　　电商基础模拟应用——网店装修风格、费用及提升效果

装修方案			
模板图片	方案名称	方案费用(元/月)	提升平均销量
	外包简单装修	0.00	1.00%
	外包中档装修	3000.00	5.00%
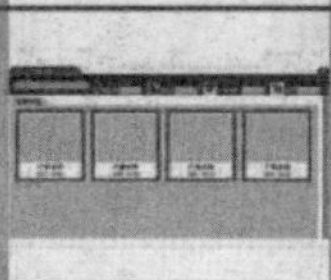	外包精致装修	5000.00	6.00%
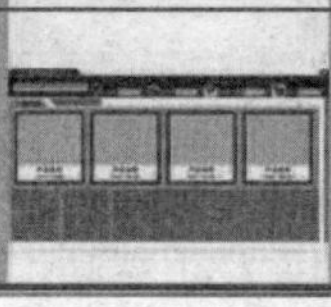	外包豪华装修	20000.00	12.00%

(七)店铺等级

随着经营的展开，系统会根据经营者累计的产品销售数量，对店铺的等级进行评估。不同等级的店铺，同时上架销售的产品数量会有所区别(见图 6-83)。

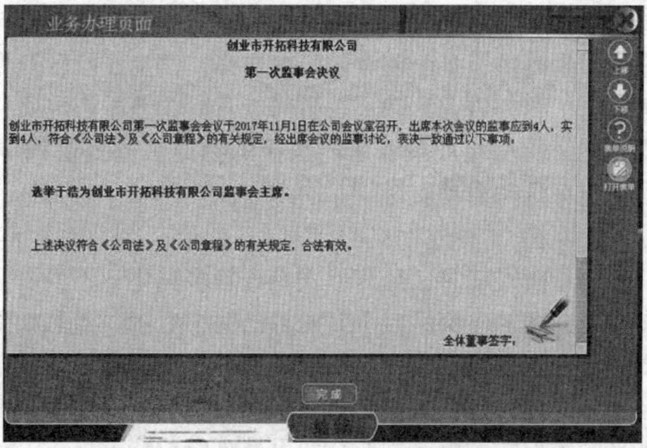

图 6-83　电商基础模拟应用——店铺等级规则

五、模拟经营

该应用可以通过教师教学引导的授课方式和学生引导的自学方式进行开启，开启后的应用主界面如图 6-84 所示。教师教学引导的方式需要教师在控制端点击“开始应用”开启实验。

图 6-84　电商基础模拟应用——应用主界面

（一）初期经营准备

1. 市场调研分析

目前市场上对化妆品的需求量非常大，系统中提供了涵盖高、中、低档次的各类品牌化妆品，包括保湿、美白和祛斑等各种功能的产品，化妆品也是目前国内通过电子商务销售渠道中排名靠前的品类。

该实验内置了一个虚拟的市场需求环境，每个月都有一定数量有不同消费需求的人需要通过网购消费这一类产品。学生作为创业者，需要认真分析这个潜在市场，以期在这个领域获得创业的成功。

2. 选择经营地址

系统默认给每位学生提供了多个创业城市做选择，学生在经营开始时，需要先确定自己在哪个城市从事电子商务创业活动。在不同经营所在地城市之间，学生可以选择的主销产品种类、需要支付的房租成本和所能选择的物流服务提供商等都会有一定的差异。经营所在地的租金每月初自动支付。

3. 开设网店

目前，电子商务创业模式较多，经营形式也日趋多样化，不少资金实力有限的创业者会选择在类似淘宝网这样的电商平台上开始自己的小生意。当然如果创业者有足够的资源，也可以从事类似京东商场和苏宁易购这样的一体化运营商，运营商自身需要构建起品类齐全的产品体系，同时还要搭建起自己的仓储物流配送体系。另外，还有一些如凡客、唯品会和当当网等形式的电商创业公司也各具经营特点。

在该实验中，学生需要在系统提供的“创宝网”上开设自己的网店，“创宝网”的经营模式与运营特点与现实中的淘宝网较为类似。开设网店需要设置网店名称，同时需要缴纳保证金，保证金需一次性缴纳。

(二)正式模拟经营

(1)装修网店：学生需要在经营之初对所开网店形象做统一的装修，不同装修模板会影响网店开业后的销量。

(2)签约物流：物流公司一般会根据卖家每个月的发货数量给予卖家不同的运费优惠，学生需要仔细分析自己经营所在地范围内可选的物流供应商，从而选择一个服务质量稳定、价格优惠的供应商作为长期合作对象。

(3)产品进货：学生可以在系统提供的可选货源中选择哪些品类的产品进行销售，不同产品的进货成本、销售价格和潜在购买者都有一定差异。学生可以先通过分析应用提供的背景数据进行仔细测算后做出更有效的决策。学生每个月都可以根据自身库存与市场需求确定是否需要补充产品货源。

(4)产品上架：学生每个月都需要更新网店中上架的产品信息，包括该产品的类型、价格和物流服务等信息。不同等级的网店，同时能上架销售的商品数量是有区别的，学生要挑选最畅销的和最赚钱的商品进行优先销售；可以通过产品上架将店内商品发布到网上进行销售，产品上架时需要确定产品销售价格、产品选择物流、物流承运方式。产品上架的种类数量受店铺等级的影响，产品只有上架才可以进行销售。

(5)网络推广：学生需要每个月对网店做网络推广与宣传，应用中提供了多种推广方案以供学生进行选择，每种方案所投入的资金会有差异，所能达到的推广效果也会有差异，学生需要仔细核算投入与可能带来的销量之间的关系，网络推广的最终结果是影响当月店铺的产品销量。

(6)促销活动：学生每个月都有一次机会做商品促销，应用中提供了多种促销方案供学生选择，每种方案所需投入的资金会有差异，学生需要关注不同消费者群体的消费者对网店促销投入的最低要求，如果促销力度不能达到目标消费者的最低要求，将失去这部分消费者的购买订单。学生在用促销活动提升顾客购买欲望的同时，还要仔细核算好所投入的促销费用能否带来足够的盈利空间。

(7)产品销量：学生可以模拟在线销售过程，结束后系统将会给出当月销售汇总信息。

(8)月末结算：在月末结算环节，学生可展示当月的销售收入、费用支出和利润收入等信息。

在整个经营过程中，学生可以随时相互交流谈论经营情况和经营决策方法。当月经营结束后，教师可以针对学生的经营情况作出点评并提出指导意见。这一阶段结束后，教师可开启后续的模拟经营，学生可随之进行后续阶段的经营操作。后续4轮经营内容的操作与第一轮类似。在后续经营中，教师也可以根据实际情况在每轮经营结束后邀请学生对自己当前的经营情况进行点评分析，包括经营过程、经营结果的情况，以及通过训练得到的收获等，以及时总结模拟经营的不足和经验，在后续模拟经营中加以改进和完善。

(三)其他功能

重新开始：学生可以重新开始任务，前面的操作数据会清空。

实验规则：学生可以随时查看相关实验数据及规则。

实验记录：学生可以随时查看自己的决策历史。

实验分析：学生可以查看自己获取的实验教学积分详情。

六、实训总结

学生通过该实验模块的训练之后，可掌握互联网电子商务的基本知识、流程与注意点；掌握对目标市场规模分析与竞争对手分析的能力。同时，对互联网电子商务也会有更深层次的了解。

第八节　连锁经营模拟

一、实训目标

(1)学习连锁企业品牌创建、VI形象设计、品牌宣传、品牌授权等管理。

(2)学习连锁企业产品研发生产管理。

(3)学习连锁企业产品、原料存储配送管理。

(4)学习连锁企业直营店、加盟店管理，门店选址、装修、员工培训等。

(5)学习连锁企业投资发展及成本利润核算等其他企业管理知识。

(6)扩充企业经营管理过程中相关的其他各方面知识，拓宽创业知识面。

二、实训要求

(1)确保教师有一台可联网的计算机，并可正常登录当前实训游戏，且能正常连接投影仪进行必要内容的展示(实验室集中式实训教学)。

(2)确保每位学生有一台可联网的计算机，并可正常登录当前实训游戏。

三、实训内容

连锁经营是指企业经营达到一定规模后，在不同地点设立分店，使之在整体规划下进行专业化分工，并在分工基础上实施集中化管理，把独立的经营活动组合成整体的规模经营，从而实现规模效益。连锁经营可以完善商业经营机制，提高工作效率和经济效益，增强企业的竞争力。因此，学习连锁经营管理对于创业者来说是十分重要的。

连锁经营模拟应用通过模拟连续若干季度经营一家连锁奶茶店发展公司，系统地学习连锁经营企业创业过程中所需的基础知识与基本技能，了解连锁经营相关的基础知识和各种行为，在模拟经营中详细了解市场需求、品牌管理、门店管理、产品的集中采购与配送等一系列与连锁经营相关的信息，让非经管类学生也能很好地掌握并理解连锁经营的流程与注意点，掌握基本的财务核算与结算技巧，并能在企业经营活动时灵活运用，从而提升学生的创业与就业能力。主要内容如下：

(1)模拟连锁奶茶店的品牌创建，以了解企业的基本运营管理(见图 6-85)。

图 6-85　连锁经营模拟应用——关键任务与流程

(2)学习分析每个门店的商品销售数量及库存数量，在此基础上进行及时的商品配送服务。集中采购与配送是连锁企业的经营特点之一，集中采购有利于企业降低采购成本，减少库存；集中配送又有利于降低配送成本，降低门店的运营成本。

(3)学习门店管理，做到市场与规模的扩张。经营者需要综合分析经营所在地的市场总容量，以及自身资金配套资源情况，确定每期需要开设与关闭的门店数量。

(4)学习连锁经营产品管理。通过分析市场上消费者对不同产品的不同需求来确定选择推出的若干产品系列或全部产品。

(5)学习原材料采购管理。通过分析已经开设的门店数量、消费者的潜在购买量及已有商品库存等各种因素，综合决定需要采购的原材料数量。

四、数据规则

(一)基础数据

奶茶作为一种美味又富有营养的饮料，曾在各地风靡一时。在接下来的 5 个季度里，你将有机会成立一家自己的奶茶连锁经营发展公司。经营者初期将获得一笔 100 万元的初始资金。开始经营后经营者需要做以下工作：

(1)市场调研分析：经营者在此任务中，详细了解市场需求、产品进货情况等一系列与经营奶茶连锁公司有关的信息。

(2)成立公司：经营者可以在这一环节选定一个城市作为经营所在地，不同城市的经营所在地房租不同(写字楼租金)。房租将按季度支付，每季度初自动扣除。

(3)品牌管理：经营者需要在这一环节设计确定自己连锁品牌的整体形象(VI)，该系统提供了多套可选 VI 方案，对于不同形象方案需要支付不同的设计费。

(4)门店管理：经营者需要在这一环节综合分析经营所在地的市场总容量，及自身资金配套资源情况，确定每期需要开设与关闭的门店数量。

(5)产品管理：经营者需要在这一环节根据自身情况选择推出其中的若干个产品系列或者全部产品。

(6)采购管理：经营者需要在这一环节根据已经开设的门店数量、消费者潜在购买量，以及已有商品库存等各种因素，综合决定该季度需要采购的原材料数量。

(7)配送管理：每期经营过程中，连锁管理总部都需要根据每个门店的商品销售数量及库存数量，进行及时的商品配送服务。

(8)产品销售：经营者可通过促销活动提高产品销量。经营者可以模拟奶茶店销售，结束后系统将会给出该季度销售汇总信息。

(9)期末总结：季末结算环节，展示该季度经营者的销售收入、费用支出、利润收入等信息。

(二)成立公司

经营者可以在系统备选的几个总部所在地中任选一个，不同的总部所在地影响总部办公室租金、配送中心租金以及产品配送成本(见表6-20)。

表6-20　　**连锁经营模拟应用——总部信息**

图片	城市	总部办公租金(元/季度)	配送中心租金(元/季度)	配送成本(元/杯)
	北京	35000.00	25000.00	0.40
	上海	40000.00	30000.00	0.50
	广州	30000.00	20000.00	0.30

(三)品牌管理

经营者可以在开始经营前，从系统备选的多个连锁店品牌VI方案中选择一个确定的方案。不同的方案需要投入不同的资金，也会获得不同的门店销量效果(见表6-21)。

表6-21　　**连锁经营模拟应用——品牌形象VI方案**

商标	风格名称	装修费用(元)	员工培训费(元)	销售提升比例
	返璞归真	8000.00	1000.00	10.00%
	前卫时尚	12000.00	1500.00	18.00%
	高端大气	20000.00	2000.00	20.00%

(四)门店管理

经营者需要综合分析经营所在地的市场总容量，以及自身资金配套资源情况确定每期需要开设与关闭的门店数量。单个门店每期的销量是有限的，经营者需要不断扩充门店数量，以实现市场与规模的扩张(见表6-22)。

表 6-22　　　　　　　　连锁经营模拟应用——门店信息

城市	图片	门店地段	门店租金(元/季度)	门店人员工资(元/季度)	单产品平均销量(杯/季度)	最高消费价格(元)
北京		一类CBD地段	10000.00	6000.00	950	18.00
		二类社区地段	8700.00	5500.00	1,050	16.00
		三类郊区地段	7500.00	5000.00	1,100	13.00
上海		一类CBD地段	14000.00	6500.00	1,000	23.00
		二类社区地段	11000.00	6000.00	1,000	19.00
		三类郊区地段	9000.00	5500.00	1,050	16.00
广州		一类CBD地段	11000.00	7000.00	1,100	13.00
		二类社区地段	8000.00	5500.00	1,100	12.00
		三类郊区地段	4000.00	4000.00	1,100	11.00

(五)市场需求

每名经营者都可以在经营开始之前，选择一个确定的总部所在地。系统提供了北京、广州、上海 3 个总部所在地可供选择，经营者需要通过连锁店销售的模式，把产品配送到所开门店。不同总部所在地的产品配送费用有所不同，同时，不同总部所在地的门店销售量以及最高消费价格也有所不同(见表 6-23)。

表 6-23　　　　连锁经营模拟应用——各城市奶茶类产品单门店季度平均需求量

城市	门店地段	门店租金(元/季度)	门店人员工资(元/季度)	单产品平均销量(杯/季度)	最高消费价格(元)
北京	一类CBD地段	10000.00	6000.00	950	18.00
	二类社区地段	8700.00	5500.00	1050	16.00
	三类郊区地段	7500.00	5000.00	1100	13.00
广州	一类CBD地段	11000.00	7000.00	1100	13.00
	二类社区地段	8000.00	5500.00	1100	12.00
	三类郊区地段	4000.00	4000.00	1100	11.00
上海	一类CBD地段	14000.00	6500.00	1000	23.00
	二类社区地段	11000.00	6000.00	1000	19.00
	三类郊区地段	9000.00	5500.00	1050	16.00

图 6-86 展示的是不同总部所在地的门店的平均合计销量，在实际中会由于不同经营者所采取的经营策略差异而导致各自销量有较大变化，如经营者选择的产品种类多少、选择的产品形象、产品销售价格等。

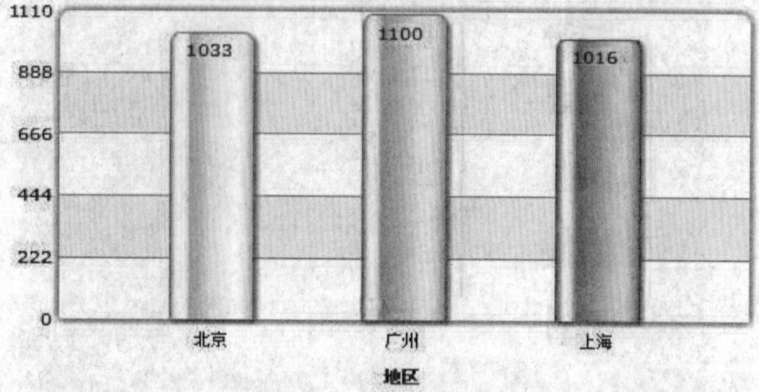

图 6-86　连锁经营模拟应用——地区门店产品平均销量图

（六）产品管理

经营者可以选择经营一种产品还是多种产品；选的产品越多，总销量提升越多；产品种类存在管理费用，选的产品越多，产品管理成本越多，每多选一种产品，管理成本增加 1000 元/季度；在每个季度，都可以撤销上一个季度选择的产品，撤销后销量自动下降，但已经采购的原材料库存不会消失，将处于积压状态；可以给每种产品制定销售价格，所有门店都按该价格进行统一销售，当产品售价大于门店最高售价则无法销售处产品（见表 6-24）。

表 6-24　　连锁经营模拟应用——产品信息

系列名称	产品名称	原料成本（元）	产品提升销量
特色奶茶	珍珠奶茶	2.00	3.00%
	玫瑰奶茶	2.00	3.00%
	巧克力奶茶	2.00	3.00%
果味奶茶	椰汁奶茶	3.00	6.00%
	柠檬奶茶	3.00	6.00%
	苹果奶茶	3.00	6.00%
鲜榨果汁	哈密瓜汁	5.00	8.00%
	西瓜汁	5.00	8.00%
	苹果汁	5.00	8.00%

五、模拟运营

该应用可以通过教师教学引导的授课方式和学生引导的自学方式进行开启，开启后的应用主界面如图 6-87 所示。教师教学引导的方式需要教师在控制端点击“开始应用”开启该实验。

图 6-87　连锁经营模拟应用——应用主界面

(一)初期经营准备

1. 市场调研分析

经营者在初期将获得一笔 100 万元的初始资金。在开始经营前，学生需要对企业运营的市场环境、各地区的市场需求、各地段门店的租金及工资的工资水平、平均销量、消费者愿意承受的价格等信息等进行全面的调研分析。

通过调研分析，可以了解以下信息：

(1)经营者需要持续经营几个周期？

(2)经营初期可以获得多少初始资金？

(3)在整个经营过程中，需要完成哪些基础的工作？

(4)在经营初期，需要完成哪些任务？

(5)共有几个总部所在地可供选择？哪个地区的产品平均销售量最多？其销售量是多少？

(6)在北京，共有几个门店地段可供选择？最高租金为多少？

(7)哪个地段的门店的单产品平均销量最多？哪个地段的最少？

(8)公司总部所在地设在哪里，所需要花费的门店人员工资最高？

2. 成立公司

学生需要分析不同经营所在地的数据规则，然后选择一个合适的地区设立总部，再根据相关数据规则选择合适的地段开设门店。不同地段门店的租金、工人的工资、产品的平均销量等都会有所不同，学生需要综合分析这些因素(见图 6-88)。

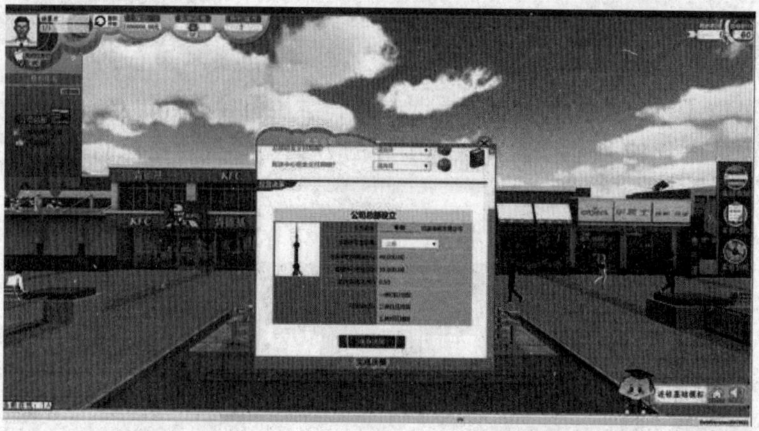

图 6-88　连锁经营模拟应用——成立公司

经营练习：

(1)可选择的总部所在地有几个？

(2)你所设立的公司名称是什么？

(3)你所选择的总部所在地在哪里？

(4)你所选择的总部所在地的租金是多少？

(5)你所选择的配送中心的租金是多少？

(6)你所选择的经营所在地共有几个地段的门店可供选择？

3. 品牌管理

在此阶段，学生需要确定自己连锁公司的品牌名称。该名称会出现在各门店的门牌上。同时，学生还需要设计确定自己连锁品牌的整体形象(VI)。系统内置了多套可选VI方案。不同方案需要支付不同的设计费，当然，也会影响到每个门店的季度销量。

经营练习：

(1)共有几种品牌形象方案可供选择？

(2)哪种方案的装修费用最低？其装修费用是多少？

(3)哪种方案对销售提升的比例最高？提升比例是多少？

(4)你所选择的品牌形象方案是什么风格？

(5)你所选择的方案的装修费用是多少？

(6)你所选择的方案的员工培训费是多少？

(7)你所选择的方案对销售提升的比例是多少？

(二)正式模拟经营

通过模拟运营一家奶茶连锁经营发展公司，学习简单的连锁经营的相关知识，进行品牌、门店、产品、采购、配送、销售等一系列管理活动，季末还需要对企业的经营状况做出分析，完成相关的经营练习，从而帮助学生全面了解连锁经营的各方面知识和工作技能(见图 6-89)。

图 6-89　连锁经营模拟应用——第一季度运营界面

1. 门店管理

在这一环节，学生需要综合分析经营所在地的市场总容量，以及自身资金配套资源情况，确定每期需要开设的门店数量与关闭的门店数量。单个门店每期的销量是有限的，经营者需要不断扩充门店数量，以实现市场与规模的扩张。

每个季度可开设新门店，需要一次性支付装修成本；每期期末需要支付门店租金、人员工资等成本(见图 6-90)。每个季度学生也可以关闭已有门店，关闭门店不需要任何费用，如果门店内还有库存遗留则自动回收至总部，并且在产品配送环节计算配送费用。

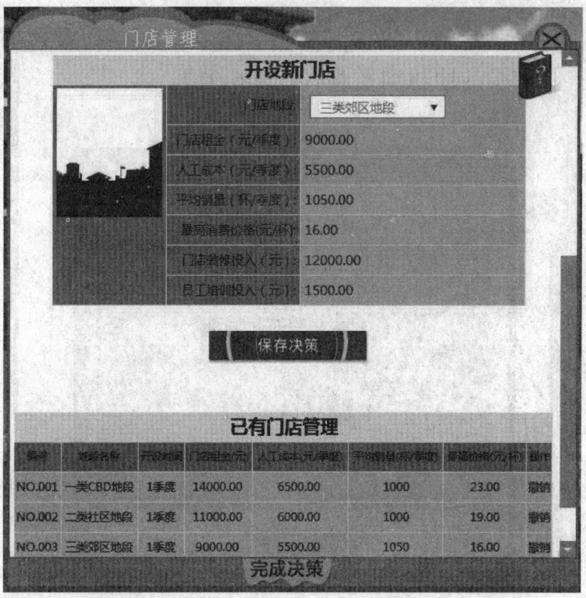

图 6-90　连锁经营模拟应用——开设新门店

经营练习：

(1)门店人员工资的支付是在什么时候？

(2)你所选择的门店地段是在哪里？租金是多少？

(3)你所选择的门店的装修费用是多少？

(4)你所选择门店的员工培训费用是多少？

(5)你所选择的门店的平均销售数量是多少？

2. 产品管理

市场上的消费者有不同风格口味的奶茶产品需求，系统提供了多个产品系列供经营者选择，学生需要根据市场上消费者的需求及自身经营情况，选择经营一种或多种产品，产品种类越多，总销量提升越多。产品种类存在管理费用，每种产品管理成本为1000元/季度。对确定推出的产品，经营者可以确定标准销售价格，不同城市的消费者具有不同高度的最高价格承受度，销售价格最高不能超过该价格。销售价格定得越低，每个门店的销售量就越大，反之则越少。门店经营的产品种类越多，门店带来的销量就越大，反之则越少。在每个季度学生可以撤销上一季度选择产品，撤销后销量下降，但已经采购的原材料库存不会消失，将处于积压状态。销售价格为统一售价，当产品售价大于门店最高售价则无法销售处产品。

经营练习：

(1)有几种产品可供选择？

(2)共有几种系列产品可供选择？

(3)哪种产品的原料成本最低？成本是多少？

(4)哪种产品对销量的提升最多？其提升的销量是多少？

(5)你所选择的产品有哪些？

3. 采购管理

学生需要根据已经开设的门店数量、消费者潜在购买量以及已有商品库存等各种因素，综合决定当月需要采购的原材料数量(见图6-91)。

图6-91　连锁经营模拟应用——采购管理

经营练习：

(1)共有几种原材料可供选择？

(2)各系列产品的采购数量分别是多少？

(3)此阶段原材料共采购多少数量？

(4)此阶段原材料共采购多少金额？

4. 配送管理

每期经营过程中，连锁管理总部都需要根据每个门店的商品销售数量及库存数量，进行及时的商品配送服务。配送服务事项的功能是把公司集中采购的原材料与产品通过统一的配送运送到各个门店。

在实验中，学生需要根据每个门店的商品销售数量及库存数量，进行及时的商品配送服务。只有通过配送才能将已有产品销售出去(见图 6-92)。

图 6-92　连锁经营模拟应用——配送管理

回收：将门店库存回收至总部库存。

配送：将总部库存配送至门店。

回收与配送都将产生配送成本。

经营练习：

(1)当前共有几家门店？

(2)当前门店的租金是多少？

(3)当前门店的人工成本是多少？

(4)当前共有几种产品可供配送？

5. 产品销售

进入产品销售阶段，经营者根据不同客户的需求，给予客户相应产品种类和数量，从而获取相应的营业收入(见图 6-93)。

图 6-93　连锁经营模拟应用——产品销售

经营练习：

(1)在此阶段，各系列产品的销售收入分别是多少？

(2)总销售收入是多少？

(3)各系列产品的销量分别是多少？

(4)总产品销量是多少？

6. 期末总结

期末，系统将展示该季度公司的销售收入、费用支出、利润收入等信息，学生需要对此做出分析，进而改进下一周期的经营决策(见图 6-94)。

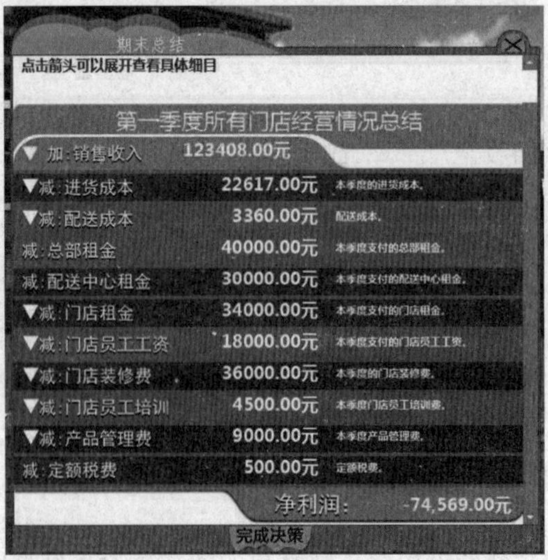

图 6-94　连锁经营模拟应用——期末总结

经营练习：

(1)当月的销售收入是多少？

(2)当月的进货成本是多少？

(3)当月的配送成本是多少？

(4)当月的净利润是多少？

(5)当月的门店租金是多少？

(6)当月应缴纳多少税费？

学生需要独立完成企业各个经营周期的决策。在整个经营过程中，学生可以随时相互交流经营情况和经营决策方法。该季度经营结束后，教师可以针对学生该季度的经营情况作出点评，提出指导性意见。当前季度模拟经营结束后，教师可以开启下一季度模拟经营，之后，学生可以进行下一季度的经营操作。后续4轮经营内容的操作与第一轮类似。在后续经营中，教师也可以根据实际情况在每轮经营结束后邀请学生对自己当前的经营情况进行点评分析，对竞争形势进行探讨，包括经营过程、经营结果的情况，以及通过训练得到的收获等，及时总结模拟经营的不足和经验，在后续模拟经营中加以改进和完善。

(二)其他功能

重新开始：学生可以重新开始任务，前面的操作数据清空。

实验规则：学生可以随时查看相关实验数据及规则。

实验记录：学生可以随时查看自己的决策历史。

实验分析：学生可以查看自己获取的实验教学积分详情。

六、实训总结

学生经过该实训模块的训练以后，掌握了连锁经营相关的基础知识和各种行为，了解了连锁经营的流程和关键环节，最后通过连锁企业投资发展和成本利润核算的训练可以提升学生经营企业的能力和水平。

第九节　物流基础模拟

一、实训目标

(1)学习物流公司运输的相关知识，以及运输相关的工具设备管理。

(2)学习物流公司仓库管理与货物保管。

(3)学习物流公司货物包装处理。

(4)学习物流公司货物搬运、装卸、分拣管理。

(5)学习物流公司成本核算、协调运营管理。

(6)扩充企业经营管理过程中相关的其他各方面知识，拓宽创业知识面。

二、实训要求

(1)确保教师有一台可联网的计算机，并可正常登录当前实训游戏，且能正常连接投影仪进行必要内容的展示(实验室集中式实训教学)。

(2)确保每位学生有一台可联网的计算机，并可正常登录当前实训游戏。

三、实训内容

物流基础模拟应用是一款基于物流基础知识学习与认知的企业经营商业模拟游戏，应用以虚拟的“月”为经营周期，每名学生进入应用后都将以现金的方式获取一笔启动资金。系统设计了一个虚拟的物流行业的公司为蓝本，该公司是一家初创的专业第三方物流公司。每名学生通过对该公司的持续多轮模拟经营，将系统地学习创业过程中所需要的基础物流知识与基本技能。以下是模拟经营的各个关键任务与流程(见图6-95)：

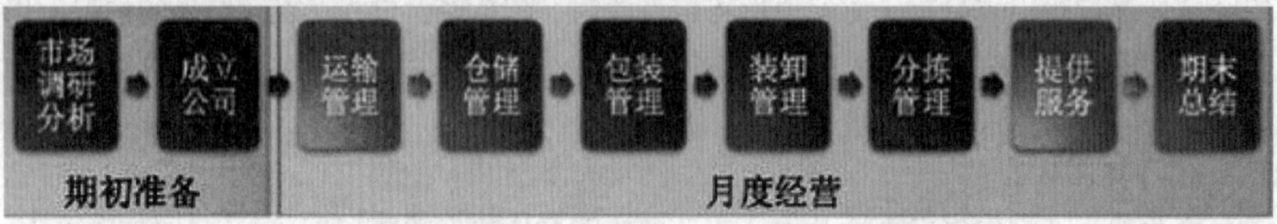

图6-95　物流基础模拟应用——关键任务与流程

该实验的设计初衷并不是为了让学生掌握具体的某个行业公司的经营管理，也不以培养专业的物流管理专业学生为目标。而是以创业教育为背景，以一个可能潜在的创业者需要了解掌握的基础物流管理知识为前提，通过形象具体且生动有趣的3D模拟经营游戏的形式，把原本枯燥乏味且抽象晦涩的物流管理基础知识融入其中，让大部分原本对该领域知识积累不多的学生也能较好地获得掌握和理解，拓宽更多学生的管理知识面，并对学生未来的就业及创业都将大有裨益。

四、数据规则

(一)基础数据

在物流基础模拟应用中通过连续5个月模拟经营一家小型专业物流公司，系统地学习专业物流企业创业过程中所需的基础知识与基本技能。经营者在初期都将获得一笔100万元的初始资金，开始运营后需要完成以下工作任务：

(1)成立公司：经营者在开始经营前必须设置公司名称以及选择一条明确的运营路线，选择运营路线后，经营者可以在两个城市之间开展来回的物流运输业务。

(2)运输管理：经营者可以在运营线路上购买配置一辆或者多辆运输车辆，运输车辆会产生油耗、折旧费用以及司机工资。经营者需根据实际选择路线的订单量购买运输车辆。

(3)仓储管理：经营者需要在线路两端的两个城市分别租用两个仓储中心，在同一个城市，经营者可以租用一个或者一个以上的仓库。

(4)包装管理：经营者需要在线路两端的两个城市分别购买足量包装物及招聘适量的包装工人。每个城市都需要招聘多名包装工人，每名包装工人每个月需支付一笔工资，同时每名包装工人单月最大处理能力是有上限的，经营者根据不同城市的订单量合理招聘装卸工人。

(5)装卸管理：经营者需要在线路两端的两个城市分别招聘适量的装卸工人。每个城市都可以招聘多名装卸工人，对每名装卸工人每个月需支付一笔工资，同时每名装卸工人单月最大处理能力是有上限的，经营者根据不同城市的订单量合理招聘装卸工人。

(6)分拣管理：经营者需要在线路两端的两个城市分别招聘适量的分拣工人。每个城市都可以招聘多名分拣工人，每名分拣工人每个月需支付一笔工资，同时每名分拣工人单月最大处理能力是有上限的，经营者根据不同城市的订单量合理招聘分拣工人。

(7)提供服务：通过经营者选择路线，获得相应订单数量。系统根据综合经营者的运输能力、仓储能力、包装物数量、包装工人能力、装卸工人能力和分拣工人能力给出实际订单运送量，经营者提供相应服务并获得相应的收入。

(8)期末总结：月末结算环节，展示当月经营者的服务收入、费用支出和利润等情况。

(二)成立公司

经营者选择不同的线路，会影响订单量、物流费、线路距离以及需求浮动比例(见表6-25)。线路距离会影响运输车辆的耗油成本；需求浮动比例则在此区间内随机生成一个正负数影响实际订单获得量，上月实际需求量将为当月预计需求量。可用如下公式表示：

实际需求量=预计需求量×(1+浮动比例)。

表6-25　物流基础模拟应用——线路信息

线路图片	线路名称	正向需求量(单)	反向需求量(单)	需求浮动比率	线路总距离(KM)	物流费(元/单)
	北京-天津	5000	3000	10.00%	130.00	10.00
	上海-杭州	7000	6000	20.00%	180.00	16.00
	广州-深圳	4000	6000	30.00%	140.00	12.00

(三)运输管理

经营者可以在运营线路上购买配置一辆或者多年运输车辆，在“提供服务”环节，系统将根据经营者所有决策因素，结合市场需求量。给予公司确定的运输需求量，经营者可以根据该需求量决定启用那些车辆进行实际运输，对于实际启用运输的车辆，将会产生车辆折旧费、司机工资和油耗费用三项主要费用(如表6-26)。对于当月未参与运输的车辆，将会产生车辆折旧费和司机工资联想费用，但不产生油耗费用。可用如下公式表示：

车辆折旧费用=车辆购买价格×折旧率；油耗费用=百公里油耗×线路距离×2%。

表6-26　　物流基础模拟应用——运输车信息

车辆图片	车辆名称	最大运输量(单)	购买价格(元)	折旧率	耗油(元/百公里)	司机工资(元)
	大型卡车	8000	100000.00	2.00%	500.00	5000.00
	中型卡车	6000	80000.00	2.00%	400.00	4000.00
	小型卡车	4000	60000.00	2.00%	300.00	3000.00

(四)仓储管理

经营者需要在线路两端的两个城市分别建立两个仓储中心，在同一个城市，经营者可以建立一个或者多个仓库，不同类型的仓库单月可处理的包裹件数有最大上限值(见表6-27)。每个城市能最终接受的订单数量，取决于该城市所有仓库合计的最大处理量。

表6-27　　物流基础模拟应用——仓储信息

仓库图片	仓库类型名称	仓库租金(元)	仓库最大能力(单)
	大型仓库	6000.00	8000
	中型仓库	4000.00	4000
	小型仓库	2000.00	2000

(五)包装管理

经营者每个月在每个城市都需要备齐足够的包装材料，如果实际市场需求为10000件，当公司可用包装材料为5000件，这实际只能接到5000件订单，并且每个城市都需要招聘多名包装工人，每名包装工人每个月需支付一笔工资，同时每名包装工人单月最大处理能力是有上限的，包装能力将影响实际获得订单数量(见表6-28)。

表6-28　　物流基础模拟应用——包装工信息

包装工图片	包装工类型名称	包装工工资(元)	包装工最大能力(单)
	普通工	2500.00	2500.00
	半熟练工	3000.00	3000.00
	熟练工	4000.00	4000.00

(六)装卸管理

经营者在每个城市都可以招聘多名装卸工人，每名装卸工人每个月需支付一笔工资，同时每名装卸工人单月最大处理能力是有上限的，装卸能力将影响实际获得订单量(见表6-29)。

表6-29　　物流基础模拟应用——装卸工信息

装卸工图片	装卸工类型名称	装卸工工资(元)	装卸工最大能力(单)
	普通工	2500.00	2500.00
	半熟练工	3000.00	3000.00
	熟练工	4000.00	4000.00

(七)分拣管理

经营者在每个城市都可以招聘多名分拣工人，每名分拣工人每个月需支付一笔工资，同时每名分拣工人单月最大处理能力是有上限的，分拣能力将影响实际获得订单量(见表 6-30)。

表 6-30　　物流基础模拟应用——分拣工信息

分拣工图片	分拣工类型名称	分拣工工资（元）	分拣工最大能力（单）
	普通工	3000.00	3000.00
	半熟练工	3500.00	3500.00
	熟练工	4500.00	4500.00

五、模拟经营

该应用可以通过教师教学引导的授课方式和学生引导的自学方式进行开启，开启后的应用主界面如图 6-96 所示。教师教学引导的方式需要教师在控制端点击“开始应用”开启实验。

图 6-96　物流基础模拟应用——主界面

(一)初期经营准备

1. 市场调研分析

经营者在初期将获得一笔 100 万元的初始资金。在开始经营前，学生需要了解基本的物流和供应链专业知识，并对企业运营的市场环境、各类工人的工资水平等基本信息进行全面的调研分析。

2. 成立公司

系统提供了多条物流运营线路供经营者选择，每条运营线路提供的都是两个城市之间来回的物流服务，不同线路具有不同的市场需求，同时对资金投入和运营成本等也有不同要求(见图 6-97)。每一位经营者在开始经营前必须且只能选择一条明确的运营路线，选择运营路线后，经营者可以在两个城市之间开展来回的物流运输业务。每个月在线路的两个端点城市，都会有一定的客户需求产生，经营者要成立公司并搭建完备的服务体系，以稳定优质的服务来赢得这些客户的青睐。

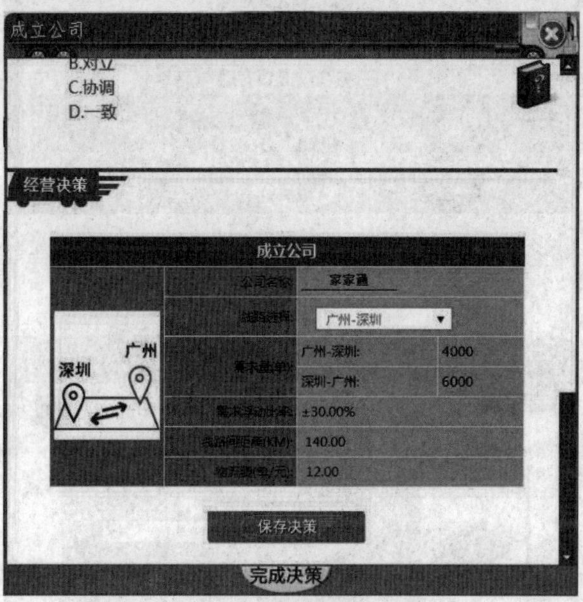

图 6-97　物流基础模拟应用——成立公司

(二)正式模拟经营

通过模拟经营一家小型专业物流公司，学习简单的物流经营的相关知识，进行运输、仓储、包装、装卸、分拣和销售等一系列管理活动，月末还需要对企业的经营状况进行分析，从而帮助学生全面了解物流企业经营各方面知识和管理技能。

1. 运输管理

在这一环节，学生首先需要学习运输管理相关基础知识，然后需要综合分析运营线路的订单量以及自身资金配套资源情况，确定购买运输车辆的数量，运输车辆会产生油耗、折旧费用以及司机工资等(见图 6-98)。

2. 仓储管理

在这一环节，学生首先需要学习仓储管理相关基础知识，然后需要综合分析运营线路的包裹数量以及自身资金配套资源情况以决定仓库的位置和数量(见图 6-99)。每个城市所有仓库的最大处理量决定了每个城市最终能接收的包裹件数。

图 6-98　物流基础模拟应用——运输管理

图 6-99　物流基础模拟应用——仓储管理

3. 包装管理

在这一环节，学生首先需要学习包装管理相关基础知识，然后需要综合分析运营线路的运输能力和城市仓储能力的实际情况以及自身资金配套资源情况以决定采购包装材料的数量和招聘包装工人的数量(见图 6-100)。

图 6-100　物流基础模拟应用——包装管理

4. 装卸管理

在这一环节，学生首先需要学习装卸管理相关基础知识，然后需要综合分析运营线路装卸工作量以及自身资金配套资源情况以决定招聘装卸工人的数量(见图 6-101)。

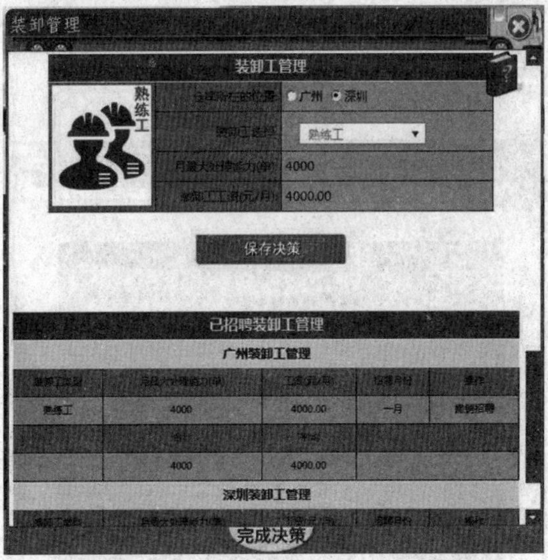

图 6-101　物流基础模拟应用——装卸管理

5. 分拣管理

在这一环节，学生首先需要学习分拣管理相关基础知识，然后需要综合分析运营线路分拣工作量以及自身资金配套资源情况以决定招聘分拣工人的数量(见图6-102)。

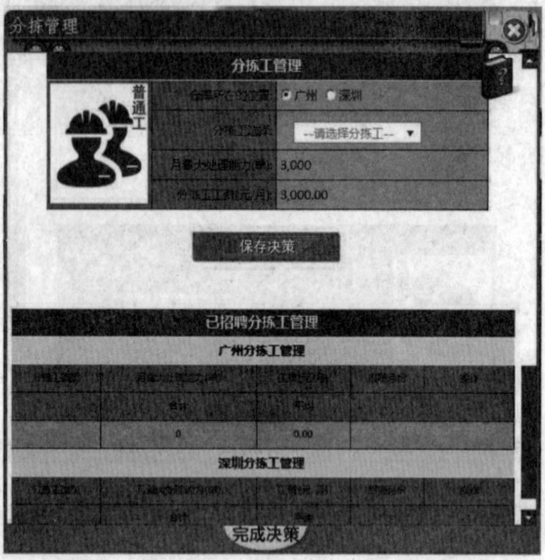

图6-102　物流基础模拟应用——分拣管理

6. 提供服务

在这一环节，学生首先需要学习提供服务相关基础知识，然后系统根据经营者选择的路线、运输设备以及各个瓶颈因素，给出市场需求量；物流公司经过收取顾客快递、快递装箱、提货装车、快递发出、快递到达集散地、集散地快递分拣、快递派送和客户收件等一系列的工作，完成整个物流的派送服务(见图6-103)。

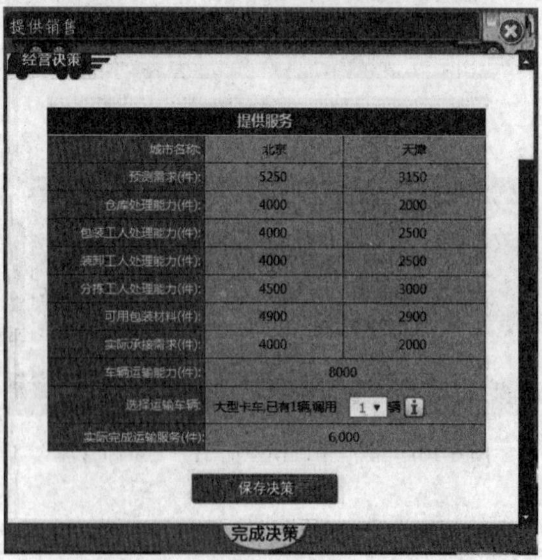

图6-103　物流基础模拟应用——销售情况

7. 期末总结

期末，系统会展示当月公司的销售收入、费用支出和利润收入等信息，学生需要对此作出分析，以改进下一个月的经营决策(见图 6-104)。

图 6-104 物流基础模拟应用——期末总结情况

学生需要独立完成物流企业各个经营周期的决策。在整个经营过程中，可以随时相互交流谈论经营情况和经营决策方法。当月经营结束后，教师可以针对学生当月的经营情况作出点评，提出指导性意见。当月模拟经营结束后，教师可以开启下一个月模拟经营，之后学生可以进行下一个月的经营操作，后续 4 个月经营内容的操作与第一个月类似。在后续经营中，教师也可以根据实际情况在每月经营结束后邀请学生对自己当前的经营情况进行点评分析，要求学生及时总结模拟经营的不足和经验，在后续模拟经营中加以改进和完善。

(三)其他功能

重新开始：学生可以重新开始任务，前面的操作数据会清空。

运营信息：点击可以查看运营路线两端每个月运输管理、仓储管理、包装管理、装卸管理和分拣管理的能力图。

实验规则：学生可以随时查看相关实验数据及规则。

实验记录：学生可以随时查看自己的决策历史。

实验分析：学生可以查看自己获取的实验教学积分详情。

六、实训总结

学生经过此实训模块的训练以后，可掌握物流企业经营相关的各种基础知识，了解物流企业经营的流程和关键环节；最后通过销售业绩报表的分析可以让学生了解自己的薄弱环节，从而提升经营物流企业的能力和水平。

第七章　创业综合经营管理

企业的生存发展如同一个生命的有机体一样，也会经历初创、成长、发展、成熟、衰退等阶段。《创业之星》在创业管理模板环节让学生在实战中模拟企业的运营管理，围绕创业企业发展的生命周期，制定各项决策，并最终推动企业成长壮大(见图 7-1)。本章主要内容包括：企业工商注册、企业战略管理、产品研发管理、企业财务管理、企业生产管理、企业营销管理。

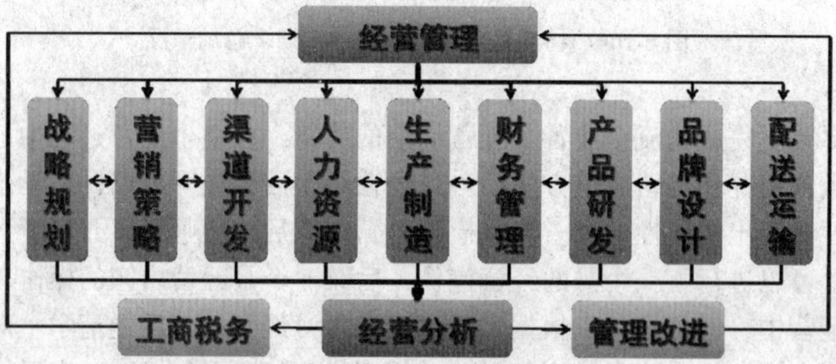

图 7-1　企业经营管理流程

第一节　企业工商注册

企业工商注册是企业运营第一步。本章将介绍创建新企业的基本步骤，结合《创业之星》软件全面地模拟企业的创业登记注册基本步骤，让读者在创业前掌握工商注册的基本步骤和途径，以节省盲目带来的机会成本。

一、企业名称的设计

企业名称的设计主要遵循的法律法规有以下几部：《企业名称登记管理规定》《中华人民共和国企业法人登记管理条例》《企业名称登记管理实施办法》。这几条规定和条例对于企业名称的要求已经作了详细的规定，对于名称的规范性这里就不再过多阐述。

根据《企业名称登记管理实施办法》第九条，企业名称应当由行政区划、字号、行业、组织形式依次组成。如"北京奇虎科技有限公司"，"北京"代表名称中的行政区划，

“奇虎”代表名称中的字号，“科技”代表名称中的行业，“有限公司”代表名称中的组织形式。企业名称中最具有辨识度和代表性的核心部分是字号，本节主要介绍企业在确定名称中的字号时应注意的要点，组织形式将在下一节进行详细介绍。

(1)字号由2个以上符合国家规范的汉字组成，且不得含有汉语拼音、阿拉伯数字等。企业的字号是企业的标志，是企业的第一广告。一个个性鲜明且富有含义的字号是企业品牌的先锋，是企业最好的推销员，能够给人留下深刻的印象。企业的字号如果能够让消费者读起来朗朗上口，能让消费者在消费时能够第一时间感受到企业的产品或服务。为了使企业字号便于消费者记忆和传播，应该符合以下“六好”准则：好听、好看、好读、好写、好记、好传。

(2)由于对于企业名称登记和企业名称专用权，目前还没有全国统一的管理体系，各级工商行政管理部门对企业名称实施分级登记管理，已经登记的企业只在登记主管机关辖区内享有企业名称专用权。因此，相同的字号在不同的地方(通常以市为单位)可以不同的人申请注册公司。字号不等同于注册商标，因此如果以字号为品牌的公司，为了保护自己的商标不被窃取盗用，一定要记得公司成立后申请注册商标。

(3)如果你的企业是产品型的，企业的字号和产品名称不一定要保持一致。企业在初创期一般会主打一款市场认可度较高的产品，产品的知名度会高于企业的知名度。如果企业的主导产品名称满足以下两个条件，可以选择主导产品名称与企业名称一致。一是主导产品名称不反映产品的具体特性和品质，名称与产品的关系不够紧密，如小米公司以“小米”冠名该公司生产的所有产品。不论这些产品是多么的不同，都可起用一个名字——一个与公司名称一致的名字。二是主导产品的名称应该具有较强的包容性、抽象性和概括性。公司名称一般不涉及具体事宜，因为公司名称必须从宏观上把握传播的可行性和可信性。

但是企业在开拓市场时往往会推出多款产品，即使只做一款，也应该考虑公司未来转型做其他产品的问题。企业名称和产品名称一致可能会影响公司经营范围的扩大。如果企业的主导产品名称无法满足以上两个条件，或者企业业务繁杂、跨行业经营，就应该重新选择企业的名称。比如360的公司名是北京奇虎科技有限公司，微信的公司名是深圳市腾讯计算机系统有限公司。

(4)创业者在登记企业名称之前，最好准备几个公司名称，以备在第一个名称为占用时能够快速提供第二个备选名称，缩短注册登记时间。或者在去工商局登记前登录当地工商网站查询企业名称是否被注册过。

(5)“互联网+”时代的到来，让众多企业越来越注重打造线上业务，实现线上线下业务融合。“OTO”模式让企业的产品销售不再受地域的限制，提升了企业的知名度。创业者在确定企业名称时，也要关注企业名称对应的域名(包括.com、.com.cn.net、.cn)是否被占用。如果已经被占用，要考虑从其他使用者手中转移过来的费用是否能够承担得起。

(6)虽然《企业名称登记管理实施办法》允许企业变更其字号，但企业变更其名称需要付出的成本很高。如果你变更了公司名称，会涉及注册商标、域名、著作权等各类事项的变更，会消耗公司的内部资源。而且，变更字号意味着原来已经建立起来的品牌效应将会削减或者消失，需要企业花费众多成本重新树立。

二、企业的法律组织形式类型

我国关于企业法律组织形式的法律法规有《中华人民共和国个人独资企业法》《中华人民共和国合伙企业法》《中华人民共和国公司法》等。

(一)个人独资企业

本书对个人独资企业的定义遵从《中华人民共和国个人独资企业法》第二条。个人独资企业，是指在中国境内设立，由一个自然人投资，财产为投资人个人所有，投资人以其个人财产对企业债务承担无限责任的经营实体。由其定义可以看出个人独资企业的特征有以下三点：

(1)投资主体特征。个人独资企业的投资主体只有一个自然人，这是其与合伙制企业最大的区别。

(2)企业财产所有权特征。因为个人独资企业的资金全部来源于一个自然人，因此，其经营过程中全部资产(既包括原投入资金，也包括经营收益)都归属于这个自然人所有。

(3)责任承担特征。个人独资企业的财产与投资者个人财产不可分，个人独资企业的投资者以其个人财产对企业债务承担无限责任。在企业破产或者解散时，如果企业资产不足以抵偿全部债务，则需要投资者以其所有的其他财产进行清偿。但是应该注意区分投资者是以个人财产出资，还是以家庭共有财产出资。如果投资者在申请企业设立登记时明确以其家庭共有财产出资的，以其家庭共有财产对企业债务承担无限责任。

(4)民事主体资格特征。个人独资企业是非法人企业，无独立承担民事责任的能力，但却是独立的民事主体，可以以自己的名义从事民事主体活动。分支机构的民事责任由设立该分支机构的个人独资企业承担。

(二)合伙企业

本书对合伙企业的定义遵从《中华人民共和国合伙企业法》第二条：合伙企业，是指自然人、法人和其他组织依照本法在中国境内设立的普通合伙企业和有限合伙企业。普通合伙企业由普通合伙人组成，合伙人对合伙企业债务承担无限连带责任。有限合伙企业由普通合伙人和有限合伙人组成，普通合伙人对合伙企业债务承担无限连带责任，有限合伙人以其认缴的出资额为限对合伙企业债务承担责任。

1. 普通合伙企业

设立普通合伙企业，应当具备下列条件：

(1)有两个以上合伙人，合伙人为自然人的，应当具有完全民事行为能力；

(2)有书面合伙协议；

(3)有合伙人认缴或者实际缴付的出资；

(4)有合伙企业的名称和生产经营场所；

(5)法律、行政法规规定的其他条件。

合伙企业名称中应当标明“普通合伙”字样。合伙人在合伙企业清算前，不得请求分割合伙企业的财产。虽然合伙人经营期间不能请求分割企业财产，但是可以通过转让给第三方退出投资。在合伙人向合伙人以外的人转让其在合伙企业中的全部或者部分财产份额时，需经其他合伙人一致同意，同时在同等条件下，其他合伙人有优先购买权。

2. 有限合伙企业

有限合伙企业由两个以上50个以下合伙人设立，至少应当有一个普通合伙人，合伙事务由普通合伙人执行，有限合伙人不参与合伙企业的经营管理。有限合伙企业名称中应当标明“有限合伙”字样。有限合伙企业仅剩有限合伙人的，应当解散有限合伙企业仅剩普通合伙人的，转为普通合伙企业。有限合伙人可以用货币、实物、知识产权、土地使用权或者其他财产权利作价出资，但不得以劳务出资。有限合伙人退伙后，对基于其退伙前的原因发生的有限合伙企业债务，以其退伙时从有限合伙企业中取回的财产承担有限责任。

3. 合伙企业的主要特征

(1)生命有限。合伙企业一般由多个合伙人共同出资成立，比较容易设立和解散。合伙人签订合伙协议，就宣告合伙企业的设立。新合伙人的加入，旧合伙人的退伙、死亡、自愿清算、破产清算等均可造成原合伙企业的解散以及新合伙企业的成立。

(2)责任无限和责任有限。合伙企业与独资企业一样属于自然人企业，属于非法人组织，不具有法人资格，无独立承担民事责任的能力。因此，普通合伙人对企业债务承担无限连带责任。例如普通合伙人甲、乙两人签订合伙协议，共同出资成立普通合伙企业A。两人约定合伙企业A的利润分配、亏损分担的比例按出资比例确定。当合伙企业破产清算时，合伙人甲、乙按出资比例承担无限连带责任。如果合伙人甲已经没有个人财产可以清偿债务，即使合伙人乙已经按照出资比例清偿自身承担的部分，但是仍有义务以自身财产清偿甲无法清偿的债务。当然，在替合伙人甲清偿债务时，合伙人乙对甲具有财产追索权。有限责任合伙企业的合伙人中普通合伙人对企业的经营活动承担无限连带责任，而有限合伙人以其可从有限责任合伙企业中取回的财产承担责任。

(3)财产共有，利益共享。合伙人出资的财产，由合伙企业统一管理和使用。任何合伙人不得未经全部合伙人同意而擅自将合伙财产挪作他用。合伙企业名义取得的收益和依法取得的其他财产，均为合伙企业的财产。合伙企业的利润分配、亏损分担，按照合伙协议的约定办理；合伙协议未约定或者约定不明确的，由合伙人协商决定；协商不成的，由合伙人按照实缴出资比例分配、分担；无法确定出资比例的，由合伙人平均分配、分担。

(4)相互代理。合伙企业的经营活动，由全体合伙人共同决策，合伙人有执行和监督的权利。合伙人可以推选负责人，由负责人和其他经营管理人员进行合伙企业的日常经营管理活动。每一个合伙人代表合伙企业所发生的经济行为，由全体合伙人承担民事责任，因此对所有合伙人均有约束力。

4. 四类企业适合合伙人制

合伙人制可以发挥人力资本的最大价值，但也并非所有企业都适合合伙人制，以下四种类型的企业可以考虑建立合伙人制度：

(1)知识型企业。这类企业需要不断创新，员工的责任心、投入度、创造性、协作性、学习力等要素是企业成败的重要因素。合伙人制度是协调资本与知识的关系的一种有效手段，合伙制企业或核心员工通过有限合伙企业对企业间接持股，使资本持有者和知识持有者之间突破了传统雇用和被雇用的关系，资本和知识共同参与企业剩余价值分割，从而产生合力效应，促进企业稳健发展。

(2)处于初创期或战略转型期的企业。初创期或战略转型期的企业，需要面对授权、风险、“背靠背”、自主创新、主动协同的管理问题，企业需要建立相适宜的激励体系，以匹配企业发展或转型时组织需要的管理行为的变化。合伙人制度的运用，能获得员工的坚定承诺，以及股东的强力支持，从而获得市场的信心与关注。

(3)控制权稳定的企业。合伙人制度的有效性，来源于原有股东与合伙人的利益一致。如果原有股权结构过于分散，难以达成一致行动，造成企业行动力和执行力的缺陷，即便引入新的合伙人，也不能解决问题，甚至可能引起更多纷争。

(4)轻资产型企业。轻资产企业是指以价值为驱动的资本战略，通过建立良好的管理系统平台，集中于设计开发和市场推广，促进企业的生存和发展的企业。① 最典型的轻资产型企业就是互联网企业，如阿里巴巴、小米等，其特点是自然资源、厂房和机器设备或者其他有形资产较少。这样的企业推行合伙人制度更易成功。究其原因，最重要的是体现在合伙人的入股价格和股份收益上。较之重资产企业，轻资产企业的入股价格较低，而同样的新增利润，轻资产企业的每股收益会更高。所以，轻资产企业更易获得合伙人的认可与加入。

(三)公司制企业

公司是企业法人，有独立的法人财产，享有法人财产权。公司独立经营、自负盈亏，以其全部财产对公司的债务承担责任。它是一种经营权与所有权相分离，有利于企业强化其经营管理能力的组织形式。

1. 公司制企业的分类

公司的类型分为有限责任公司和股份有限公司。

(1)有限责任公司由50个以下股东出资设立，股东以其认缴的出资额为限对公司承担责任。有限责任公司股东人数较少，股东之间信任度较高，属于“人资两合公司”，即公司的运作不仅仅是股东间资本的结合，也是基于股东间的信任关系之上的结合。有限责任公司不能公开募集资金，不能发行股份，只能由发起人向少数投资者集资。由于资金的封闭性，公司不需要公开其生产、经营、财务状况，只需在特定期限向其股东公开，供其查阅。

(2)股份有限公司的股东以其认购的股份为限对公司承担责任。股份有限公司必须有2~200个发起人，股东人数没有上限。股份有限公司完全是资合公司，是股东的资本结合，不基于股东间的信任关系。一般股份有限公司规模庞大，通过向社会公开募集资金并上市融资；为了保护广大投资者的权益，股份有限公司需要向公众公开其生产、经营、财务状况，信息披露要求严格。

① 李云帆. 轻资产公司运营中的“轻”与“重”[J]. 山东纺织经济，2013(10)：32-33.

2. 有限责任公司和股份有限公司的区别

(1)公司的设立条件不同。有限责任公司由50人以下股东共同出资设立，股东人数有最高的限制；而股份有限公司必须有2~200个发起人，股东人数无限制，全部资本分为数额较小、每股金额相等的股份，股东的表决权按认缴的出资额计算，每股有一票表决权。而有限责任公司的资本不按等额划分，股东所占股权比例是通过其认缴的出资额比例来表示。股东的表决权、利润分配、亏损分担的比例按出资比例确定。

(2)募集资金方式不同。有限责任公司不能公开募集资金，不能发行股份，只能由发起人向少数投资者集资。设立流程为：订立公司章程——股东缴付出资——验资机构验资——设立登记。股份有限公司除了可以使用有限责任公司的设立方式外，还可以向社会公开筹集资金并上市融资，但设立流程比较复杂：订立公司章程——发起人认购股份和向社会公开募集股份——验资——召开创立大会——设立登记。

(3)组织机构设置规范化程度不同。有限公司组织机构设置比较简单、灵活，可以通过章程约定组织机构，可以只设董事、监事各一名，不设监事会、董事会。由于股东人数较少，股东大会容易召开，董事或董事会的权限受限。股份有限公司的要求高，必须设立董事会、监事会，定期召开股东大会，而上市公司在股份公司的基础上，还要聘用外部独立董事。但股份有限公司股东人数一般较多且分散，召开股东会的成本高，议事程序也比较复杂，因此董事会的权限会更大。

(4)股权的流动性不同。有限责任公司，股东之间可以相互转让出资额。向股东以外的人转让出资时，必须经股东会过半数股东同意，因而股权的流动性差，变现能力弱；而股份有限公司的股票公开发行，转让不受限制，上市公司股票则流动性更高，融资能力更强。

(5)社会公开程度不同。有限责任公司的生产、经营、财务状况，只需按公司章程规定的期限向股东公开，供其查阅，无需对外公布；其财务状况相对保密，公司的财务会计报表可以不经过注册会计师审计。股份有限公司要定期公布财务状况，且财务会计报表必须经过注册会计师审计并出具报告；上市公司要通过公共媒体向公众公布财务状况，相比较更难操作，公司财务状况也更难保密，更容易涉及信息披露、内幕交易等问题。

(四)企业法律组织形式的选择

企业组织形式是企业的法定存在形式，组织形式的多样性促使不同投资者以最契合自身实际情况的选择。不同组织形式都有其优缺点，没有优劣之分。① 不同的组织形式对企业责、权、利的安排不同，并直接影响企业筹资渠道、产权制度、治理结构、责任形式和税收负担等重大问题。选择适当的组织形式，有助于企业配置和利用好本企业资源，实现企业最佳的经济目标。

各种企业法律组织形式的优劣比较如表7-1所示：

① 温文治，贺晨辉. 中小民营企业组织形式的选择分析[J]. 江苏理工学院学报，2006，12(3)：32-35.

表 7-1　　各种企业法律组织形式的优势与劣势

企业法律组织形式	优　点	缺　点
个人独资企业	✓ 企业设立手续简单、费用低 ✓ 所有权与经营权统一 ✓ 组织结构灵活，对市场变化能够快速反应 ✓ 只需交个人所得税，避免双重课税 ✓ 封闭性高，技术保密性好	✓ 投资者承担的是无限责任 ✓ 存续期有限，随着创业者退出而消亡 ✓ 筹资规模小，依赖于创业者的能力和社会资本 ✓ 产权流动性低，转让困难
合伙企业	✓ 企业设立手续简单，费用低 ✓ 组织结构灵活，对市场变化能够快速反应 ✓ 企业的筹资能力有所提高，合伙人共同偿还债务，降低风险 ✓ 只需交个人所得税，避免双重课税	✓ 合伙人承担的是无限连带责任 ✓ 存续期有限，随着合伙人退出而解散 ✓ 企业的经营成果依赖合伙人的能力 ✓ 产权流动性低，转让困难
有限责任公司	✓ 公司制企业是法人实体，公司的财产与股东的财产分离，股东承担有限责任 ✓ 所有权和经营权分离，提高了企业经营管理能力 ✓ 存续期较长，不因投资者的退出而解散 ✓ 市场公开度低，保密性高 ✓ 筹集资金的来源更广，规模更大	✓ 双重征税，税收负担大 ✓ 设立程序较为复杂、费用较高 ✓ 不能公开募集资金，不能发行股份，筹资规模受限 ✓ 股份转让流动性低，转让困难，需要一半以上的股东同意
股份有限公司	✓ 公司制企业是法人实体，公司的财产与股东的财产分离，股东承担有限责任 ✓ 所有权和经营权分离，提高了企业经营管理能力 ✓ 存续期较长，不因投资者的退出而解散 ✓ 可以公开发行股份募集资金，筹集资金的来源更广，规模更大 ✓ 股份转让流动性大，创业者容易退出，资产容易运作	✓ 双重征税，税收负担大 ✓ 设立程序较为复杂、费用较高 ✓ 信息披露要求高，要定期公开经过注册会计师审计的财务报告 ✓ 政府限制多、法规要求严格

三、企业选址的影响因素

（一）区位因素

1. 自然优势

自然条件要满足生产技术要求，有利于员工的身体健康。目前，大多数创业企业的选址集中在城市，自然因素的影响权重很小。

2. 技术知识

Feldman 等(2005)指出靠近知识溢出主体的选址策略不仅有利于提升企业的竞争优势，还能够降低企业 R&D 成本，激发创新产出。① 例如，Audretsch 等(2005)通过研究发现高新企业选址倾向于临近高等院校和科研机构，以期通过合作研发和人力资本流动等溢出机制获得新的知识和新的技术。② Tallman 等(2004)也认为，企业更愿意把生产地点建立在容易获得知识溢出的地点，如临近生产互补产品的厂商，临近专业化基础设施的地区和临近政府机构所在地、科研机构、高等院校等能提供专业化培训、研发和技术支持的地区。这就容易形成产业集群效应。创业企业如果是高新技术企业，可以考虑将企业安置在临近高等院校和科研机构的高新技术产业区中，通过技术知识的外溢，使自己走在技术的前沿。③

3. 要素禀赋

要素禀赋指一国拥有各种生产要素，包括劳动力、资本、土地、技术、管理等的相对比例。20 世纪 90 年代中国逐步实施财政分权改革后，地方政府的财政独立和地区间 GDP 竞争的展开，极大激励了地方政府通过对资本、劳动、土地等要素市场的干预和控制人为扭曲生产要素价格并进而实现招商引资的动机。创业企业应该关注不同地方的要素禀赋价格扭曲程度和未来发展状况，选择对自身经营影响最大的要素价格扭曲最大的区位空间。

4. 地方政府的政策支持

要考虑地方政府对产业发展的法律法规和政策规划，是否适合企业的长期发展。其次，关注政府对初创企业在金融、税收方面的政策支持，这对初创企业的资金融通和税收成本具有重要影响。目前，大多数城市为了支持初创企业的发展，设立了创业孵化器，这些孵化器往往能够拿到政府补贴，地理位置和提供的配套服务一般都不错，创业企业初期入驻成本较低。

(二)社区因素

1. 交通因素

一个交通便利的办公地点，既方便了员工的通勤，也缩短了客户到访企业的时间。虽然偏远的位置，租金成本较低，但团队成员往往需要搬离原来的住所，适应新的环境，同时也为企业的招聘带来很大的麻烦。

2. 成本因素

创业避不开资金问题，成本昂贵的资金应该花在刀刃上。初创企业的办公室面积可以小一些，将租金节约出来的钱花在办公室内部的环境改善上，为员工提供更加人性

---

① Ronen Feldman, James Sanger. The Text Mining Handbook : Advanced Approaches in Analyzing Unstructured Data[M]. Cambridge: Cambridge University Press, 2006: 1-10.

② Audretsch D B, Lehmann E E. Does the Knowledge Spillover Theory of Entrepreneurship hold for regions? [J]. Research Policy, 2005, 34(8): 1191-1202.

③ Cheson B D, Bennett J M, Kopecky K J, et al. Revised recommendations of the International Working Group for Diagnosis, Standardization of Response Criteria, Treatment Outcomes, and Reporting Standards for Therapeutic Trials in Acute Myeloid Leukemia[J]. Journal of Clinical Oncology Official Journal of the American Society of Clinical Oncology, 2004, 22(16): 3432-3433.

化、舒适化的办公环境，同时也能提高客户对企业的良好印象。

3. 空间因素

虽然前期租借的办公室面积可以比较小，但是创业者应该充分考虑办公室空间的延展性，即未来一两年，随着企业规模的扩大，招聘的人员数量增加，是否会有足够的空间向外扩展。

4. 氛围因素

办公室附近的工作、休闲环境决定了员工休息时所能得到的福利。如果周围有孵化器、咖啡厅、投资机构、高校，既营造了舒服的工作环境圈，也为员工成长和休闲提供了好去处。

5. 物业因素

在置地建房或租用店铺前，创业者应首先了解地段或房屋的规划的用途与自己的经营项目是否相符；该物业是否有合法权证。还应考虑该物业的历史、空置待租的原因、坐落地段的声誉与形象等，是不是环境污染区，有没有治安问题等都是创业者选择时需要考虑关注的。

创业者选址的时候切记要按照以上五点因素去考虑，选择一个好的创业选址，你的创业之路就会顺畅很多。

四、企业注册资本

2014 年新公司法颁布，实行注册资本认缴登记制，取消了公司制企业的最低注册资本要求，不再限制公司设立时全体股东(发起人)的首次出资比例，不再限制公司全体股东(发起人)的货币出资金额占注册资本的比例，不再规定公司股东(发起人)缴足出资的期限。

注册资本制度经历了三个标志性阶段：

第一阶段，法定注册资本资金制(又称实缴资本制)，是指公司在设立时，必须在章程中对公司的注册资金总额作出明确的规定，并须由发起人全部缴足；否则，公司不能成立。足额实缴制的优点是保证公司资本真实、可靠，防止公司设立中的欺诈和投机行为，以及有效地保障债权和交易安全。但是，由于很多公司在设立之初，资金成本高、来源少，增加了公司设立的难度与成本。而且很多公司在设立初期不需要运用大部分注册资本金，容易导致公司资金积压，降低了资本金使用效率。

第二阶段，部分法定注册资金制(又称部分实缴资本制)，是指公司设立时，注册资金数额虽已记载于章程，但发起人不必在公司成立时认足和缴足，但发起人必须认定并缴付注册资金总额中的一部分，公司即可成立；未认定部分，授权董事会在公司成立后，根据业务需要分次发行，在授权资本的数额之内发行新股，不必由股东大会批准。它具有便于公司迅速成立、降低公司设立成本的优点，特别是在公司增资时，可随时发行新股募集，无需变更章程，也不必履行增资审批程序，符合现代市场经济对经济活动迅速、高效的要求。但是，授权注册资金也有其内在缺陷，它容易导致公司资信不足，也易于损害债权人的利益，且使股东在公司设立过程中有进行欺诈活动的可乘之机，甚至损害到公司其他投资者的利益。

第三阶段，完全授权注册资本金制(又称认缴资本制)，是指公司设立时，注册资金数额虽已记载于章程，但发起人可以在公司成立时完全不缴纳，公司即可成立。认缴资本制放大了部分实缴资本制的优缺点，既便于公司的快速成立、降低设立成本外，也容易导致公司的资信不足，使股东在设立中又进行欺诈活动的可乘之机，损害其他投资者的利益。

公司设立初期不用实际缴存注册资本金，投资者可以根据自己对企业未来发展规模的估计而选择高低。企业注册资本的大小，代表的是企业股东承诺将会向企业注入的资本金，是股东愿意承担的责任的上限，代表着一个企业的实力和抵抗风险的能力。注册资本高，意味着企业的偿债能力高、市场信誉高。虽然企业设立时不用缴存注册资本金，且注册资本认缴期限由股东自己约定，法律不做限制，但是登记在册的注册资本金是对企业未来的偿债能力的担保。即使企业没有实际缴存资本金，但当企业发生法人债务，超出了企业现有偿还能力时，股东需要追缴足额资本金进行偿债。因为，注册资本金越高，发生亏损时，损失更大。而且在注册资本缴清后，需要缴纳印花税，印花税税率为万分之五。

综上所述，创业者在创建企业时应该根据自身对企业未来发展规模的预判选择合适的注册资本金。

五、企业工商注册的基本步骤和注意要点

企业工商注册登记工作涉及的部门众多、流程繁琐，提交的申请材料众多。为了使读者能够更加直观地了解企业工商注册的流程，下文将结合《创业之星》软件进行模拟实训。

在《创业之星》软件的模拟实训中，公司登记注册的基本流程是：租赁办公场所、公司名称预先核准登记、撰写公司章程、公司注册资金存入银行、领取验资报告、公司设立登记、刻制公司印章、办理组织机构代码、办理税务登记、开设公司银行账户、办理社会保险，如图 7-2 所示。

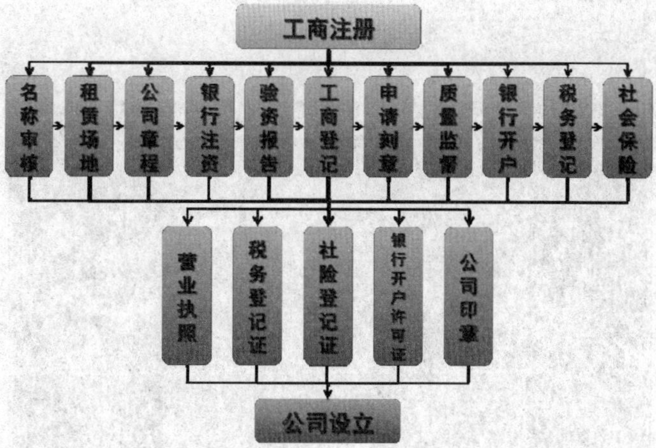

图 7-2　企业登记注册的流程

在《创业之星》的菜单“公司注册进度”中可以随时查看公司注册进度，目前已经完成了哪些登记注册环节。同时，创业者可以根据图 7-3，将创业所需的材料与出具的部门相互对照起来，以方便在流程办理中快速厘清思路。

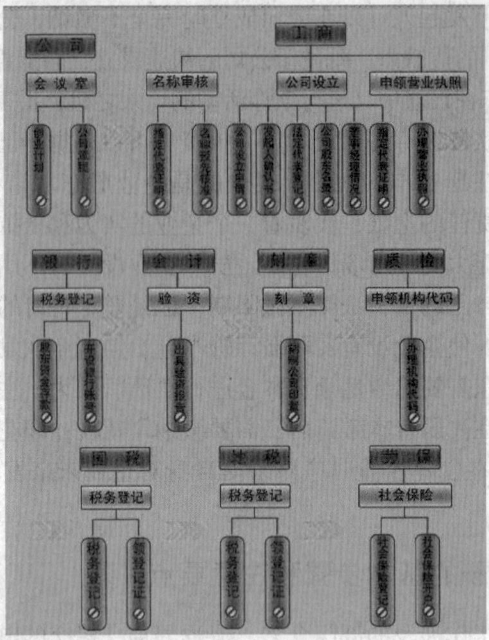

图 7-3　公司注册进度

下面将结合《创业之星》界面详细介绍企业工商注册登记的全流程。

(一)租赁办公场所

登录《创业之星》系统之后，点击图 7-4 红框中人物图标，在弹出的对话框中将自己的角色身份修改为总经理(CEO)。只有 CEO 有基本操作权限，这是为后面进行工商注册登记做准备。

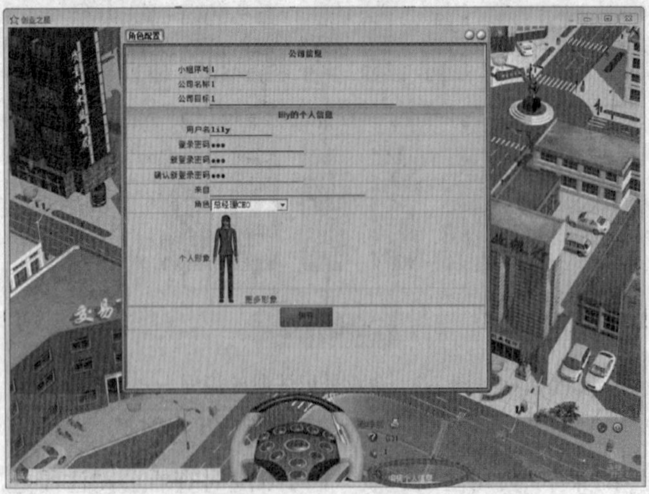

图 7-4　创业之星——修改角色身份

点击“创业大厦”的入口处，由于是第一次进入，系统将会提示是否租赁办公场所，需要点击“确定”，办理房屋租赁合同(见图7-5、图7-6)。

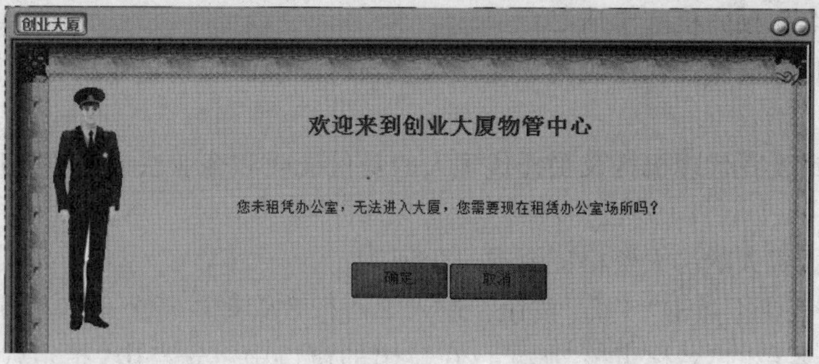

图7-5　创业之星——租赁办公场所

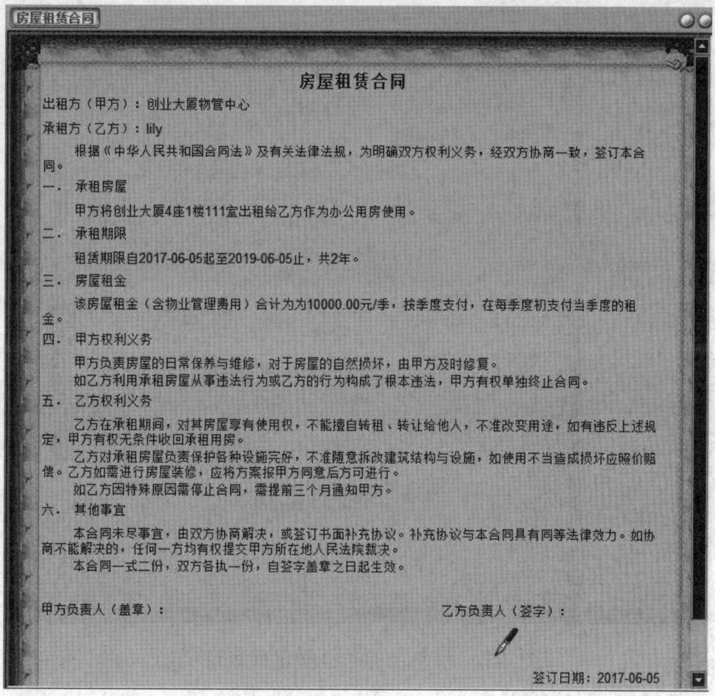
房屋租赁合同

房屋租赁合同

出租方（甲方）：创业大厦物管中心

承租方（乙方）：lily

根据《中华人民共和国合同法》及有关法律法规，为明确双方权利义务，经双方协商一致，签订本合同。

一．承租房屋

甲方将创业大厦4座1楼111室出租给乙方作为办公用房使用。

二．承租期限

租赁期限自2017-06-05起至2019-06-05止，共2年。

三．房屋租金

该房屋租金（含物业管理费用）合计为为10000.00元/季，按季度支付，在每季度初支付当季度的租金。

四．甲方权利义务

甲方负责房屋的日常保养与维修，对于房屋的自然损坏，由甲方及时修复。

如乙方利用承租房屋从事违法行为或乙方的行为构成了根本违法，甲方有权单独终止合同。

五．乙方权利义务

乙方在承租期间，对其房屋享有使用权，不能擅自转租、转让给他人，不准改变用途，如有违反上述规定，甲方有权无条件收回承租用房。

乙方对承租房屋负责保护各种设施完好，不准随意拆改建筑结构与设施，如使用不当造成损坏应照价赔偿。乙方如需进行房屋装修，应将方案报甲方同意后方可进行。

如乙方因特殊原因需停止合同，需提前三个月通知甲方。

六．其他事宜

本合同未尽事宜，由双方协商解决，或签订书面补充协议。补充协议与本合同具有同等法律效力。如协商不能解决的，任何一方均有权提交甲方所在地人民法院裁决。

本合同一式二份，双方各执一份，自签字盖章之日起生效。

甲方负责人（盖章）：　　　　乙方负责人（签字）：

签订日期：2017-06-05

图7-6　创业之星——签订房屋租赁合同

2. 公司名称预先核准登记

根据《中华人民共和国公司登记管理条例》，设立公司应当申请名称预先核准，而且必须在设立公司报送审批之前办理公司名称预先核准。企业名称经预先核准程序在设立登记前确定下来，可以使企业避免在筹组过程中因名称的不确定而带来登记申请文件、材料使用名称杂乱，并减少因此引起的重复劳动、重复报批等现象，对统一登记申请材料中使用的企业名称、规范登记文件材料，均有重要的作用。

申请企业名称预先核准登记，应当由全体投资人指定的代表或委托的代理人，向企业名称的登记主管机关提交下列文件、证件：

(1)企业名称预先核准申请书；

(2)指定代表或委托代理机构及受托代理人的身份证明和企业法人资格证明及受托资格证明；

(3)代表或受托代理机构及受托代理人的身份证明和企业法人资格证明及受托资格证明；

(4)全体投资人的法人资格证明或身份证明。

在导航仪表盘上点击“工商”按钮，进入工商行政管理进行公司名称预先核准登记。点击办公桌上蓝色的“名称审核”牌子，在跳出的窗口中，先点击“指定代表证明”，按要求填写相关信息，并在下拉窗口中点击签字确认(见图7-7)。这样，就确认了办理人为全体投资人指定的代表或委托的代理人正在履行法律程序。

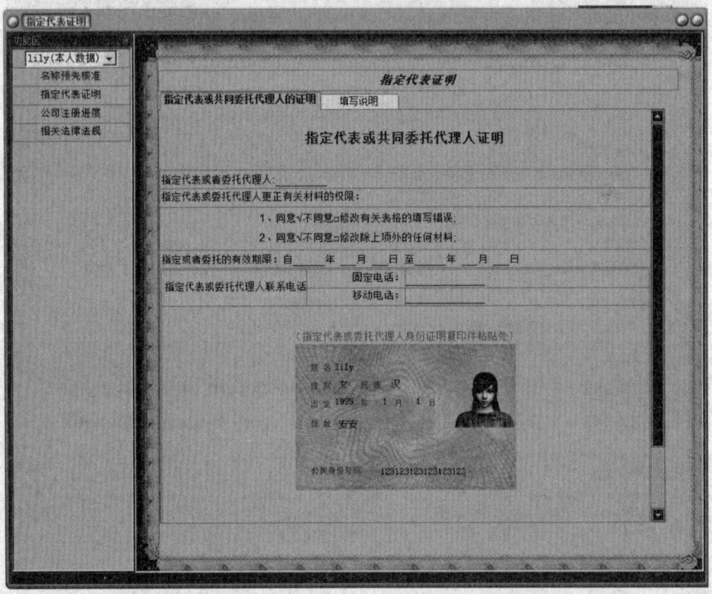

图7-7　创业之星——指定代表证明

再选择第一个菜单“名称预先核准”，完成公司名称预先审核申请书的信息填写(见图7-8)。全部填写完整后提交，企业名称登记主管机关应当自受理企业提交的全部企业名称预先核准申请材料之日起10日内，对申请核准的企业名称作出核准或驳回的决定。核准的，发给《企业名称预先核准通知书》；驳回的，发给《企业名称驳回通知书》。在《创业之星》中，为了缩短登记时间，如填写内容符合要求且公司名称没有和其他小组冲突，会马上提示申请成功，可以保留申请的名称作为公司名称。对于各个项目的填写注意事项，在“填写说明”页面中有简要说明，不清楚时可以去查看相关帮助信息；

菜单“相关法律法规”提供了与工商登记注册有关的国家法律法规，一方面可以帮助学生在学习中了解相关的知识，另一方面可以更好地理解注册中的一些规定与要求(见图7-9)。

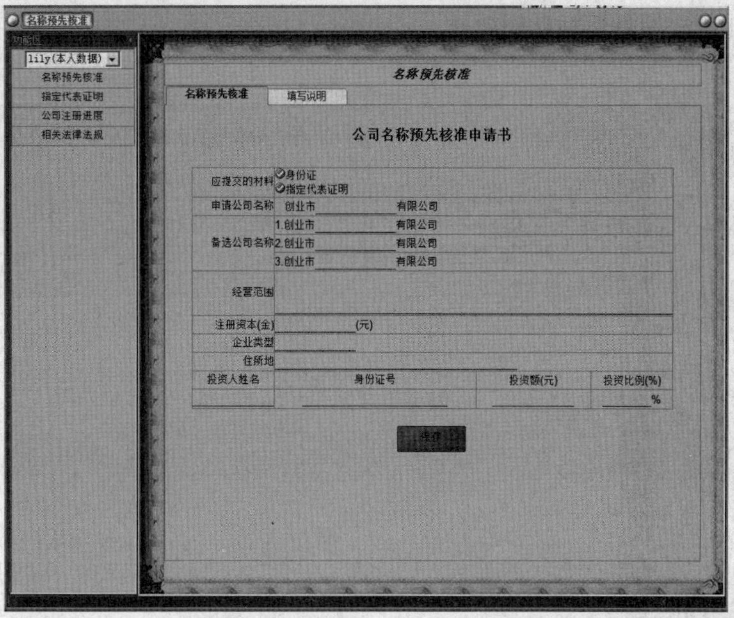

图 7-8　创业之星——公司名称预先核准

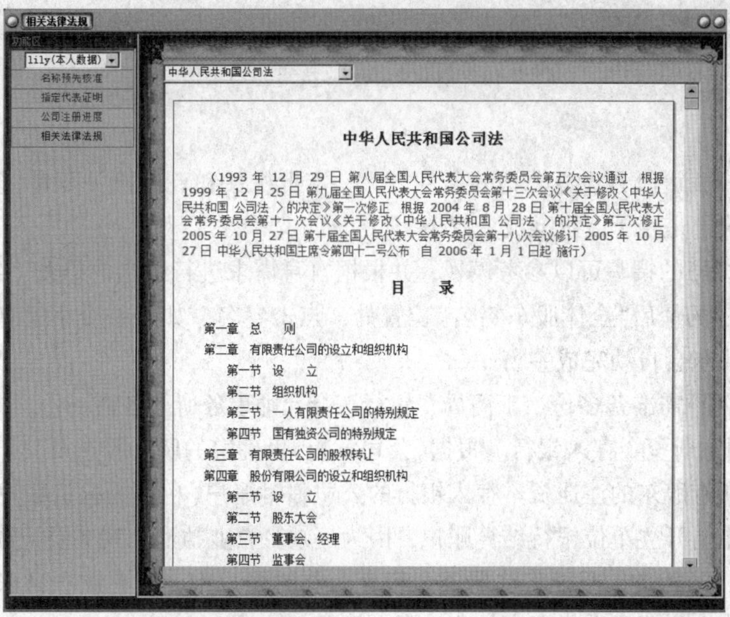

图 7-9　创业之星——企业登记注册的相关法律法规

3. 撰写公司章程

企业名称预审核通过之后，创业者开始撰写公司章程。在主场景点击“创业大厦”入口，进入公司办公场景，或在导航仪表盘上点击“公司”快速进入公司内部。然后点击“会议室”，在弹出窗口中点击“公司章程”，完成公司章程的编写工作(见图 7-10)。也可以在其他地方写好后粘贴到此处。

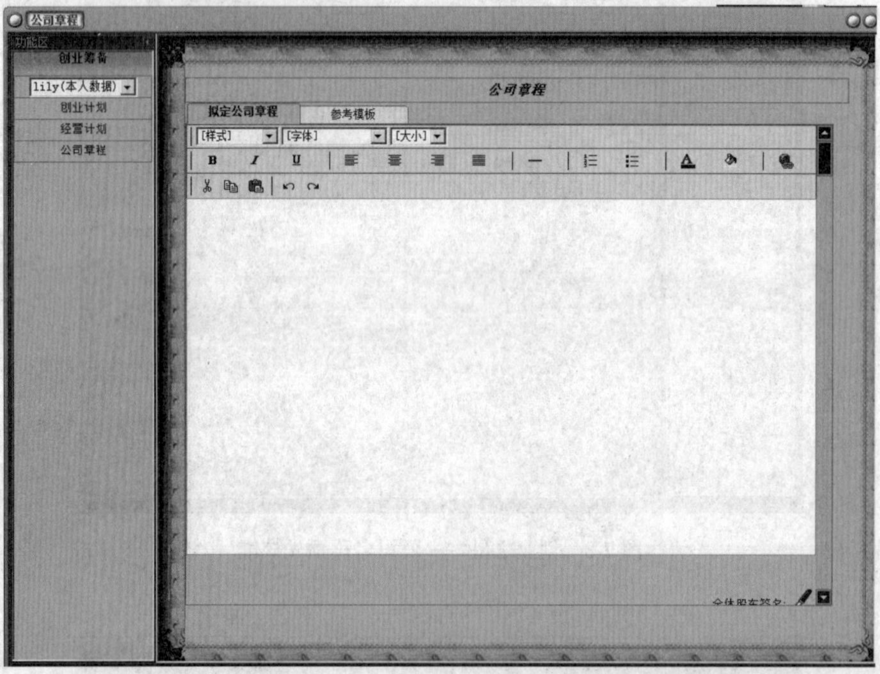

图 7-10　创业之星——撰写公司章程

订立《公司章程》是设立公司的条件之一。审批机关和登记机关要对《公司章程》进行审查，以决定是否予以批准或者登记。

《公司章程》的撰写可以参考模板，并根据自身需求进行适当的修改。编写完成后，在《公司章程》的最后“全体股东签名”位置处，点击签名。如果一个小组有多个股东构成，则其他股东会自动完成签名。

《公司章程》需准备多份，工商局、银行、会计师事务所等各需一份。

(1)公司注册资金存入银行。根据《公司章程》里确定的所有股东及其出资情况，代表人将公司所有股东的注册资本存入银行的公司临时账户(也称为验资账户)上。此时，公司还不能申请开立单位银行结算账户，因为还缺少营业执照、税务登记证以及公司公章(见图 7-11)。因此，只能将注册资金暂存入临时账户中。所有款项到账后，由银行出具资金报告，说明所有投资人的存入资金情况。

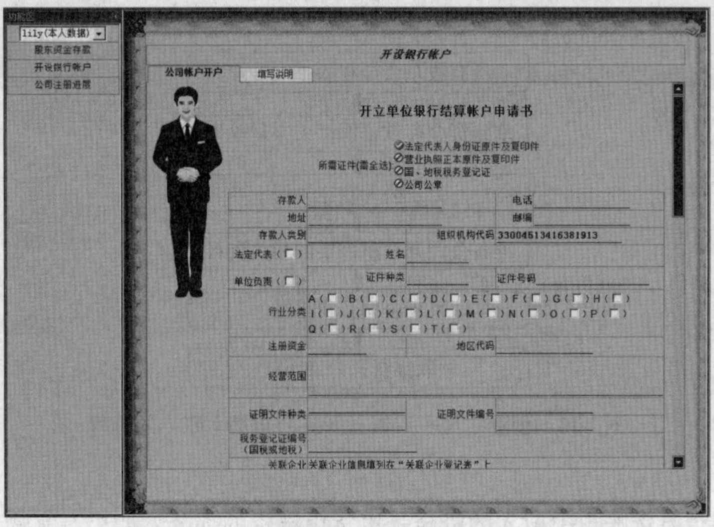

图 7-11　创业之星——开设银行账户

在主场景点击“创业银行”入口，进入创业银行，或在导航仪表盘上点击“银行”快速进入创业银行。然后点击“对公账户”窗口，在弹出窗口中点击“股东资金存款”菜单，确认将所有股东资金存入银行(见图 7-12)。

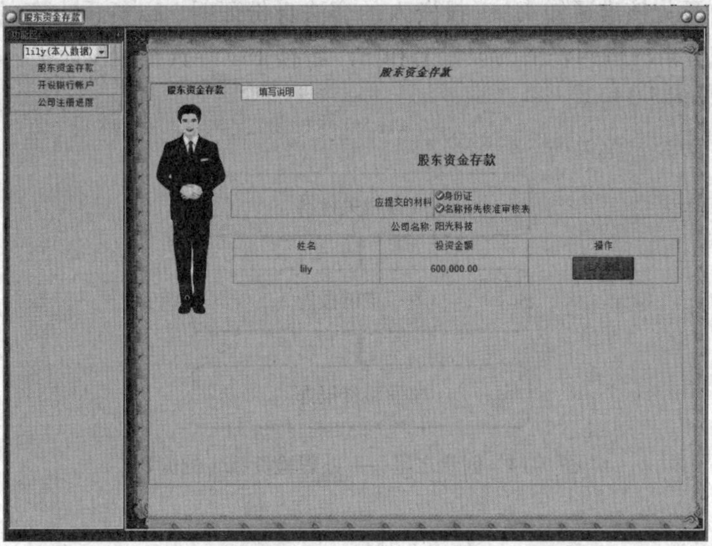

图 7-12　创业之星——股东资金存款

如果您需要注册成立一家新公司并在某银行开户，首先需要将公司的注册资金存入该银行。待完成所有工商税务注册程序后，凭公司登记注册的所有资料到该银行开设公司基本账户(见图 7-13)。

图 7-13 创业之星——银行开立公司基本账户的流程

企业在银行验资账户中植入的资金是以货币出资的部分，如果有实物、房产等作为出资的，需要到法定评估机构评估其价值后再按其实际价值出资。

(2)领取验资报告。依照公司法规定，公司的注册资本必须经法定的验资机构出具验资证明。验资机构出具的验资证明是表明公司注册资本数额的合法证明，依照国家有关法律、行政法规的规定，能够出具验资证明的法定验资机构有会计师事务所和审计事务所。如要办理验资证明，请准备好相关材料。

办理验资证明需要提交的证明和材料如下：委托验资机构验资委托书、《公司章程》《企业名称预先核准通知书》、投资人的合法身份证明、以货币出资的银行对账单、经由法定评估资格的机构评估的报告书和财产转移手续等资金到位证明、验资机构要求的其他文件(见图 7-14)。

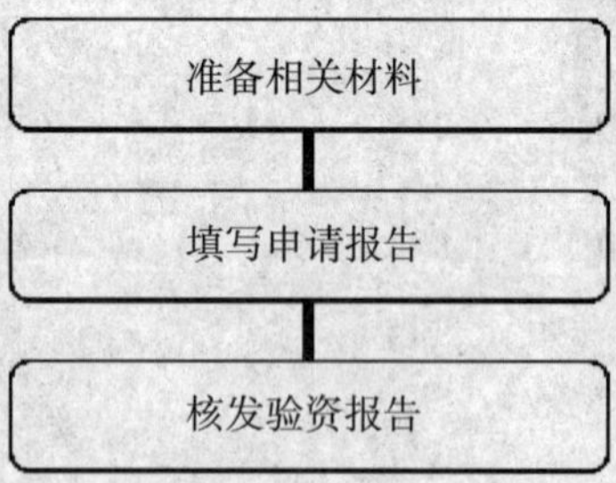

图 7-14 创业之星——办理验资报告的流程

在主场景点击“会计师事务所”入口，进入会计师事务所，或在导航仪表盘上点击“会计”快速进入会计师事务所。在弹出窗口中点击“出具验资报告”菜单，完成公司股东注册资金的验资，并领取验资证明(见图 7-15)。

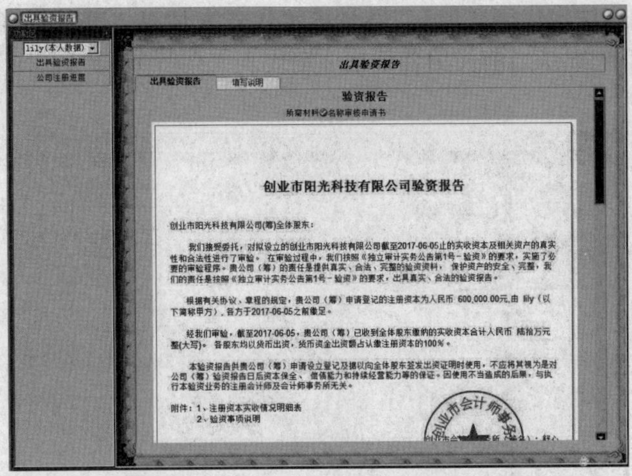

图 7-15　创业之星——出具验资报告

(3)公司设立登记。办理完验资手续并拿到会计师事务所出具的验资证明报告后，凭相关资料到工商行政管理局办理公司设立登记手续。

在《创业之星》主场景点击“工商行政管理局”入口，进入工商行政管理局，或在导航仪表盘上点击“工商”快速进入工商行政管理局。公司设立需要提供的资料较多，要首先全部准备好。

在点击“公司设立申请”之前，现将需要的材料准备好。第一步，点击“发起人确认书”，进行确认，在所有签字的地方签字确认。如果公司由多名股东组成，系统会自动将其他股东的名字签好(见图 7-16)。

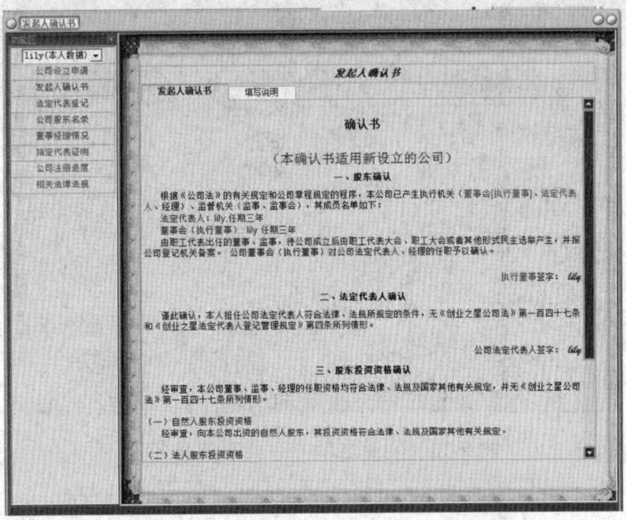

图 7-16　创业之星——发起人确认书

第二步，点击“法定代表登记”，填写法定代表人信息，并签字确认。如果公司由多名股东组成，系统默认当前使用者就是法定代表人(见图 7-17)。

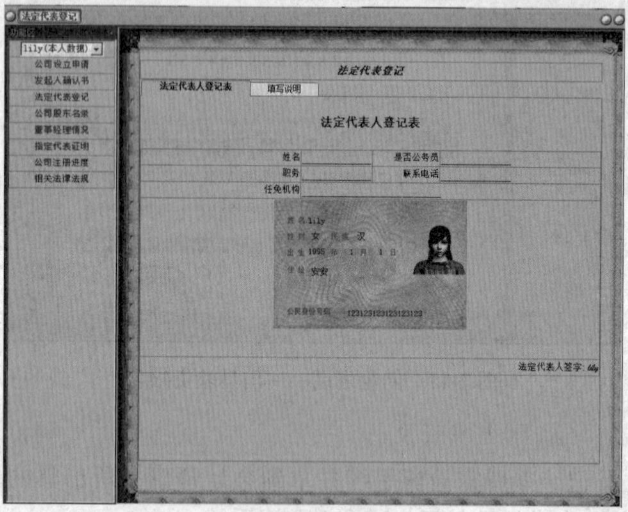

图 7-17　创业之星——法定代表登记

第三步，点击“公司股东名录”，填写公司股东(发起人)名录信息。如果公司由多名股东组成，则要填写所有股东的相关信息(见图 7-18)。

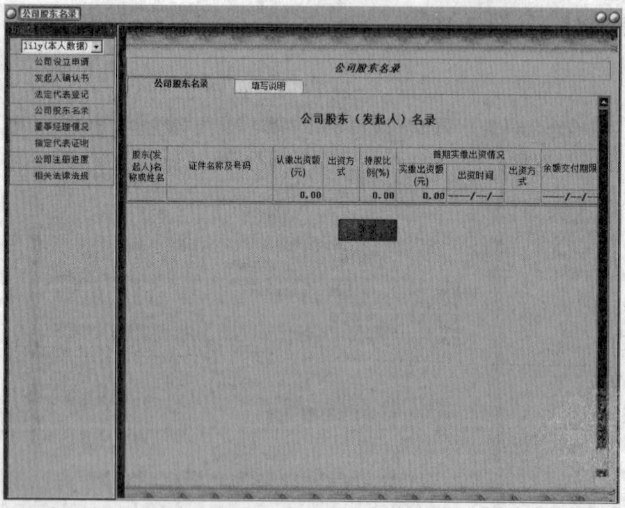

图 7-18　创业之星——股东信息名录

第四步，点击“董事经理情况”，填写公司所有董事、经理的相关信息(见图 7-19)。

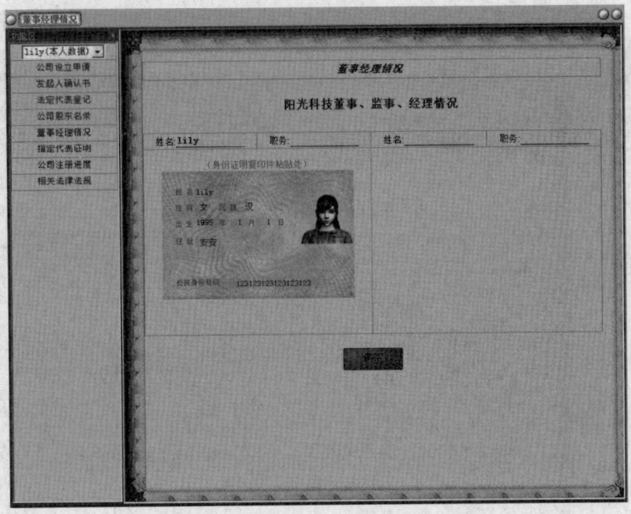

图 7-19 创业之星——董事经理情况

第五步，点击“指定代表证明”，指定办理公司登记注册的代表人。这项工作在公司名称预审核中已经做好，系统默认就是同一个人来办理。

完成了以上所有准备工作后，最后点击第一项菜单“公司设立申请”，填写公司设立申请表。这时可以看到最上面显示的办理公司设立申请需要准备的所有材料已经都准备好了，相应资料名称前面会用标志“✓”表示，否则会显示“×”(见图 7-20)。根据填表要求完成公司设立申请表的填写，点击最后的“签字确认”；确认后点击工商行政管理局办事窗口的“申请营业执照”，在弹出窗口中点击“办领营业执照”，即可领取已办好的企业法人营业执照(见图 7-21)。

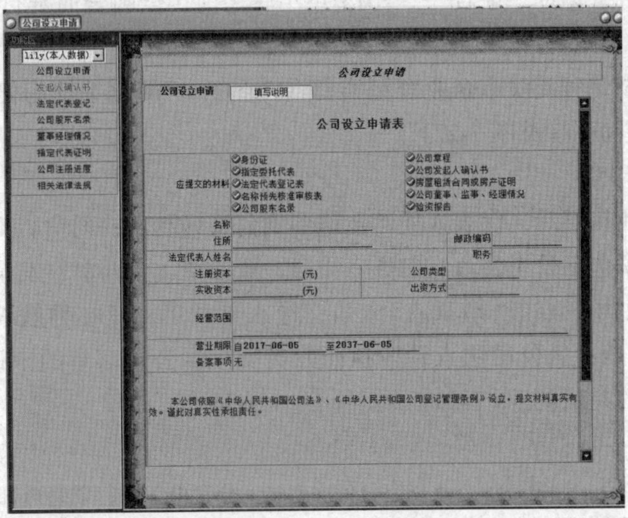

图 7-20 创业之星——公司设立申请

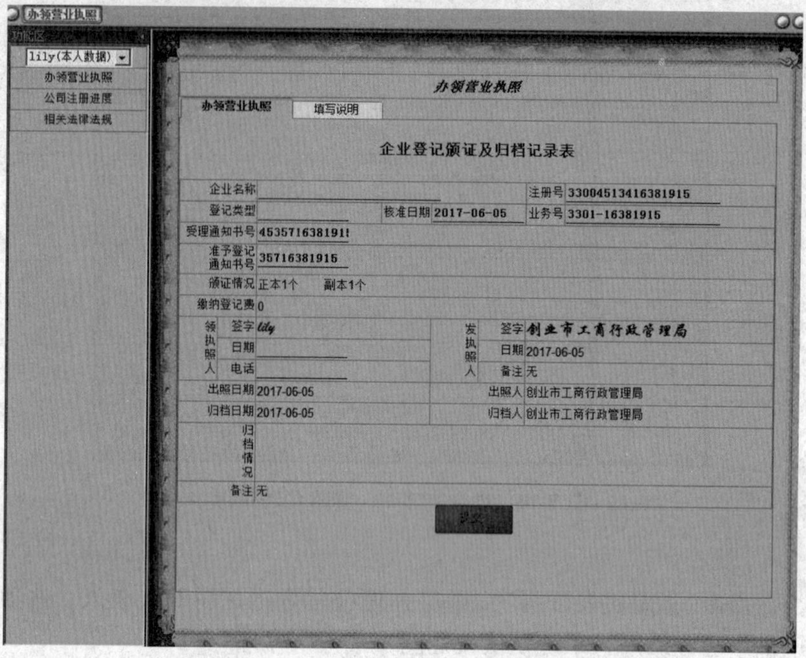

图 7-21　创业之星——办领营业执照

由于《创业之星》截至 2017 年 6 月，还没有将系统中企业登记注册流程进行更新，因此，文中涉及《创业之星》中模拟注册登记的内容都按照“三证合一”①制度颁布之前的规章制度处理。但是，读者需要注意的是，工商总局依据《国务院办公厅关于加快推进“三证合一”登记制度改革的意见》的通知，规定 2015 年 10 月 1 日起营业执照、组织机构代码证和税务登记证三证合一。2015 年年底之前，全国全面推行“一照一码”登记模式。

接下来，以湖北省武汉市企业登记实行“三证合一”简化手续为例，详细介绍改革后的企业设立办理流程(见图 7-22)。

4. 刻制公司印章

在办理好营业执照后，代表人凭营业执照到公安局制定的刻章店刻制公司印章。需要刻制的公司印章包括公司公章、财务专用章、业务章、合同章、发票专用章及其他专用章等印章；在主场景点击“刻章店”入口，进入刻章店，或在导航仪表盘上点击“刻章”快速进入刻章店；凭公司法人营业执照并提交刻制公司印章的申请，完成公司章、法人章、财务章的刻制(见图 7-23)。

① “三证合一”登记制度是指企业登记时依次申请，分别由工商行政管理部门核发工商营业执照、组织机构代码管理部门核发组织机构代码证、税务部门核发税务登记证，改为一次申请、合并核发一个营业执照的登记制度。

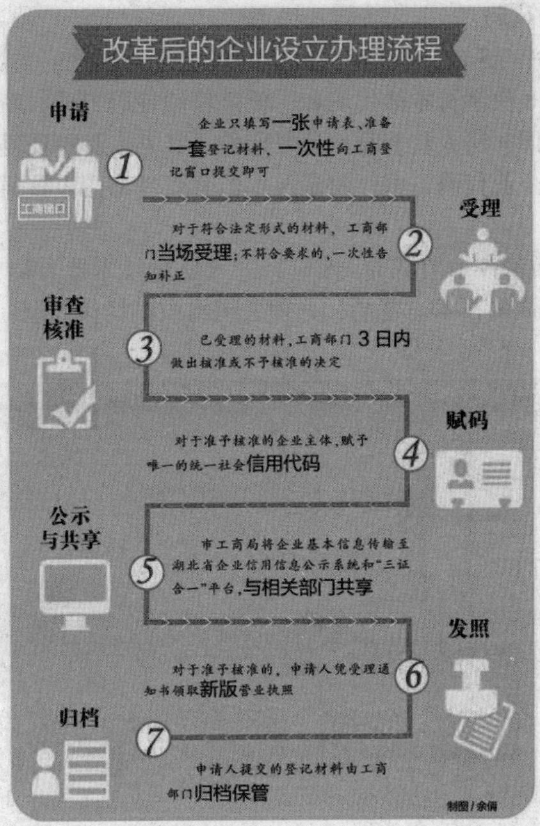

图 7-22　武汉市改革后的企业设立办理流程①

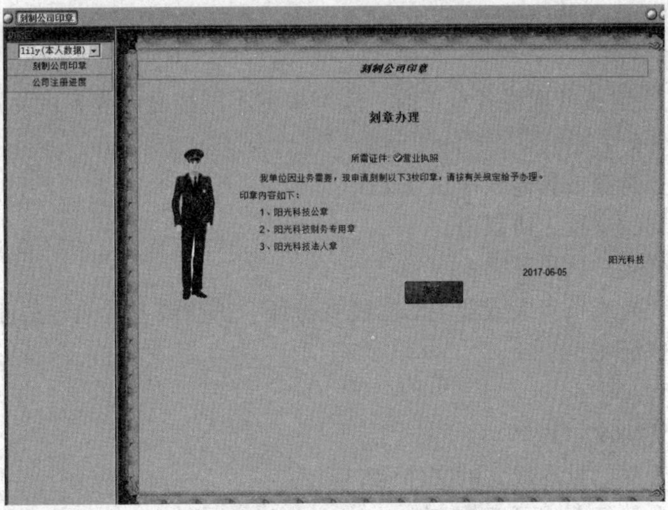

图 7-23　创业之星——刻制公司印章

① 资料来源：http：//www. hb. xinhuanet. com/2015-09/10/c_1116514483. htm。

5. 办理组织机构代码

本部分仍然按照“三证合一”政策出台前的规定进行操作，与《创业之星》系统相匹配。组织机构代码由8位字符本体代码和一位字符验证码组成。新创办的企业在完成工商登记后，凭营业执照、法人代表身份证复印件、经办人身份证复印件和单位公章等到质量技术监督局办理企业代码证书。质量技术监督管理部门审核通过后，发给企业组织机构代码证。

在主场景点击“质量技术监督局”入口，进入质量技术监督局，或在导航仪表盘上点击“质检”快速进入质量技术监督局，办理公司组织机构代理证(见图7-24)。

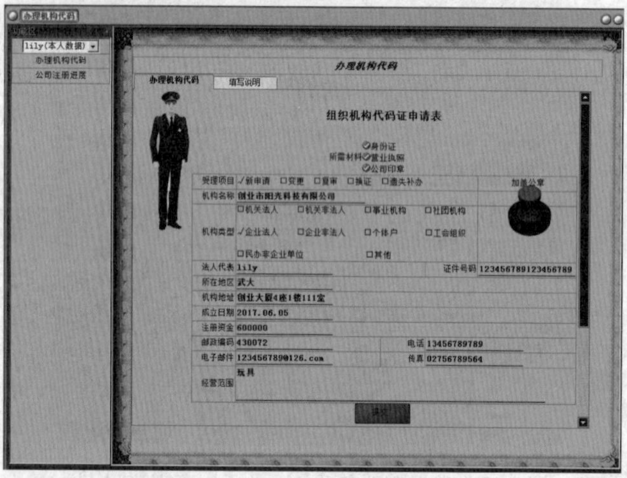

图7-24　创业之星——办理机构代码

6. 办理税务登记

企业纳税人在申报办理税务登记时，应当根据不同情况向税务机关如实提供以下证件和资料：

(1)工商营业执照或其他核准执业证件；

(2)有关合同、章程、协议书；

(3)组织机构统一代码证书；

(4)法定代表人或负责人或业主的居民身份证、护照或者其他合法证件；

(5)银行开户证明；

(6)验资报告；

(7)房屋租赁协议；

(8)上级主管部门批准成立的文件(如有)；

(9)特殊行业的经营许可证(如有)。

办理税务登记需要到国家税务局和地方税务局办理分别领取国税登记证和地税登记证。有些地区为了方便纳税人办理，还设立了集中办税服务大厅，可以集中统一办理国税和地税登记。

在主场景点击“国家税务局”入口，进入国家税务局，或在导航仪表盘上点击“国税”快速进入国家税务局。要办理税务登记证，首先在办事大厅中点击“窗口”，在弹出窗口中点击“税务登记(国税)”，按要求完成税务登记表所有项目，在表格最后面盖上公司章和法人章(见图7-25)。

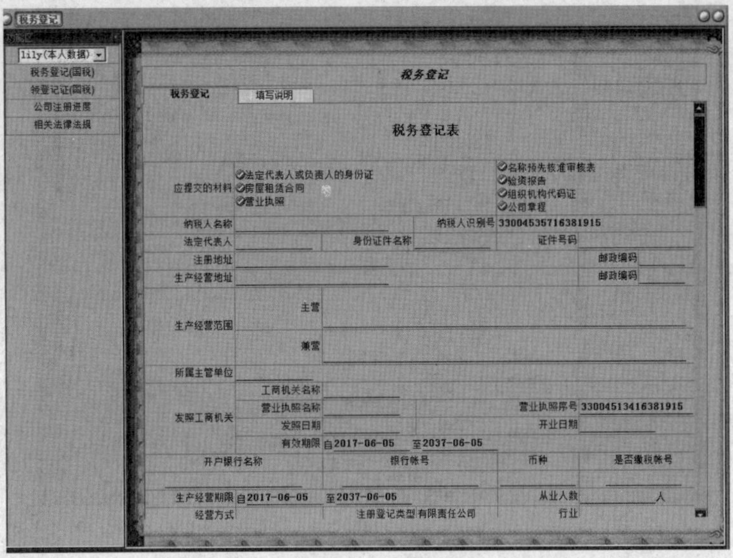

图7-25　创业之星——办领税务登记(国税)

办理好后，再点击“领登记证(国税)”，领取正式的国税税务登记证(见图7-26)。

图7-26　创业之星——领登记证(国税)

地税税务登记证与国税税务登记证的办理方法类似。在主场景点击“地方税务局”入口，进入地方税务局，或在导航仪表盘上点击“地税”快速进入地方税务局。在办事大厅中点击“窗口”，在弹出窗口中点击“税务登记(地税)”，按要求完成税务登记表所有项目，在表格最后面盖上公司章和法人章(见图 7-27)。

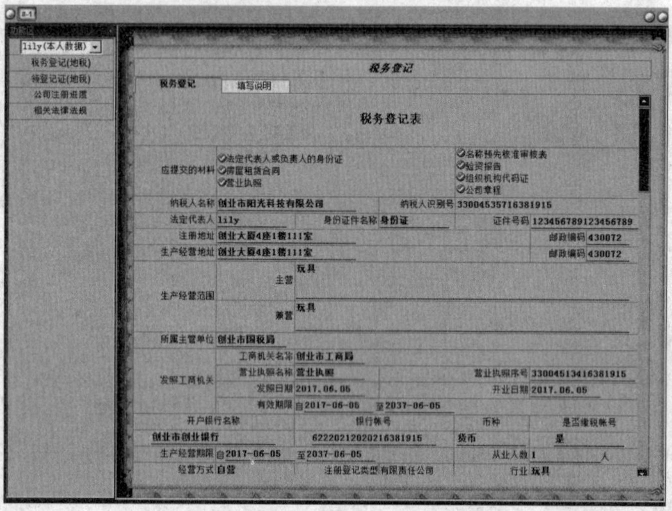

图 7-27　创业之星——办理税务登记(地税)

地税税务登记证均办理好后，点击“领登记证(地税)”，领取公司税务登记证。国税登记证和地税登记证使用的是两个部门的联合发证，上面盖有两个部门的公章(见图 7-28)。

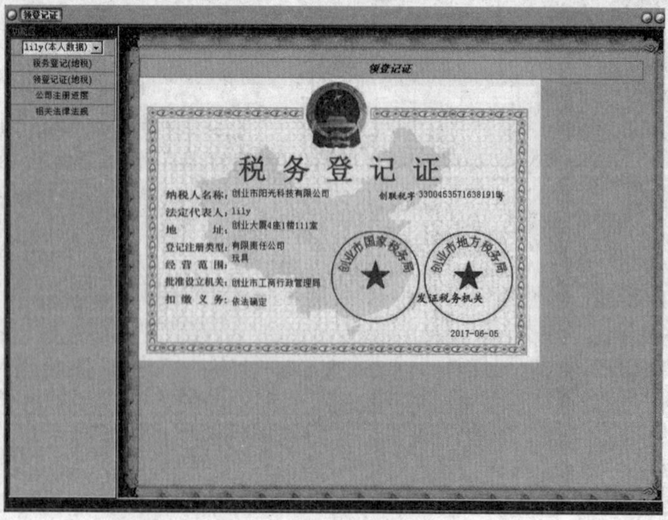

图 7-28　创业之星——领登记证(地税)

7. 开设公司银行账户

企业可以选择一家离自己公司近、办事方便的银行作为自己的开户银行。开立一般存款账户需要以下资料：

①营业执照、组织机构代码证书，税务登记证的正本、副本原件及复印件；

②基本账户的开户许可证正本的原件及复印件(不需要副本)；

③法定代表人身份证的原件及复印件；

④公章、财务章(一般应该是铜章)、人名章；

⑤如果不是法定代表人本人前去办理，需要出示由法定代表人签字的委托授权书及代办人身份证的原件、复印件。

在主场景点击“创业银行”入口，进入创业银行，或在导航仪表盘上点击“银行”快速进入创业银行。点击“对公业务”窗口，在弹出窗口中点击“开设银行账户”菜单(见图 7-29)。

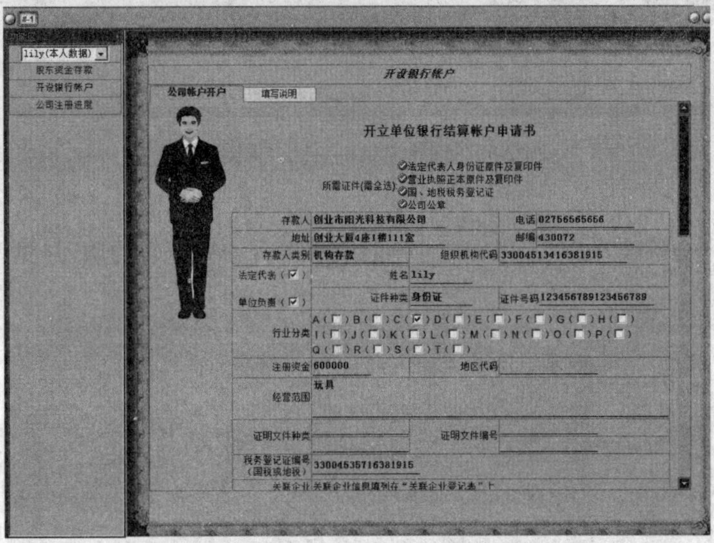

图 7-29 创业之星——开设银行账户

8. 办理社会保险

企业办理社会保险需要提供的资料包括：

①《××市企业参加社会保险登记表》(通过网上申报成功后打印的登记表)；

②工商营业执照副本原件；

③企业机构代码证原件；

④企业法人的身份证复印件(盖单位公章)；

⑤银行开户许可证原件或开户银行印鉴卡原件(盖银行公章)；

⑥单位经办人身份证原件。

在主场景点击“人力资源和社会保障局”入口，进入人力资源和社会保障局，或在导航仪表盘上点击“社保”快速进入人力资源和社会保障局。点击“社会保险”窗口，在弹出窗口中点击“社会保险登记”，即可完成“用人单位社会保险登记表”的填写(见图7-30)。

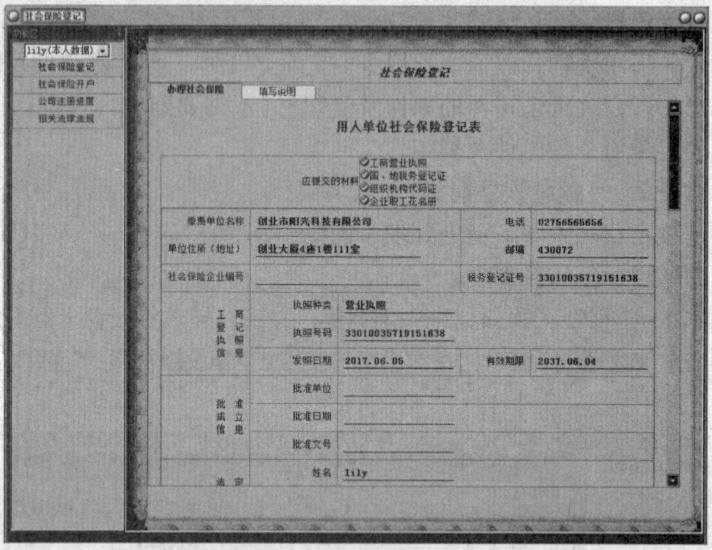

图7-30　创业之星——社会保险登记

再点击“社会保险开户”，以完成企业社会保险开户登记表的填写(见图7-31)。

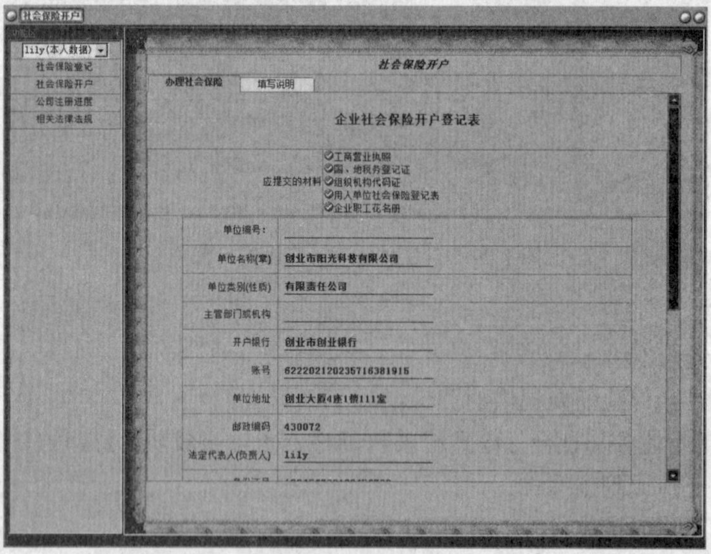

图7-31　创业之星——社会保险开户

至此，已完成公司工商税务登记所有流程工作，公司正式成立，可以开张营业。接下来将进入创业企业运营管理阶段。

第二节　企业战略管理

企业战略是企业管理的核心，在企业管理总体框架中，战略管理具有全局性、长远性的特点，对于企业的竞争力和可持续发展有着至关重要的作用。本章通过介绍企业战略的定义、特征、类型，结合《创业之星》介绍各部门查询分析功能操作，帮助读者通过市场观察其他竞争对手的相关策略，同时根据市场上的竞争现状相机抉择企业生产布局的方法。

一、公司战略的基本内涵

(一)公司战略的定义及组成要素

1. 公司战略的定义

关于公司战略的定义一直处于发展中。早期，哈佛商学院教授安德鲁斯(K. Andrews)认为企业总体战略是一种模式，它决定和揭示企业的目的与目标，提出实现目的的重大方针与计划，确定企业应该从事的经营业务，明确企业的经济与人文组织类型，以及决定企业应对员工、顾客和社会作出的经济与非经济的贡献。① 这个定义意味着公司战略将事无巨细地处理所遇到的每一个战略问题。

本书对公司战略的定义遵循程源、傅家骥(2002)提出的观点，即公司战略是指企业为了实现其经营目标，在考虑其内部条件和外部环境后，对于企业未来的发展所做出的方向性的谋划。② 企业战略的优劣决定公司能否在长期竞争中保持优势。因此，创业者在创业初期具有一个清晰的公司战略发展方向非常重要。正如大战在即，将帅必须胸怀作战方针。创业企业的战略管理是创业管理过程中的重要组成部分，本书试图深入地揭示创业企业在成长过程中的战略选择和推演。

没有一成不变的公司战略，它随着宏观背景和市场环境的变化而不断更新修正，同时，不同发展阶段的企业所适合的战略也不尽相同。那么，我们只能通过描述公司战略的构成大框架，让企业自由组合，制定适合自己的公司战略。

2. 公司战略的组成要素

克里斯和蒙哥马利指出，一项有效的公司战略是由五个基本要素组合而成的协调一致的系统，正是这个系统创造了公司优势，并产生了经济价值。③ 公司战略的框架图如图 7-32 所示。上面三个方框中分别是资源和业务以及结构、体制与过程，它们构成了公司战略的基础和驱动力，并致力于实现企业愿景、目标与目的。在这一良性运作中，公司逐渐培育出自己的竞争优势，能确保企业经久不衰并蓬勃向上。

---

① Andrews, Kenneth Richmond. The concept of corporate strategy[M]. Homewood: Richard D. Irwin, 1987: 1-10.

② 程源，傅家骥. 企业技术战略的理论构架和内涵[J]. 科研管理，2002，23(5)：75-80.

③ [美]戴维 J. 柯林斯，[美]辛西娅 A. 蒙哥马利. 公司战略：基于资源论的观点[M]. 王永贵，等，译. 北京：机械工业出版社，2006.

(1)企业愿景是公司战略的核心，是企业基于当前现状，对未来的美好憧憬和公司定位。在西方的管理学著作中，多注重大公司在管理中强调企业愿景的重要性。一个员工认同的企业愿景能够有效地培育与鼓舞组织内部所有人，激发个人潜能，激励员工竭尽所能，提升组织生产力，从而实现顾客满意度的目标。

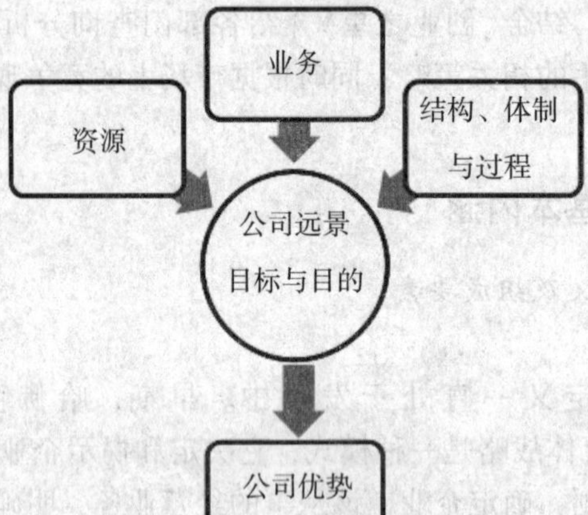

图 7-32　公司战略的框架图

吉姆·柯林斯(James C. Collins)和杰里·波拉斯(Jerry I. Porras)在 *Built to Last: Successful Habits of Visionary Companies*① 一书中将企业划分为两种类型：第一种类型是能够清楚地阐述连贯一致的企业愿景，并在相当长的一段时间内致力于实现这一愿景，并成功地将它扎根于员工之中的企业。第二种类型是没有明确的经营理念或企业愿景，或企业愿景没有扩散到企业员工心中。这些企业很难能够长久立足于市场，绝不可能居世界前列。只有企业全体员工共同拥护企业愿景，这种企业才会有成长为优良企业的基础。

企业愿景具有这些特征：野心勃勃的志向、自由不限定、伦理价值。统率一切的总体企业愿景是在野心勃勃的志向中产生的，而且往往时限可能很遥远，使用相当自由和定性的语言来描述公司的业务界限，提供统一的奋斗目标。为了使员工能够明确企业愿景的内涵并努力为之奋斗，愿景也会描述企业在从事业务活动时应该坚持的伦理价值观念。

(2)目标与目的。企业愿景描述的是具有前瞻性的计划或开创性的目标，期限一般比较久远。定性、自由的特性使企业的员工无法在短期内看到自己为企业愿景时所作出的贡献。当目标遥不可及时，人们容易懈怠、灰心失意。因此必然需要设定一套短期的目标和目的，将企业愿景划分为一道又一道可实现性高的里程碑。②

① Long C. Built to last: Successful habits of Visionary companies : by James C. Collins and Jerry I. Porras[J]. Organizational Dynamics, 1995, 24(2): 91-92.

② 霍胜男. 企业目标管理的基本问题研究[J]. 企业经济, 2013(3): 58-61.

(3)资源。企业愿景、目标和目的决定了公司想做什么，而企业所拥有的资源决定了企业能够做什么。这里所讲的资源是指公司的资产、技能和能力。它们是构建业务单位层面的竞争优势的持久材料，也是有效的公司战略的基础所在。能够产生竞争优势的资源是企业拥有和控制的异质性资源和不可流动性资源，具备价值性、稀缺性、不可模仿性、不可替代性等。而这些资源对企业来说是关键资源，只有获取这些资源，才能为企业赢得和维持企业竞争优势。

所以，识别、构建并有效利用有价值的资源是公司战略的一个十分重要的方面。

(4)业务。公司即使拥有了很好的资源，如果不能很好地利用这些资源，然后灵活运用于市场，加强与客户之间的业务往来的话，就会降低资源的使用效率。优质资源能为公司开拓市场铺路，当只有建立可持续性、放量增长的业务规模，才能使公司获得较稳定的市场占有率。这里的业务指的是公司经营于其中的产业及其在每个产业中所采取的竞争战略。公司经营范围的选择以及所选择的市场结构、竞争状态决定了公司战略能够获得长期成功。无论是开展单一业务的公司还是多元业务经营的公司，开展的业务的获利能力是公司绩效的最好预报器。

所以，在对公司的各项业务进行分析时，应该对公司在每个业务领域实施的竞争战略以及存在的相互促进的机会等方面进行分析。

(5)结构、体制与过程。公司结构和体制决定了公司的有限资源如何在各个业务单元和职能部门之间分配。其中结构是指把公司分为具体业务单元的方式，描绘了在公司内部分配权力的组织结构；体制是指一套控制公司行为的正式政策与程序，包括详细说明如何完成从战略计划到人事评价等各项任务的一系列规则；过程描述的是组织中的非正式活动。

在创业初期，企业规模很小，团队结构简单，企业结构更可能趋向于扁平化结构，这时创业团队对整个企业的控制权相对集中。但公司结构仍然决定合适的人是否能够被安排在合适的岗位上，员工是否能发挥其专长。经理人员必须遵守公司制定的有关规则并对有关鼓励措施作出反应，所以这些政策又会对各个业务单元所作出的决策产生影响。

在建设公司的基础设施方面，公司经理人员可以利用大量组织机构的微量元素，结合公司文化和风格等要素设计公司组织结构。阿尔弗莱德·钱德勒(Alfred Chandler)曾指出公司结构取决于公司战略。① 换言之，公司的内部设计应该随着公司战略的变化而改变，而且要单独设计以适合于个别公司的资源和业务领域。

(6)公司优势。公司优势也可以理解为公司的核心竞争力，是公司区别于其他竞争者能够脱颖而出的特征。企业将拥有的资源、业务能力以及所采取的组织结构、体制进行合理的配置组合，能形成高效、有价值的运转体系；并在长期市场竞争中，不断提高整个体系的契合程度，形成自己的竞争优势，在激烈的市场竞争中存活下来。

---

① Chandler A D, Daems H. Organizational Forms in Big Business[J]. Science, 1980(208): 1023-1024.

(二)企业战略的特征及类型

1. 企业战略的特征

企业战略具有全局性、竞争性、稳定性、系统性、长远性和可执行性六大主要特征。

(1)全局性。企业战略是对企业未来的发展所做出的方向性的谋划，结合其经营目标，在综合考虑内部条件和外部环境后，站在全局管理高度，对企业的长远发展轨迹进行全面的规划。①

(2)竞争性。企业战略管理与企业核心竞争力的保持息息相关。在激烈的市场竞争环境中，优秀的战略管理能使企业及时了解客户需求的变化，促使企业整合现有资源，生产符合客户需求的产品或服务。

(3)稳定性。企业战略是企业日常运营的方向性规划，战略规划贯穿于企业发展的各个阶段，而且每个环节紧密相关。企业战略一经确定，不能轻易变更。因为前期依据战略规划做出的决策、投入的资源、发展的业务可能会因战略的变更而全部或部分废弃，造成企业的重大损失。如果战略实施的环境没有发生重大变化，或者发生的变化在制定战略时已经被充分考虑，那么战略管理长期的稳定性能够促使公司稳定的运作，发展具有连贯性，资源的使用效率也更高。同时，战略管理的稳定性并不意味着在企业运营过程中战略的一成不变，在处理具体问题、不影响全局的情况下，也应该有一定的灵活性。

(4)系统性。企业战略是对企业长远发展轨迹的全面规划，为了战略愿景的实现，需要围绕愿景设立一个个环环相扣的短期目标，形成一套关系紧密的战略目标体系。同时，企业战略管理由企业层面战略管理和业务层面战略管理共同构成，既包含了企业总体战略规划，也涵盖了各个业务的发展方向。

(5)长远性。战略是立足于企业长远发展轨迹的全面规划，一般没有很具体的时间限定，时间跨度比较长。

(6)可执行性。企业战略往往是很定性、自由的概念，如果没有可执行性，员工无法将自身的努力与公司的成长联系在一起，容易丧失工作热情。只有将企业战略进行一步步分解，由一个个可实现性高的目标组成，运用到现实中，发才能挥其作用。

2. 企业战略的类型

(1)按实施战略的主体划分，企业战略包括三个层次，第一层次为公司级/集团战略，是拥有多个子公司的母公司所制定的战略。公司级战略是为实现企业总体目标，为企业未来发展方向作出的长期性和总体性战略。集团战略是企业战略的总纲，是母公司最高管理层指导和控制企业的一切行为的、统筹各个子公司战略的全局性指导纲领。公司级战略的主要目标是通过建立和经营行业组合实现投资收益的最大化。第二层次为经营级/竞争级战略，是指业务由单一行业/产品/市场组成的企业，或者是集团公司下属的子公司所采用的战略。竞争级战略的目标是通过将企业资源集中在公司擅长或者有竞争优势的一个行业/市场/产品中，通过成本领先战略或差异领先战略，增加市场占有

① 项保华，李庆华. 企业战略理论综述[J]. 经济学动态，2000(7)：70-74.

率，实现利润最大化。第三层次为职能级战略，这是企业内部各个职能部门所制定旨在于提高工作的有效性和效率的战略。

(2)按战略实施的时间长度划分，企业战略分为以下三种：第一种为短期战略，也称为战略计划，一般是指从战略实施到目标达成的时间跨度不超过 1 年。第二种为中期战略，一般是指从战略实施到目标达成的时间跨度超过 1 年，但少于 5 年。第三种为长期战略，一般是指从战略实施到目标达成的时间跨度在 5 年以上，10 年之内。一般来说，如果企业规模较大，且所面临的市场环境预计不会发生特别大的变动，企业的前景比较清晰，那么所制定的战略时间跨度则较长。

(3)按企业成长向量划分。战略管理的奠基人 H. 伊戈尔·安索夫教授认为企业发展战略由四个要素构成，包括产品市场范畴、成长向量、竞争优势和协力效果。① 产品市场范畴用来界定企业产品与市场的范围以及寻求新领域的范围；成长向量用来指明企业在该范围内的企业发展与行动方向选择；竞争优势用来说明各项可能新领域的具有比竞争对手优势的个别特性；协力效果用来证明企业在新领域具有成功的能力，是企业生产、销售、管理、研发等诸多因素的组合效果。

根据安索夫矩阵(Ansoff Matrix)，以产品和市场作为两大基本维度，可对应四种产品/市场组合和相对应的营销策略。② 安索夫矩阵是以 2×2 的矩阵代表企业企图使收入增长的四种选择，其主要的逻辑是企业可以选择四种不同的成长性策略来达成增加收入的目标(如图 7-33 所示)。③

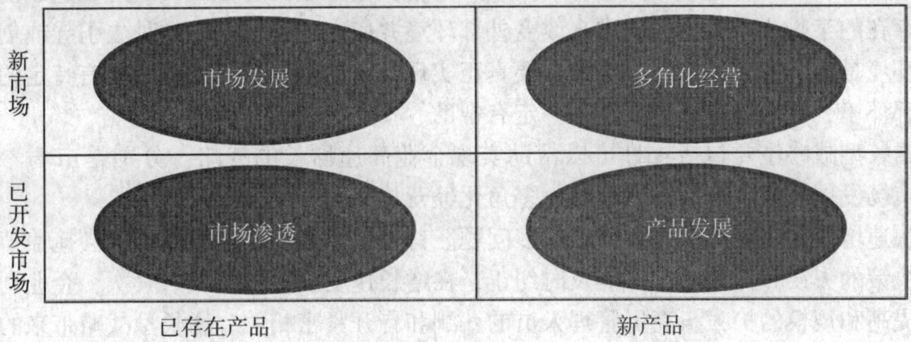

图 7-33 安索夫矩阵

(4)按企业战略功能划分，企业战略可以分为 4 种：增长型战略、稳定型战略、防御型战略和紧缩型战略。④

① Ansoff H I. Strategic Management of Technology[J]. Journal of Product Innovation Management, 1984, 1(1): 30-35.

② 谢慕廷. 关于安索夫矩阵在公司战略中的探讨运用——以 2011 年 QP 财务案例 KEC 汽车制造业为例[J]. 商业文化(上半月), 2012(3): 117.

③ 武永红, 李清章. 市场渗透剖析[J]. 管理科学, 2002, 15(2): 2-6.

④ 俞少君. 企业核心竞争能力的战略功能分析[J]. 现代情报, 2003, 23(11): 190-191.

①增长型战略是指采用积极进攻态度的战略形态，主要适用于行业龙头企业、高速发展阶段的企业和新兴行业中的企业。任何一家成功的企业都曾经经历过时间长度不一的增长型战略实施阶段，增长型战略有助于实现企业的快速发展，不断扩大企业规模。不仅能实现现有市场绝对市场份额的增加，也能实现在市场扩张的基础上相对份额的增加。生产规模扩大后，单位产品生产成本降低，就能获得超额利润率。与其他类型的战略态势相比，增长型战略具有以下特征：第一，实施增长型战略的企业不一定比整个经济增长速度快，但它们往往比其产品所在的市场增长得快。市场占有率的增长可以说是衡量增长的一个重要指标，增长型战略的体现不仅应当有绝对市场份额的增加，更应有在市场总容量增长的基础上相对份额的增加。

第二，实施增长型战略的企业往往能取得大大超过社会平均利润率的利润水平。由于发展速度较快，这些企业更容易获得较好的规模经济效益，从而降低生产成本，获得超额的利润率。

第三，采用增长型战略态势的企业倾向于采用非价格的手段同竞争对手抗衡。由于采用了增长型战略的企业不仅仅在开发市场上下功夫，而且在新产品开发、管理模式上都力求具有竞争优势，因而其竞争优势并不是损伤自己的价格战，而总是以相对创新的产品和劳务以及管理上的高效率。

第四，增长型战略鼓励企业的发展立足于创新。这些企业常常开发新产品、新市场、新工艺和旧产品的新用途，以把握更多的发展机会，谋求更大的风险回报。

第五，与简单的适应外部条件不同，采用增长型战略的企业倾向通过创造以前本身并不存在的某物或对某物的需求来改变外部环境并使之适合自身。这种去引导或创造合适的环境是由其发展的特性决定的：要真正实现既定的发展目标，势必要有特定的合适的外部环境，被动适应环境显然不一定有帮助。

增长型战略主要包括 4 种可以帮助实现企业高速增长的战略，分别是市场渗透战略、市场发展战略、产品发展战略、多角化经营战略。

快速增长的企业必然也会面临很多问题。首先，企业的快速发展可能会掩盖掉公司内部决策的失误和低效率，不能及时纠正，在增长速度放缓时爆发。其次，企业利润水平的提高和规模的扩大与高层管理人员的薪酬和晋升紧密相关，增长型战略带来的快速增长对公司高层管理人员的诱惑太大，可能会导致盲目扩张或者为发展而发展，从而导致企业偏离最佳市场状态，破坏企业资源的内外部平衡。最后，增长型战略可能使企业管理层将关注点放在投资结构、市场占有率和利润增长率上，而忽略了最基本的原则——产品或服务的质量。只有产品或服务不断创新，能够满足消费者的需求，才能使企业在竞争中始终保持优势。

②稳定型战略是指在内外环境的约束下，企业准备在战略规划期使企业的资源分配和经营状况基本保持在目前状态和水平上的战略。按照稳定型战略，企业目前所遵循的经营方向及其正在从事经营的产品和面向的市场领域，企业在其经营领域内所达到的产销规模和市场地位都大致不变或以较小的幅度增长或减少。①

---

① 杨刚. 企业稳定型战略新探[J]. 技术与市场，2007(9)：90-91.

与其他类型的战略态势相比，稳定型战略具有以下特征：第一，企业认可当前的经营成果并希望能够保持，当前的经营成果能够使企业保持行业龙头地位。因此，稳定型战略可以使企业在保持竞争优势时面临较低的风险。第二，目前企业所处的行业发展规模趋于稳定，不存在较大的增长空间。在企业战略规划期内只需按照总体市场容量的增加来扩大本企业产销规模，从而保持市场占有率变化总体保持不变。第三，企业在战略规划期内产品创新较少，主要是保持现有产品在现有市场上的销售业绩。

从以上特征可以看出，稳定型战略主要依据于前期战略。它坚持前期战略对产品和市场领域的选择，它以前期战略所达到的目标作为当期希望达到的目标。因而，实行稳定型战略的前提条件是企业过去的战略是成功的。稳定型战略主要包括两种类型：无增长型战略(维持产量、品牌、地位等不变)、微增长型战略(竞争水平在原市场基础上略有增长)两种形式。

稳定型战略也会面临很多问题，一方面，稳定型战略实施的前提条件是市场环境和公司内部环境均稳定。如果企业对内外部环境的把握不准，就会打破战略目标、外部环境、企业实力之间的平衡，使企业陷入困境。另一方面，稳定型战略也会使企业的风险意识减弱，甚至形成害怕风险、回避风险的文化，这就会大大降低企业对风险的敏感性。

③防御型战略是指企业削减当前产销规模，在目前的经营领域中实行收缩、调整和撤退战略。一般而言，企业实施防御型战略只是短期的，其根本目的是使企业度过危机后转向其他的战略选择。这种战略适用的情形是经济衰退，产业进入衰退期，对企业的产品或服务的需求减小；或企业由于管理层决策失误，战略目标与内外部环境不符合，竞争地位下降且经济资源不足；或市场中出现新的机会，现有发展战略不适合新机会的开发，短期的调整是为了长期的发展目标。在这些情况下，企业可以采取适应性紧缩战略来度过危机，以求得发展。

与其他类型的战略态势相比，防御型战略具有以下特征：第一，防御型战略实施的期限一般较短，是一种过渡性战略选择；第二，对企业现有产销规模进行收缩、调整，导致利润率和市场占有率下降；第三，防御型战略因为收入的减少，会削减各项成本费用，使企业资源投入维持在最低水平。

④紧缩型战略是一种以退为进的战略。主要包括三种类型：转移战略、撤退战略(也称放弃战略)和清算战略。转移战略是指企业在现有的经营领域不能维持原有的产销规模和市场占有率，不得不对原有的业务领域进行压缩投资，控制成本以改善现金流为其他业务领域提供资金的战略方案。撤退战略是指企业为了节省开支，减少损失，退出或放弃部分地域或市场渠道的战略。清算战略是指企业由于无力偿还债务，通过出售或转让企业的全部资产，以偿还债务或停止全部经营业务，从而结束企业生命的一种战略。

二、企业战略管理

企业战略管理主要遵循战略环境分析、战略制定、战略分解实施、战略监控和战略评价五个步骤。

(一)战略环境分析

战略环境分析主要包括确定企业的使命和目标、外部环境分析和内部环境分析。①

(1)企业的使命和目标是公司战略的核心，是企业基于当前现状，对未来的美好憧憬和公司定位。

(2)外部环境分析包括宏观环境分析和行业环境分析。宏观环境分析是指收集、整理、分析宏观经济动态、国家最近的发展规划以及本企业所处的产业发展规划；行业环境分析则主要关注行业发展动态、行业政策变化，撰写宏观环境分析报告。

(3)内部环境分析主要是了解企业在行业中所处的竞争地位，判断业务发展的环境是否发生了变化，企业所拥有的资源和能力是否匹配，是否需要调整战略。对于初创型企业而言，战略的重点应放在尽早形成可持续经营业务，及时把握市场需求变化，增强技术创新，不断提供符合市场需求的产品。

(二)战略制定

根据战略环境分析结论，确定战略定位、战略目标、战略发展路径、业务策略。战略方案应该有多个备选方案，以便在内外部环境发生变化时，企业能够从备选方案中快速选择替代方案。制定备选方案的方法有三种：一是自上而下，由企业高层制定企业总体发展规划，而下属部门按照企业总体方案，根据自身情况制定部门层面的战略方案；二是由下而上，企业高层根据下属部门按要求提交的战略方案，制定企业总体战略方案；三是上下结合，由各层级管理人员共同探讨，根据企业整体发展目标和各层级部门业务目标，制定出适宜的战略。不同的企业适用于不同战略方案制定方式，对于初创型企业，因为规模小，公司结构简单、业务单一，创业者对企业的控制较为集中，所以可以采用自上而下或上下结合的方式进行。一般企业会制定多套备选战略方案，根据当前环境选择最佳方案。备选方案的选择标准有两个：一是考虑选择的战略是否发挥了企业的优势、克服了劣势，是否充分利用了现用市场机会；二是所选择的方案是否为内外部相关人员所接受，能否使企业员工认可公司的愿景。

(三)战略分解实施

企业战略分为公司级战略、经营级战略和职能级战略，公司级战略是对企业未来发展的总体性规划，具有全局性和长期性。为了能够评估战略实施效果，需要将公司战略进行逐层分解到各子公司、分公司、各部门，形成子公司、分公司的年度经营计划和各部门的年度工作计划。

战略实施涉及的主要问题有：公司现有资源如何更加有效地在公司内各部门、各层次间分配？为了实现既定的战略目标，企业应该如何获取外部资源并高效利用？当前的组织架构是否有利于公司目标的实现？如何处理企业的利润再分配与企业文化的适应问题？

企业战略制定成功后，关键的一步是如何将庞大的思维性的计划落实到企业的微观活动中，促使企业整体向战略目标发力，这就需要建立合理有效的战略实施体系。

① Leker J. Reorientation in a competitive environment: An analysis of strategic change [J]. Schmalenbach Business Review, 2001, 2(1): 41-55.

（四）战略监控

战略监控分为内部环境监控和外部环境监控。外部环境是企业赖以生存发展的基础，如果外部环境发生较大的变化，意味着战略制定所依据的前提条件发生了变动，需要重新审视外部环境，修正战略目标。内部环境是指企业内部人力、物力、财力以及信息系统的具体条件。战略控制主要是指在企业经营战略的实施过程中，检查企业为达到目标所进行的各项活动的进展情况，评价实施企业战略后的企业绩效，把它与既定的战略目标与绩效标准相比较，发现战略差距，分析产生偏差的原因，纠正偏差，使企业战略的实施更好地与企业当前所处的内外环境、企业目标协调一致，使企业战略得以实现。为了更好地监控内外部环境，企业需要建立一套及时高效灵敏的竞争情报系统。①

（五）战略评估

导致战略实施失败的原因主要有两个方面，一是战略规划的不合理性，二是战略实施过程中的组织制度、实施途径与方法缺失及缺陷，如企业员工无法真正理解企业的战略意图，或者是执行者即使理解却不愿意遵照执行等。对于由战略规划目标不当或所导致的战略实施失败，应从完善战略规划的层面进行修正，引导战略实施沿着正确的轨道进行。为了确保企业战略能够被更加有效地执行，就需要加强战略评估作为战略实施的指引与约束。要对战略实施效果做出正确的评估，需要建立与企业战略目标一致的绩效管理体系，其中绩效管理在企业管理中具有核心控制作用，是组织实现战略目标的有效控制手段，其重要性越来越多地引起管理者的关注。

三、《创业之星》比赛的战略规划

在《创业之星》创业运营模拟系统中，参与者在整个模拟经营过程中都要明确创业企业的战略目标，并根据制定的战略目标，分季度逐步布局实现。

在创业之星比赛之前，选手需要确定自己所选择的战略类型。按企业成长向量划分，选手可以选择的战略包括市场渗透战略、市场发展战略、产品发展战略和多角化经营战略。

因为创业之星比赛前期是需要不断开发新市场的，所以不考虑市场渗透战略和产品发展战略。如果选择市场发展，需要通过开拓具有相同产品需求的新消费群体，利用现有产品开辟新市场、扩大生产规模、提高生产能力、扩大销售渠道、降低生产成本来实现战略目标。那么，在比赛的第一季度就需要设计并投入生产，前三季度不断开发新市场。在其他竞争企业产品配置相当的情况下，这里以六种产品开局，每种产品能够获得市场平均订单量，从而比采用别的策略开局的竞争企业在第一季度赢得较大的市场占有率。但是这一战略意味着产品的配置是最基础的，不具有竞争优势的，那么为了扩大市场占有率，就需要大量的销售费用，提高市场知名度和销售力度，弥补成长系数不高的问题。

如果选择多角化经营战略，可以通过开发新产品和新市场提高市场占有率，实现战略目标。那么在比赛的第一季度就需要投入生产四到五种产品，研发一种高端产品，并

---

① 钱敬荣，钱省三，黄晓东. 企业战略信息监控报警系统[J]. 工业工程，2000，3(4)：27-31.

在前三季度不断开发新市场。仍然第一季度的销售额和市场占有率比采取市场发展战略的企业差，但是后期高端产品的价值和成长性较好，对品质型客户的吸引力更大。

在创业之星比赛之前，选手对于比赛中能够采取的战略以及所采取的战略应搭配的产品设计、生产规模、广告投放量、销售力度以及市场开发程度都应该做到心中有数。在第一季度的比赛中，大多数选手会在最后 10~15 分钟完成全部操作，而前面的 35~40 分钟中，主要进行的是市场情报搜集和部分团队的伪策略操作。

选手可以进入销售部点击“销售报告”，在下拉选项中点击“人均收入”，这组数据给出了第一季度市场上已经完成的产品设计数量，可以实时刷新(见图 7-34)。

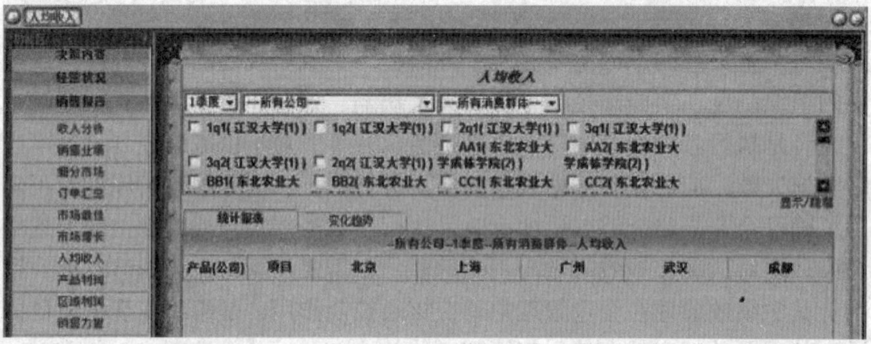

图 7-34　查看销售报告

一般我们关注的重点依次是针对品质型客户的产品设计、针对经济型客户的产品设计、针对实惠型客户的产品设计。我们可以在“人均收入”的顶栏中通过下拉选项选择各类型客户，进行单独分析(见图 7-35)。

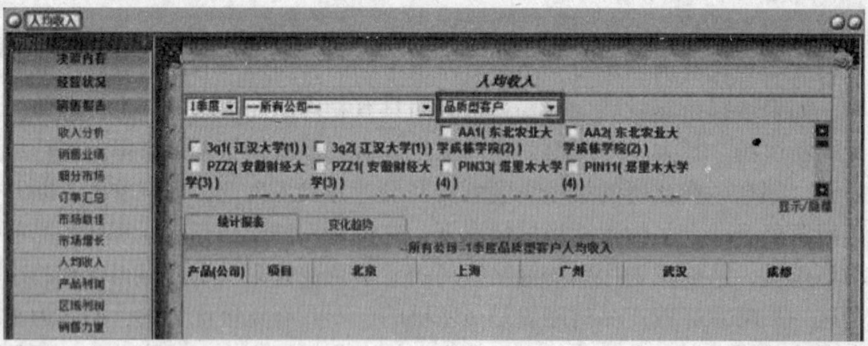

图 7-35　选择并分析各类型客户

另一种方法是选手可以进入研发部，点击“分析报告”中的“参与市场”，查看第一季度当前各组产品报价数量，实时刷新(见图 7-36)。

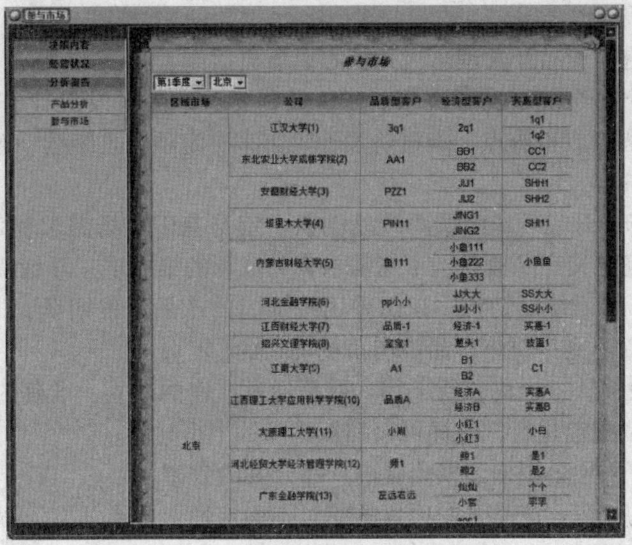

图 7-36　查看各公司参与市场情况

注意要点：

• 通常来说，产品设计数减去产品报价数等于产品研发数。这两组数据在第一季度是实时刷新，选手需实时关注。

• 注意竞争对手采取的是不是伪策略操作，可以从其产品的设计中仔细观察，根据新数据实时调整自己的判断。

接着在第二季度，通过观察市场上 ISO 认证团队数量、承担这个市场开发的团队数量以及结合市场上竞争对手开发的产品数来确定第二、三、四季度公司的战略。

第三节　产品研发管理

一、产品研发管理

产品是企业生产活动的核心，而产品研发促使企业焕发新活力。随着产品生命周期的日益缩短和客户需求的日益个性化，传统的以质量和成本为核心的竞争优势不再独占鳌头，越来越多的企业将持续开发并推出新产品作为保持竞争力的重要手段。新产品往往是企业利润的新增长点，加快上市不仅有助于企业降低成本，而且也能获得较高的市场占有率和利润水平。①

(一)集成产品开发(简称 IPD)

美国 PRTM 公司出版的《产品及生命周期优化法》(*Product and Cycle-time Excellence*)一书中提出了一套产品开发的模式、理念与方法——集成产品开发(Integrated Product

---

① 陈强，颜婷，常旭华. 企业产品研发管理：发展趋势、模式比较及启示[J]. 科技进步与对策，2016，33(18)：86-91.

Development，简称 IPD）。①

IPD 作为先进的产品开发理念，其核心思想概括如下：

(1)新产品开发是一项投资决策。IPD 强调要对产品开发进行有效的投资组合分析，并在开发过程设置检查点，通过阶段性评审来决定项目是继续、暂停、终止还是改变方向。

(2)基于市场的开发。IPD 强调产品创新一定是基于市场需求和竞争分析的创新。为此，IPD 把正确定义产品概念、市场需求作为流程的第一步，开始就把事情做正确。

(3)跨部门、跨系统的协同。IPD 采用跨部门的产品开发团队，通过有效的沟通、协调以及决策，以达到尽快将产品推向市场的目的。

(4)异步开发模式，也称并行工程。就是通过严密的计划、准确的接口设计，把原来的许多后续活动提前进行，这样可以缩短产品的上市时间。

(5)重用性。采用公用构建模块提高产品开发的效率。

(6)结构化的流程。产品开发项目的相对不确定性，要求开发流程在非结构化与过于结构化之间找到平衡。

例如：IBM 公司率先应用了集成产品开发的方法，IBM 公司实施 IPD 的效果不管在财务指标还是质量指标上都得到了验证。在 IBM 成功经验的影响下，国内外许多高科技公司采用了集成产品开发模式，如美国波音公司和深圳华为公司等，都取得了较大的成功。

IPD 框架是 IPD 的精髓，它集成了代表业界最佳实践的诸多要素。具体包括异步开发公共基础模块、跨部门团队、项目和管道管理、结构化流程、客户需求分析、优化投资组合和衡量标准共 7 个方面，具体如图 7-37 所示：

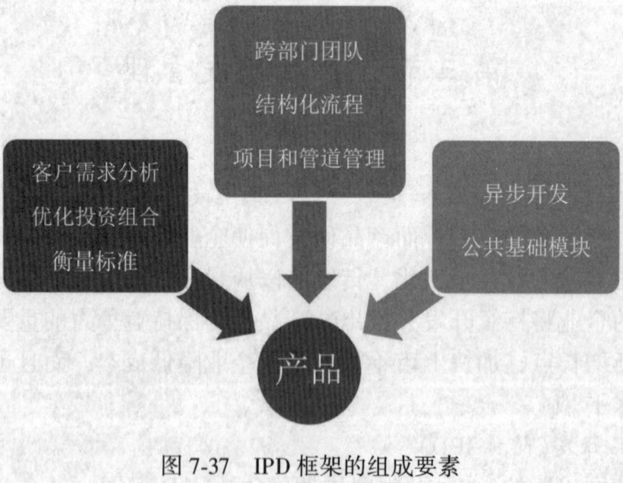

图 7-37　IPD 框架的组成要素

① Mcgrath M E，Anthony M T，Shapiro A R. Product Development：Success through Product and Cycle-Time Excellence[J]. Journal of Proclut Innovation Management，1992，73(3)：109.

IPD的流程重组主要是引入项目管理体系，提高产品研发效率，缩短研发周期，加快产品上市速度。

产品研发项目管理全过程主要包括：制定技术目标，组建产品开发项目组，制订产品计划，处理产品研发计划变化，控制实际进度，整理、完善技术档案，形成产品生产工艺、市场推广知识体系等。项目管理过程中具体工作细节如图7-38所示。

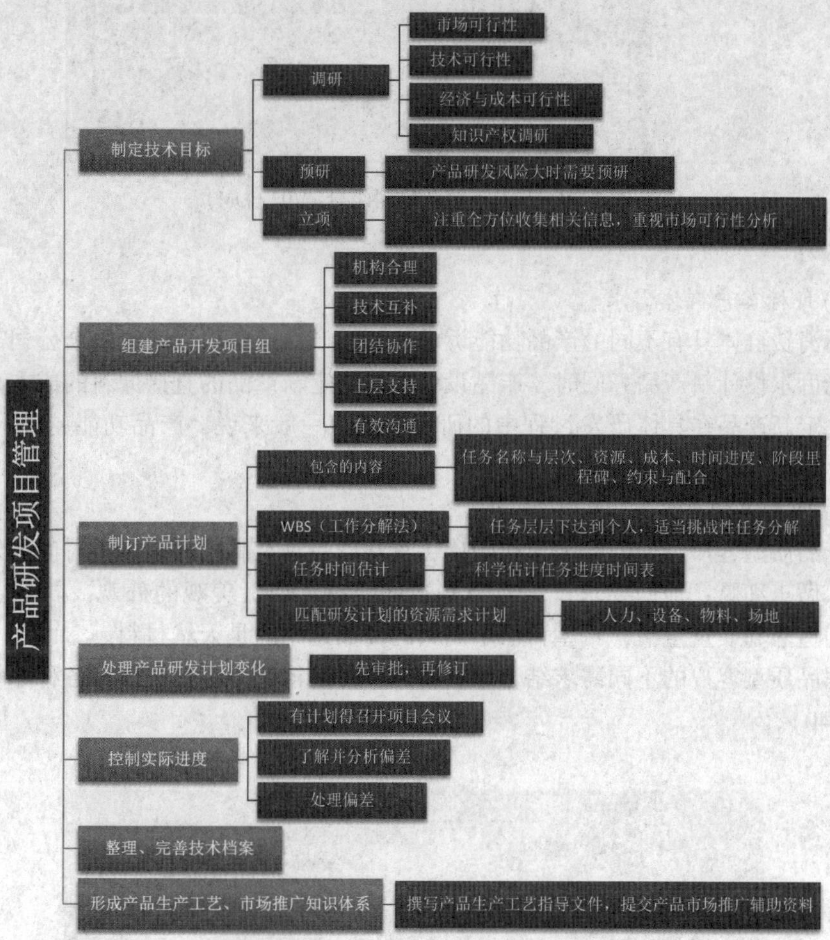

图7-38　产品研发项目管理

二、《创业之星》研发部

本节结合《创业之星》的玩具模板模拟企业经营管理全过程。在玩具模板的基础数据规则中，根据系统设置的目标消费群体的各项特征，了解消费群体的需求，结合产品原材料的原价和性能，进行产品设计。

构成玩具产品的物料组合清单(BOM)如图7-39所示：

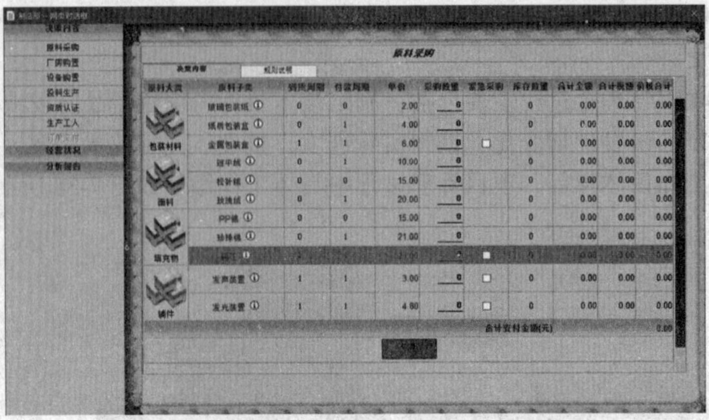

图 7-39　玩具产品的物料组合清单(BOM)

(一)目标客户群体需求

不同消费群体具有不同的产品功能诉求，为了产品能获得青睐，每个公司需要根据这些功能诉求设计新产品。同时，产品设计也将决定新产品的直接原料的成本高低，另外也将决定新产品在具体研发过程中的研发难度。一般来说，产品功能越多，BOM 表越复杂，直接原料的成本就越高。

1. 品质型客户

对于品质型客户，他们的需求很明确，喜欢商品具有高档的包装、时尚的外观、富有质感、做工细腻；他们要求产品具有舒适的手感、高贵美观的外观，同时要便于洗涤；他们追求高质量生活，希望自己所购买的商品选用的是天然材料。

根据品质型客户的不同需求结合原料特性，可以得到该客户群体对各种原料的评分(见图 7-40)。

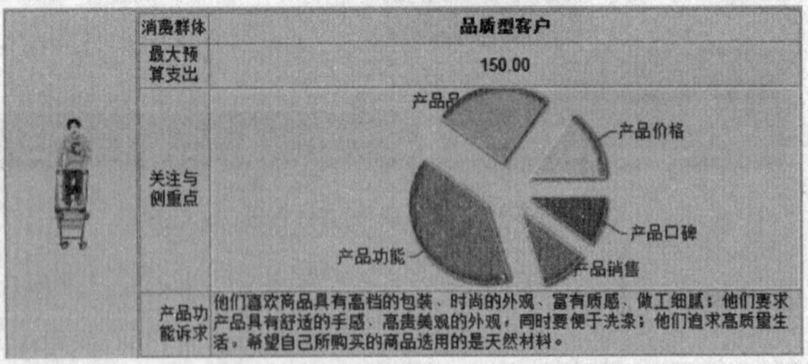

图 7-40　品质型客户群体对各种原料的评分

2. 经济型客户

对于经济型客户，他们追求经济、实用的外观包装，但又不希望毫无档次，但过于昂贵精美的外包装又容易让他们感觉太奢华。他们不喜欢过于低端的面料，愿意选用面料讲究的产品，并且还希望是便于洗涤的。他们对填充物的要求并不是想象的那么高，方便易洗即可。根据经济型客户的不同需求结合原料特性，可以得到该客户群体对各种原料的评分(见图 7-41)。

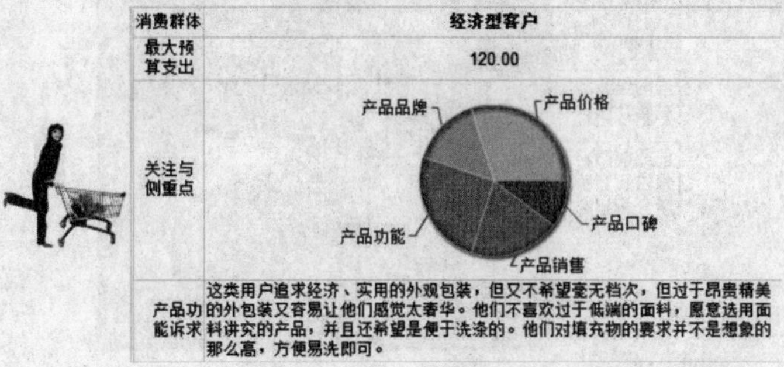

图 7-41 经济型客户群体对各种原料的评分

3. 实惠型客户

对于实惠型客户，他们希望能够用最少的钱买到自己心爱的商品。他们中意经济适用的面料，并不希望让物品看起来毫无档次，对产品的内部填充物并不讲究，追求实用大众原则。根据实惠型客户的不同需求结合原料特性，可以得到该客户群体对各种原料的评分(见图 7-42)。

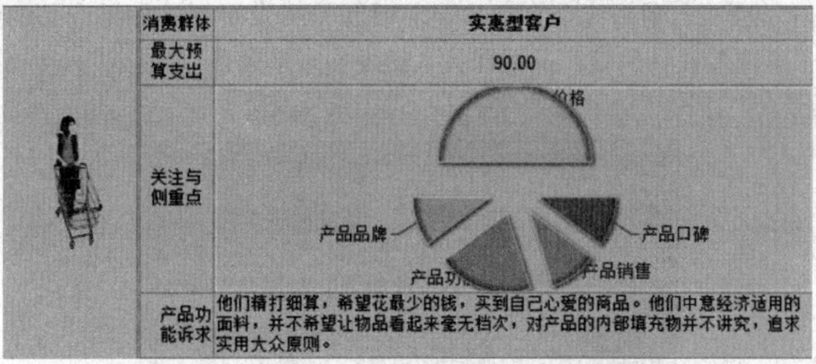

图 7-42 实惠型客户群体对各种原料的评分

(二)产品设计

对于已经开始研发或研发完成的产品，其设计是不可更改的，每完成一个新产品设计需立即支付 3 万元设计费用；每个公司在经营期间最多可以累计设计 6 种产品。我们可以在公司的研发部完成新产品的设计。点击进入“研发部”，点击“决策内容”，可以看到“产品设计”和“产品研发”两个选项。点击“产品设计”按钮，我们可以在这里进行不同配件的不同原料选择组合。在产品设计界面的上方需要填写新产品名称，勾选新产品所面向的目标消费群体。选手可以下拉产品设计界面，查看设计完的产品是否在下列产品列表中；如果没有，则代表名字与其他组的产品名称重叠，需要更换名称，重新设计(见图 7-43)。

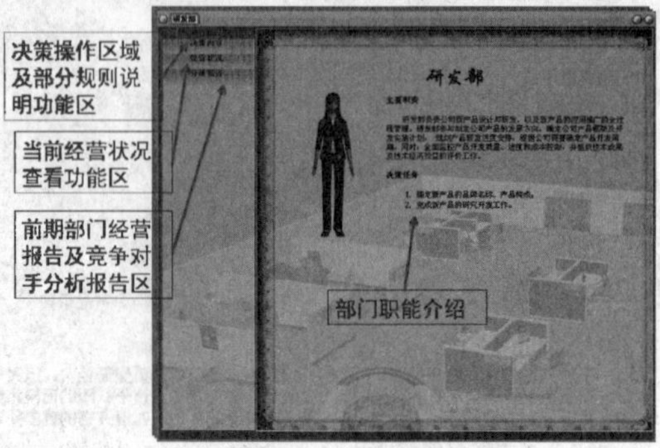

图 7-43　研发部职能介绍

选手可以自行选择原料种类，其中，包装材料、面料和填充物必须且只能选择一种；辅件可选一种或两种，也能不选(见图 7-44)。各种原料加总的得分数越高，产品越受消费者喜爱。每个产品的设计费用为 3 万元。这里需要说明的是，设计产品时需要注意产品是否需要一个季度的研发周期。在产品设计界面的右下方，可以查看预计研发时间，如果预计研发时间为 1 的话，意味着设计的该产品需要经过一个季度的研发，在下个季度才能投入生产。产品研发是在决策内容里的“产品研发”中进行，在待研发产品的右边点击“投入”，则系统会自动扣除 2 万元的研发费用。如果产品的预计研发时间为 0 的话，意味着设计的该产品无需投入研发，当季度可以直接投入生产。

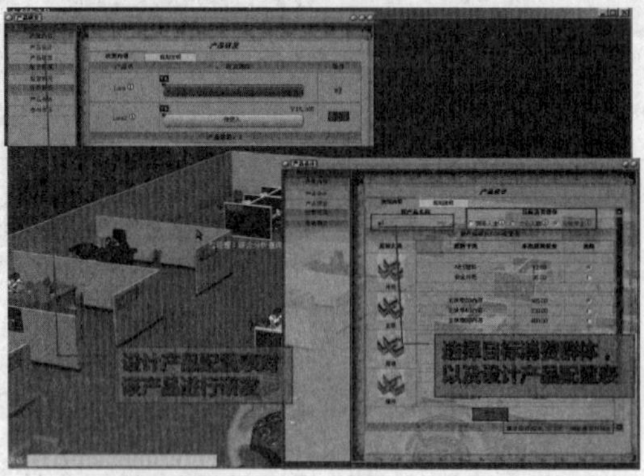

图 7-44　研发部——产品研发

一家企业最多能够设计 6 种产品，当 6 种产品都设计完成后，产品设计界面就会变成灰白，无法再次设计。如果在设计过程中，发生产品设计不符合你的要求，可以选择点击“已完成设计的产品”栏中的撤销按钮完成撤销操作(见图 7-45)。

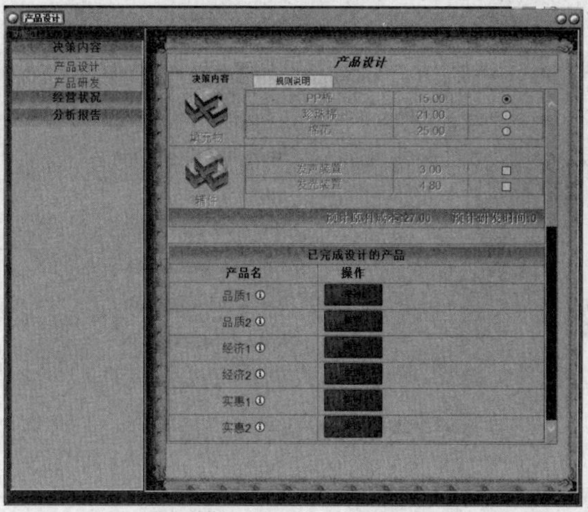

图 7-45　研发部——已完成设计的产品情况

(三) 产品研发

如何判断自己设计的产品是否需要研发？答案来自于“教师端”—“生产制造系数”—“明细原料设置”。在教师端中截取出来的明细原料设置中可以查看每种原材料的研发系数，当一个产品的累计系数不低于 0.5 时，就需要进行研发(见表 7-2)。例如，目标消费群体为实惠型客户的产品 A 采用的是配置是玻璃包装纸+短平绒+PP 棉，则产品 A 的累积研发系数为 0.3，小于 0.5，无需研发，当季度可以投入生产。如果目标消费群体为品质型客户的产品 B 采用的是配置是金属包装盒+玫瑰绒+棉花+发声装备，则产品 B 的累积研发系数为 1.0，大于 0.5，需要研发，当季度不能投入生产(见图 7-46)。

表 7-2　　教师端——明细原料设置

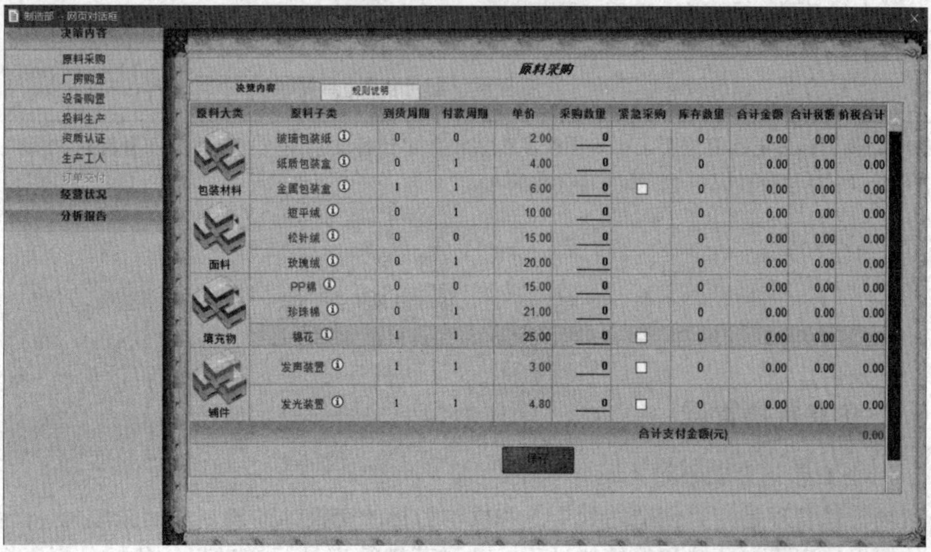

原料采购

原料大类	原料子类	到货周期	付款周期	单价	采购数量	紧急采购	库存数量	合计金额	合计税额	价税合计
包装材料	玻璃包装纸	0	0	2.00	0		0	0.00	0.00	0.00
	纸质包装盒	0	1	4.00	0		0	0.00	0.00	0.00
	金属包装盒	1	1	6.00	0	□	0	0.00	0.00	0.00
面料	短平绒	0	1	10.00	0		0	0.00	0.00	0.00
	松针绒	0	0	15.00	0		0	0.00	0.00	0.00
	玫瑰绒	0	1	20.00	0		0	0.00	0.00	0.00
填充物	PP棉	0	0	15.00	0		0	0.00	0.00	0.00
	珍珠棉	0	1	21.00	0		0	0.00	0.00	0.00
	棉花	1	1	25.00	0	□	0	0.00	0.00	0.00
辅件	发声装置	1	1	3.00	0	□	0	0.00	0.00	0.00
	发光装置	1	1	4.80	0	□	0	0.00	0.00	0.00
							合计支付金额(元)			0.00

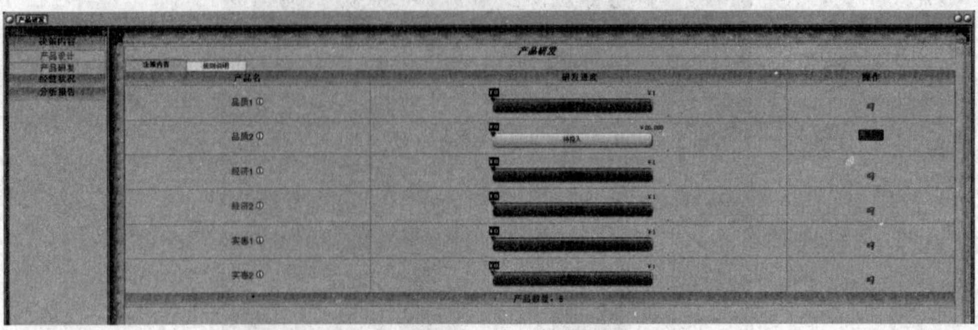

图 7-46　研发部——产品研发

学生在设计产品时，需要综合考虑产品的原料成本、研发时间、市场竞争力以及战略目标。

目前来说，针对不同客户群较为经典的产品设计方案如表 7-3 所示(仅供参考)：

表 7-3　　针对不同客户群较为经典的产品设计方案

实惠型：	1. 玻璃、短平绒、PP 棉 2. 玻璃、短平绒、PP 棉、发声装置 3. 纸质、短平绒、PP 棉
经济型：	1. 纸质、短平绒、PP 棉 2. 玻璃、短平绒、PP 棉、发声装置 3. 纸质、短平绒、珍珠棉、发声装置、发光装置(需要研发)
品质型：	1. 玻璃、短平绒、PP 棉、发声装置 2. 金属、玫瑰绒、PP 棉、发声装置、发光装置(需要研发) 3. 金属、玫瑰绒、珍珠棉、发声装置、发光装置(需要研发)

备注：为了阐述更加简洁明了，表中产品配置用数字代替文字阐述，其中，每种配件的第一种原料的代码为 1，第二种代码为 2，第三种代码为 3。

第四节　企业营销管理

一、企业营销管理

(一)企业营销管理的相关概念

市场营销管理是指为创造达到个人和机构目标的交换，而规划和实施理念、产品和服务的构思、定价、分销和促销的过程。市场营销管理是一个过程，包括分析、规划、执行和控制。① 其管理的对象包含理念、产品和服务。市场营销管理的基础是交换，目的是满足各方需要。

市场营销管理的主要任务是刺激消费者对产品的需求，但不能局限于此。它还帮助公司在实现其营销目标的过程中，影响需求水平、需求时间和需求构成。因此，市场营销管理的任务是刺激、创造、适应及影响消费者的需求。在此意义上说，市场营销管理的本质是需求管理。任何市场均可能存在不同的需求状况，市场营销管理的任务是通过不同的市场营销策略来解决不同的需求状况。②

营销管理的基本过程如表 7-4 所示：

表 7-4　　**营销管理的基本过程**

分析市场机会	• 营销环境 • 消费者市场 • 组织市场
选择目标市场	• 需求的衡量与预测 • 市场细分与定位
制定营销组合	• 产品规划设计 • 产品定价策略 • 营销网络建设 • 产品促销策略
营销组织与控制	• 拟定竞争性营销战略 • 执行、组织与控制营销方案

(二) 市场定位

对于初创企业而言，刚进入所属的行业，还没有建立产品或服务的销售渠道，生存成为企业发展的首要任务。此时，企业的目标就是开发全新的细分市场，了解客户需求，而且能够生产出更符合消费者需求的产品或服务。初创期的企业不能盲目地扩张销售渠道，最好是先集中资源在某一细分市场中取得竞争优势，获得较稳定的市场份额后，再考虑有计划性地发展壮大。

在竞争日益激烈的微利时代，技术的快速进步和知识的高速传播打破了大多数行业的行业壁垒，企业的更迭速度越来越快。企业日益感到生存和发展的危机，逐渐意识到一味地追求成本最小化策略和低价策略并不能立足于市场。随着大众生活质量的提高，他们在购买商品时对价格的关注已经下降，更加注重商品的质量和品牌。一家能够在市场上屹立不倒的企业，一定是已经树立了良好的品牌形象的企业。企业的品牌建设需要从初创期就开始着手，企业家从一开始就要有强烈的品牌意识，企业的品牌战略一定要在

① 胡莉莉. 市场营销管理与创新[J]. 经济问题探索，2000(10)：57-59.

② 陈桂云. 浅谈如何完善企业市场营销的管理过程[J]. 现代营销，2014(3)：24-24.

企业建立最初就融入整体发展战略中。初创期的企业，品牌影响力基本上没有，这时候的营销活动以品牌宣传与树立为主要目的。当产品的细分市场和区域市场确定后，创业者应着手提高企业产品或服务的影响力。提高产品或服务的影响力离不开广告宣传。创业者可以根据公司所在行业及销售产品或服务的特点，选择行业杂志、报纸、广播、电视等传统媒体，或结合互联网等新兴媒体进行组合宣传推广，以引起消费者对产品或服务的关注。

市场定位是指企业根据竞争者现有产品在市场上所处的位置，针对顾客对该类产品某些特征或属性的重视程度，为本企业产品塑造与众不同的、印象鲜明的形象，并将这种形象生动地传递给顾客，从而使该产品在市场上确定适当的位置。① 根据这个定义，市场定位的第一步是了解目标客户群体需求，也称为消费者定位；第二步是了解市场上竞争对手的产品定位，也称为竞争对手定位；第三步挖掘目标消费群体还未被满足的需求，塑造与众不同的产品特性，也称为产品定位；第四步是树立企业整体品牌形象，也称为品牌定位。

(三)市场营销策略

本节主要介绍以 4Ps 理论为核心的营销组合方法，即：4Ps 分别代表的是产品(Product)、价格(Price)、渠道(Place)、促销(Promotion)。②

1. 产品策略

产品是企业生产活动的中心，也是企业与市场的联系的纽带。产品策略是企业市场营销活动的基石和支柱，在产品设计过程中应该注重开发的功能，要求产品有独特的卖点，把产品的功能诉求放在第一位。

2. 价格策略

在多数情况下，价格是目标客户作出消费选择的主要决定因素。即使近几年来，随着消费者对提高生活质量的诉求，非价格因素越来越重要，但是价格仍然是决定企业产品销售和盈利能力的最重要因素之一。在 4Ps 策略中，除价格策略与企业收入相关外，其他三种策略均是与成本相关的策略。企业的价格策略主要是解决对第一次销售的产品如何定价，怎样随时间和空间的转移来改变一个产品的价格以适应各种环境的需要以及怎样调整价格参与竞争和对竞争者的价格调整作出反应等问题。

企业对产品进行定价时应该关注以下几个因素：目标市场消费群体的经济实力、竞争对手的定价策略、本企业产品的成本及利润目标、市场行情因素以及客户心理预期。

产品的定价方法主要可以分为成本导向定价法、竞争导向定价法和需求导向定价法这三种类型。③

成本导向定价法又可以分为完全成本加成法、边际成本定价法和盈亏平衡定价法。完全成本加成法是指企业在平均成本的基础上按目标成本利润率确定产品的单价。这种定价方法的好处是计算简单易行且公平合理。当然，这里的成本应该是考虑了税收和机会成本的完全成本，即：产品的出厂价格=产品平均成本＊(1+目标成本利润率)。边际成

① 李彦亮. 企业市场定位及其营销战略[J]. 金融与经济，2006(7)：55-57.

② 王丹丹，林晓芳. 基于4Ps 理论的数字出版物营销策略[J]. 出版发行研究，2012(10)：50-52.

③ 胡国强. 产品定价方法中的成本策划[J]. 法制与经济，2006(2)：73-74.

本定价法是由企业追求利润最大化的目标决定的，即对利润函数求一阶导数，令其为零，必然是边际收益要等于边际成本，并且在完全竞争的市场上每个厂商都是既定价格的接受者，产品的价格仅由市场唯一决定，所以价格为常数，厂商的边际收益和平均收益都等于产品价格。因此，利润最大化的条件即：价格=边际成本。盈亏平衡定价法是指在销量既定的条件下，企业产品的价格必须达到一定的水平才能做到盈亏平衡、收支相抵。科学地猜测销量和已知固定成本、变动成本是盈亏平衡定价的前提。定价公式为：保本定价=固定成本/损益平衡销售量+单位变动成本，其中的损益平衡销售量=固定成本/边际贡献。

竞争导向定价法是企业参照竞争者的同类产品价格定价，并根据竞争状况的变化进行价格调整。

需求导向定价法是一种伴随市场营销观念更新而产生的一种新型定价方法，以消费者的需求状况为依据，最大限度地占用消费者剩余。

3. 渠道策略

(1)分销渠道的理论。分销渠道是指商品由生产者向最终消费者转移所经过的途径和各类相关组织机构的集合。① 一般而言，企业并不直接面对消费者，而是注重经销商的培育和销售网络的建立，企业与消费者的联系是通过分销商来进行的。企业为什么要建设分销渠道呢？只要是基于以下三种理论的运用得出的结论。

专业化分工理论：由于生产和销售之间出现的矛盾，将其中一部分工作交由中间商、广告商、物流商等，能提高分销效率。②

交易消费理论：著名经济学家杨小凯将斯密的劳动分工理论和科斯的交易费用理论结合为一体。③ 在新兴古典经济学的分析框架中，存在着由分工带来的好处和分工产生的交易费用的两难冲突，交易效率的高低决定着分工水平。生产商在构筑分销渠道时，需评价交易费用，并以此决策交易活动的“内部化”和“外部化”。

协作竞争理论：分销渠道成员只有结成一个整体，才能使自身得到最大利益。

(2)分销渠道的数量形态。按分销渠道的数量形态可以分为通路长度、通路宽度和通路广度。

通路长度：是指未完成企业的目标而需要的渠道层次数目。通路长度分为长通道和短通道。长通道表示在产品销售过程中垂直利用两个或两个以上的中间商分销商品的分销渠道，短通道则是利用单一中间商或自己直销产品。

通路宽度：是指企业在某一市场上并列地使用多少个中间商。通道宽度分为独家分销、选择性分销和密集型分销。独家分销是指在目标市场上只选择一家中间商来分销产品，一般要求这家中间商不能同时经销竞争对手的商品。选择性经销是指在目标市场上，依据一定的标准选择少数中间商分销商品。而密集性分销则是尽可能通过较多的中

---

① Kracht J, Wang Y. Examining the tourism distution channel: Evolution and Transformation [J]. International Journal of contemporary Hospitality Management, 2010, 22(5): 736-757.

② 汪斌，董赟. 从古典到新兴古典经济学的专业化分工理论与当代产业集群的演进[J]. 学术月刊，2005(2)：29-36.

③ 杨小凯，张泰生. 新兴古典经济学和超边际分析[M]. 中华人民大学出版社，2010：90-94.

间商分销商品，采用“广撒网多捞鱼”策略，重视数量。

企业需要结合以下因素作出分销渠道长度和宽度的决策：产品因素，如价值大小、体积与重量、变异性、标准化程度、技术性等。企业因素，如企业自身规模、营销能力和经验、对分销区大概的控制能力等。市场因素：如市场规模、客户集中度、用户购买数量、竞争者的分销模式。分销商因素，如分销商的营销能力、经济条件等。

(3)企业选择分销商的标准。根据伯特·罗森布罗姆博士(Bert Rosenbloom)撰写的《营销渠道管理》①一书中关于英美生产商所使用选择分销商标准研究结果，企业选择分销商时最应该关注分销商的市场知识、市场占有率、以往分销成功的经验、销售人员的数量及质量以及对产品是否感兴趣(见表7-5)。

表7-5 **Shipley关于英美生产商所使用选择分销商标准研究结果**

英国公司			美国公司		
样本数量N=59公司	比率	排名	样本数量N=70公司	比率	排名
市场知识	83%	1	市场知识	79%	1
市场占有率	75%	2	市场占有率	79%	2
对产品的兴趣	61%	3	以往成功的经验	67%	3
销售人员数量及素质	49%	4	销售人员数量及素质	64%	4
产品知识	47%	5	对产品的兴趣	61%	5
业务电话频率	36%	6	产品知识	30%	6
以往成功的经验	25%	7	工作人员素质	27%	7
成本	25%	8	成本	23%	8
对厂家竞争对手周旋的能力	22%	9	服务及仓储设备	23%	9
服务及仓储设备	20%	10	业务电话频率	17%	10
工作人员素质	11%	11	对厂家竞争对手周旋的能力	16%	11
管理者的职业背景	10%	12	管理者的职业背景	11%	12
其他	5%	13	其他	9%	13

摘自[美]伯特·罗森布罗姆博士《营销渠道管理》

(4)分销渠道冲突与协调。由于分销渠道成员之间因目标差异、领域差异、信息差异等原因而产生争执、敌对、报复和决裂等行为的现象。协调方法有：建设分销渠道之初就权衡好分销商的权责利，构建渠道成员之间良好的交流沟通机制，建立合适的激励机制。

(5)以返利作为经销商的主要激励措施。不同产品生命周期的返利重点不同，本节

① [美]伯特·罗森布罗姆. 营销渠道管理[M]. 杨万和，等，译. 北京：机械工业出版社，2003：5-8+109-116.

主要关注创业初期，即导入期的返利重点。创业初期，企业的目标是打开市场，加深消费者对产品的印象，因此，应该通过提高返利额度鼓励分销商进货，以提高铺货率。

(6)通过培训提高经销商经销实力，同时加强对企业产品的认同感。培训分为三个阶段：基础培训(认同公司的文化，增强凝聚力)；技能培训(提升经销技能，提升日常效率)；战略培训(认清战略方向，打造区域竞争优势)。培训的方式包括专家讲座、参观学习、交流会、免费深造、集中培训、在校培训、学院培训等。

培训的讲师既可以是内部较为有经验、营销业绩好的工作人员，也可以是行业专家或专门培训师。选择内部培训师的优点是了解公司经销业务模式、产品的市场定位，培训的针对性更强；选择外部培训师的优点是能够提供更加广阔的思路。

4. 促销策略

促销是指企业通过人员推销或非人员推销的方式，向目标客户传递产品或服务的性能、特征等信息，加深消费者对本企业的产品或服务所能带来的利益的认识，从而吸引消费者的兴趣，激发消费者购买欲望及购买行为的活动。① 实际在市场促销中，比较常见的促销方式有如下几种：

(1)折价促销。折价促销是在产品促销中采取的最常见也是最有效的方式。所谓折价，就是指厂商通过降低产品的售价，以优惠的方式进行销售。这种一般是适用于刚刚上市，急需打开市场销路或者博取眼球和注意力的产品。折价策略不仅仅包括直接折价，也包括附加赠送和套餐式折扣。后两者能够在达到前者的促销目标上，增加消费额，但可能对一些消费者的吸引力度没有那么大。折价策略的优势是生效快，在短期内可以快速拉动销售，增加的购买量，具有很强的冲击力和诱惑力。同时，采取折价策略可以快速反应，令竞争对手措手不及，使自已处于比较主动的竞争地位。但是折价策略的劣势也很明显，会打击对品牌的忠诚度；引发竞争对手的反击，容易导致价格竞争，造成两败俱伤的结局，不利于企业和行业的长远发展。

(2)退费促销。退费策略，退费策略是指在购买一定数量的商品后给予一定金额的退款。这种策略适用于新入市的品牌或者已有一定品牌的产品。退费策略与折价策略相似，只是折价策略优惠金额直接在出售商品时的售价扣除，而退费策略是在商品正价销售后，企业给予客户的优惠退费，即先收后退。相比于折价策略，采用退费策略的优点表现在对品牌形象影响较小，不会引发同行之间的恶性竞争，可以刺激再次购买和重复购买，培养对品牌的忠诚度，实现商品的快速销售。但退费策略会降低企业的销售利润，且对消费者的刺激力度不大。

(3)集点促销。集点促销策略是指收集产品的购买凭证，达到商家活动规定的数量，到商家指定的地点换取不同的奖励。这种方式适用于品牌知名度高的成熟产品，且是消费频繁、消耗量大的产品。

(4)新产品免费试用策略。新产品免费试用策略是指将产品(一般都是新产品或者试用装)赠送给潜在用户，供其使用或者尝试，并诱导购买的一种促销方式。采取这

---

① Liao S, Shen Y, Chu C. The effects of sales promotion strategy, product appeal and consumer traits on reminder impulse buying behaviour[J]. International Journal of Consumer Studies, 2010, 33(3): 274-284.

种促销方式比较多的厂家有快速消费品行业、化妆品行业以及高消耗性行业。试用策略有利于提高产品入市速度，能够有针对性地选择目标消费群体，吸引购买，而且可以形成传播效应，提高品牌知名度和品牌亲和力。但采取这种促销方式的费用成本相对较高，活动操作的难度较大，而且，对于同质性强或者个性色彩较弱的产品效果较差。

(5)抽奖促销。抽奖促销是我们在日常生活中最常见的促销方式。不论是大品牌，还是新进入市场的品牌，都常用这种促销方式。采用抽奖促销的优点就是能够覆盖大范围的目标消费群体，对销售具有直接的拉动作用，可以吸引新顾客尝试购买，促使老顾客再次购买或者多次重复购买。但现在消费者都比较理智，对抽奖活动的兴趣逐渐下降。

(6)人员推广促销。人员推广策略是最原始但有时是最有效的策略。采用人员推广策略可以进一步弥补广告与促销信息之间的信息沟通不足的弊病，提高产品在市场中的竞争力，促进消费者的购买行为。但人员推广策略的单位成本比较高，也比较困难，对目标的覆盖面不广，而且随着消费者辨识能力增强，人员推广越来越受到抵制。

(7)公关赞助。公关赞助是指通过赞助某种社会活动，借助良好的社会效应，提高品牌知名度和品牌形象，最终达到促进产品销售的目的，并力争实现产品销售与品牌形象提升的双赢。采用公关赞助可以快速提升品牌知名度，建立品牌形象，创造有利于企业的公众环境；也可以直接促进产品销售，实现产品销售和品牌知名度的大幅度提升。但公关赞助活动需要适当的时机、适当的策略才能达到最佳的产品传播和品牌传播的目的。而且，公关赞助对企业的组织能力要求较高，成本也较高。

企业在促销活动中既可以使用单个促销策略，也可以混合使用多个促销策略，具体需要结合企业促销的成本预算、促销效果而定。

二、《创业之星》营销管理

市场营销分为渠道开发、产品推广宣传、销售人员招聘、培训、订单报价等多项工作。在《创业之星》系统中，这些工作由市场部和销售部共同完成。市场部负责进行市场开发、产品广告宣传。销售部负责销售人员调整、产品报价。

(一)《创业之星》市场部

1. 市场开发

整个市场根据地区划分为多个市场区域，每个市场区域下有一个或多个销售渠道，可供每个公司开拓，开发销售渠道除了需要花费一定的开发周期外，每期还需要一笔开发费用。每个公司可以通过不同的市场区域下已经开发完成的销售渠道，把各自的产品销售到消费者手中。

从图 7-47 可以看出，北京市场无需开发便能进行产品销售。除北京市场外，其余四个市场都需要花费不同的开发周期和开发费用。其中，上海市场需要一个季度的开发，开发费用为 20000 元，广州和武汉两个市场需要两个季度才能开发完成，开发费用各为 40000 元，成都市场开发周期最长，需要 3 个季度，开发费用为 60000 元。点击“开发”按钮，即可立即投入开发，开发费用也立即从账上划走。

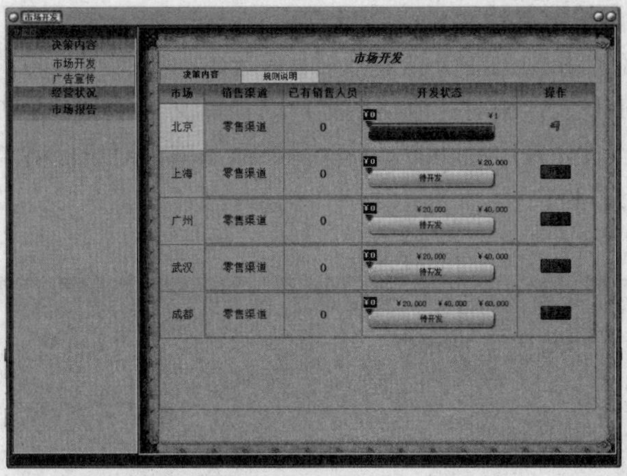

图 7-47　市场部——市场开发

市场开发需要根据公司整体的发展战略，同时结合产品设计策略和资质认证情况进行综合决策。

2. 广告投入

市场部的另一个主要功能是进行产品的广告投入。广告宣传是指每个产品每期均可以投入一笔广告宣传费用，某一期投入的广告对未来若干季度是有累积效应的，投入当季效应最大，随着时间的推移，距离当前季度越久，效应逐渐降低。产品品牌由公司市场部门在产品上所投入的累计宣传广告多少决定，与竞争对手相比，累计投入广告越多，产品品牌知名度就越高，越能获得消费者认可。产品的广告投入是在市场部决策内容的“广告宣传”中操作。在“本期投入金额”栏输入当季度需要投放的广告金额，点击“保存”(见图 7-48)。如果改变了原有的广告计划，可以直接在“本期投入金额”栏处修改，重新点击“保存”即可。

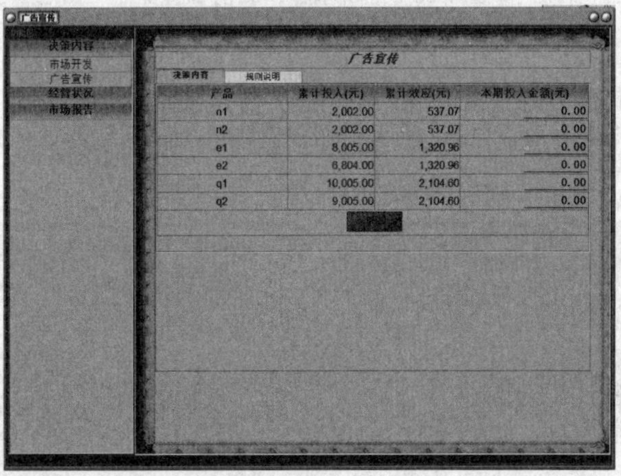

图 7-48　市场部——广告宣传

3. 不同消费群体的消费特征

不同消费群体对产品的关注与侧重点是有差异的，根据图 7-49，如品质型客户，其最大的预算支出为 150 元，相对其他类型客户的预算支出更大。在产品选购中，品质型客户的关注与侧重点首先是产品功能，其次是产品品牌，对于价格、口碑和历史销售数据的关注较少(见图 7-49)。

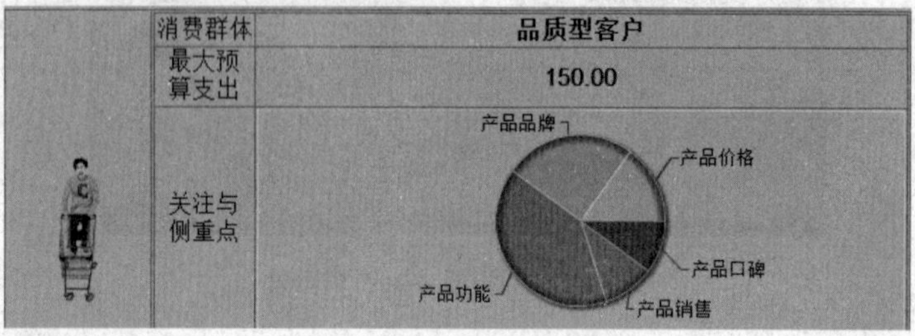

图 7-49　品质型客户的消费特征

经济型客户，其最大的预算是 120 元，具有中等消费能力。在产品选购中，经济型客户的关注和侧重点首先是产品价格，其次是产品功能和产品销售(见图 7-50)。

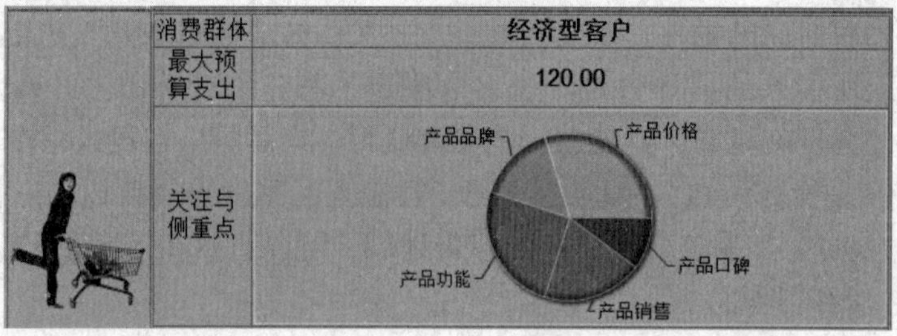

图 7-50　经济型客户的消费特征

实惠型客户，其最大的预算是 90 元，属于精打细算的群体。实惠型客户的关注与侧重点首先是产品价格，其次是产品功能和产品销售(见图 7-51)。

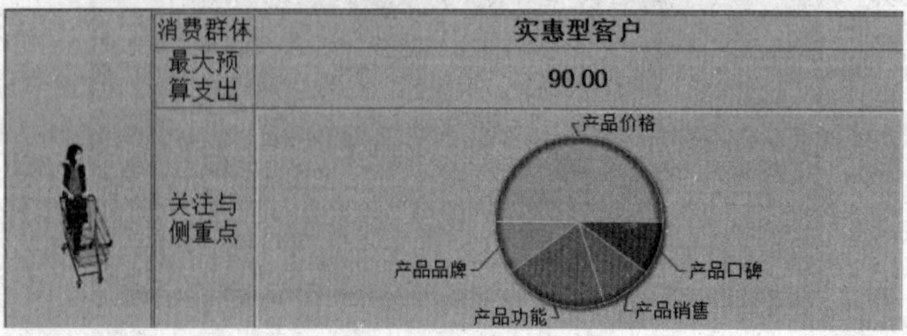

图 7-51　实惠型客户的消费特征

因此，针对品质型客户设计的广告占公司广告投入预算的比重较大，针对经济型客户设计的广告次之，针对实惠型客户设计的广告所占的比重最小。

(二)创业之星销售部

1. 产品销售预测

《创业之星》系统会根据每个消费群体的市场需求分析制定各阶段公司的产品销售预测(见图7-52)。按照销售部产品定价界面中的数据，每组可获得每个消费群体的平均市场需求量如图7-53所示。

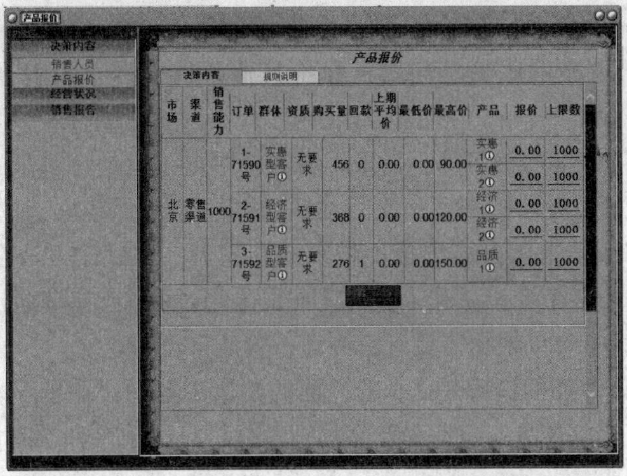

图7-52　销售部——产品销售预测

小组数:	1						
	单位/组	第一季度	第二季度	第三季度	第四季度	第五季度	第六季度
北京	品质	276	276	321	356	366	388
	经济	368	368	422	456	465	477
	实惠	456	488	521	555	581	556
总计		1100	1132	1264	1367	1412	1421
上海	品质		535	536	551	533	545
	经济		520	556	588	598	621
	实惠		410	439	456	501	545
总计			1465	1531	1595	1632	1711
广州	品质			485	498	510	505
	经济			455	465	477	470
	实惠			399	410	425	478
总计				1339	1373	1412	1453
武汉	品质			331	356	376	387
	经济			386	391	398	412
	实惠			431	455	465	486
总计				1148	1202	1239	1285
成都	品质				311	330	335
	经济				435	455	465
	实惠				336	354	376
总计					771	809	841

图7-53　每个消费群体的平均市场需求量

这个需求量一个市场平均值，订单量实际上与市场上针对同一客户群体的产品数、产品的配置、产品的历史销量、产品的广告销售费用等相关，因此学生最后得到的产品订单量无法确定。

其实销售量的好坏归根结底是靠已交付订单数来决定的，而产品的订单数受以下因素影响。

(1)产品品牌。品牌让人想到的自然是广告费，然而广告费到底多少才能发挥最大的效应呢？一般说来，广告费自然是越高，品牌效应越大，但每个产品所分摊的销售费用越高，且广告的边际效应是呈递减趋势的。那么广告费的拐点在哪里呢？既然它肯定不是一个定值，那么它跟整个市场的平均广告费相关么？怎样相关呢？学生可以设计测试方案解决这些问题，保持其他条件不变，设置变量，看订单有怎样的变化。

(2)产品价格。产品价格下降会带来新增的订单量，但是订单量的增幅是否能够弥补价格下降的幅度，学生有兴趣可以自行在系统中进行报价测试，比较降低报价带来的新增订单量的利润额与采用最高价报价带来的利润额。测试的方法在前面已经提到过了，基本上都是采用一个变量，在少数情况下也采用过两个变量的测试方法(如广告和价格同时变化)；大家可以根据需要进行测试，验证自己的想法。

(3)产品口碑。产品的口碑是由企业以前的销量决定的，那是不是针对不同消费群体全部销量影响了全部产品？每一种产品的销量是否只影响该种产品？读者可以设计测试方案解决这些问题。

(4)产品功能。产品功能其实就是产品设计，产品设计涉及产品成本高低以及产品是否需要研发支出？产品配置提升导致的订单量的增幅是否能够弥补成本上升幅度？研发期间错过的销售额、产品口碑的建设以及增加的研发费用是否能够由后期的新增利润水平弥补？学生可以设计测试方案解决这些问题。

2. 订单分析

虽然产品订单量无法确定，但是我们仍然能够在认真观察市场上其他竞争对手的交易后，结合市场平均订单量测算出本公司的产品销售预测。做好销售预测的关键主要在与三个方面：确定市场容量、确定生产能力以及预测销售量。每季度后整理各组的订单信息，能够及时对自身处在市场中的状态进行了解，通过比对相关的数据甚至能够分析出竞争对手的具体决策。这点需要大家在实践中进行试验总结，能够了解竞争对手的各项指标，从而进行相应的对策。

为了更好地观察竞争对手的策略，可以进入销售部和市场部，点击销售报告和市场报告，查看市场内每个小组的每个产品在每个季度的订单量。图 7-54 为销售部的订单汇总界面，图 7-55 为市场部的产品评价界面，注意不同公司在不同市场中产品功能、产品销售、产品口碑、产品品牌及产品价格在其中反映出来的比率关系。可以从每个公司、每个市场、每个产品相应分数的差异看出它们的决策有所不同，这直接反映为它们的订单数的不同。

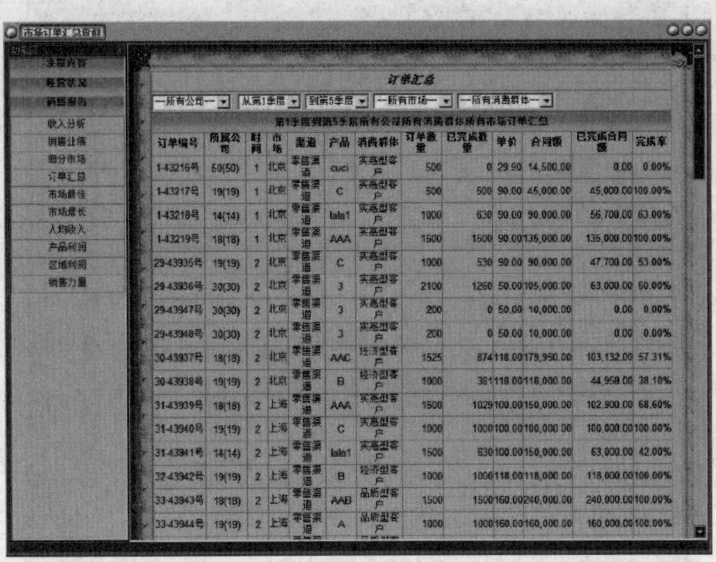

图 7-54　销售部——订单汇总

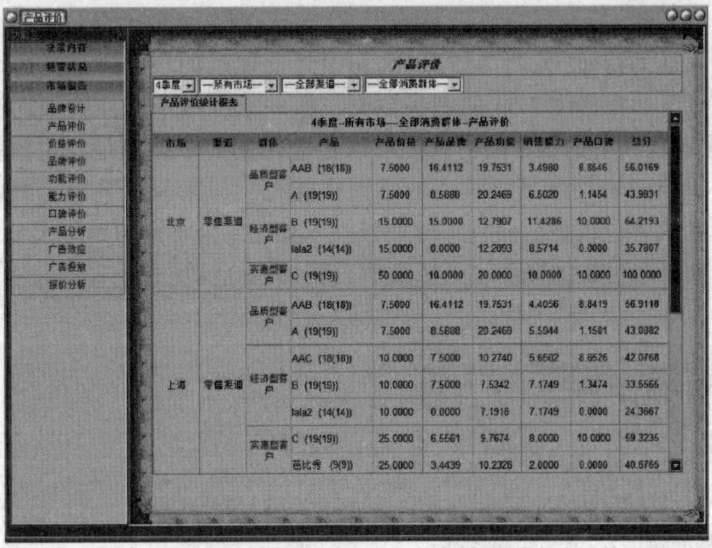

图 7-55　市场部——产品评价

3. 销售人员调整

在主场景中点击“交易市场”，进入后，点击“人才市场-招聘销售人员”(见图 7-56)。

将销售人员安排到目标市场渠道中。只有目标市场渠道已经开发完成，才能安排销售人员。

图 7-56　销售部——销售人员

按照销售人员的特征(见图 7-57)，公司设计研发后的每个产品，每个销售人员可以销售 500 个以下。根据图 7-53 的销售预测，第一季度每个产品的平均销售量不超过 500，因此一个销售人员的销售能力就能够满足公司的需求。但是公司招聘的销售人员个数决定了公司当前销售产品所具备的总销售能力，与竞争对手相比，总销售能力越高，获得消费者认可也越高。而且，与广告投入相比，公司招聘销售人员的费用支付是在季度末，当期订单付款回账后，可以缓解公司的现金流压力。

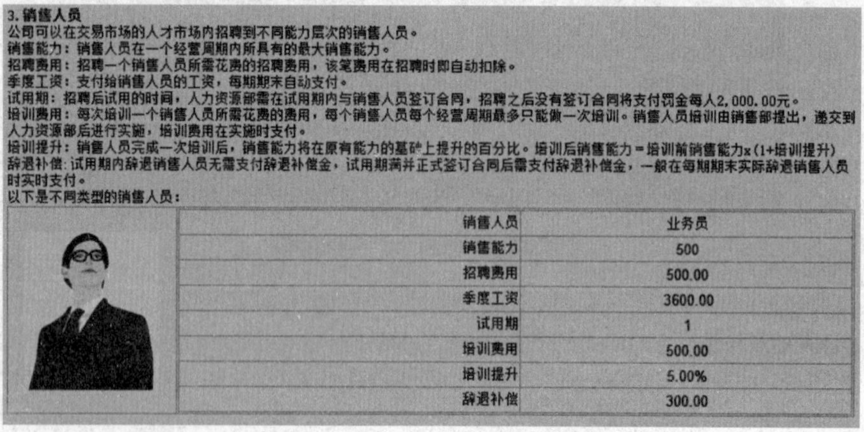
3. 销售人员
公司可以在交易市场的人才市场内招聘到不同能力层次的销售人员。
销售能力：销售人员在一个经营周期内所具有的最大销售能力。
招聘费用：招聘一个销售人员所需花费的招聘费用，该笔费用在招聘时即自动扣除。
季度工资：支付给销售人员的工资，每期期末自动支付。
试用期：招聘后试用的时间，人力资源部需在试用期内与销售人员签订合同，招聘之后没有签订合同将支付罚金每人2,000.00元。
培训费用：每次培训一个销售人员所需花费的费用，每个销售人员每个经营周期最多只能做一次培训。销售人员培训由销售部提出，递交到人力资源部后进行实施，培训费用在实施时支付。
培训提升：销售人员完成一次培训后，销售能力将在原有能力的基础上提升的百分比。培训后销售能力=培训前销售能力x(1+培训提升)
辞退补偿：试用期内辞退销售人员无需支付辞退补偿金，试用期满并正式签订合同后需支付辞退补偿金，一般在每期期末实际辞退销售人员时实时支付。
以下是不同类型的销售人员：

销售人员	业务员
销售能力	500
招聘费用	500.00
季度工资	3600.00
试用期	1
培训费用	500.00
培训提升	5.00%
辞退补偿	300.00

表 7-57　销售人员的特征

销售部的一个主要功能是进行销售人员管理，包括业务员在不同渠道间的调整、计划培训提升、计划辞退。销售部提交销售人员的培训计划和辞退计划后，由人力资源部统一进行培训和辞退(见图 7-58)。

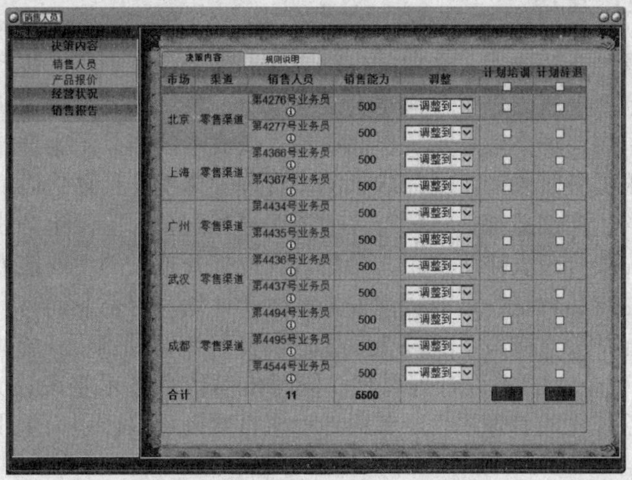

图 7-58　销售部——销售人员管理

4. 产品报价

销售部的另一个主要功能是进行产品报价(见图 7-59)，产品报价主要依据各类型客户所能接受的最高价。上限数决定了系统最多能够给你分配的订单数，如果订单量高于你的产成品，就会面临违约，需要支付违约金。因此上限数的设定也很重要，一般设为产成品数量。

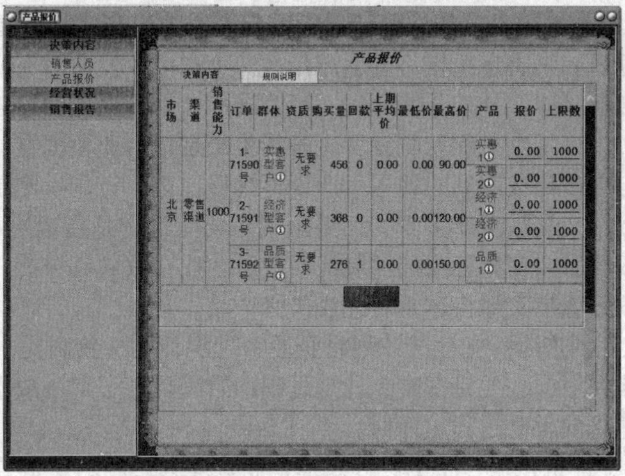

图 7-59　销售部——产品报价

第五节　企业生产管理

一、企业生产管理

企业的生产管理直接决定了企业的生产规模，如果没有一定的生产规模，该企业的市场份额将被其他企业所占据，利润也会逐渐减少，最后被其他企业所蚕食。企业生产管理的目的是为了向市场高效率地提供高质量、低成本的产品。生产制造部门要与营销部门紧密配合，根据各阶段的市场需求预测，合理安排生产计划，以最大限度地满足市场的需要。同时，生产制造部门还要与人力资源部相配合，确保生产线上都配备了足够的工人，并按照需要合理安排生产工人的培训，以提升工人的生产能力。保证能够生产出营销部门需要的产品数量，就要提前安排好生产计划。对企业而言，经营计划的制订与否、效率高低通常会直接关系到该企业生产、经营效益的高低。企业资源计划(简称ERP)作为利用现代企业的先进管理思想，同时借助信息技术手段，为企业提供经营、决策的全方位、系统化的管理平台，其设计思想自然也是以计划为主线而展开的。一般来说，ERP 计划管理体系大致可以分为销售计划、生产加工计划、主生产计划、能力需求计划和物料需求计划等几个层次。

(一)主生产计划

主生产计划(Master Production Schedule，简称 MPS)，在 ERP 系统中是一个重要的计划层次，它根据生产计划、客户合同和预测，把销售与运作规划中的产品系列具体化，将生产计划转换为产品计划。① 它是物料需求计划、能力需求计划和成本运作的主要模块，决定着企业未来的工作负荷、库存投资、生产安排和交货时间，为车间制造与采购等工作提供计划方向，贯穿于直到完成交货为止的整个生产制造过程。

1. 主生产计划的基本功能

主生产计划在企业经营管理中主要行使以下几项基本功能：

(1)把企业生产大纲同具体的作业计划联系起来。主生产计划就是通过对被制造的产品进行详细的计划，来决定企业将要生产什么？生产多少？何时完成？它比生产大纲或生产规划更加细而具体，是切合实际的、可实施的计划。主生产计划按照销售去向确定分为：备货生产、订货生产和装配订货。备货生产是指企业根据自己对市场需求的预测和库存量来决定生产什么产品，即先生产，再慢慢销售。订货生产是指企业根据收到的订单需要生产什么产品、生产多少，无需预测。装配订货是指以上两种情况的混合，最终产品需要由一组需要多种标准部件装配而成。企业在收到订单前，预先生产出这些标准部件，然后按照客户实际订单量装配成最终产品。

(2)与各层次计划连通。主生产计划将企业管理层计划、物料需求计划、能力需求计划与日程计划连在一起，并且在整个计划过程中始终贯穿了财务成本控制的概念，对企业资源进行一体化的、全过程的计划。

(3)提供控制、评价依据。主生产计划是企业管理者控制之下最重要的一组计划数

① 杨帅. ERP 模式下主生产计划系统的研究与开发[D]. 兰州理工大学，2008.

据，基于此，企业管理者对整个生产经营过程就有了控制、评价的依据。

2. 主生产计划的制定程序

一般来说，制定主生产计划遵照如下程序：首先，企业通过客户订单、预测、备品备件、厂际间需求、客户选择件及附加件、计划维修件等多种信息途径，准备产品需求信息，确定产品总需求。然后，企业根据总需求、现有库存量、企业计划等要素条件对需求产品进行搭配组合，确定每一个具体产品在每一个具体时间段的生产计划，提出初步的 MPS。接着，企业要对初步的 MPS 进行可行性论证，对关键资源进行平衡。一般采取的是粗能力计划核算的方法，即以关键资源为计划对象，评价主生产计划对关键资源的总影响如何，从而决定所需能力并测定出主生产计划是可行还是不可行的方法。如果某个部门或某个关键工作中心的负荷超出可用能力过大，就要对主生产计划采取必要的调整或改变生产时间，重新进行模拟直到基本满意为止。这个过程一般要反复多次，调整后的主生产计划由主生产计划员确认后，才能作为提交批准或运行物料需求计划的根据。最后，企业负责部门对主生产计划进行相应的审核、批准，以保证主生产计划符合企业的经营规划。

MPS 的基本原理和基本流程：MPS 是闭环计划系统的一个部分，其实质是保证销售规划和生产规划对规定的需求(需求什么、需求多少、什么时候需要)与所使用的资源取得一致。MPS 考虑了经营规划和销售规划，使生产规划同它们相协调。它着眼于销售什么和能够制造什么，这就能为车间制订一个合适的“主生产进度计划”，并且以粗能力数据调整这个计划，直到负荷平衡。然后，主生产进度计划作为物料需求计划 MRP(Material Requirement Planting，简称 MRP)的输入，MRP 用来制订所需零件和组件的生产作业计划或物料采购计划，当生产或采购不能满足 MPS 的要求时，采购系统和车间作业系统就要把信息返回给 MPS，形成一个闭环反馈系统。整个流程如图 7-60 所示：

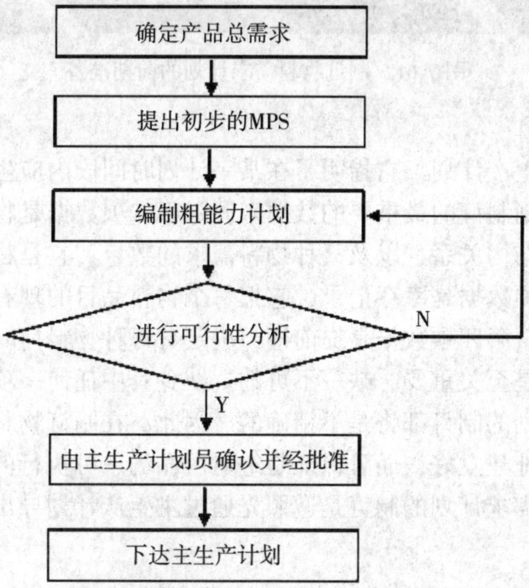

图 7-60　主生产计划流程图

值得一提的是，主生产计划编排后不是一成不变的，它是一个随着市场变化不断增加或减少的持续式的滚动计划，但这并不意味着企业生产计划人员可以低估它的价值。总之，主生产计划在 ERP 系统中有着十分重要的作用，制订恰当合理、切合实际的主生产计划能够帮助企业有效地减少库存、提高交货的及时率和生产效率。

（二）物料需求计划

1. 物料需求计划的含义

物料需求计划与主生产计划一样属于 ERP 计划管理体系，是供养整个 ERP 体系运转的血脉。① 主生产计划只是最终产品计划，而一个产品可能由成千上万的原料构成，一种原料可能用于多种产品，也可能只用于单一产品。如果用于多种产品，每个产品所需的同一原料的量可能还不相同。另外，产品的加工周期不同，原料的周转周期也不同，因此，一个完整的经营期间需要量也不相同。

MRP 主要解决企业生产中的物料需求与供给之间的关系，即无论是对独立需求的物料，还是相关需求的物料，物料需求计划都要解决“需求什么？现有什么？还缺什么？什么时候需要”等几个问题。它是一个时段优先计划系统，其主要对象是决定制造与采购的净需求计划。它是由主生产计划推动运行的，但反过来，它又是主生产计划的具体化和实现主生产计划的保证计划。

2. 物料需求计划的制订流程

由于物料需求计划 MRP 主要根据展开 MPS 来编制相关需求件计划，把主生产计划排产的产品分解为各个零部件的生产计划和采购件的采购计划。因此，制订物料需求计划前就必须具备以下基本数据，如图 7-61 所示：

图 7-61　制订物料需求计划的前期准备

第一项数据是主生产计划，它指明了在某一计划时间段内应生产出的各种产品和备件，它是物料需求计划制订的最重要的数据来源。第二项数据是物料清单（简称 BOM），它指明了物料之间的结构关系，以及每种物料需求的数量，它是物料需求计划系统中最为基础的数据。第三项数据是库存记录，它把每个物料品目的现有库存量和计划接受量的实际状态反映出来。第四项数据是提前期，决定着每种物料何时开工、何时完工。应该说，这四项数据都是至关重要、缺一不可的。缺少其中任何一项或任何一项中的数据不完整，物料需求计划的制订都将是不精确的。因此，在制订物料需求计划之前，这四项数据都必须先完整地建立好，而且保证是绝对可靠的、可执行的数据。

一般来说，物料需求计划的制订是遵照先通过主生产计划导出有关物料的需求量与

① Terry Lunn, Susan A. Neff. Material Requirements Plannning: Integrating Material Requirement Planning and Modern Business[M]. McGraw-Hill, Inc, 1992: 1-12.

需求时间，然后，再根据物料的提前期确定投产或订货时间的计算思路。其基本计算步骤如下：

(1)计算物料的毛需求量。即根据主生产计划、物料清单得到第一层级物料品目的毛需求量，再通过第一层级物料品目计算出下一层级物料品目的毛需求量，依次一直往下展开计算，直到最低层级原材料毛坯或采购件为止。

(2)净需求量计算。即根据毛需求量、可用库存量、已分配量等计算出每种物料的净需求量。

该时段预计可用库存=前段时间库存+本时段计划接受量-毛需求净需求量=毛需求量-前段时间预计可用量+安全库存。

(3)批量计算。即由相关计划人员对物料生产作出批量策略决定，不管采用何种批量规则或不采用批量规则，净需求量计算后都应该表明是否有批量要求。

(4)安全库存量、废品率和损耗率等的计算。即由相关计划人员来规划是否要对每个物料的净需求量做这三项计算。

(5)下达计划订单。即指通过以上计算后，根据提前期生成计划订单。物料需求计划所生成的计划订单，要通过能力资源平衡确认后，才能开始正式下达计划订单。

(三)能力需求计划

1. 能力需求计划的含义

能力需求计划(Capacity Requirement Planning，CRP)是帮助企业在分析物料需求计划后产生出一个切实可行的能力执行计划的功能模块。① 该模块根据各个工作中心的物料需求计划和各物料的工艺路线，对各生产工序和各工作中心所需的各种资源进行精确计算，得出人力负荷、设备负荷等资源负荷情况，然后根据工作中心各个时段的可用能力对各工作中心的能力与负荷进行平衡，以便实现企业的生产计划。

通常，编制能力需求计划的方式有无限能力负荷计划和有限能力负荷计划两种。无限能力负荷计算是指在不限制能力负荷情况下进行能力计算，即从订单交货期开始，采用倒排的方式根据各自的工艺路线中的工作中心安排及工时定额进行计算。不过，这种计算只是暂时不考虑生产能力的限制，在实际执行计划过程中不管出于什么原因，如果企业不能按时完成订单，就必须采用顺排生产计划、加班、外协加工、替代工序等方式来保证交货期。这时，有限能力负荷计算方式就派上了用场。有限能力负荷计算就是假定工作中心的能力是不变的，把拖期订单的当期日期剩下的工序作为首序，向前顺排，对后续工序在能力允许下采取连续顺排不断地实现计划，以挽回订单交货期。

2. 能力需求计划的制订流程

下面我们主要介绍一下能力需求计划的制订流程，以便更好地掌握能力需求计划模块(见图 7-62)。

(1)收集数据。能力需求计划计算的数据量相当大，通常，能力需求计划在具体计算时，可根据 MRP 下达的计划订单中的数量及需求时间段，乘上各自的工艺路线中的

① Garciasabater J P. Capacity and material requirement planning modelling by comparing deterministic and fuzzy models[J]. International Journal of Production Research, 2008, 46(20): 5589-5606.

定额工时时间，转换为需求资源清单，加上车间中尚未完成的订单中的工作中心工时，成为总需求资源。再根据现有的实际能力建立起工作中心可用能力清单，有了这些数据，才能进行能力需求计划的计算与平衡。

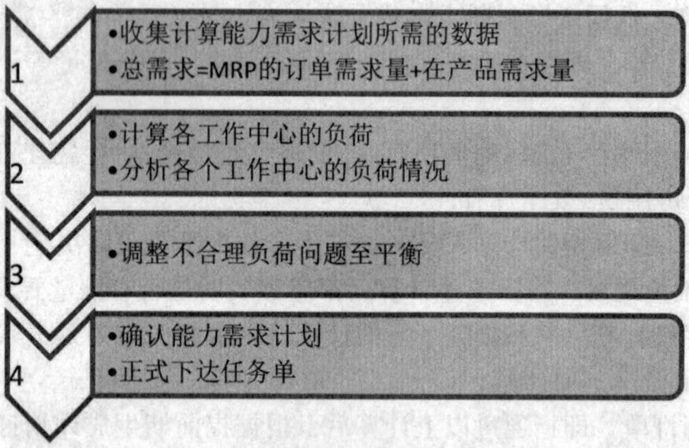

图 7-62　能力需求计划的制定流程

(2)计算与分析负荷。将所有的任务单分派到有关的工作中心上，然后确定有关工作中心的负荷，并从任务单的工艺路线记录中计算出每个有关工作中心的负荷。然后，分析每个工作的负荷情况，确认导致各种具体问题的原因所在，以便正确地解决问题。

(3)能力/负荷调整。解决负荷过小或超负荷能力问题的方法有 3 种：调整能力、调整负荷，以及同时调整能力和负荷。

(4)确认能力需求计划。在经过分析和调整后，将已修改的数据重新输入到相关的文件记录中，通过多次调整，在能力和负荷达到平衡时，确认能力需求计划，正式下达任务单。

3. 能力需求计划工作的主要内容

(1)厂房购置。在创业之星模拟创业平台中，有多种厂房可供选择，厂房可以租用也可以购买。在一般情况下，企业在初始阶段需要投资的地方较多，产品研发、市场开发、资质认证、营销推广等各项工作都需要大量现金支出。这时，厂房大多考虑以租用为主，以避免占用过多的现金。随着企业生产规模的扩大和市场销售业绩的增长，企业的资金积累也逐步增加，资金不再像初始阶段那么紧张；由于租用厂房的租金较贵，使产品分摊的生产成本较高，降低了企业的利润。企业这时可以对原来租用厂房进行调整，改为购买厂房的方式，以降低产品生产成本。

(2)生产线购置。生产线设备有多种类型可供选择，不同的生产线的性价比不同，生产产品产生的制造费用也不同。在一般情况下，越是高端的生产线其性价比越高，分摊的制造成本也越低。由于生产线设备价格较贵，具体使用何种生产线组合主要取决于企业的现金状况，同时要考虑市场销售预测的情况。如果企业最初制定了成本领先战略，企业的主要目标是使产品的生产成本尽可能低，因此，在设备选择上应重点以高端设备为主。同时，为满足短期销售需要或临时性购买设备的需要，如当期增加产能满足销售需要，或者租用的厂房将来要退租，厂房内的设备需要搬迁到另一个厂房中，这种情况下高端的柔性线就缺乏必要的灵活性，可以辅以中低端生产线设备组合生产。所有的生产设备在生产过程中都会产生一些废品，越是高端的生产线设备其成品率越高。为了提升设备的性能与产能，在生产工人已经满负荷的情况下，可以通过设备改造升级来提升设备的成品率。生产线设备的总的生产能力主要由销售预测来决定，企业无需添置过多的生产设备，以免造成设备闲置，带来不必要的浪费。为了满足即将到来的销售旺季的销售需要，企业可以提前做好生产线设备的购置与安装。当然，在购买设备时，还要注意企业的现金流状况，避免出现资金缺口，以免因现金流的紧张而影响企业的其他管理工作。

(3)招聘生产工人。所有的生产线设备都需要招聘生产工人才能开工生产。所有的生产工人的能力在初始状态时是相同的，不同的生产线设备可以最大安置的工人数量不同，生产线上工人总的能力就是每个工人最大生产能力的总和。一条生产线设备每个季度的最大产能，由生产线上工人总生产能力和设备的最大产能二者低者决定。因此，要计算生产线设备的实际产能，不仅要计算生产线额定最大产能(去掉加工中产生的废品)，还要考虑到工人的最大加工生产能力。设备产能不足，可对设备进行改造升级；工人能力不足，可以对工人进行培训，以提升工人的生产能力。

二、《创业之星》制造部

生产制造过程由以下几个部分组成：

(一)厂房购置

厂房可以选择租用或购买，对于租用的厂房，每期期初将自动支付相应的租金。对于购买的厂房，购买当时即支付相应的现金。厂房可以选择退租或出售，厂房的退租或出售实际发生在每期期末，此时只有厂房内没有设备的情况下才能成功，退租后的厂房在下期将不再需要支付相应租金，出售厂房将以厂房净值回收现金。图7-63是不同类型的厂房具体参数：

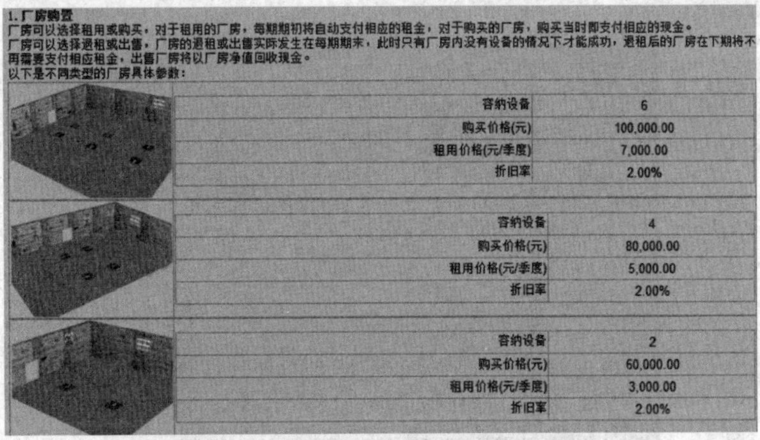

图7-63　不同类型的厂房具体参数

在公司场景点击“制造部”，在弹出窗口出选择“决策内容-厂房购置”，根据公司生产规模的需要以及现金状况，通过购买或租用的方式获取相应的厂房(见图 7-64)。具体操作如下：

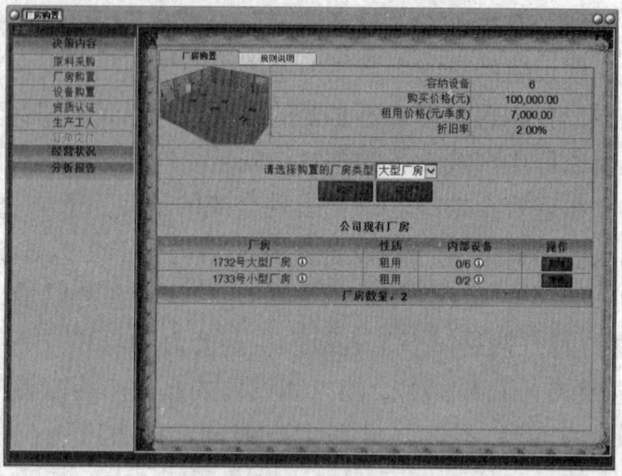

图 7-64　制造部——厂房购置

(1)在“厂房类型”下拉框内选择需要的厂房大小，再点击“购买”或“租用”按钮，完成对选择厂房的操作；

(2)购买或租用的厂房会在下面列表显示，将鼠标移至厂房名称旁的“ⓘ”标志上，会显示出该厂房有关的详细信息；

(3)“内部设备”栏显示的是该厂房内的设备最大安装能力与已经安装的设备数量，将鼠标移至该栏相关信息旁的“ⓘ”标志上，可以看到该厂房内安装的生产设备详情。

(二)设备购置

在公司场景点击“制造部”，在弹出窗口出选择“决策内容-设备购置”，根据公司生产规模的需要以及现金状况，购买所需要的生产设备(见图 7-65)。具体操作如下：

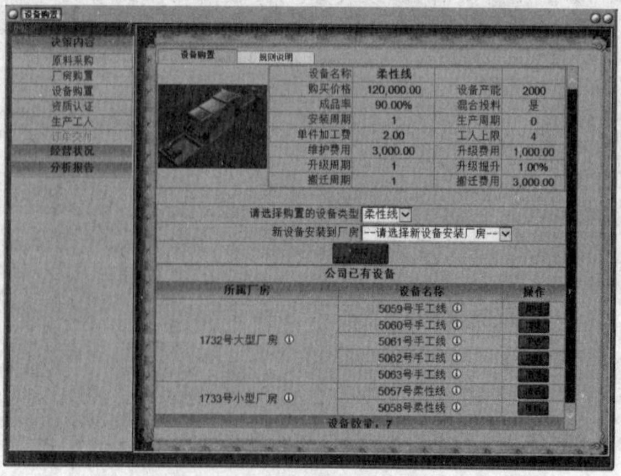

图 7-65　制造部——设备购置

(1)设备只能购买而不能租用，因此要购买设备首先确保公司有足够的现金。

(2)在“设备类型”下拉框内选择需要购买的设备类型，上面会实时显示出该设备的主要参数资料；在“设备安装到厂房”选择该设备需要安装到哪个厂房里，点击“购买”按钮，完成对选择设备的购买。

(3)购买了设备以后，在下面能看到公司当前所有厂房以及厂房内安装的所有设备情况。对于刚采购的设备，如果没有设备在线上生产，可以点击该设备名称右边的“撤销”按钮取消购买。

(4)对比图7-66中三种设备的各种特征，可以看出在条件允许的情况下，购买柔性线是最佳选择。柔性线是混合投产，能灵活调整各个产品的产量，且成品率高，加工费用低，从而降低了产品的生产成本。其不足是需要一个季度的安装周期，因此第一季度无法使用柔性线。自动线相对比柔性线而言，虽然价格较低，但是其无法混合投产，在生产初期每个产品的市场需求量都不高，会导致自动线产能闲置。另外，自动线也需要一个季度的安装周期，无法在第一季度使用。因此，虽然手工线的成品率低，加工费用高，不能混合投产，但是第一季度只能使用手工线生产。

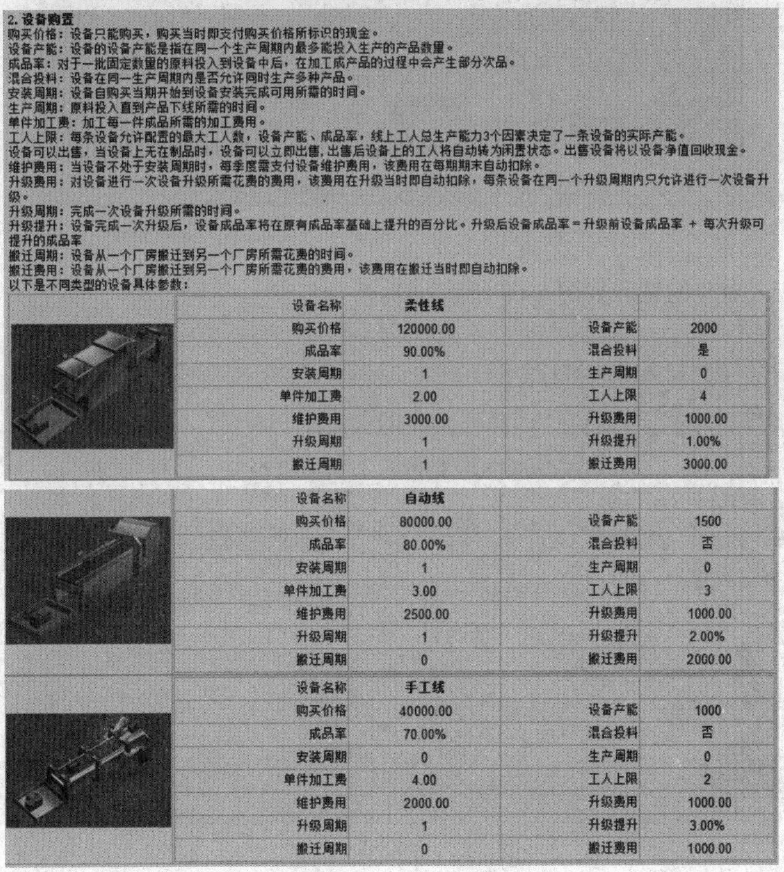

2. 设备购置
购买价格：设备只能购买，购买当时即支付购买价格所标识的现金。
设备产能：设备的设备产能是指在同一个生产周期内最多能投入生产的产品数量。
成品率：对于一批固定数量的原料投入到设备中后，在加工成产品的过程中会产生部分次品。
混合投料：设备在同一生产周期内是否允许同时生产多种产品。
安装周期：设备自购买当期开始到设备安装完成可用所需的时间。
生产周期：原料投入直到产品下线所需的时间。
单件加工费：加工每一件成品所需的加工费用。
工人上限：每条设备允许配置的最大工人数，设备产能、成品率，线上工人总生产能力3个因素决定了一条设备的实际产能。
设备可以出售，当设备上无在制品时，设备可以立即出售，出售后设备上的工人将自动转为闲置状态。出售设备将以设备净值回收现金。
维护费用：当设备不处于安装周期时，每季度需支付设备维护费用，该费用在每期期末自动扣除。
升级费用：对设备进行一次设备升级所需花费的费用，该费用在升级当时即自动扣除，每条设备在同一个升级周期内只允许进行一次设备升级。
升级周期：完成一次设备升级所需的时间。
升级提升：设备完成一次升级后，设备成品率将在原有成品率基础上提升的百分比。升级后设备成品率＝升级前设备成品率 ＋ 每次升级可提升的成品率
搬迁周期：设备从一个厂房搬迁到另一个厂房所需花费的时间。
搬迁费用：设备从一个厂房搬迁到另一个厂房所需花费的费用，该费用在搬迁当时即自动扣除。
以下是不同类型的设备具体参数：

设备名称	柔性线		
购买价格	120000.00	设备产能	2000
成品率	90.00%	混合投料	是
安装周期	1	生产周期	0
单件加工费	2.00	工人上限	4
维护费用	3000.00	升级费用	1000.00
升级周期	1	升级提升	1.00%
搬迁周期	1	搬迁费用	3000.00

设备名称	自动线		
购买价格	80000.00	设备产能	1500
成品率	80.00%	混合投料	否
安装周期	1	生产周期	0
单件加工费	3.00	工人上限	3
维护费用	2500.00	升级费用	1000.00
升级周期	1	升级提升	2.00%
搬迁周期	0	搬迁费用	2000.00

设备名称	手工线		
购买价格	40000.00	设备产能	1000
成品率	70.00%	混合投料	否
安装周期	0	生产周期	0
单件加工费	4.00	工人上限	2
维护费用	2000.00	升级费用	1000.00
升级周期	1	升级提升	3.00%
搬迁周期	0	搬迁费用	1000.00

图7-66 三种设备对应的特征

(三)招聘生产工人

设备可以出售，当设备上无在制品时，设备可以立即出售，出售后设备上的工人将自动转为闲置状态，出售设备将以设备净值回收现金。公司可以在《创业之星》界面正下方的导航仪中看到“交易市场”按钮，点击进去，在人才市场内可以招聘到生产工人(见图 7-67)。

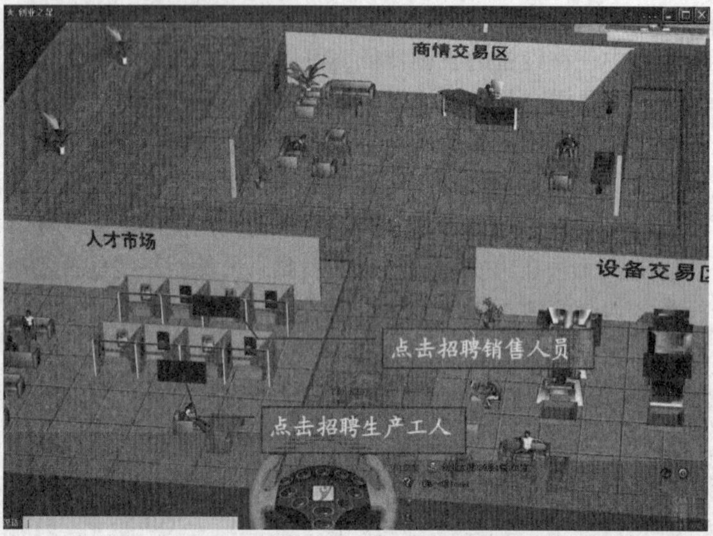

图 7-67　交易市场——招聘生产工人

生产工人对应的特征如图 7-68 所示：

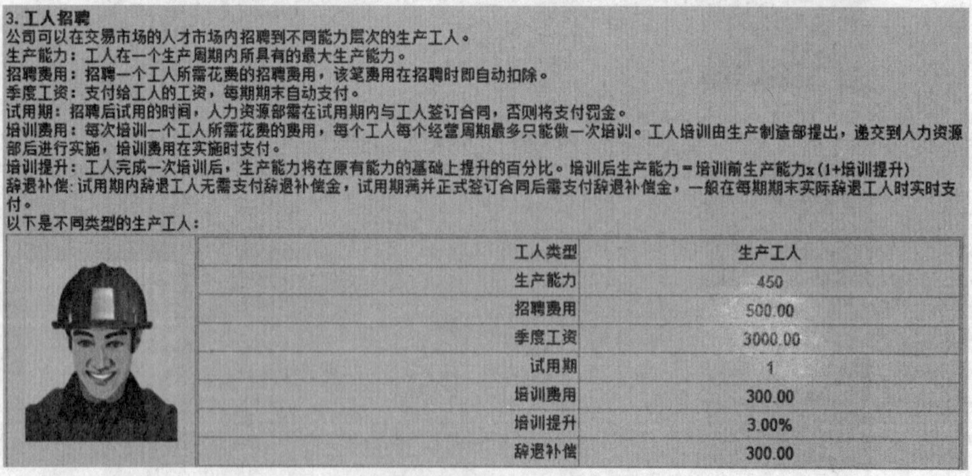

3. 工人招聘

公司可以在交易市场的人才市场内招聘到不同能力层次的生产工人。

生产能力：工人在一个生产周期内所具有的最大生产能力。

招聘费用：招聘一个工人所需花费的招聘费用，该笔费用在招聘时即自动扣除。

季度工资：支付给工人的工资，每期期末自动支付。

试用期：招聘后试用的时间，人力资源部需在试用期内与工人签订合同，否则将支付罚金。

培训费用：每次培训一个工人所需花费的费用，每个工人每个经营周期最多只能做一次培训。工人培训由生产制造部提出，递交到人力资源部后进行实施，培训费用在实施时支付。

培训提升：工人完成一次培训后，生产能力将在原有能力的基础上提升的百分比。培训后生产能力 = 培训前生产能力x(1+培训提升)

辞退补偿：试用期内辞退工人无需支付辞退补偿金，试用期满并正式签订合同后需支付辞退补偿金，一般在每期期末实际辞退工人时实时支付。

以下是不同类型的生产工人：

工人类型	生产工人
生产能力	450
招聘费用	500.00
季度工资	3000.00
试用期	1
培训费用	300.00
培训提升	3.00%
辞退补偿	300.00

图 7-68　生产工人的特征

这里需要注意的是，每个工人的生产能力是 450 件产品，虽然一条手工线的产能为 1000 件产品，但一条手工线最多只能容纳两个工人，因此实际生产能力为 900 件产品。柔性线和自动线同理，生产工人的生产能力决定了每种设备实际产能。每种设备生产时都有残次品，成品率决定了实际的产成品数量。例如，在一条手工线上满产，投入生产 900 件产品 A，在成品率为 70%的情况下，最终实际产出只有 630 件成品。

在公司场景点击“制造部”，在弹出窗口中选择“决策内容-生产工人”，可对制造部门现有的所有生产工人进行管理(见图 7-69)。

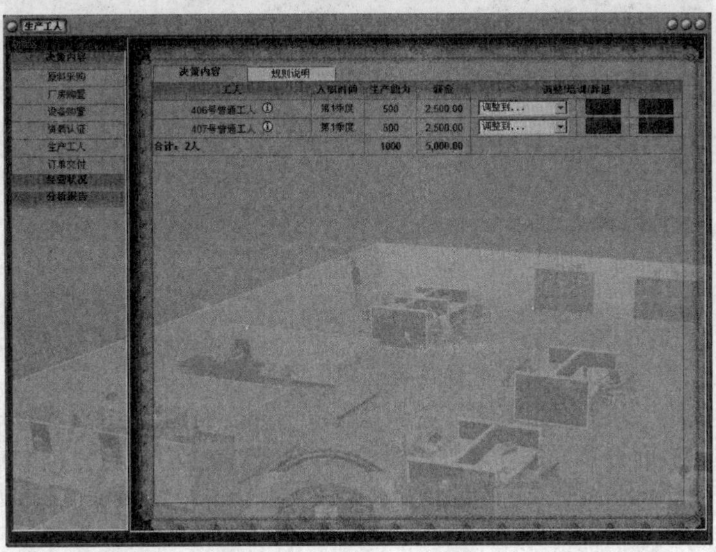

图 7-69　制造部——生产工人

(1)生产设备需要配备生产工人才能完成设备使用生产工作。生产工人的招聘由人力资源来完成，详见人力资源部相关操作。

(2)在这里可以看到生产制造部门的所有生产工人列表，将鼠标移到工人名字旁的“”标志上，可以看到该工人的简要介绍资料。

(3)在每一名工人的右边，可以针对该工人完成岗位调整(调整到其他生产设备上)、计划培训、计划辞退等操作。

(4)所有培训与辞退计划设置好后，会递交到人力资源部，由人力资源部来完成具体的培训或辞退工作。如果递交了计划但人力资源部还未确认，则可以撤销相应的申请。辞退工人需要支付辞退补偿，因此一定要慎重考虑公司所需工人数量。

(四)原料采购

在教师端中截取出来的明细原料设置中可以查看各个季度原材料的单价、到货周期、应付账期(见表 7-2)。原材料的购买操作是在制造部的“决策内容”中的“原料购买”选项中(见图 7-70)。有些产品所需的原材料的到货周期为一个季度，为了避免下季度紧急采购，当季度需要确定下季度的生产计划，提前购买。

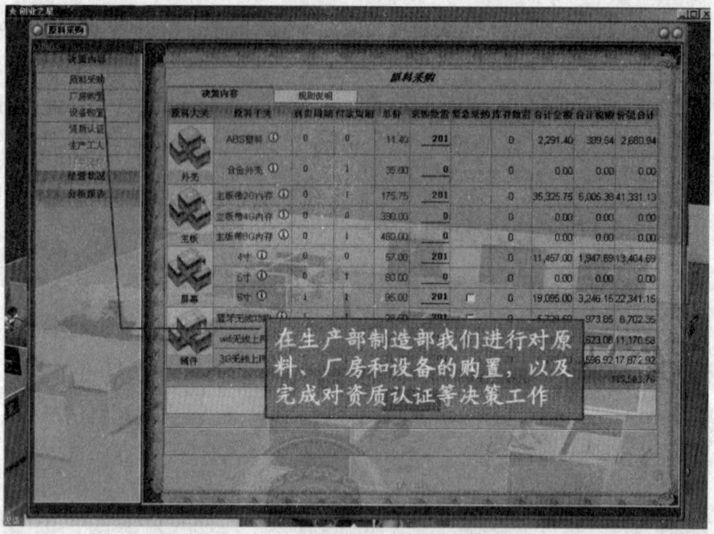

图 7-70　制造部——原料购买

需要注意的是，在计算出当季度需要购买的各原材料数量后，如果与下一个折扣值较为接近，则按照下一个折扣值购买更为划算。例如需要购买 1800 份玻璃包装纸，为了能够享受到 25%的折扣，实际可以购买 2001 份(见表 7-6)。这样可以享受更高的折扣，进而降低产品的生产成本；在相同售价下，单件产品的盈利表现会更好。

表 7-6　**各原材料的购买折扣表**

<table>
<tr><td rowspan="8">价格折扣</td><td colspan="3">折扣表</td></tr>
<tr><td>从(件)</td><td>到(件)</td><td>折扣</td></tr>
<tr><td>0. 0</td><td>200. 00</td><td>0. 00%</td></tr>
<tr><td>201. 0</td><td>500. 0</td><td>5. 00%</td></tr>
<tr><td>501. 0</td><td>1000. 00</td><td>10. 00%</td></tr>
<tr><td>1001. 0</td><td>1500. 00</td><td>15. 00%</td></tr>
<tr><td>1501. 0</td><td>2000. 00</td><td>20. 00%</td></tr>
<tr><td>2001. 0</td><td>—</td><td>25. 00%</td></tr>
</table>

(五)资质认证

公司可以获得多种资格认证，不同市场的不同消费者对企业所获得何种认证将有不同的要求，对于不能符合消费者要求的企业，消费者将拒绝购买其产品。图 7-71 是不同类型的资格认证：

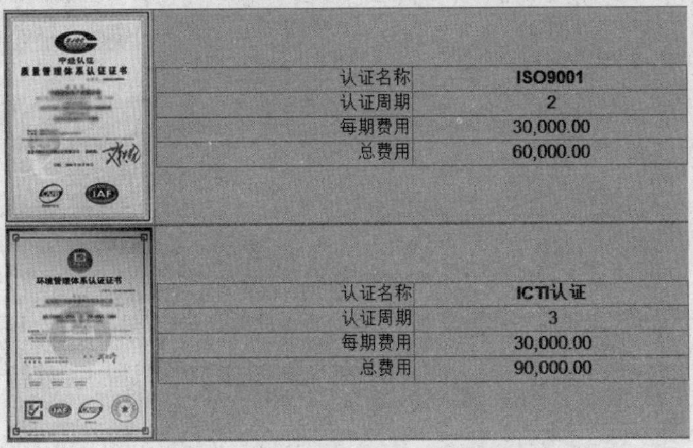

图 7-71　不同类型的资格认证

在公司场景点击“制造部”，在弹出窗口出选择“决策内容-资质认证”，对公司确认要投资的认证体系投入认证费用(见图 7-72)。

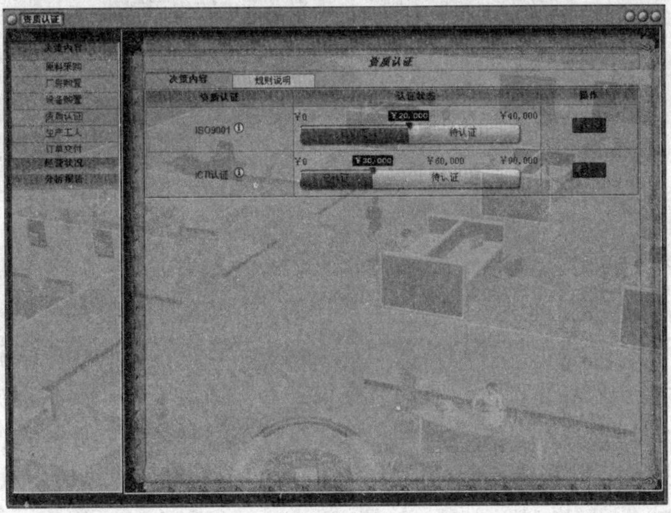

图 7-72　制造部——资质认证

(1)认证是对整个公司的生产资质进行的认证，而不是针对某一个产品品牌。在市场要求具体相应资质而公司没有时，将不允许进入该市场销售产品。由于系统设置的操作程序是以四个季度为准，所以根据图 7-73，只有在第四季度北京市场和上海市场的品质型客户对企业获得 ISO9001 有要求。因此，公司无需进行 ICTI 认证，但需要根据自身策略选择是否进行 ISO9001 认证。如果公司没有进行 ISO9001 的资质认证的话，在第四季度无法将品质型产品卖给北京市场和上海市场的客户。

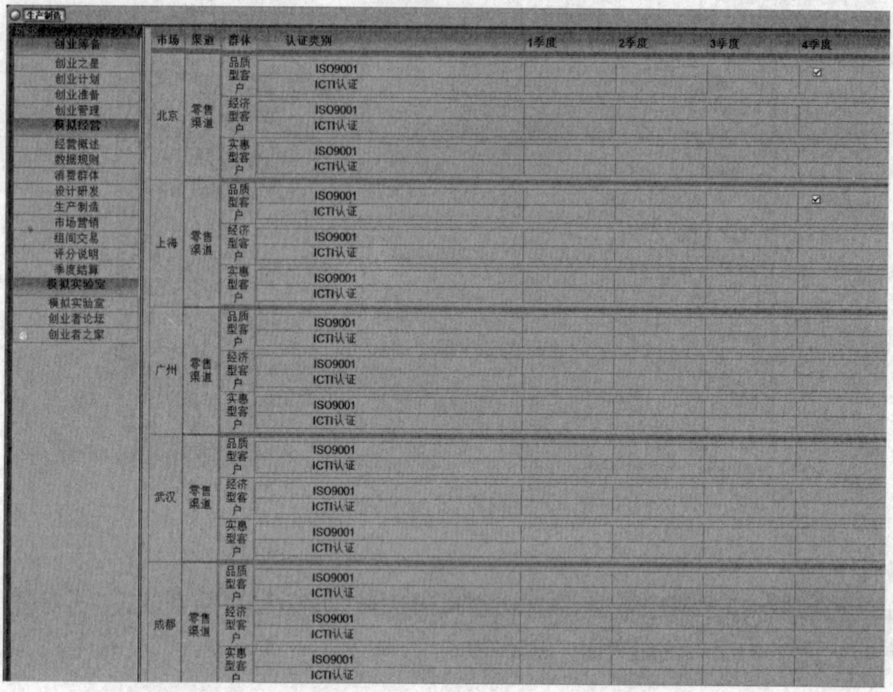

图 7-73　数据规则——模拟经营中的生产制造

(2)点击认证名称右边相关的“投入”按钮，完成当季度对该认证的费用投入。各类认证所需要花费的时间周期及总费用不同，需要多个季度的投入才能完成获取资质。

(3)对当季度投入的认证费用，可以点击“操作栏”的“撤销”按钮取消当季度的投入。

(六)主生产计划

公司的制造部负责制订该季度的主生产计划，并预测下季度的主生产计划。根据前文作出的销售预测，结合上期存货情况制订当期生产计划。因为手工线和自动线都无法混合投产，一台设备只能生产一个产品，在设备有限情况下，需要根据拥有的设备情况及生产能力，合理编排产品的生产计划。选手可以制订如表 7-7 所示的表格进行计划安排，更加简洁明了。

表 7-7　　产品的生产计划安排表

序列	生产线	初始成品率	升级次数	升级后成品率	产品名称	投料量	包装	表皮绒	内置棉	发声	发光	产出量	加工费用
1	手工线	0.7	0	0.7	实惠产品1	600	玻璃	短平	PP棉	没有	没有	420	2400
2	手工线	0.7	1	0.73	实惠产品2	600	玻璃	短平	PP棉	有	没有	438	2400
3	自动线	0.8	0	0.8	经济产品1	600	纸质	短平	PP棉	没有	没有	480	1800
4	自动线	0.8	1	0.82	经济产品2	600	玻璃	短平	PP棉	有	没有	492	1800
5	柔性线	0.9	0	0.9	品质产品1	600	玻璃	短平	PP棉	有	没有	540	1200
6	柔性线	0.9	1	0.91	品质产品2	600	金属	短平	珍珠棉	有	有	546	1200

在公司场景点击“生产车间”，在弹出窗口出可以看到所有的厂房情况及生产设备情况(见图 7-74)。

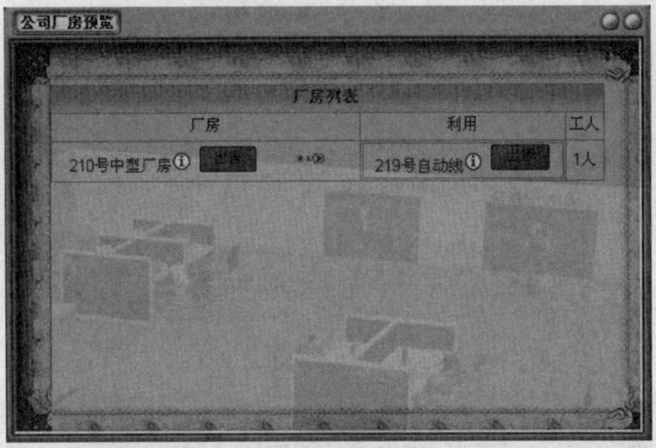

图 7-74　所有的厂房情况及生产设备情况

(1)“厂房”栏显示了公司当前所有的厂房情况，同时标识出该厂房是购买的还是租用的。点击厂房名称旁的“出售”或“退租”按钮，可以出售或退租厂房。

(2)“利用”栏显示了该厂房内装有几条生产设备，点击“出售”可以卖掉该设备。如果设备上还有产品在生产中，则设备不能马上出售，只是制订出售计划，到季度结束时产品下线后才能出售。

(3)在每一个厂房名称的右边有一个在闪动的“进入”标志，点击该标志可以进入该厂房内部，能看到厂房内的所有生产设备情况，并对所有生产设备编排该季度的生产计划(见图 7-75)。

图 7-75　生产车间——厂房内部

(4)如果要对某一条生产进行计划编排，则点击这个生产线，在弹出窗口中完成对该生产设备的生产计划编排(见图 7-76)。

(5)点击产品选择下拉框，选择需要生产的产品；在“生产数量”位置输入该季度需要生产的产品数量，点击“生产”可以开始产品的生产计划。

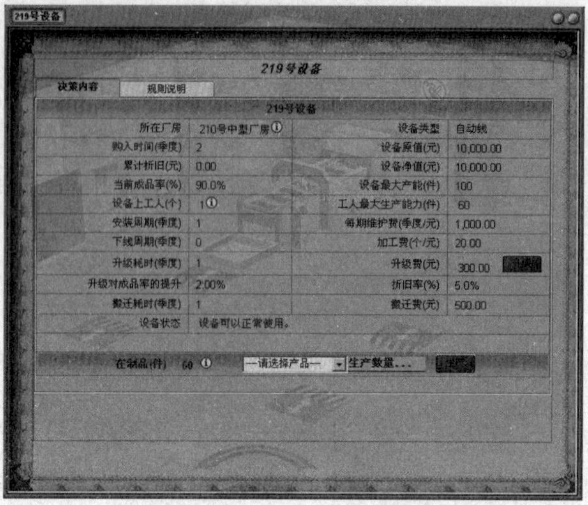

图 7-76 生产车间——设备投产

(6)成功生产后，“在制品”旁会显示计划生产的产品数量。

(7)点击数量旁的“ⓘ”标志，可以看到该生产设备当前已经安排的全部生产计划情况，包括每批次的计划产量、上线时间、下线时间等。如果想取消某一项计划，只需点击右边的“撤销”即可。

第六节 企业财务管理

一、企业财务管理内容

企业财务管理是企业日常活动中至关重要的活动(见图 7-77)，企业财务管理的基本活动分为投资活动、筹资活动和股利分配管理。①

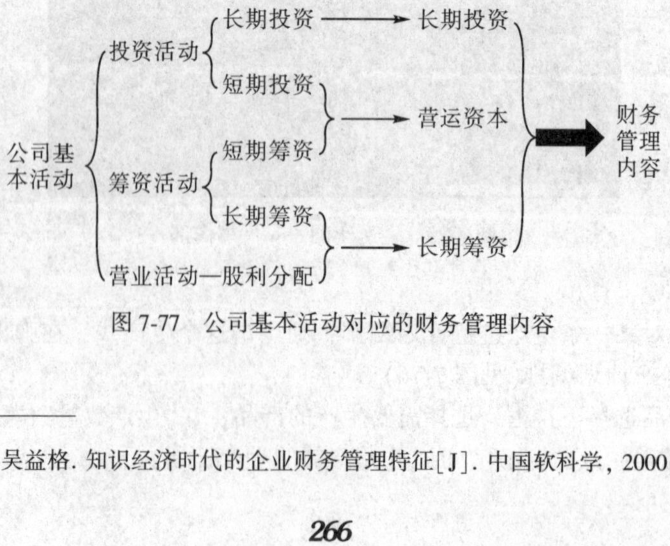

图 7-77 公司基本活动对应的财务管理内容

① 张兆国，吴益格. 知识经济时代的企业财务管理特征[J]. 中国软科学，2000(1)：24-25.

(一)投资活动

投资活动是指以收回现金并取得投资收益为目的而发生的现金流出。如，建造厂房、购置设备、增加产品、购买股本和债券等，企业都要发生现金流出，希期望取得更多的现金流入。

企业的投资活动按时间长短分为短期投资和长期投资。短期投资是指能够随时变现并且持有时间不准备超过1年的投资，如对应收账款、存货、短期有价证券的投资。短期投资又称为流动资产或营运资产投资。长期投资是指不满足短期投资条件的投资，即不准备在一年或长于一年的经营周期之内转变为现金的投资。企业管理层取得长期投资的目的在于持有而不在于出售，这是与短期投资的一个重要区别，如购买设备、建造厂房等。长期投资又称为资本性投资。用于股本和债券的长期投资，在必要时可以出售变现，而较难以改变的是生产经营性的固定资产投资。

(二)筹资活动

筹资活动是指为企业的生存发展筹集资金，如发行股本、发行债券、取得借款、赊购、租赁等都属于筹资活动。筹资决策和投资、股利分配有密切关系，筹资的数量多少要考虑投资需要，在利润分配时加大保留盈余可减少从外部筹资。筹资活动的关键是决定各种资金来源在总资金中所占的比重，即确定资本结构，以使筹资风险和筹资成本相配合。

长期筹资是指企业筹集的资金可长期使用，包括权益筹资和长期负债。有时，习惯上把一年以上五年以内的借款称为中期借款，而把五年以上的借款称为长期借款。短期筹资一般是指一年内要归还的短期借款。一般来说，短期资金的筹集应主要解决临时的资金需要。

(三)股利分配管理

企业通过投资必然会取得收入，获得资金的增值。分配总是作为投资的结果而出现的，它是对投资成果的分配。投资成果表现为取得各种收入，并在扣除各种成本费用后获得利润，所以，广义地说，分配是指对投资收入(如销售收入)和利润进行分割和分派的过程，而狭义的分配仅指对利润的分配。① 股利，分配管理就是要解决，在所得税交纳后的企业获得的税后利润中，有多少分配给投资者、有多少留在企业作为再投资之用。如果利润发放过多，会影响企业再投资的能力，使未来收益减少，不利于企业长期发展，如果利润分配过少，可能引起投资者不满。因此，股利政策的关键是确定股利的支付率。影响企业股利决策的因素很多，企业必须根据情况制定出企业最佳的股利政策。

二、财务管理目标

财务管理目标是企业财务活动所希望实现的结果，是评价企业财务活动是否合理的基本标准。关于财务管理目标流行的说法有三种：即利润最大化、每股收益最大化和股东财富最大化。②

---

① 吕长江，王克敏. 上市公司资本结构、股利分配及管理股权比例相互作用机制研究[J]. 会计研究，2002(3)：39-48.

② 肖贞贞. 论财务管理的目标——以股东财富最大化为理财目标[J]. 江苏商论，2008(2)：105.

（一）利润最大化

这种观点认为，利润代表了企业新创造的财富，利润越多则说明企业的财富增加得越多，越接近企业的目标。

1. 利润的不同表述

（1）税前营业利润=营业收入-营业成本-营业税金及附加-销售费用-管理费用-资产减值损失（经营）+公允价值变动收益（经营）+投资收益（经营）。

（2）税前经营利润=税前营业利润+营业外收入-营业外支出。

（3）税后经营净利润=税前经营利润×（1-所得税率）。

（4）税前利润=营业收入-营业成本-营业税金及附加-销售费用-管理费用-财务费用-资产减值损失+公允价值变动收益+投资收益+营业外收入-营业外支出。

（5）税后净利润=税前利润×（1-所得税率）。

（6）息税前利润（EBIT）=税前利润+财务费用（利息费用）。

（7）息前税后利润=息税前利润×（1-所得税率）。

2. 利润最大化的评价

（1）优点：有利于企业加强管理，改进技术，提高劳动生产率，降低成本，实现资源的合理配置。

（2）缺点：没有考虑利润实现的时间；没有考虑取得的利润与投入资本的关系；没有考虑取得利润同其承担风险的关系；难以协调企业同经营者之间利益关系；没有考虑企业的可持续发展问题。

（二）每股收益最大化

每股收益是净利润与发行在外普通股股数的比率。其计算公式为：

$$\mathrm{EPS}=\frac{(\mathrm{EBTT}-I)(1-T)-\mathrm{PD}}{N}$$

该公式把企业实现的净利润同企业投入资本进行对比。克服了利润最大化“绝对数”不可比的缺点，但是对于利润最大化的其他不足仍然无法回避。

（三）股东财富最大化

1. 股东财富最大化的不同表述

在股份公司中，股东财富由其所拥有的股票数量和股票市场价格两个方面决定，两者相乘即是股东权益市场价值。

股东财富的增加可以用股东权益市场价值与股东投入资本的差额来衡量，即用权益的市场增加值来衡量。假设股东投资资本不变，股价最大化与增加股东财富具有同等意义。

因为：企业价值=债务价值+股东权益价值。

所以：企业价值增加=债务价值增加+股东权益价值增加。

假设股东投资资本和债务价值不变,企业价值最大化与股东财富最大化具有相同的意义。

2. 股东财富最大化的评价

（1）优点：考虑了未来时间价值和投资的风险价值；反映了资本的保值和增值要

求；有利于克服管理上的片面性和短期行为；有利于社会资源的合理配置。

(2)缺点：股票价格受多种因素影响，并非公司所能控制；对于非上市公司需要进行专门的评估确定其价值，不易做到客观准确。

三、财务报表

财务报表综合反映了一家企业在一定经营期间的财务状况、经营成果以及现金流量情况。

财务报表至少应该包括资产负债表、利润表、现金流量表、所有者权益变动表以及附注。在新会计准则下，所有行业的财务报表的科目设置都一致。为了更具有针对性地说明制造业行业的财务情况，在下文的三种财务报表中，结合《创业之星》的系统设置，详细讲解三表中制造业常涉及的各项目。

(一)资产负债表

资产负债表是反映企业在某一特定日期财务状况的报表。它表明会计主体在某一特定日期所拥有或控制的经济资源、所承担的现有义务和所有者对净资产的要求权。通过资产负债表，可以了解企业拥有或控制的资产总额及其构成情况，企业负债和所有者权益状况；评价企业的偿债能力和筹资能力；考察企业资本的保全和增值情况；分析企业财务结构的优劣和负债经营的合理程度；预测企业未来的财务状况和财务安全程度等。

由于《创业之星》系统中，没有设置金融市场，因此没有金融产品的交易，企业除了初期系统自动分配的60万元创业启动资金外，剩下的融资方式是银行的短期借款和商业信用中的付款延期。在下文的资产负债表中，制造业的资产端经常涉及的项目有：货币资产、应收账款、预付账款、存货、固定资产和无形资产。负债权益端经常涉及的项目有：短期借款、应付账款、应交税费、其他应收款、实收资本和未分配利润。具体说明如表7-8所示：

表7-8　　创业之星——资产负债表

编制单位：＊＊＊＊有限公司　　年　月　日　　单位：元

项目	明细说明
流动资产：	
货币资金	现金
应收账款	应收销售款（价税合计）
预付账款	
存货	
其中：原材料	不含进项税的价格
半成品	
成品	见注解，原料＋厂房租金或折旧＋设备折旧和维修和升级和搬迁＋工人工资和五险＋加工费＋废品分摊
流动资产合计	
非流动资产：	
固定资产原值	厂房＋生产设备(如出售，则要减去相应的原值)

减：累计折旧	根据原值按季折旧率计算（如出售，则要减去相应的累计折旧）
固定资产净值	原值－累计折旧
无形资产	无
非流动资产合计	
资产总计	
流动负债：	
短期借款	银行借款＋紧急贷款
应付账款	应付原材料费
应交税费	应交增值税
	营业税
	城建税
	所得税
其他应交款	教育费附加
	地方教育附加
流动负债合计	
非流动负债：	
非流动负债合计	
负债合计	
股东权益：	
实收资本	初始注册资金＋中间VC注资
资本公积	
盈余公积	
未分配利润	累计的净利润
其中：当季利润	当季的净利润

存货成本计算方法①如下：

(1)按先进先出法将原料投放到生产线上加工，记录每一批原料的成本；生产加工完后，产品按原料不同分别记录成不同批次的半成品或产成品。

(2)如果考虑成品率，则在计算每一批原料加工成成品时，分别计算各批的最终成品数量，并重新分摊原料成本。例如：

生产300件产品，其中100件为第一批原料，成本单价100元，第二批200件，成本单价150元。假设成品率为90%，即最终生产出来的产品是：

第一批100×90%＝90件，单位成本＝100×100.00/90＝111.11＝A

第二批200×90%＝180件，单位成本＝200×150.00/180＝166.67＝B

(3)生产过程中发生的制造费用要分摊到半成品(期末未下线)或成品上(期末完成生产下线)。

这些制造费用包括：厂房租金或折旧、生产线折旧和维修、操作工人工资和五险、加工费等。

---

① 沈星元，屈瑜君.存货成本核算方法——毛利率法探析[J].财会月刊，2009(28)：7-8.

具体计算分摊方法：

第一批产品的单位成本＝A+分摊的单位厂房租金或折旧+分摊的单位设备折旧和维修+分摊的单位工人工资和五险+加工费。

第二批产品的单位成本＝B+……（同上类似）。

（4）如当季停工，则当季发生的厂房设备人工费用等均计入利润表中的“管理费用-停工损失”。

（二）利润表

利润表又称损益表，是反映会计主体一定期间生产经营成果（利润或亏损）的会计报表，是会计主体经营业绩的综合体现，又是进行利润分配的主要依据。利润表把一定期间的营业收入与同一会计期间相关的营业费用进行配比，以计算出企业一定时期的净利润（或净亏损）。

由于《创业之星》系统中，没有设置金融市场，因此无法判断企业资产的公允价值和是否发生减；没有相应的投资渠道，也就没有投资收益。因此，净利润的计算公式如下：

净利润＝营业收入-营业成本-税金及附加-销售费用-管理费用-财务费用+营业外收入-营业外支出-所得税费用。各项目的明细说明如表7-9所示：

表7-9　　创业之星——利润表

利润表

公司：1(1) 时间:1季度　　单位：元

项目	当期发生	累计发生
一、营业收入	0.00	0.00
减：营业成本	0.00	0.00
减：营业税金及附加	0.00	0.00
减：销售费用	0.00	0.00
减：管理费用	13000.00	13000.00
减：财务费用	0.00	0.00
三、营业利润	-13000.00	-13000.00
加：营业外收入	0.00	0.00
减：营业外支出	0.00	0.00
四、税前利润	-13000.00	-13000.00
减：所得税	0.00	0.00
五、净利润	-13000.00	-13000.00

（三）现金流量表

现金流量表是以现金为基础编制的财务状况变动表。它反映了会计主体一定期间内现金的流入和流出，表明会计主体获得现金和现金等价物的能力。它有直接法和间接法两种编制方法。现金流量表一般分为三部分内容，即：经营活动产生的现金流量、投资活动产生的现金流量和筹资活动产生的现金流量。

在现金流量表中，应当分为经营活动、投资活动和筹资活动列报现金流量。

1. 经营活动

经营活动是指企业投资活动和筹资活动以外的所有交易和事项。在现金流量表中，经营活动的现金流量应当按照其经营活动的现金流入和流出的性质分项列示。

2. 投资活动

投资活动是指企业长期资产的构建和不包括在现金等价物范围内的投资及其处置活动。在现金流量表上，投资活动的现金流量应当按照其投资活动的现金流入和流出的性质分项列示。

3. 筹资活动

筹资活动是指导致企业资本及债务规模和构成发生变化的活动。在现金流量表上，筹资活动的现金流量应当按照其筹资活动的现金流入和流出的性质分项列示。

在《创业之星》中，现金流量表各科目的详细说明如表 7-10 所示：

表 7-10　《创业之星》——现金流量表

编制单位：＊＊＊＊有限公司　　年　月　日　　单位：元

现金流量表		
公司：1(1) 时间:1季度		单位：元
项目	当期发生	累计发生
一、经营活动产生的现金流量		
销售商品、提供劳务收到的现金	0.00	0.00
收到的税费返还	0.00	0.00
收到的其他与经营活动有关的现金	0.00	0.00
现金流入小计	0.00	0.00
购买商品、接收劳务支付的现金	0.00	0.00
支付给职工以及为职工支付的现金	0.00	0.00
支付的各项税费	0.00	0.00
支付的其他与经营活动有关的现金	13000.00	13000.00
现金流出小计	13000.00	13000.00
经营活动产生的现金流量净额	-13000.00	-13000.00
二、投资活动产生的现金流量		
收回投资所收到的现金	0.00	0.00
取得投资收益所收到的现金	0.00	0.00
处置固定资产、无形资产和其他长期资产收回的现金	0.00	0.00
收到的其他与投资活动有关的现金	0.00	0.00
现金流入小计	0.00	0.00
购建固定资产、无形资产和其他长期资产支付的现金	0.00	0.00
投资所支付的现金	0.00	0.00
支付的其他与投资活动有关的现金	0.00	0.00
现金流出小计	0.00	0.00
投资活动产生的现金流量净额	0.00	0.00
三、筹资活动产生的现金流量		
吸收投资收到的现金	0.00	0.00
借款收到的现金	0.00	0.00
收到的其他与筹资活动有关的现金	0.00	0.00
现金流入小计	0.00	0.00
偿还债务支付的现金	0.00	0.00
分配股利、利润和偿付利息所支付的现金	0.00	0.00
支付的其他与筹资活动有关的现金	0.00	0.00
现金流出小计	0.00	0.00
筹资活动产生的现金流量净额	0.00	0.00
四、汇率变动对现金的影响额	0.00	0.00
五、现金及现金等价物净增加额	-13000.00	-13000.00
加：期初现金及现金等价物余额	600000.00	—
六、期末现金及现金等价物余额	587000.00	—

四、财务比率分析

(一)盈利能力分析

盈利能力是指企业获取利润的能力。① 利润是企业内外有关各方都关心的中心问题，利润是投资者取得投资收益、债权人收取本息的资金来源，是经营者经营业绩和管理效能的集中表现，也是职工集体福利设施不断完善的重要保障。因此，企业盈利能力分析十分重要。

评价企业盈利能力的指标主要有：销售毛利率、销售净利率、净资产收益率、总资产收益率、成本费用净利率等。

1. 销售毛利率

销售毛利率是毛利占销售收入的百分比，简称为毛利率。计算公式如下：

销售毛利率=销售毛利/销售收入×100%
=(销售收入-销售成本)/销售收入×100%销售毛利率

该公式反映了每一元销售收入扣除销售产品或商品成本后，有多少钱可以用于各项期间费用和形成盈利。

2. 销售净利率

销售净利率是净利润占销售收入的百分比，简称净利率。计算公式如下：

销售净利率=净利润/销售收入×100%

该指标反映了每一元销售收入带来的净利润的多少，反映了销售收入的收益水平。

3. 净资产收益率

净资产收益率是指企业一定时期内的净利润同平均净资产的比率。计算公式如下：

净资产收益率=净利润/平均净资产×100%

净资产收益率充分体现了投资者投入企业的自有资本获取净收益的能力，突出反映了投资与报酬的关系，是评价企业资本经营效益的核心指标。净资产收益率越高，企业自有资本获取收益的能力越强，运营效益越好，对企业投资人、债权人的利益保证程度越高。

4. 总资产报酬率

总资产报酬率是指企业在一定时期内获得的报酬总额与平均资产总额的比率。计算公式如下：

总资产报酬率=息税前利润总额/平均资产总额×100%

① 金碚，李钢. 中国企业盈利能力与竞争力[J]. 中国工业经济，2007(11)：5-14.

总资产报酬率表示企业包括净资产和负债在内的全部资产的总体获利能力，是评价企业资产运营效益的重要指标。

5. 成本费用利润率

成本费用利润率是企业一定时期的利润总额同企业成本费用总额的比率。计算公式如下：

成本费用利润率=利润总额/成本费用总额×100%

成本费用利润率指标表明每付出一元成本费用可获得多少利润，体现了经营耗费所带来的经营成果。该项指标越高，利润就越大，企业的经济效益越好。

(二)营运能力分析

营运能力是指通过企业生产经营资金周转速度的有关指标所反映出来的企业资金利用的效率。

评价企业营运能力的指标主要有：总资产周转率、固定资产周转率、存货周转率、应收账款周转率等。

1. 总资产周转率

总资产周转率是指企业在一定时期主营业务收入净额同平均资产总额的比值。计算公式如下：

总资产周转率(次)=主营业务收入净额/平均资产总额总资产周转期(天)
=360/总资产周转率
=360×平均资产总额/主营业务收入净额

总资产周转率是综合评价企业全部资产经营质量和利用效率的重要指标。周转率越大，说明总资产周转越快，反映销售能力越强。企业可以通过薄利多销的办法，加速资产的周转，带来利润绝对额的增加。

2. 存货周转率

存货周转率是企业在一定时期主营业务成本与存货平均余额的比率。计算公式如下：

存货周转率(次)=主营业务成本/存货平均余额存货周转期(天)
=360/存货周转率=360×存货平均余额/主营业务成本

库存周转率对于企业的库存管理来说具有非常重要的意义。存货周转率在反映存货周转速度、存货占用水平的同时，也在一定程度上反映了企业的销售实现的快慢。

3. 应收账款周转率

应收账款周转率是企业在一定时期主营业务收入净额同应收账款平均余额的比率。计算公式如下：

应收账款周转率(次)= 主营业务收入净额/应收账款平均余额
应收账款周转期(天)= 360/应收账款周转率
=360×应收账款平均余额/主营业务收入净额

一般来说，应收账款周转率越高，平均收账期越短，说明应收账款的收回越快；否则，企业的营运资金会过多地滞留在应收账款上，从而影响正常的资金周转。

4. 固定资产周转率

固定资产周转率也称固定资产利用率，是企业在一定时期主营业务收入净额与平均固定资产净值的比值，是衡量固定资产利用效率的一项指标。计算公式如下：

固定资产周转率(次)= 主营业务收入净额/平均固定资产净值
固定资产周转期(天)= 360/固定资产周转率
=360×平均固定资产净值/主营业务收入净额

固定资产周转率主要用于分析对厂房、设备等固定资产的利用效率，比率越高，说明利用率越高，管理水平越好。如果固定资产周转率与同行业平均水平相比偏低，则说明企业对固定资产的利用率较低，可能会影响企业的获利能力。

(三)偿债能力分析

偿债能力是指企业偿还到期债务(包括本息)的能力。偿债能力分析包括短期偿债能力分析和长期偿债能力分析。企业有无支付现金的能力和偿还债务能力，是企业能否健康生存和发展的关键。短期偿债能力是指企业流动资产对流动负债及时足额偿还的保证程度，是衡量当前财务能力，特别是流动资产变现能力的重要标志。企业短期偿债能力的衡量指标主要有流动比率、速动比率和现金流动负债比率三项。长期偿债能力是指企业偿还长期负债的能力。企业长期偿债能力的衡量指标主要有资产负债率、已获利息倍数等。①

1. 资产负债率

资产负债率又称负债比率，是指企业一定时期负债总额同资产总额的比率。计算公式如下：

资产负债率=负债总额/资产总额×100%

资产负债率是国际公认的衡量企业债务偿还能力和财务风险的重要指标，比较保守的经验判断一般为不高于50%，国际上一般认为60%比较好。

2. 已获利息倍数

已获利息倍数是企业在一定时期息税前利润总额与利息支出的比值。计算公式如下：

已获利息倍数=息税前利润总额/利息支出

① 杨福隆. 企业偿债能力分析[J]. 财经理论与实践，2000，21(5)：107-110.

已获利息倍数充分反映了企业收益对偿付债务利息的保障程度和企业的债务偿还能力。该指标越高，表明企业的债务偿还越有保证；相反，则表明企业没有足够资金来源偿还债务利息，企业偿债能力低下。

3. 流动比率

流动比率是流动资产与流动负债的比率，它表明企业每一元流动负债有多少流动资产作为偿还保证，反映了企业用可在短期内转变为现金的流动资产偿还到期流动负债的能力。计算公式如下：

流动比率=流动资产/流动负债×100%

一般情况下，流动比率越高，反映企业短期偿债能力越强，债权人的权益越有保证。国际上通常认为，流动比率的下限为100%；而流动比率等于200%时较为适当，它表明企业财务状况稳定可靠，除了满足日常生产经营的流动资金需要外，还有足够的财力偿付到期债务。如果比例过低，则表示企业可能捉襟见肘，难以如期偿还债务。但是，流动比率也不可以过高，过高则表明企业流动资产占用较多，会影响资金的使用效率和企业的筹资成本，进而影响获利能力。究竟应保持多高水平的流动比率，主要视企业对待风险与收益的态度予以确定。

4. 速动比率

速动比率是企业在一定时期速动资产同流动负债的比率。速动资产是指流动资产减去变现能力较差且不稳定的存货、预付账款、待摊费用、待处理流动资产损失等之后的余额。计算公式如下：

速动比率=速动资产/流动负债×100%

速动比率是对流动比率的补充，是在分子剔除了流动资产中变现力量差的存货后，计算企业实际的短期债务偿还能力，较为准确。该指标越高，表明企业偿还流动负债的能力越强，一般保持在100%的水平比较好，表明企业既有好的债务偿还能力，又有合理的流动资产结构(见图7-78)。

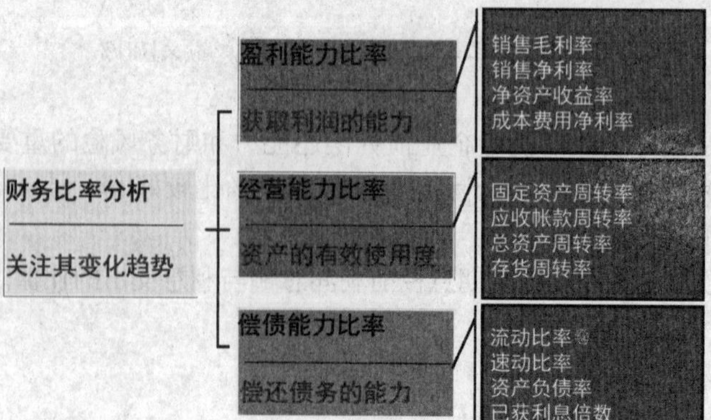

图7-78　财务比率的构成

五、财务预算管理

财务预算是一系列专门反映企业未来一定预算期内预计财务状况和经营成果，以及现金收支等价值指标的各种预算总称。① 具体包括反映现金收支活动的现金预算、反映企业财务状况的预计资产负债表、反映企业财务成果的预计损益表和预计现金流量表等内容。

(一)现金预算的编制方法分类②

财务预算按照不同的特征有众多编制方法。

1. 固定预算与弹性预算

(1)固定预算。固定预算又称静态预算，是把企业预算期的业务量固定在某一预计水平上，以此为基础来确定其他项目预计数的预算方法。预算期内编制财务预算所依据的成本费用和利润信息都只在一个预定的业务量水平的基础上确定。显然，以未来固定不变的业务水平所编制的预算赖以存在的前提条件，必须是预计业务量与实际业务量相一致，或相差很小。

(2)弹性预算。弹性预算是固定预算的对称，它关键在于把所有的成本按其性态划分为变动成本与固定成本两大部分。在编制预算时，变动成本随业务量的变动而予以增减，固定成本则在相关的业务量范围内稳定不变。由于这种预算是随着业务量的变动作机动调整，适用面广，具有弹性，故称为弹性预算或变动预算。从实用角度来看，它主要用于编制制造费用、销售及管理费用等半变动成本(费用)的预算和利润预算。制造费用与销售及管理费用的弹性预算，均可按下列弹性预算公式进行计算：

$$\text{成本的弹性预算}=\text{固定成本预算数}+\sum(\text{单位变动成本预算数}\times\text{预计业务量})。$$

2. 增量预算和零基预算

(1)增量预算。增量预算是指在基期成本费用水平的基础上，结合预算期业务量水平及有关低成本的措施，通过调整有关原有成本费用项目而编制预算的方法。这种预算方法比较简单，但它是以过去的水平为基础，实际上就是承认过去是合理的，无需改进。

(2)零基预算。零基预算，或称零底预算，是指在编制预算时，对于所有的预算支出均以零为基础，不考虑期望情况如何，从实际需求与未来的预测出发，研究分析各项预算费用开支是否必要合理，进行综合平衡，从而确定预算费用。

零基预算能够及时了解并修正各项预算支出，把有限的资金用在最需要的地方，从而调动各部门人员的积极性和创造性，提高效益。其缺点是由于一切支出均以零为起点进行分析、研究，势必带来繁重的工作量，有时甚至得不偿失，难以突出重点。为了弥补零基预算这一缺点，企业不是每年都按零基预算来编制预算，而是每隔若干年进行一次零基预算，以后几年内采用增量预算进行略作适当调整，这样既减轻了预算编制的工作量，又能适当控制费用。

---

① 周建勋，郑春菊. 财务预算管理存在的问题与对策[J]. 会计之友，2009(14)：11-12.

② 倪真莹. 浅析企业现金预算编制与管理[J]. 商业经济，2009(16)：50-51.

3. 定期预算与滚动预算

(1)定期预算。定期预算一般只是一个会计年度编制一次各类预算。这种编制方法虽然很省心，但是对市场的变化反应能力太差，而且只考虑一个会计年度的预算计划，前后年度没有链接上，具有间断性。

(2)滚动预算。滚动预算将预算期始终往前滚动，保持 12 个月，每过去 1 个月，就根据新的情况进行调整和修订后几个月的预算，并在原预算基础上增补下一个月的预算，从而逐期向后滚动，连续不断地以预算形式规划未来经营活动。这种预算要求一个会计年度中，前几个月预算详细完整，后几个月可以稍微粗略些。滚动预算可以保持预算的连续性和完整性。企业的生产经营活动是连续不断的，因此，企业的预算也应该全面地反映这一延续不断的过程，使预算方法与生产经营过程相适应。滚动预算能克服传统定期预算的盲目性、不变性和间断性。

(二)现金预算的编制

现金预算是指用于预测企业还有多少库存现金，以及在不同时点上对现金支出的需要量。现金预算是企业最重要的一项控制，因为把可用的现金去偿付到期的债务乃是企业生存的首要条件。一旦出现库存、机器以及其他非现金资产的积压，那么，即便有了可观的利润也并不能给企业带来什么好处。现金预算还表明可用的超额现金量，并能为盈余制订营利性投资计划，为优化配置组织的现金资源提供帮助。现金预算的具体内容包括：

1. 销售预算

只要商品经济存在，任何企业都必须实行以销定产。因此，销售预算就成为编制全面预算的关键，是整个预算的起点，其他预算都以销售预算作为基础。

2. 生产预算

生产预算是在销售预算的基础上编制出来的，其主要内容有销售量、期初和期末存货、生产量。由于存在许多不确定性，企业的生产和销售在时间上和数量上不能完全一致。

3. 直接材料预算

直接材料预算，是以生产预算为基础编制的，同时要考虑原材料存货水平。直接材料预算的主要内容有直接材料的单位产品用量、生产需用量、期初和期末存量等。

4. 直接人工预算

直接人工顶算也是以生产预算为基础编制的，其主要内容有预计产量、单位产品工时、人工总工时、每小时人工成本和人工总成本。

5. 制造费用预算

制造费用按其习性，可分为变动制造费用和固定制造费用。变动制造费用预算以生产预算为基础来编制，可根据预计生产量和预计的变动制造费用分配率来计算。

6. 产品成本预算

产品成本预算，是生产预算、直接材料预算、直接人工预算和制造费用预算的汇总。其主要内容是产品的单位成本和总成本。

7. 销售费用和管理费用预算

销售费用预算，是为了实现销售预算所需支付的费用预算。它以销售预算为基础，要分析销售收入、销售利润和销售费用的关系，力求实现销售费用的最有效使用。

8. 现金预算

现金预算是有关预算的汇总，由现金收入、现金支出、现金收支差额、资金的筹集和运用四个部分组成。“现金收入”部分包括期初现金余额和预算期现金收入，现金收入的主要来源是销货收入。年初的“现金余额”是在编制预算时预计的；“销货现金收入”的数据来自销售预算；“可供使用现金”是期初现金余额与当期现金收入之和。“现金支出”部分包括预算的各项现金支出。其中“直接材料”“直接人工”“制造费用”“销售与管理费用”的数据，分别来自前述有关预算；“所得税”“购置设备”“股利分配”等现金支出的数据分别来自另行编制的专门预算(见图 7-79)。“现金收支差额”是现金收入合计与现金支出合计的差额。差额为正，说明收入大于支出，现金有多余，可用于偿还借款或用于短期投资；差额为负，说明支出大于收入，现金不足，需要向银行取得新的借款。

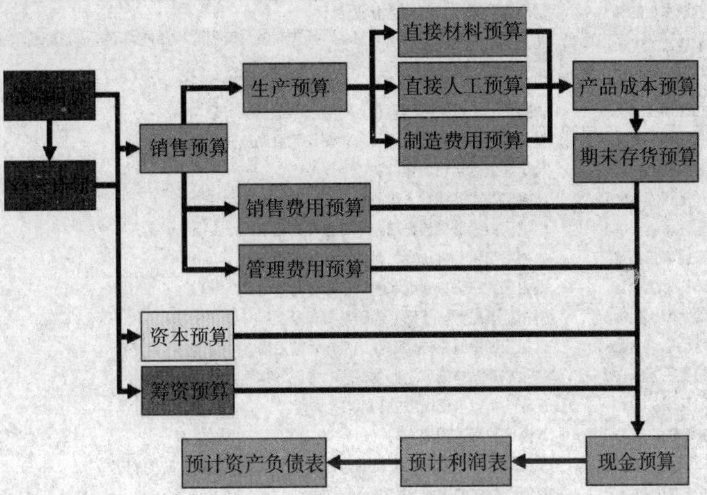

图 7-79 现金预算的编制过程

预计现金收入主要是销售收入，还有一少部分其他收入，所以预计现金收入的数额主要来自于销售预算。预计现金支出主要指营运资金支出和其他现金支出，具体包括采购原材料、支付工资、支付管理费、营业费、财务费等其他费用以及企业支付的税金等。现金预算通过对企业的现金收入、支出情况的预计推算出企业预算期的现金结余情况。如果现金不足，则提前安排筹资，避免企业在需要资金时“饥不择食”；如果现金多余，则可以采取归还贷款或对有价证券进行投资，以增加收益。

六、《创业之星》财务部

《创业之星》财务部实时记录着公司账户上的现金余额，学生在操作中应该时时关注现金余额，做好现金预算工作。在季度末，需要做到既不留下很多闲置资金，也不致使出现现金流断裂而需要紧急借款。

(一)现金预算

进入公司内部场景，点击“财务部”，在弹出窗口中选择“决策内容-财务预算”，根据公司当季度的整体规划及各部门的经营计划，制定公司当季度的财务现金预算表。

在制作公司的现金预算表之前，需要先了解整个创业之星运行的数据基础及决策的处理顺序。

1. 数据规则

编制现金预算的前提之一是了解公司数据规则，具体如表 7-11 所示：

表 7-11　　创业之星——数据规则

项目	当前值	说明
公司初始现金	600000.00	正式经营开始之前每家公司获得的注册资金（实收资本）
公司注册设立费用	3000.00	公司设立开办过程中所发生的所有相关的费用。该笔费用在第一季度初自动扣除
办公室租金	10000.00	公司租赁办公场地的费用，每季度初自动扣除当季的租金
所得税率	25.00%	企业经营当季如果有利润，按该税率在下季初缴纳所得税
营业税率	0.00%	营改增改革后，停征营业税
增值税率	17.00%	按该税率计算企业在采购商品时所支付的增值税款，即进项税，以及企业销售商品所收取的增值税款，即销项税额
城建税率	7.00%	根据企业实际缴纳增值税，按该税率缴纳城市建设维护税
教育附加税率	3.00%	根据企业应缴纳的增值税，按该税率缴纳教育附加税
地方教育附加税率	2.00%	根据企业应缴纳的增值税，按该税率缴纳地方教育附加税
行政管理费	1000.00元/1人	公司每季度运营的行政管理费用
小组人员工资	10000.00/组	小组管理团队所有人员的季度工资，不分人数多少
养老保险比率	20.00%	根据工资总额按该比率缴纳养老保险费用
失业保险比率	2.00%	根据工资总额按该比率缴纳失业保险费用
工伤保险比率	0.50%	根据工资总额按该比率缴纳工伤保险费用
生育保险比率	0.60%	根据工资总额按该比率缴纳生育保险费用
医疗保险比率	11.50%	根据工资总额按该比率缴纳医疗保险费用
未办理保险罚款	2000.00/人	在入职后没有给员工办理保险的情况下按该金额缴纳罚款
普通借款利率	5.00%	正常向银行申请借款的利率
普通借款还款周期(季度)	3	普通借款还款周期
紧急借款利率	20.00%	公司资金链断裂时，系统会自动给公司申请紧急借款时的利率
紧急借款还款周期(季度)	3	紧急借款还款周期
同期最大借款授信额度	200000.00	同一个周期内，普通借款允许的最大借款金额
一账期应收账款贴现率	3.00%	在一个季度内到期的应收账款贴现率
二账期应收账款贴现率	6.00%	在二个季度内到期的应收账款贴现率
三账期应收账款贴现率	8.00%	在三个季度内到期的应收账款贴现率
四账期应收账款贴现率	10.00%	在四个季度内到期的应收账款贴现率
公司产品上限	6个	每个公司最多能设计研发的产品类别数量
厂房折旧率	2.00%	每季度按该折旧率对购买的厂房原值计提折旧
设备折旧率	5.00%	每季度按该折旧率对购买的设备原值计提折旧
未交付订单的罚金比率	30.00%	未按订单额及时交付的订单，按该比率对未交付的部分缴纳处罚金，订单违约金 =(该订单最高限价 * 未交付订单数量) * 该比例
产品设计费用	30000.00	产品设计修改的费用
产品研发每期投入	20000.00	产品研发每期投入的资金
广告累计影响时间	3季度	投入广告后能够对定单分配进行影响的时间
紧急贷款扣分	5.00分/次	出现紧急贷款时。综合分值扣除分数/次
每个产品改造加工费	2.00元	订单交易时，原始订单报价产品与买方接受订单的产品之间功能差异的改造的加工费。 单个产品改造费 = 买方产品比卖方产品少的原料配制无折扣价之和 + 差异数量 * 产品改造加工费
每期广告最低投入	1000.00元	每期广告最低投入，小于该数额将不允许投入
每期组间交易每期限制金额	10000.00元	每期组间交易每期限制金额。买入+卖出的原料和订单总金额不能超过此限制
组间交易信息公示时间(分钟)	5分钟	组间交易信息公示时间(分钟)，在此时间内，发布交易信息者不能结束交易
订单报价，最低价比例	60.00%	订单报价，最低价比例。最低价 = 上季度同一市场同一渠道同一消费群体所有报价产品平均数 * 该比例

2. 季度结算

以下是进入下一季度时系统所做的主要操作，结算分两步，一步是计算当季度末的数据，另一步计算下季度初的数据。

结算当季度末的相关数据，系统主要做以下操作(按先后顺序排列)(见表7-12)：

表7-12　　当季度末的计算数据

季度结算

以下是进入下一季度时系统所做的主要操作，结算分两步，一步是计算当季度末的数据，另一步计算下季度初的数据。

结算本季度末的相关数据，系统主要做以下操作（按先后顺序排列）：

1. 支付产品制造费用
2. 支付管理人员工资和五险
3. 更新设备搬迁
4. 更新设备升级
5. 更新厂房出售、设备出售
6. 更新生产工人培训
7. 扣除生产工人未签订合同罚金
8. 扣除销售人员未签订合同罚金
9. 扣除基本行政管理费用
10. 辞退生产工人
11. 辞退销售人员
12. 出售生产设备
13. 出售厂房或厂房退租
14. 检查并扣除管理人员未签订合同罚金
15. 检查并扣除未交货订单违约金
16. 银行还贷
17. 紧急贷款

结算下季度初的相关数据，系统主要做以下操作（按先后顺序排列）：

1. 检查上季度未分配和未完成交付的订单数量，并转移到当前季度
2. 公司注册费用（一季度扣除）
3. 计算公司应收账款，并收取
4. 计算公司应付账款，并支付
5. 扣除上季度 增值税、城建税、所得税、教育附加税、地方教育附加税
6. 扣除办公室租金
7. 更新原料到货状态
8. 更新预付账款状态
9. 更新原料到货状态
10. 紧急贷款

结算下季度初的相关数据，系统主要做以下操作(按先后顺序排列，见表 7-13)：

表 7-13　　下季度初的结算数据

序号	项目	是否涉及资金收支	备注
1	收到到期的应收账款	是	可以在财务部查看
2	支付应付账款	支出	支付上期购买的付款周期为 1 且到货周期为 0 的原材料费
3	上缴上期增值税	支出	增值税+城建税+教育附加税+地方教育附加税
4	扣除办公室租金	支出	10000. 00
5	支付原材料费	支出	支付上期预先购买的付款周期为 1 且到货周期为 1 的原材料费
6	更新原料到货状态	否	
7	更新预付账款状态	否	
8	紧急贷款	否	

根据表 7-13 中期末和期初系统自动结算项目明细，可以在操作中计算每季度末除了当期销售订单直接汇款的金额外，还需要预留多少资金在账上，才能保证不会被紧急贷款。

3. 银行借款

进入主场景，点击“创业银行”，进入创业银行后，点击“信贷业务”窗口，在弹出窗口中完成借款决策任务。当季借款的金额不能超过当期授信额度，累计借款的金额不能超过总的授信额度。

4. 查看财务报告

(1)财务报表。在公司场景中点击“总经理”，在弹出窗口中选择“财务报告—财务报表”，可以查看任一季度的三张财务报表(见图 7-80)。

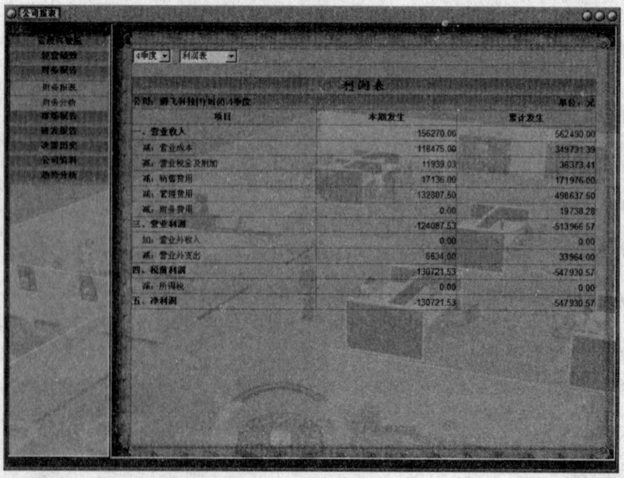

图 7-80　总经理—财务报告—财务报表

(2)财务分析。在公司场景中点击“总经理”，在弹出窗口中选择“财务报告—财务分析”，可以查看到任一季度的财务分析指标数值，以及综合财务评价分数(见图7-81)。

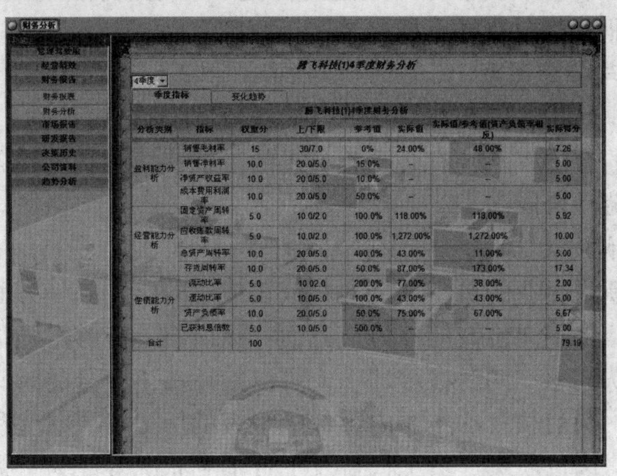

图7-81　总经理—财务报告—财务分析

第七节　企业人力资源管理

一、企业人力资源管理

企业的人力资源管理是指为了完成管理工作中涉及人或人事方面的任务所进行的管理工作。人力资源管理一般包括六大模块：人力资源规划、招聘与配置、培训与开发、薪酬及福利管理、绩效评估、劳动管理管理。① 通俗地说，人力资源管理主要包括规划、选才、用才、育才、激才、留才等工作。

(一)人力资源规划

根据组织的发展战略和经营计划，评估组织的人力资源现状及发展趋势，收集和分析人力资源供给与需求方面的信息和资料，预测人力资源供给和需求的发展趋势，制定人力资源招聘、调配、培训、开发及发展计划等政策和措施。

(二)岗位分析和工作设计

企业在进行市场招聘之前，需要确定自己的招聘需求，这就需要先进行空缺岗位分析和工作设计。对组织中的各个工作和岗位进行分析，确定每一个工作和岗位对员工的具体要求，包括技术及种类、范围和熟悉程度；学习、工作与生活经验；身体健康状况；工作的责任、权利与义务等方面的情况。这种具体要求必须形成书面材料，这就是工作岗位职责说明书。

(三)人力资源的招聘与选拔

人力资源的招聘与选拔指，根据组织内的岗位需要及工作岗位职责说明书，利用各种方法和手段，如接受推荐、刊登广告、举办人才交流会、到职业介绍所登记等从组织

① 谭翔. 企业人力资源规划的特点及问题研究[J]. 北方经贸，2016(6)：160-161.

内部或外部吸引应聘人员。① 经过资格审查，如接受教育程度、工作经历、年龄、健康状况等方面的审查，从应聘人员中初选出一定数量的候选人，再经过严格的考试，如笔试、面试、评价中心、情景模拟等方法进行筛选，确定最后录用人选。人力资源的选拔，应遵循平等就业、双向选择、择优录用等原则。

（四）雇佣管理与劳资关系

员工一旦被组织聘用，就与组织形成了一种雇佣与被雇佣的、相互依存的劳资关系，为了保护双方的合法权益，有必要就员工的工资、福利、工作条件和环境等事宜达成一定协议，签订劳动合同。

（五）培训教育和发展

企业一般会为新进企业的员工进行实践或长或短的培训，一方面加深新员工对即将从事的岗位的了解，加强岗位技能；另一方面，岗前培训能够增强员工对企业文化的了解，加强企业文化认同感。同时在培训中，可以给予员工充分的时间融入集体，加深新同事们间的亲密度。岗前教育的主要内容包括组织的历史发展状况和未来发展规划、职业道德和组织纪律、岗位职责、员工权益及工资福利状况等。为了提高广大员工的工作能力和技能，有必要开展富有针对性的岗位技能培训。对于管理人员，尤其是对即将晋升者有必要开展提高性的培训和教育，目的是促使他们尽快具有在更高一级职位上工作的全面知识、熟练技能、管理技巧和应变能力。

（六）员工工资报酬与福利保障设计

合理、科学的工资报酬福利体系关系到组织中员工队伍的稳定与否。人力资源管理部门要从员工的资历、职级、岗位及实际表现和工作成绩等方面，为员工制定相应的、具有吸引力的工资报酬福利标准和制度。工资报酬应随着员工的工作职务升降、工作岗位的变换、工作表现的好坏与工作成绩进行相应的调整。

（七）工作绩效考核

工作绩效考核，就是对照工作岗位职责说明书和工作任务，对员工的业务能力、工作表现及工作态度等进行评价，并给予量化处理的过程。这种评价可以是自我总结式评价，也可以是他评式评价，或者是综合评价。考核结果是员工晋升、接受奖惩、发放工资、接受培训等的有效依据，它有利于调动员工的积极性和创造性，检查和改进人力资源管理工作。

（八）帮助员工的职业生涯发展

人力资源管理部门和管理人员有责任鼓励和关心员工的个人发展，帮助其制订个人发展计划，并及时进行监督和考察。这样做有利于促进组织的发展，使员工有归属感，进而激发其工作积极性和创造性，提高组织效益。人力资源管理部门在帮助员工制订其个人发展计划时，有必要考虑它与组织发展计划的协调性或一致性。也只有这样，人力资源管理部门才能对员工实施有效的帮助和指导，促使个人发展计划顺利实施并取得成效。

（九）保管员工档案

人力资源管理部门有责任保管员工进入公司时的简历以及进入公司后关于工作主动性、工作表现、工作成绩、工资报酬、职务升降、奖惩、接受培训和教育等方面的书面

① 戴惠芬. 关于企业人力资源招聘管理的思考[J]. 人才资源开发，2017(22)：148-149.

记录材料。

二、《创业之星》人力资源管理

《创业之星》人力资源部的主要工作包括生产工人和销售人员的招聘和解雇、员工培训。生产工人和销售人员的招聘与解雇都是按照公司的战略计划和未来的工作需要进行调整的。人员的招聘在交易市场中进行，但是招聘之后的工作在公司的人力资源部完成。点开“人力资源部”蓝色按钮，在“决策内容”中包括“签订合同”“解除合同”和“员工培训”三个选项(见图 7-81)。招聘的新员工必须签订合同，否则期末企业将因为没有签合同需要缴纳罚金。

已签合同的销售人员和生产人员当期无法立即辞退，若预计下期不需要那么多员工，当期需要提交辞退计划，由人力资源部辞退，等当期结束后，系统会自动辞退(见图 7-83)。

为了提升销售人员的销售能力，可以在销售部的决策内容中“销售人员”选项中勾选需要培训的人员，提交培训计划到人力资源部，由人力资源部执行人员培训计划。生产工人的培训提升也是在制造部的“生产工人”选项中，勾选需要培训的人员，提交培训计划到人力资源部，由人力资源部执行人员培训计划。

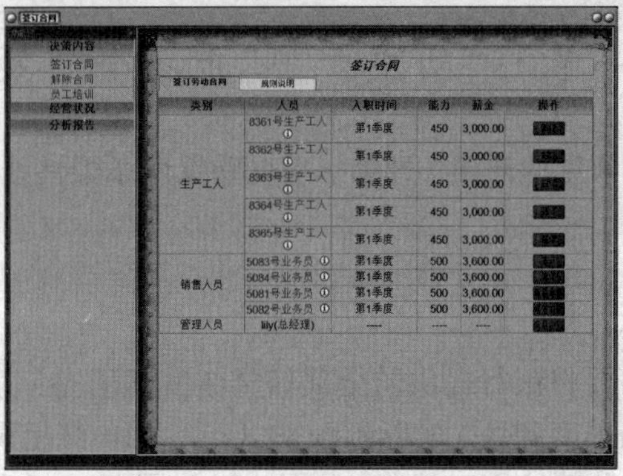

图 7-82　人力资源部——签订合同

图 7-83　交易市场——员工签订合同状况查询

第八章 创业运营模拟实战技巧

在前面7章对创业运营模拟的基础讲解后，本章针对使用《创业之星》软件进行的大型比赛常用的两种策略进行讲解，两种策略均以《创业之星》软件中的玩具模板为例。由于每场比赛的市场情况变化较大，竞争对手的实力和策略都在改变，所以本章主要针对变数较小的第一季度决策进行讲解，后面几个季度的决策流程与第一季度相似，只是在第二、第三季度增加了质量认证步骤。

第一节 “两柔六手”市场全开策略

在此采用一种比较常见的开局，即第一季度购置两条柔性线、六条手工线(下文简称“两柔六手”)。

一、贷款

“两柔六手”策略需要将银行提供的全部信贷额度都用完，第一季度需要短期借款20万元，扣除1万元当季度利息，实际到账19万元，当前账上剩余78.7万元。这笔借款将在第四季度末系统自动结算时偿付(见图8-1)。另外，每季度的短期借款利率为5%，所以每季度需要偿还1万元利率，也是在季度初结算时系统自动扣除。

图8-1 两柔六手策略——银行贷款

二、产品设计

本策略所涉及的产品都无需研发，第一季度设计出来之后，马上就可以投入使用。品质型客户对产品的配置要求较高，我们设计的无研发品质型产品后期在其他组纷纷推出研发后的高配置产品后，市场吸引力将快速下降，订单也将减少。因此，六个产品零研发策略对应的是只设计一个针对品质型客户的产品，因为针对经济型客户的产品基本上都是基础配置，无需研发，我们设计的无研发产品不会失去竞争优势，同时经济型产品虽然订单量比实惠型少，但是其销售价格高于实惠型产品。因此，6 种无研发产品中有 3 种经济型产品的设置是合理的(见表 8-1)。因为每种产品的设计费为 3 万元，总计支出 18 万元，当前账上余额 60. 7 万元。

表 8-1　　**“两柔六手”策略——产品设计方案**

	群体	产品名	无研发最优配置原料选择
设计方案	实惠型客户	实惠 1	玻璃、短平绒、PP 棉
		实惠 2	玻璃、短平绒、PP 棉、发声装置
	经济型客户	经济 1	玻璃、短平绒、PP 棉、发声装置
		经济 2	玻璃、短平绒、珍珠棉
		经济 3	纸质、短平绒、PP 棉
	品质型客户	品质 1	玻璃、短平绒、PP 棉、发声装置

三、市场开发

“两柔六手”本策略所对应的产品设计是零研发，竞争重点在于经济型产品的销售上。品质型产品只是一个提升利润水平的辅助产品，因此，该策略在第二季度开始不会进行 ISO9001 产品质量认证，虽然在第四季度因为没有进行质量认证而失去北京和上海的品质型产品销售权利，但是开发的成都市场可以弥补这一销售损失，从而增加各类型产品的销售。因此，在第一季度需要将剩余未开发的四个市场，包括上海、广州、武汉和成都，都进行开发(见图 8-2)。因为每个市场开发成本为 2 万元，总计支出 8 万元，当前账上余额为 52. 7 万元。

四、租用厂房

由于第一季度开局就是“两柔六手”，因此租用的厂房的设备容纳量也必须满足 8 台。“两柔六手”策略可以选择租用一个大型厂房和一个小型厂房，也可以租用两个中型厂房。虽然下季度会将所有手工线都卖出，而且只留下两条柔性线生产能够保证产能足够(因为按照市场平均水平，比较合理的假设是市场上每个小组对于每种客户平均会设计两个产品，根据销售部的产品报价中所给出的市场购买量的大小，可以测算出每个小组每个产品可能的销售量)，但是下一季度需要考虑第三季度随着广州和武汉市场的

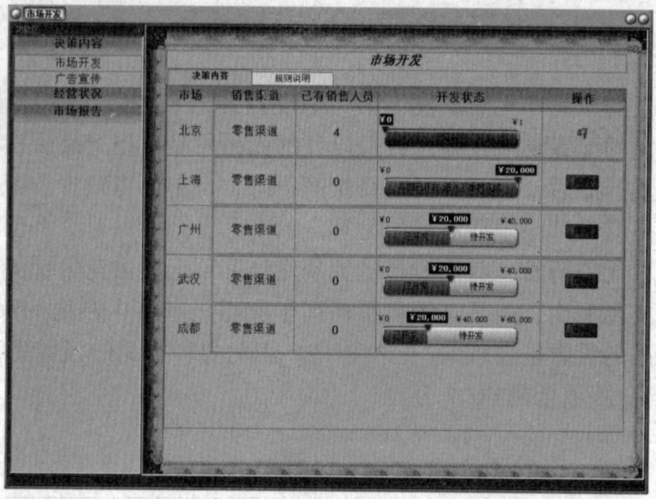

图 8-2 两柔六手策略——市场开发

开放，市场容量扩大近一倍，第二季度必然会增加一条柔性线，则厂房容量需要能够容纳三种设备。因此，结合成本最优原则以及未来规模计划，“两柔六手”策略选择租用两个中型厂房(见图 8-3)。因为一个中型厂房的租用价格为 0. 5 万元，租用两个中型厂房的支出总计为 1 万元，当前账上余额为 51. 7 万元。

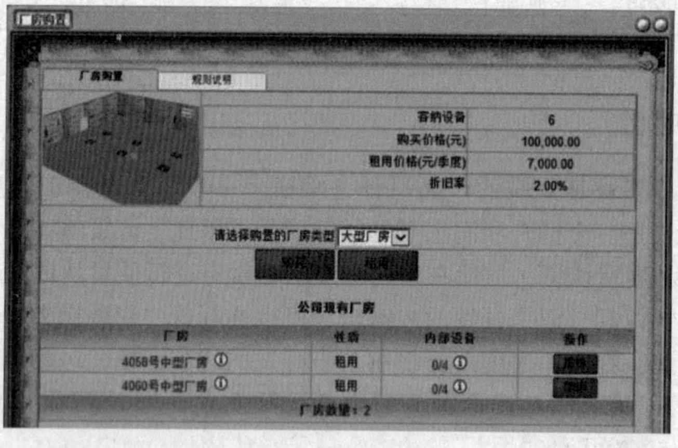

图 8-3 “两柔六手”策略——厂房租用

五、生产设备购置

在厂房租赁成功后，接着就是购置生产设备——两条柔性线和六条手工线。因此，结合成本最优原则以及未来规模计划，“两柔六手”策略选择租用两个中型厂房(见图 8-4)。因为一条柔性线的成本是 12 万元，一条手工线的成本是 4 万元，“两柔六手”的支出总计为 48 万元，当前账上余额为 3. 7 万元。

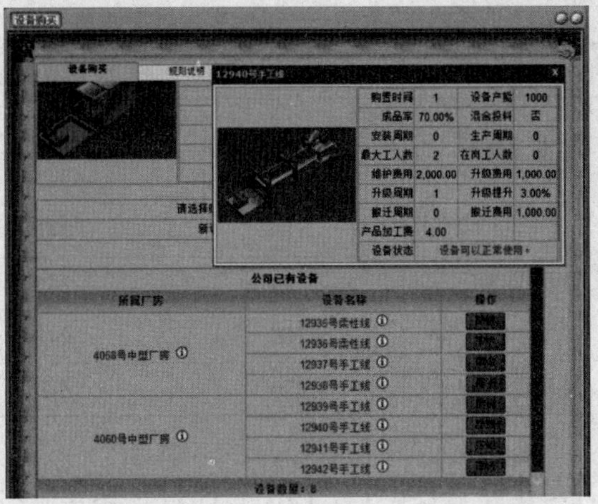

图 8-4　“两柔六手”策略——设备购置

六、工人招聘

第一季度只有北京一个销售市场，按照系统设置的市场容量，每种产品对应的平均销量不足 315 件，因此在第一季度，每条手工线招募 1 个生产工人，生产能力为 450 件产品，在成品率为 70%的情况下，最后产成品为 315 件(见图 8-5)。因为招聘一名生产工人的手续费为 0.05 万元，6 名工人的支出总计为 0.3 万元，当前账上余额为 3.4 万元。

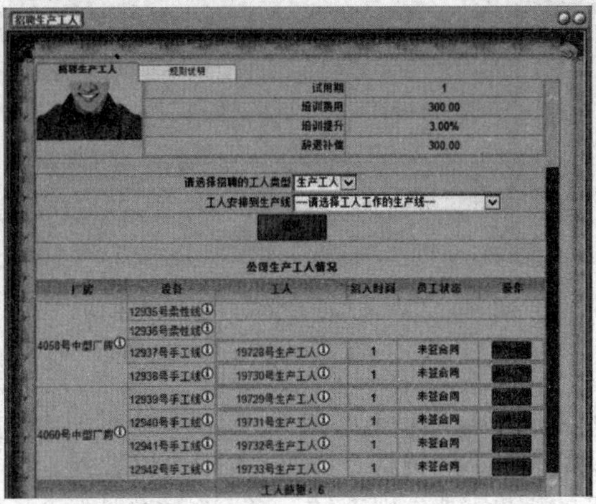

图 8-5　“两柔六手”策略——工人招聘

七、原料采购

根据前文计算的每个产品可能的平均销售量，该策略第一季度的排产计划如表 8-2 所示：

表 8-2　　　　　　　　**“两柔六手”策略——第一季度排产计划**

产品名	销售群体	预计销售量	计划成品量	计划投产量
实惠 1	实惠型客户	228	315	450
实惠 2		228	315	450
经济 1	经济型客户	184	245	350
经济 2		184	245	350
经济 3		184	245	350
品质 1	品质型客户	276	310	443

预计销售量的计算是在每个小组针对不同群体(除品质型客户外)平均拥有两个产品的假设基础上计算出来的，第一季度大多数小组只有一个品质型产品能够投产。另外，需要注意的是，相对于其他策略，“两柔六手”策略在第一季度是没有资金能够进行广告宣传的，其他策略一般会将多余的资金重点投入到品质型产品中，因此，该策略的品质型产品没有什么竞争力，我们也就仅在市场平均水平上略微提高一点。

结合前文每个产品的原材料配置，计算出来的每种原材料所需购买数如图 8-6 所示。

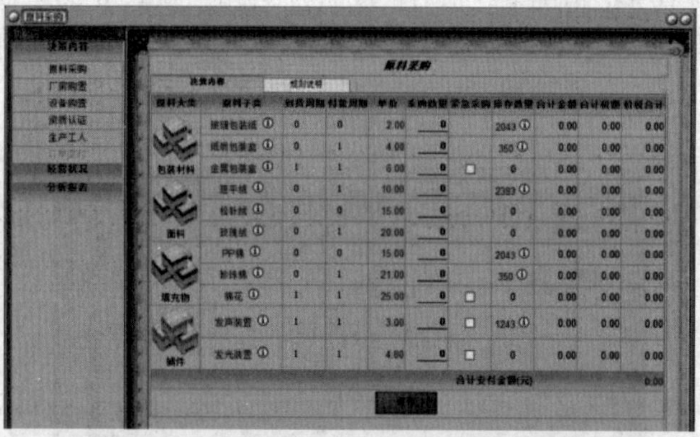

图 8-6　“两柔六手”策略——原料采购

原材料货款付款周期不同，当付款周期为“0”，意味着购买时立即扣款；当付款周期为“1”，意味着当期购买，下期付款。从图 8-6 中可以看到，该季度购买的原材料只有玻璃包装纸和 PP 棉的货款需要立即支付，这一金额总计为 2.6 万元，当前账上余额不到 0.8 万元。

八、产品生产

产品生产是在生产车间进行，点击“进入生产车间”，会弹出厂房列表界面。把鼠标放在“进入”按钮，点击进入生产线进行投料操作。每条生产线的生产安排详见表 8-2

的第一季度的排产计划。

九、销售招聘

增加销售人员可以提高产品的销售，而且销售人员的工资可以在期末订单回款后，系统再自动支付。在资金短缺时，可以通过增加销售人员替代广告宣传，以延迟现金流支出(见图 8-7)。

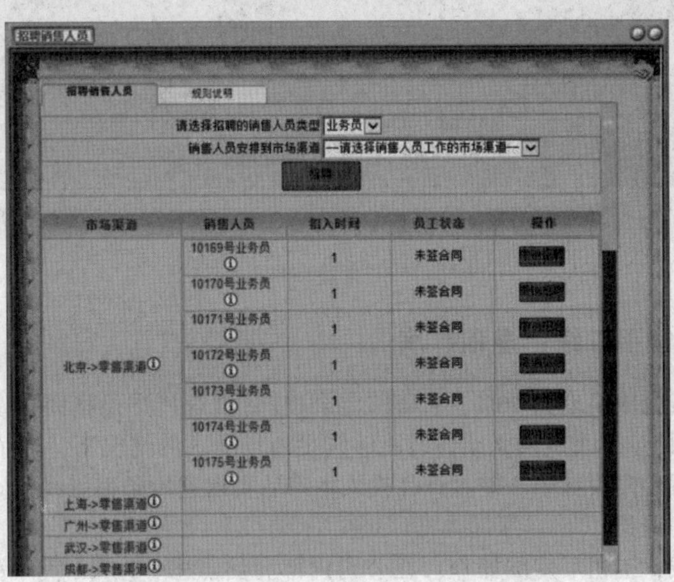

图 8-7 “两柔六手”策略——销售招聘

十、产品报价

在一般情况下，每种产品都是按照最高价定价，然后根据每种产品的计划成品量填写上限数额(见图 8-8)。

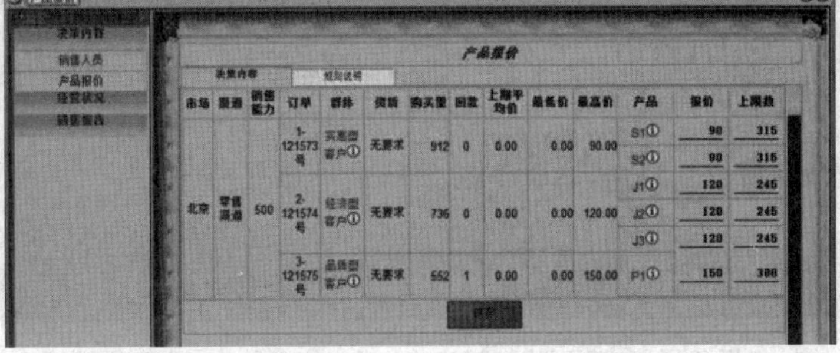

图 8-8 “两柔六手”策略——产品报价

十一、广告宣传

本策略由于资金紧张，在第一季度没有多余的资金进行广告投入(见图8-9)。

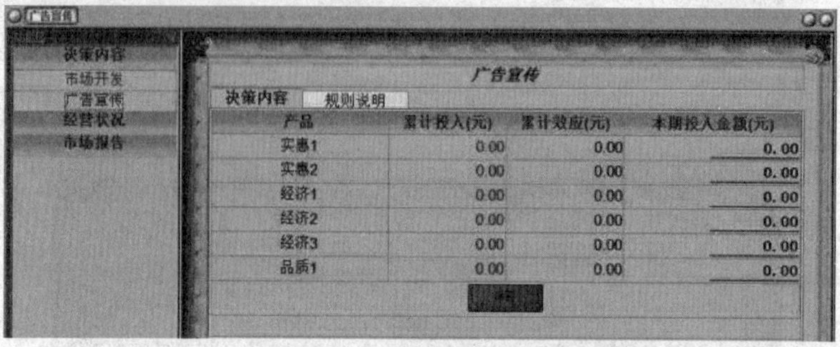

图8-9 “两柔六手”策略——广告宣传

十二、出售手工线，退租厂房

因为手工线的成品率为70%，且不能混合投产(混合投产是指同一设备上能够生产多种产品)，因此第二季度两条柔性线能够满足市场需求的情况下，为了节省第二季度的生产成本，我们需要在第一季度产品投入生产后卖出这六条手工线，同时将其中一个空置的中型厂房退租。

出售手工线，退租厂房的操作：在公司内部界面点击“生产车间”按钮，在弹出如下图所示的公司厂房预览界面中，点击手工线后面的蓝色按钮“出售”，就可以出售对应的手工线(见图8-10)。

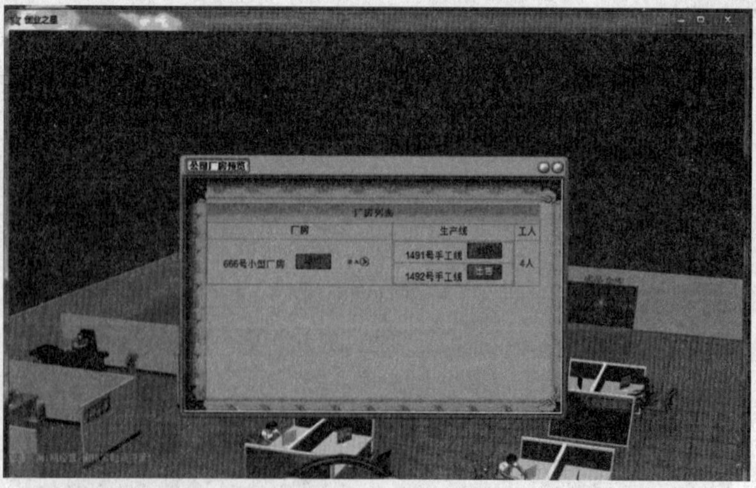

图8-10 “两柔六手”策略——手工线出售、厂房退租

在点击出售手工线后，如果当前设备没在使用中(搬迁/升级/生产等)，“确定”后将立即被出售，而且这一操作不可撤销，当然出售所得的款项也将立即到账。但如果当前设备正在使用中(搬迁/升级/生产等)，“确定”后设备将在季度末完成上述工作后自动被出售，该操作在期末前可撤销(见图 8-11)。

图 8-11 “两柔六手”策略——手工线出售

这里需要注意的是：只有正在使用状态中(即设备上产品正在生产的状态)，出售手工线才能确保在季度末产品生产完成后，系统自动将设备出售。这一操作不会影响产品的投产，也不会影响下一季度的折旧费用。如果在当季度手工线没有被出售，而是选择在第二季度初还未投产前出售时，则会增加固定资产折旧费用，增加生产成本。

第二节 “两柔五手”及成都市场不开策略

另一种比较常见的开局是，第一季度购置两条柔性线、五条手工线(下文简称“两柔五手”)。

一、贷款

因为在第一季度初系统会自动扣除公司注册费用 0.3 万元和 1 万元的办公室租金，所以季度初账上资金余额为 58.7 万元。“两柔五手”策略需要将银行提供的全部信贷额度都用完，第一季度需要短期借款 20 万元，扣除 1 万元当季度利息，实际到账 19 万元，当前账上剩余 77.7 万元(见图 8-12)。这笔借款将在第四季度末系统自动结算时偿付。另外，每季度的短期借款利率为 5%，所以每季度需要偿还 1 万元利率，也是在季度初结算时系统自动扣除。

图 8-12 “两柔五手”策略——银行贷款

二、产品设计

该策略所涉及的产品中只有品质型的一个产品需要研发，其余五个产品在第一季度设计出来之后，马上可以投入使用。根据前面章节，综合考虑产品的原料成本、研发时间、市场竞争力以及战略目标，本节针对三种类型的客户分别设计两款产品(见表 8-3、图 8-13)。产品的配置是根据目标消费群体的关注侧重点设计的，如表 8-3 所示。 品质

表 8-3 **“两柔五手”策略——产品设计方案**

目标消费群体	产品名	产品配置	研发系数	累计评分	当期是否可投入使用
品质型客户	品质 1	玻璃包装纸+短平绒+PP 棉+发声装置(用 1+1+1+1 代替)	0.4	13	是
	品质 2	金属包装盒+玫瑰绒+棉花+发声装置+发光装置(用 3+3+3+1+1 代替)	1.2	50	否，需研发
经济型客户	经济 1	玻璃包装纸+短平绒+PP 棉+发声装置(用 1+1+1+1 代替)	0.4	13	是
	经济 2	纸质包装盒+短平绒+PP 棉(用 2+1+1 代替)	0.4	12	是
实惠型客户	实惠 1	玻璃包装纸+短平绒+PP 棉+发声装置(用 1+1+1+1 代替)	0.4	31	是
	实惠 2	玻璃包装纸+松针绒+PP 棉(用 1+2+1 代替)	0.2	30	是

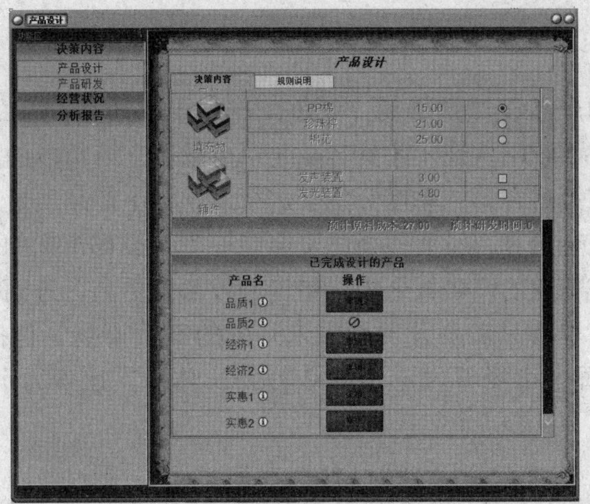

图 8-13　“两柔五手”策略——产品设计

型客户对产品的配置要求较高，为了使产品在比赛后期具有市场竞争力，我们设计的一款品质型产品采用了最高配置(3+3+3+1+1)。产品的配置高，需要进行一个季度的研发，意味着产品的成本很高。因此，为了维持利润水平，品质 2 的广告投入不会很多(见图 8-14)。设计品质 1，能够在第一季度投入生产，进行销售，在大家的品质型产品都没有研发的情况下，能够拥有品质型市场的平均占有率。但品质 1 在比赛后期其他组纷纷推出研发后的高配置产品后，市场吸引力将快速下降，订单也将减少。针对经济型客户的产品基本上都是基础配置，无需研发，我们设计的无研发产品不会失去竞争优势，同时经济型产品虽然订单量比实惠型少，但是其销售价格高于实惠型产品。因此，5 种无研发产品中有 2 种经济型产品的设置是合理的。因为每种产品的设计费为 3 万元，研发费用为 2 万元，总计支出 20 万元，当前账上余额 57. 7 万元。

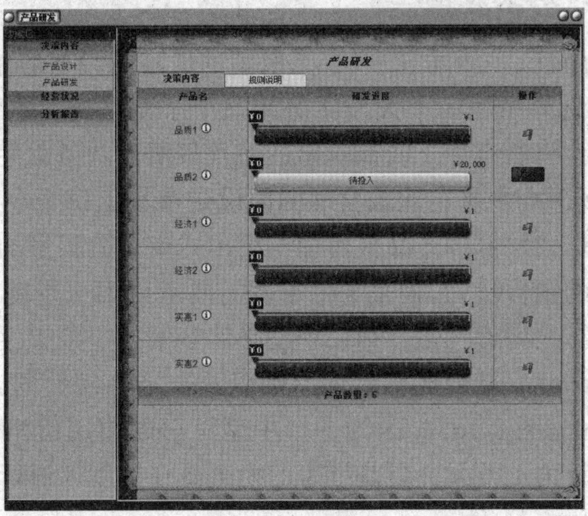

图 8-14　“两柔五手”策略——产品研发

三、市场开发

该策略所对应的产品设计是研发，竞争重点在于品质型产品的销售上。在第四季度，企业只有获得 ISO9001 认证，才具有在北京市场和上海市场的品质型客户群体中销售的资格。因此，该策略在第二季度开始会进行 ISO9001 产品质量认证。但是基于第二季度和第三季度的现金预算，没有多余的资金能够支持成都市场的开发。如果将开发成都市场的资金用于前三期的广告投入中，销售的效率会更高，进而提升各类型产品的销售量。因此，在第一季度只需要开发剩余未开发的三个市场，包括上海、广州、武汉(见图 8-15)。因为每个市场开发成本为 2 万元，总计支出 6 万元，当前账上余额为 51.7 万元。

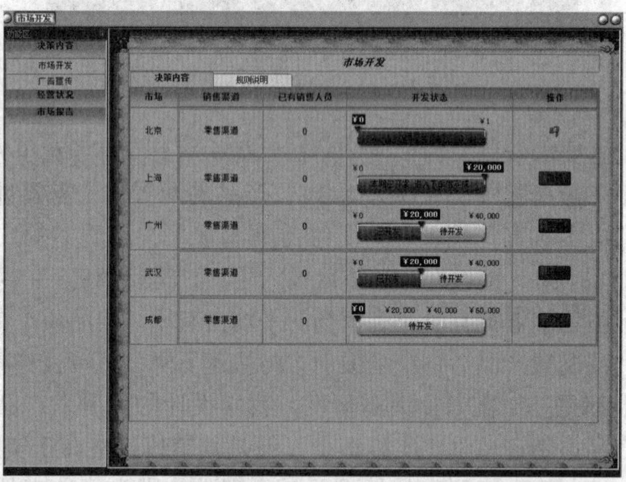

图 8-15 “两柔五手”策略——市场开发

四、租用厂房，购买设备

因为第一季度开局就是“两柔五手”，则租用的厂房的设备容纳量也必须满足 7 台。“两柔五手”策略可以选择租用一个大型厂房和一个小型厂房，也可以选择租用两个中型厂房。虽然下季度会将所有手工线都卖出，而且只留下两条柔性线生产就能够保证产能足够(因为按照市场平均水平，比较合理的假设是市场上每个小组对于每种客户平均会设计两个产品，根据销售部的产品报价中所给出的市场购买量的大小，可以测算出每个小组每个产品可能的销售量)；但是下一季度需要考虑第三季度随着广州和武汉市场的开放，市场容量会扩大将近一倍，第二季度必然会增加一条柔性线，则厂房容量需要能够容纳三台设备。因此，结合成本最优原则以及未来规模计划，“两柔五手”策略选择租用两个中型厂房(见图 8-16)。因为一个中型厂房的租用价格为 0.5 万元，租用两个中型厂房的支出总计为 1 万元，但是厂房的租金是在季度末进行结算的，因此当前账上余额仍然为 51.7 万元。

但是“两柔五手”策略相对于“两柔六手”策略而言，有一个缺点是因为第一季度少了一个产品进行生产销售，到第三季度初资金相对紧张。因此，第三季度如果“两柔五手”策略增加一条手工线的话，会导致广告投入的资金不足；如果“两柔五手”策略选择不增加一条手工线的话，账上剩余的资金用于投广告又会过多，选手需要自己去权衡。

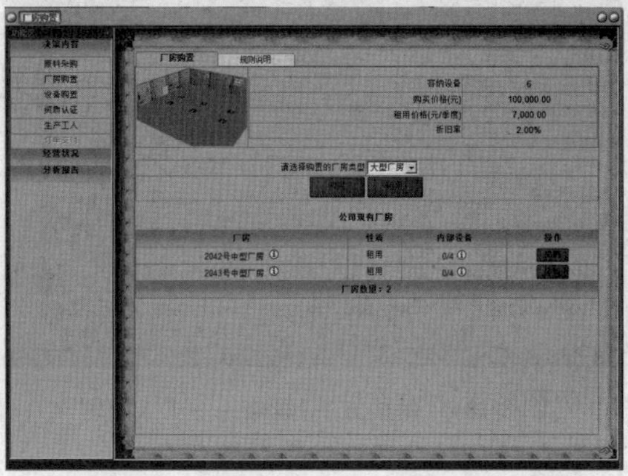

图 8-16　“两柔五手”策略——厂房租用

在厂房租赁成功后，接着就是购置生产设备——两条柔性线和五条手工线(见图 8-17)。一条柔性线的成本是 12 万元，一条手工线的成本是 4 万元，“两柔六手”的支出总计为 44 万元，当前账上余额为 7. 7 万元。

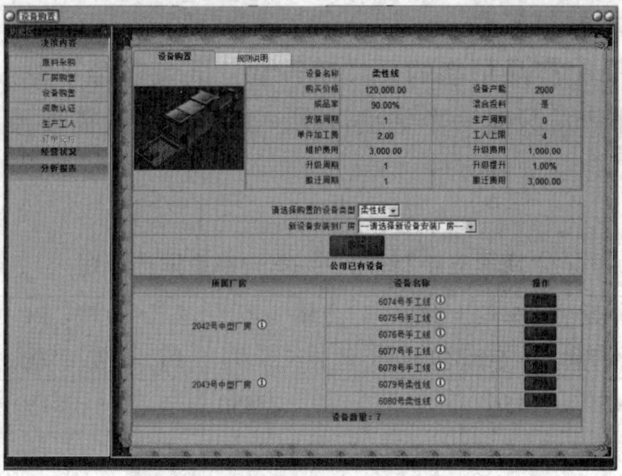

图 8-17　“两柔五手”策略——设备购置

五、工人招聘

第一季度只有北京一个销售市场，按照系统设置的市场容量，每个产品对应的平均销量不足 315，因此在第一季度，每条手工线招募 1 名生产工人，生产能力为 450 个产品，在成品率为 70%的情况下，最后产成品为 315 个(见图 8-18)。招聘一个生产工人的手续费为 0. 05 万元，5 个工人的支出总计为 0. 25 万元，当前账上余额为 7. 45 万元。

图 8-18 “两柔五手”策略——工人招聘

六、原料采购

预计销售量的计算是在每个小组针对不同群体(除品质型客户外)平均拥有两个产品的假设基础上计算出来的，第一季度大多数小组只有一个品质型产品能够投产。另外，“两柔五手”策略使得第一季度有资金能够进行广告宣传，若采用其他策略一般不会有很多剩余资金进行广告投入。因此，如果有资金的话，也会重点投入到品质型产品中。而“两柔五手”策略剩余的资金能够满足各个产品在第一季度赢得品牌效应，因此排产量也会比市场平均量更多些。

根据前文计算的每个产品可能的平均销售量，该策略第一季度的排产计划如表 8-4 所示(注意，此处的排产量只是一个举例说明，具体排产量需要读者在比赛者根据自己的观察不断调整)：

表 8-4 **“两柔五手”策略——第一季度排产计划**

本期预测销量		是否投入广告	本期投产量	玻璃包装纸	纸质包装纸	金属包装纸	短平绒	松针绒	玫瑰绒	PP棉	珍珠棉	棉花	发声装置	发光装置
实惠 1	300	是	450	450			450			450			450	
实惠 2	300	是	450	450			450			450				
经济 1	250	是	360	360			360			360			360	
经济 2	250	是	360		360			360			360			
品质 1	315	是	450	450			450			450			450	
品质 2	—	—	—			—			—			—	—	—
合计				1710	360	0	1620	450	0	2070	0	0	1260	0

结合前文每个产品的原材料配置，计算出来的每种原材料所需购买数如图 8-19 所示：

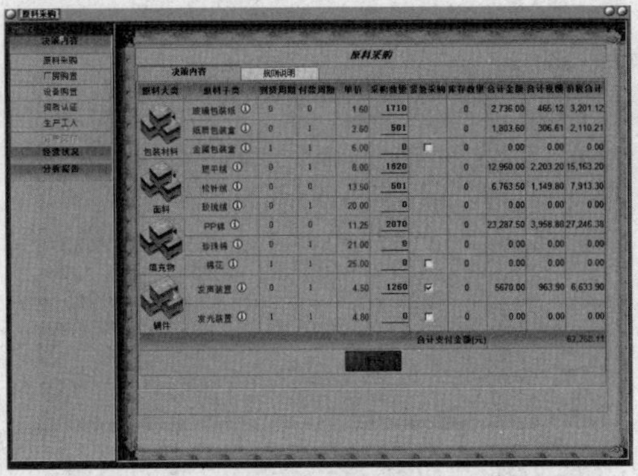

图 8-19 “两柔五手”策略——原料采购

原材料货款付款周期不同，当付款周期为“0”，意味着购买时立即扣款；当付款周期为“1”，意味着当期购买，下期付款。从图 8-19 中可以看到，该季度购买的原材料只有玻璃包装纸、松针绒和 PP 棉的货款需要立即支付，这一金额总计为 3. 84 万元，当前账上余额为 3. 61 万元。

注意：发声装置需要勾选紧急采购，当季生产时才能使用。

七、销售招聘

增加销售人员可以提高产品的销售，而且销售人员的工资可以在期末订单回款后，系统再自动支付。在资金短缺时，可以通过增加销售人员替代广告宣传，延迟现金流支出。但是“两柔五手”策略将会进行广告投入，但这会提升销售成本。因此，此时招聘的销售人员比没有广告投入的“两柔六手”少，一般第一季度北京市场招聘 3~4 名销售人员即可(见图 8-20、图 8-21)。北京市场招聘 4 名销售人员的费用为 0. 2 万元，当前账上余额为 3. 41 万元。

图 8-20 “两柔五手”策略——销售招聘

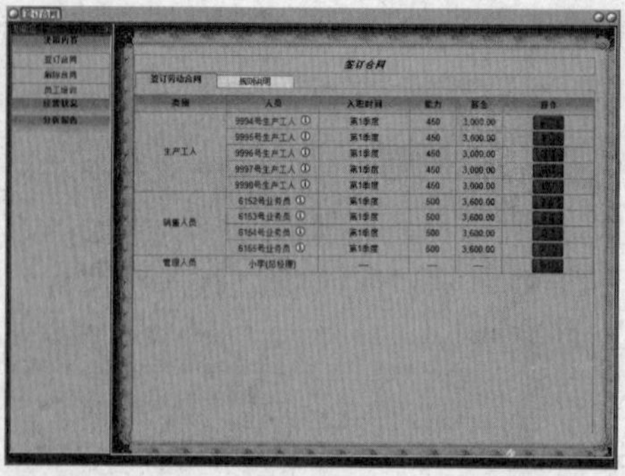

图 8-21 “两柔五手”策略——签订合同

八、产品生产

产品生产在生产车间进行，点击进入生产车间，会弹出厂房列表界面(见图 8-22)。把鼠标放在“进入”按钮，点击进入生产线则可进行投料操作(见图 8-23)。每条生产线的生产安排详见表 8-4 中第一季度的排产计划。

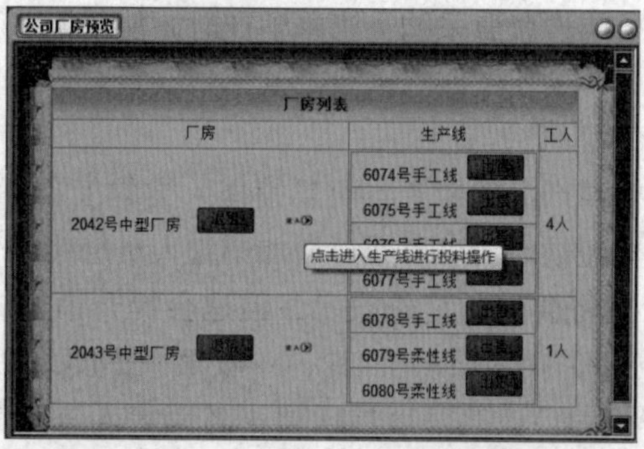

图 8-22 “两柔五手”策略——产品生产进入界面

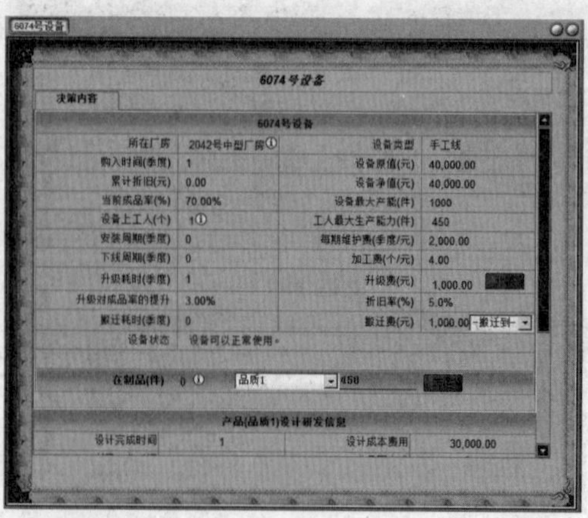

图 8-23 “两柔五手”策略——产品生产界面

九、产品报价

在一般情况下，每种产品都是按照最高标准定价，然后根据每种产品的计划成品量填写上限数(见图 8-24)。

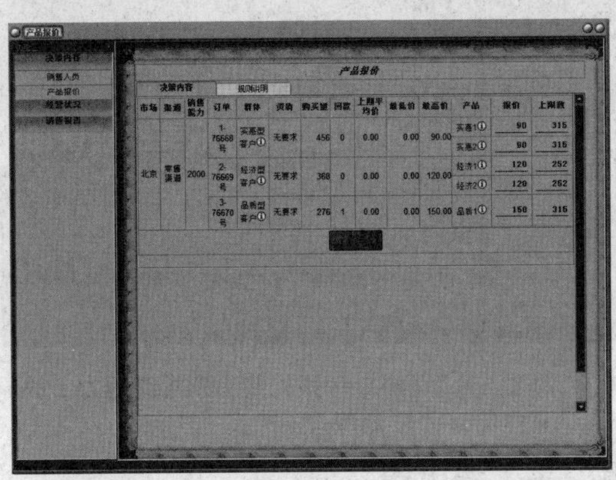

图 8-24　“两柔五手”策略——产品报价

十、广告宣传

在“两柔五手”策略的其他操作完成后，剩余用于进行广告投入的资金为 3.41 万元。按照常规市场赛，第一季度品质型产品广告投入 1.5 万元，能够将手工线半产的 315 件“品质 1”销售出去。剩余 1.9 万元的资金，将 1.3 万元投入到两个经济型产品中，经济型产品大概能够销售 250 个。最后的 0.6 万元平均投入到两种实惠型产品中，实惠型产品的销售量也将会不错(见图 8-25)。

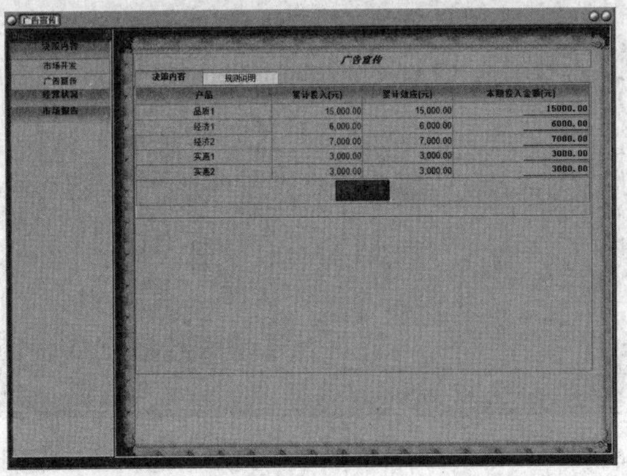

图 8-25　“两柔五手”策略——广告宣传

十一、预先购买到货周期为 1 的原材料

因为金属包装盒、棉花、发声装置和发光装置的到货周期为一个季度，因此，需要

根据下季度的排产计划为下季度的产品生产提前购买这些配置(见图 8-26)。

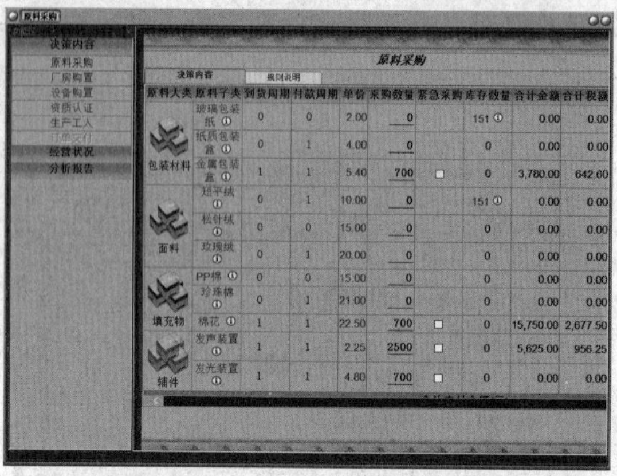

图 8-26 “两柔五手”策略——预先购买到货周期为 1 的原材料

十二、厂房退租，手工线出售

由于手工线的成品率为 70%，且不能混合投产(混合投产是指同一设备上能够生产多种产品)，因此第二季度两条柔性线能够满足市场需求的情况下，为了节省第二季度的生产成本，我们需要在第一季度产品投入生产后卖出这五条手工线，同时将其中一个空置的中型厂房退租。

出售手工线、退租厂房的操作如下：在公司内部界面点击“生产车间”按钮，在弹出如图 8-27 所示的公司厂房预览界面中，点击手工线后面的蓝色按钮“出售”，就可以出售相应的手工线。

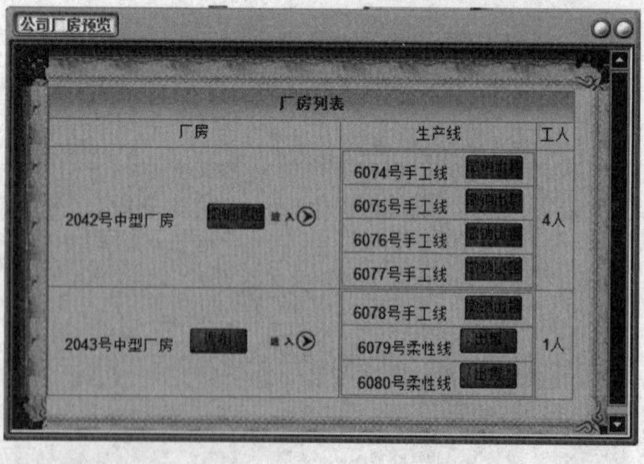

图 8-27 “两柔五手”策略——手工线出售、厂房退租

在点击出售手工线后，如果当前设备没在使用中(搬迁/升级/生产等)，“确定”后将立即被出售，而且这一操作不可撤销，当然出售所得的款项也将立即到账。但如果当前设备正在使用中(搬迁/升级/生产等)，“确定”后设备将在季度末完成上述工作后自

动被出售，该操作在期末前可撤销(见图 8-28)。

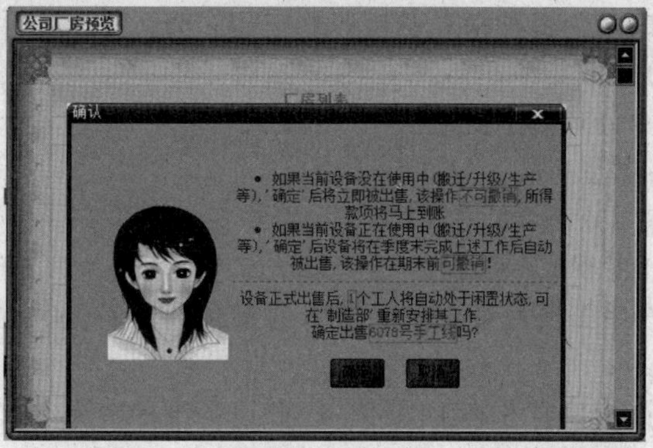

图 8-28 “两柔五手”策略——手工线出售

十三、订单交付

在制造部的决策内容中，点开“订单交付”界面，按照系统分配的订单量进行交付(见图 8-29)。如果订单量超过库存成品，则会造成订单违约，需要缴纳订单金额的30%的违约金。如果订单的汇款周期为“0”，意味着当交付订单后，销售收入直接汇入公司。如果订单的汇款周期为“1”，意味着当交付订单后，这笔订单金额会形成下季度偿付的应收账款。以此类推。

在季度末交付订单后公司账上资金为 9. 98 万元。

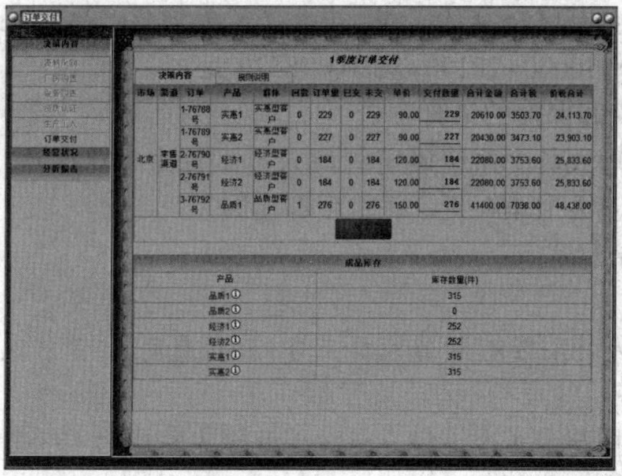

图 8-29 “两柔五手”策略——订单交付

十四、季度末结算

当季度末和下季度初系统自动结算的过程和金额可以在总经理办公室查询，点击“决策历史”选项，里面有公司所有的决策内容，包括系统自动结算部分。

季末自动结算的项目包括制造费用、管理人员成本(该数据为一定值 13460 元)、销售人员工资和行政管理费用，还包括未交订单的罚金和预出售设备的还款等。所以需在自动结算之前计算好自动结算想所需的资金，提前做好资金扣除的准备，以避免出现紧急贷款。需要注意的是，自动结算是按照顺序扣除的，任一环节出现资金不足都会导致资金链的断裂。

其中各单项的计算公式如下：

(1)制造费用的结算：

制造费用=设备维护费+厂房租金+生产工人工资+产品加工费用

设备维护费=在产手工线数量×2000+在产自动线数量×3000+在产柔性线数量×4000

由于第一季度在产的只有5条手工线，因此设备维护费为10000元。

厂房租金=小型厂房数量×3000+中型厂房×5000+大型厂房×7000

由于第一季度只有两个中型厂房，因此厂房租金为10000元。

生产工人工资=生产工人数量×(工人工资+五险费用)=生产工人数量×4038

由于第一季度只招聘了5个工人，因此生产工人工资为20190元。

产品加工费用=手工线投产量×4+自动线投产量×3+柔性线投产量×2

由于第一季度在产的只有5条手工线，共生产了2070件产品，因此加工费用为8280元。

制造费用=10000+10000+20190+8280=48470元。

(2)管理人员工资和保险的结算：

无论有多少个管理人员，系统确定管理人员工资为10000元，保险为3460元，因此管理人员工资和保险为13460元。每季度都相同。

(3)销售费用的结算：

销售费用=销售人员个数×(销售人员工资+五险费用)=销售人员个数×4982.4

由于第一季度只招聘了4个销售人员，因此销售费用为19382.4元。

(4)基本行政管理费用的结算：

基本行政管理费用=公司除管理层外的总人数×1000/人

因为第一季度招聘了5个工人，4个销售人员，因此基本行政管理费用为9000元。

(5)未交订单罚金的结算：

订单违约金=(该订单最高限价×未交付订单数量)×30%

根据以上各单项的计算可以得出季末自动结算所需的全部费，并自动得出期末余额。但由于该季度没有订单违约，因此未交订单罚金为0元。

(6)出售设备的还款：

预出售设备的还款=出售设备账面余额×出售设备数

由于出售的手工线是当季度买进的，不存在设备折旧问题，当季度仍能以原价卖出，因此出售设备的还款为200000元。至此，第一季度末账上剩余资金为209510.81元。

十五、下季度初结算

下季度季初自动结算项包括应收账款的回款、到期的应付账款偿付、税金交付、办公室租金(该数据为定值10000元)和上期预购的原材料成本等。

(1)到期应收账款的结算。季度初，到期的应收账款会自动回款。由于第一季度的应收账款只有48438元，且都是回款周期为“1”，所以回款48438元。

(2)到期应付账款的结算。季度初，到期的应付账款会自动从账上扣除，由于第一季度购买原材料的应付账款只有23907.31元，且还款周期为“1”，因此系统自动还款23907.31元。

(3)税金的结算：

税金=增值税+附加税

其中，各单项的计算公式如下：

增值税=销项税-进项税

进项税的计算依据为当季入库的原材料的增值税，销项税的计算依据为当季出售的产品的增值税。

附加税=增值税×12%

由以上各项费用和回款得出自动结算之后的季初余额。因此，当期税金=12474.5×(1+12%)=13971.44元。

(4)办公司租金的结算。办公室租金为定值10000元。

(5)上期预购的原材料成本。由于有些产品所需的原材料的到货周期为一个季度，因此需要提前一个季度购买该季度所需原材料。上期预购的原材料成本的付款周期为“1”，因此季度初系统会自动还款。由于第一季度预购的原材料成本为32969.43元，所以该期自动还款32969.43元。

至此，第二季度初账上剩余资金为177100.63元。

参考文献

沈小静. 销售费用管理[M]. 北京：经济科学出版社，1998.

杨小凯. 新兴古典经济学和超边际分析[M]. 北京：中国人民大学出版社，2000.

[美]罗森布罗姆. 营销渠道管理[M]. 李乃和，奚俊芳，等，译. 北京：机械工业出版社，2005.

[美]戴维·J. 柯林斯，[美]辛西娅 A. 蒙哥马利. 公司战略：基于资源论的观点[M]. 王永贵，杨永恒，译. 北京：机械工业出版社，2006.

杨思卓. 六维领导力[M]. 北京：北京大学出版社，2008.

陈建华，赵振勇. 基于创新能力培养的创业教育教学模式研究[J]. 黑龙江教育(高教研究与评估)，2010(6).

戚娟娟. "复星不培养领袖型企业家"[J]. 中国企业家，2002(11).

谢科范，吴倩，张诗雨. 基于七维度分析的创业团队岗位配置与角色补位[J]. 管理世界，2010(1).

李昆益. 基于团队角色理论的创业团队建设与岗位配置[J]. 中国商论，2012(2Z).

严建雯，巫程成. 创业团队沟通与团队绩效[J]. 宁波大学学报(教育科学版)，2014(6).

姜玲玲. 论创业团队的激励机制[J]. 经济研究导刊，2016，300(19).

林嵩，姜彦福，张帏. 创业机会识别：概念、过程、影响因素和分析架构[J]. 科学学与科学技术管理，2005，26(6).

林嵩. 创业机会识别研究——基于过程的观点[J]. 中南民族大学学报(人文社会科学版)，2007，27(5).

颜士梅，王重鸣. 创业的机会观点：存在、结构和构造思路[J]. 软科学，2008，22(2).

黄建. 社会资本的三个维度[J]. 党政论坛，2014(5).

邢影. 网络创业者的社会关系及其管理[J]. 中小企业管理与科技(下旬刊)，2014(2).

周辉，刘红缨. 商业模式本质与构建路径探讨[J]. 现代财经(天津财经大学学报)，2007，27(11).

陈文梅. 对商业计划书的认识[J]. 企业经济，2003(5).

田森. 浅谈企业市场调研[J]. 管理观察, 2009(6).

宋艳, 田大钢. 基于多维度的企业产品销售预测管理[J]. 商场现代化, 2008(9).

姜旺, 魏晓平. 基于虚拟经营的企业运作模式研究[J]. 科技管理研究, 2008, 28(1).

黄平. 财务预算和财务计划降低企业财务风险的研究[J]. 江苏商论, 2008(32).

王志瑛. 企业市场营销中 4P 与 4C 的结合运用[J]. 中国市场, 2008(22).

李云帆. 轻资产公司运营中的“轻”与“重”[J]. 山东纺织经济, 2013(10).

温文治, 贺晨辉. 中小民营企业组织形式的选择分析[J]. 江苏理工学院学报, 2006, 12(3).

程源, 傅家骥. 企业技术战略的理论构架和内涵[J]. 科研管理, 2002, 23(5).

霍胜男. 企业目标管理的基本问题研究[J]. 企业经济, 2013(3).

项保华, 李庆华. 企业战略理论综述[J]. 经济学动态, 2000(7).

谢慕廷. 关于安索夫矩阵在公司战略中的探讨运用——以 2011 年 QP 财务案例 KEC 汽车制造业为例[J]. 商业文化(上半月), 2012(3).

武永红, 李清章. 市场渗透剖析[J]. 管理科学, 2002, 15(2).

张雷. 我国企业多角化经营战略的模式选择及实施途径[J]. 东岳论丛, 1999(4).

俞少君. 企业核心竞争能力的战略功能分析[J]. 现代情报, 2003, 23(11).

杨刚. 企业稳定型战略新探[J]. 技术与市场, 2007(9).

钱敬荣, 钱省三, 黄晓东. 企业战略信息监控报警系统[J]. 工业工程, 2000, 3(4).

陈强, 颜婷, 常旭华. 企业产品研发管理: 发展趋势、模式比较及启示[J]. 科技进步与对策, 2016, 33(18).

胡莉莉. 市场营销管理与创新[J]. 经济问题探索, 2000(10).

陈桂云. 浅谈如何完善企业市场营销的管理过程[J]. 现代营销, 2014(3).

李彦亮. 企业市场定位及其营销战略[J]. 金融与经济, 2006(7).

王丹丹, 林晓芳. 基于 4Ps 理论的数字出版物营销策略[J]. 出版发行研究, 2012(10).

胡国强. 产品定价方法中的成本策划[J]. 法制与经济, 2006(2).

林云. 企业产品价格策略的初步探讨[J]. 中国市场, 2014(34).

汪斌, 董赟. 从古典到新兴古典经济学的专业化分工理论与当代产业集群的演进[J]. 学术月刊, 2005(2).

张兆国, 吴益格. 知识经济时代的企业财务管理特征[J]. 中国软科学, 2000(1).

吕长江, 王克敏. 上市公司资本结构、股利分配及管理股权比例相互作用机制研究[J]. 会计研究, 2002(3).

肖贞贞. 论财务管理的目标——以股东财富最大化为理财目标[J]. 江苏商论, 2008(2).

沈星元, 屈瑜君. 存货成本核算方法——毛利率法探析[J]. 财会月刊, 2009(28).

郑生祯. 浅析货运代理企业营业收入与营业成本的会计核算[J]. 江苏商论, 2008(33).

焦慧芳. 论企业管理费用的控制问题[J]. 会计之友, 2011(32).

梁富洲, 唐纯斌. 停工损失及其会计处理[J]. 财会通讯, 2010(1).

金碚, 李钢. 中国企业盈利能力与竞争力[J]. 中国工业经济, 2007(11).

杨福隆. 企业偿债能力分析[J]. 财经理论与实践, 2000, 21(5).

周建勋, 郑春菊. 财务预算管理存在的问题与对策[J]. 会计之友, 2009(14).

倪真莹. 浅析企业现金预算编制与管理[J]. 商业经济, 2009(16).

谭翔. 企业人力资源规划的特点及问题研究[J]. 北方经贸, 2016(6).

戴惠芬. 关于企业人力资源招聘管理的思考[J]. 人才资源开发, 2017(22).

杨帅. ERP 模式下主生产计划系统的研究与开发[D]. 兰州理工大学, 2008.

Kirzner, I. M. Discovery and the Capitalist Process [M]. Chicago, IL: Chicago Univeristy Press, 1985.

Ronen, Feldman. The Text Mining Handbook : Advanced Approaches in Analyzing Unstructured Data [M]// Text Mining Handbook: Advanced Approaches in Analyzing Unstructured Data. 2006.

Kenneth R. Andrews. The concept of corporate strategy [M]. Homewood: Richard D. Irwin, 1987.

Terry Lunn, Susan A. Neff. Material Requirements Plannning: Integrating Material Requirement Planning and Modern Business[M]. New York : McGraw-Hill, Inc., 1992.

Davis, Junius A , Myers, et al. Relation of Medical Students′, Psychological Type to Their Specialties Twelve Years Later[J]. ETS Research Memorandum, 1964, 64(15).

Holland J. A universal computer capable of executing an arbitrary number of sub-programs simultaneously[C]// Papers Presented at the December, Eastern Joint Ire-aiee-acm Computer Conference, 1959.

Cantillon and Richard. An Essay on Economic Theory Auburn[J]. Modern Economy , 2011, 2(4).

Schumpeter J A. On the Concept of Social Value[J]. Quarterly Journal of Economics, 1909, 23(2).

Drucker P F. The Daily Drucker[M]. New York: Harper Business, 2005.

David A. DeCenzo, Stephen P. Robbins, Susan L. Verhulst. Fundamentals of Human Resource Management, 12th Edition[M]. John Wiley & Sons, Inc., 2008.

Katzenbach J R, Smith D K. The discipline of teams [J]. Harvard Business Review, 1993, 71(2).

Suan G Cohen, Diane E Bailey. What makes team work: group effectiveness research from the shop floor to the executive suite[J]. Journal of Management 1997(3).

Tjosvold D. Making a Technological Innovation Work: Collaboration to Solve Problems [J]. Human Relations, 1990, 43(11).

Tjosvold D, Hui C, Yu Z. Conflict management and task reflexivity for team in-role and extra-role performance in China[J]. International Journal of Conflict Management, 2003, 14(2).

Naisbitt J, Goodfader J. Global Economic Order: Of Trends and Challenges: An Interview with John Naisbitt[J]. Harvard International Review, 1983, 5(70).

Burt R S, Jannotta J E, Mahoney J T. Personality correlates of structural holes[J]. Social Networks, 1998, 20(1).

Israel M. Kirzner. Entrepreneurial discovery and the competitive market process: an Austrian approach[J]. Journal of Economic Literature, 1997, 35(1).

Shane M, Teigen L, Gehlhar M, et al. Economic growth and world food insecurity: a parametric approach. [J]. Food Policy, 2000, 25(3).

Zacharakis A. Conjoint analysis: A new methodological approach for researching the decision policies of venture capitalists[J]. Venture Capital, 1999, 1(3).

Dijulio A M , Markham G D , Bhat K L , et al. Amine-Catalyzed B-O-C Bond Formation: Mechanistic Insights from Density Functional Theory and Second-Order Moller-Plesset Perturbation Theory[J]. Organometallics, 2006, 25(10).

Mullins J W. Voices: What to Do Before You Write a Business Plan [J]. Business Strategy Review, 2011, 21(4).

Porter, Michael E. Competitive Strategy: Techniques for Analyzing Industries and Competitors[J]. Social Science Electronic Publishing, 1980(2).

Honig B, Karlsson T. Institutional forces and the written business plan[J]. Journal of Management, 2004, 30(1).

Chen X P, Yao X, Kotha S. Entrepreneur Passion and Preparedness in Business Plan Presentations: A Persuasion Analysis of Venture Capitalists′ Funding Decisions[J]. Academy of Management Journal, 2009, 52(1).

Audretsch D B, Lehmann E E. Does the Knowledge Spillover Theory of Entrepreneurship hold for regions? [J]. Research Policy, 2005, 34(8).

Cheson B D, Bennett J M, Kopecky K J, et al. Revised recommendations of the International Working Group for Diagnosis, Standardization of Response Criteria, Treatment Outcomes, and Reporting Standards for Therapeutic Trials in Acute Myeloid Leukemia[J]. Journal of Clinical Oncology Official Journal of the American Society of Clinical Oncology, 2004, 22(16).

Chandler A D, Daems H. Organizational Forms in Big Business[J]. Science, 1980 (208).

Ansoff H I. Strategic Management of Technology [J]. Journal of Product Innovation Management, 1984, 1(1).

Leker J. Reorientation in a competitive environment: An analysis of strategic change[J]. Schmalenbach Business Review, 2001, 2(1).

Norton K D P . Linking the Balanced Scorecard to Strategy[J]. California Management Review, 1996, 39(1).

Mcgrath M E, Anthony M T, Shapiro A R. Product Development: Success through

Product and Cycle-Time Excellence[J]. Manufacturing Engineer, 1994, 73(3).

Kracht, J. and Wang, Y. Examining the Tourism Distribution Channel: Evolution and Transformation[J]. International Journal of Contemporary Hospitality Management, 2010(22).

Liao S, Shen Y, Chu C. The effects of sales promotion strategy, product appeal and consumer traits on reminder impulse buying behaviour[J]. International Journal of Consumer Studies, 2010, 33(3).

Garciasabater J P. Capacity and material requirement planning modelling by comparing deterministic and fuzzy models[J]. International Journal of Production Research, 2008, 46(20).